中国社会科学院台湾史研究中心　主办

中国社会科学院近代史研究所台湾史研究室　编辑

台湾历史研究

第三辑

Taiwan History Research No.3

张海鹏　李细珠◎主编

社会科学文献出版社
SOCIAL SCIENCES ACADEMIC PRESS (CHINA)

目　录

许寿裳与台湾光复初期的民族文化重建

杨彦杰

提　要　本文以许寿裳为中心，重点考察他渡台以及主持台湾省编译馆工作时和"二二八事变"以后，对台湾文化建设的思考和演变。文章指出，许寿裳作为一名爱国知识分子，应陈仪之邀前往台湾本身是其主动选择的结果。许寿裳对台湾的文化重建有自己的理解，他把台湾的文化建设与振兴民族国家的理想抱负联系起来。他主持编译馆工作期间，既强调要向台湾同胞输送民族文化的优秀成果，又提出要发挥台湾的文化优势，为促进国家学术文化进步服务。"二二八事变"后，许寿裳的思想发生了新的变化，提出"台湾需要一个新的五四运动"。这是根据"二二八事变"的教训有针对性地提出来的，目标是要彻底清除日本殖民统治的余毒。许寿裳在台湾进行文化建设的前后思想变化，从一个侧面呈现了光复初期台湾文化重建的复杂历程。

关键词　许寿裳　台湾光复初期　民族文化重建

1945年台湾光复以后，即面临大量社会重建的任务，其中民族文化重建是一项艰巨而具有深远意义的任务。许寿裳受陈仪之邀来到台湾，主持编译馆工作，对光复初期的台湾文化建设倾注了大量心血，可以说这是他一生中最值得人们纪念的一个重要贡献。笔者曾撰文探讨了台湾省编译馆的设立以及馆内开展的台湾研究等问题。[①] 本文拟以许寿裳为中心，重点考察他渡台以后，对在台湾重建中华文化的思考和前后演变，以期从人物思想史的角度进一步呈现当年在台湾重建中华文化的复杂历程。

---

①　杨彦杰：《台湾省编译馆设立的几个问题》，中国社会科学院台湾史研究中心主编《台湾光复六十五周年暨抗战史实学术研讨会论文集》，九州出版社，2012，第182~194页；《重建与承续：台湾省编译馆的台湾研究》，《福建论坛》（人文社科版）2014年第4期。

一

许寿裳（1883～1948），字季黻（或季茀），浙江绍兴人。早年留学日本。1909 年归国后，曾在蔡元培执掌的教育部任职，其后又担任江西省教育厅厅长、北平女子高等师范学校校长、中山大学教授、中研院干事兼文书处主任、北平大学女子文理学院院长等职，是当时具有重要影响力的教育家和进步知识分子。他与鲁迅、蔡元培在早年就结为挚友，感情特别深厚。

1937 年抗日战争爆发后，许寿裳与众多中国知识分子一样，四处奔波，颠沛流离。先与数位同人冒险前往西安，曾任西北联合大学商学院院长，后来又前往昆明，再转往成都、重庆，先后担任中山大学教授、华西协合大学庚款讲座教授、国民政府考试院考选委员会专门委员等职。抗战八年期间，许寿裳一直在奔波中度过，妻离子散的困境是他生活的一个写照。1939 年 10 月底他由重庆飞往昆明，在途中写下了这样的诗句："家寄鸳湖劫火空，流离妻子各西东。无端唱出香山句，一夜乡心五处同。"并自注云："内子暨琪、玚、玮在沪，瑛在平，珰在九龙，瑮在成都，连我亦五处。"① 许寿裳共有六个子女，全家八口人分在五个地方，战争带来的痛苦，由此可见一斑。抗战期间的困苦经历和所见所闻，对许寿裳的思想产生了深刻影响。

抗战胜利后，许寿裳于 1946 年初从重庆返回南京，继续在考试院任职。同年 5 月 1 日，时任台湾省行政长官的陈仪给许寿裳发来了一封电报："为促进台胞心理建设，拟专设编译机构编印大量书报，盼兄来此主持。希电复。"② 以此为标志，许寿裳的人生经历与台湾发生了直接的联系。

陈仪是许寿裳的同乡，也曾留学日本，两人很早就有交往并关系密切。陈仪为什么会邀请许寿裳赴台？以往的研究几乎没有深入涉及。其实如果细读资料，这与当时的历史环境以及许寿裳的努力应该都有关系。1945 年10 月间，当时还在北平的长子许世瑛听说许寿裳要去台湾参与接收教育，

---

① 《致谢似颜》（1939 年 12 月 21 日），彭小妍、施淑、杨儒宾、北冈正子、黄英哲编校《许寿裳书简集》上册，台北：中研院中国文史哲研究所，2010，第 151～152 页。以下简称《书简集》。

② 《陈仪致许寿裳电报》（1946 年 5 月 1 日），黄英哲、许雪姬、杨彦杰主编《台湾省编译馆档案》，福建教育出版社，2010，第 3 页。以下简称《档案》。

便写信询问。11 月 7 日，许寿裳回信说："接收台湾教育之说并无其事，因我不去活动，决不会有枉顾茅庐者。你所闻不确。"① 此时陈仪已经在台北主政，接收和重建各项工作均需要人才，如果许寿裳有去"活动"的话自然会有结果。果然没过多久，许寿裳就有行动了。同年 11 月 18 日，许寿裳在《日记》中写道："航快寄公洽附履历。"② 公洽即陈仪的字。许寿裳将履历寄给他，显然是为求职而去。12 月 27 日，许寿裳在《日记》中又记云："航快寄公洽，为台大校长人选。"③ 目前我们无法看到当年许寿裳与陈仪的所有书信往来，也不知道他们讨论了什么，但从这些点滴记录的前后联系来看，所谓"为台大校长人选"的复信，很可能就是陈仪最早为许寿裳谋职及许与之进行的沟通。④

许寿裳当时还在重庆的国民政府考试院任职，他之所以想到台湾去，与他对国民党政权的急剧腐败心生不满是密切相关的。1945 年 11 月，许寿裳在写给好友章微颖（锐初）的信中说："胜利从天外飞来，弟初亦兴奋，以为和平建国，虽苦必成，但三月以来，所见所闻，实与兄同感失望。"⑤抗战胜利之初，许寿裳确实是很兴奋的，认为以后可以重整河山，建设新国家了。他在闻悉日本投降、长子平安抵达华盛顿后写下了两首诗，其一为："居然喜讯联翩至，黩武倭夷竟乞降。难得八年摧劲虏，从今一德建新邦。"⑥ 道出了他对民族振兴的强烈愿望。可是没过多久，政局的混乱和官僚的腐败则让他大失所望。1946 年 2 月 22 日，他在致长子许世瑛的信中说道："政局浑沌，物价飞涨，速率惊人，沪上上白米已达三万，他物称是，真弄得民不聊生"；"建设无力，岌岌可危！"⑦ 在这样糟糕的环境中，许寿裳想到台湾这片新收复的土地上去施展自己的才华是可以理解的。

许寿裳的女儿许世玮在回忆父亲之所以愿意接受邀请到台湾的原因时说，当时许寿裳觉得南京的政治气氛不合他意，而台湾的状况比较起来算

① 《致许世瑛》（1945 年 11 月 7 日），《书简集》下册，第 1406 页。

② 参见黄英哲、秦贤次、陈漱渝、萧振鸣编校整理《许寿裳日记（1940～1948 年）》，福建教育出版社，2008，第 752 页。以下简称《日记》。

③ 《日记》，第 756 页。

④ 据说许寿裳没能就任台湾大学校长与国民党 CC 派的阻扰有关，参见北冈正子、黄英哲《关于〈许寿裳日记〉的解读》，《鲁迅研究月刊》1994 年第 7 期。

⑤ 《复锐初》，黄英哲、陈漱渝、王锡荣主编《许寿裳遗稿》第 4 卷，福建教育出版社，2010，第 880 页。以下简称《遗稿》。

⑥ 《日记》，第 743 页。

⑦ 《致许世瑛》（1946 年 2 月 22 日），《书简集》下册，第 1441 页。

安定，而且可以实现他长年的愿望，完成鲁迅传和蔡元培传的写作。① 许世瑛的这个说法是比较客观的。不过，这里需要强调的是，至少从 1945 年 11 月开始，许寿裳对大陆的政治气氛就已经很不满意了，并主动与陈仪联系寄履历，他到台湾并不只是陈仪发来邀请那么简单，这里面也有许寿裳自己努力的因素。

5 月 2 日，许寿裳接到陈仪的电报，但因是密电无法解读。3 日，经过许诗荃的帮忙得悉来电内容后，许寿裳于 5 月 6 日给陈仪回了电报并写信，表示愿意赴台，唯机构究竟如何设置、到台后待遇如何以及怎样抵台等问题希望能得到明示。② 5 月 13 日，陈仪给许寿裳写了一封长信，详细解答了许寿裳提出的各种问题，尤其对编译馆设立的目的、任务、隶属关系以及陈仪的设想等问题都谈得十分具体。③ 过了 12 天，许寿裳接到陈仪来信，即开始了临行前的各种准备。④

二

在台湾设立编译机构是 1945 年初陈仪主持编写《台湾接管计画纲要》时就已经提出来的。10 月 25 日接收台湾工作开始，1946 年陈仪在《施政方针》报告中即将设立编译馆列入该年度的工作计划。⑤ 陈仪之所以要在台湾设立编译馆，其目的就是要在台湾光复以后，尽快清除日本殖民统治的影响，重建中华文化。5 月 13 日，陈仪写给许寿裳的信中一开始就谈到了设立编译机构的重要性：

> 台湾经过日本五十一年的统治，文化情况与各省两样。多数人民说的是日本话，看的是日本文，国语固然不懂，国文一样不通；对于世界与中国情形，也多茫然。所以治台的重要工作，是心理改造。而

---

① 许世瑛：《忆先父许寿裳》，《鲁迅研究资料》第 14 期，1984 年。
② 以上见《档案》，第 3、4 页，《日记》，第 772 页。
③ 《陈仪致许寿裳信》（1946 年 5 月 13 日），《档案》，第 4~5 页。
④ 关于许寿裳赴台前后的活动，参见杨彦杰《台湾省编译馆设立的几个问题》，中国社会科学院台湾史研究中心主编《台湾光复六十五周年暨抗战史实学术研讨会论文集》，第 182~184 页。
⑤ 参见黄英哲《"去日本化""再中国化"：战后台湾文化重建（1945~1947）》，台北：麦田出版社，2007，第 81 页。

目前最感困难的，是改造心理的工具——语言文字——须先改造。各省所出书籍报纸，因为国文程度的关系，多不适用。台湾的书报，在二三年内，必须另外编印专适用于台湾人的。

为此，陈仪提出了编译馆工作的五项具体任务：（1）编中小学文史教本；（2）编中小学教师的参考读物；（3）编适于公务员及民众阅读的小册；（4）编一般的参考书如辞典等；（5）翻译西洋名著。陈仪认为前四点是"台湾的应急工作"，而最后一点翻译西洋名著则是他的夙愿，他认为，如果能在五年之内译成西洋名著五六百部，"对于促进学术，帮助很大。在中国，却是一种伟大的工作，可与大藏经媲美了"。① 可见陈仪对设立台湾省编译馆寄予很高的期望。他的设想既着眼于当前，又观照长远；既考虑台湾文化建设的需要，又希望能服务于全国学术文化的发展。

许寿裳对陈仪的这些设想是赞同的。如前所述，许寿裳在战后最大的愿望是寻找一个比较安定的地方去贡献自己的才智，为振兴民族、建设国家出力。陈仪的这些想法正与他的愿望相吻合。

6月25日，许寿裳从上海飞抵台北。临行前，他已经开始考虑如何在编译馆开展工作。抵台后又密集地与当地文人、官员交流，工作思路更加明晰。他认为台湾省编译馆的工作既要服务于当时台湾所急需，又要服务于全国。8月27日，他在写给叶作舟的信中说："本馆工作，以促进台胞心理建设，提振全国学术空气为中心，不仅为省当局所重视，亦且为文化界所注目。"② 而在此之前的8月10日，许寿裳在一次记者会上清楚地表达了对设立编译馆目的的理解。他说：三个月前接到陈仪长官电报和长信，拟设一个编译机构，"长官的志愿是很宏大的，一方面要使台湾同胞普遍的获得精神食粮，充分的接受祖国文化的教养；一方面更要发扬台湾文化特殊的造诣，造成孜孜不倦的学术风气……开创我国学术研究的新局面。"因此，他认为设立台湾省编译馆的要旨不外有两点："第一、促进台胞的心理建设"，"第二、对于全国有协进文化、示范研究的责任"。③

其实，陈仪在给许寿裳的信中，并没有涉及如何"发扬台湾文化特殊的造诣"的问题，而是强调设立编译馆翻译西洋名著，对促进全国的学术

---

① 《陈仪致许寿裳信》（1946年5月13日），《档案》，第4～5页。
② 《许寿裳致叶作舟信》（1946年8月27日），《书简集》上册，第583页。
③ 《许寿裳在记者会上谈编译馆旨趣与工作的讲话稿》（1946年8月10日），《档案》，第32～33页。

进步有重要意义。而许寿裳正是抓住陈仪的这个思想，提出要在编译馆开展台湾研究。他认为光复以后在台湾进行文化建设并不是单方面的，除了向台湾同胞输送"精神食粮"，即编译大量教科书、辅导教材和公众读物之外，还要发挥台湾在学术文化上的优势，为促进全国的学术研究树立榜样。这是一个同时、双向的过程，是在台湾进行中华文化建设中一个实事求是、充满爱国情怀的理性思考。

台湾在日据时期已经有较好的学术研究基础。台北帝国大学（台湾大学前身）将台湾研究、南洋研究作为该校两个特色的学科领域，积累了大量人才和成果。许寿裳认为对日本人积累的学术成果不应该排斥，而应予以接收并发扬光大。他在 8 月 10 日的记者会上说：

> 台湾的学术文化，已经有了很好的基础，可以有为各省模范的资格。……过去本省在日本统治下的军阀侵略主义，当然应该根绝，可是纯粹学术性的研究，却也不能抹杀其价值，我们应该接收下来，加以发扬光大。如果把过去数十年间日本专门学者从事台湾研究的成果，加以翻译和整理，编成一套台湾研究丛书，我相信至少有一百大本。[①]

9 月 5 日，许寿裳在一次讲演中，对日据时期台湾在学术领域的成绩以及当下应该采取的态度，有一个更加充分的表述。他说：

> 诸位都知道抗战是胜利了，现在是建国的时候，建国第一重要是学术。科学与技术——学术的真义：是为人类造福。过去我国虽然提倡学术，但进步很慢。台湾有研究学术的风气，可以说是日人的示范作用，也可说是日人的功绩。日本虽然是侵略国家，但他们专家的学术成绩我们需要保留，需要全国学者继续研究，把它发扬光大，作为我们建国之用。日人对台湾的研究很多，他们的著作也很丰富。……这不但是我国各省所没有，就是世界各国也很少有。这种宝贵的材料，我们不能不注意的。而且要好好保持，继续发展，这是我国学术的光彩、世界文化的贡献，也是台湾文化的第二点特色。[②]

---

① 《许寿裳在记者会上谈编译馆旨趣与工作的讲话稿》（1946 年 8 月 10 日），《档案》，第 32～33 页。
② 《许寿裳对培训学员的讲话》（1946 年 9 月 5 日），《档案》，第 40～42 页。

十分明显，许寿裳之所以强调要接收日本人的学术成果、开展台湾研究，是与他关注战后国家民族振兴的理想抱负联系在一起的。因此，他理解的光复以后台湾文化重建，就不仅是消除日本殖民统治的影响、重建中华文化这个方面，而是要同时发挥台湾的文化优势，为国家建设服务。他把当时的台湾文化重建与整个国家的建设联系了起来。许寿裳的这些想法和作为，对于我们准确理解光复初期台湾的文化重建有重要意义。以往很多学者都只强调光复初期台湾的文化建设就是重建中华文化，对台湾同胞进行"心理改造"，其实这只是问题的一方面，对主持编译馆工作、为台湾文化建设呕心沥血的许寿裳来说，他的目光是着眼于整个中国的发展，在输送祖国文化的同时也关注台湾学术文化优势的承续和发展。

许寿裳来到台湾以后，就开始多方延揽人才，包括各门学科的编译人才和台湾研究专才。杨云萍作为台湾本地的知名学者，很快就进入编译馆工作，并一直担任台湾研究组主任。当时一些即将遣返回国的日本学者也被许寿裳延揽进入编译馆，如著名的语言学家浅井惠伦、民俗学家国直分一、昆虫学家素木得一等。至1947年初，台湾省编译馆的各项工作逐渐走上正轨。许多教材、通俗读物、名著翻译等在编译中，并拟出版"光复文库"。台湾研究发展迅速，古籍整理和研究成果的翻译都有显著进展，《台湾学报》和"台湾研究丛书"均已计划出版，即将刊行。[①] 可是没过多久，台湾发生了"二二八事变"。这个重大事变改变了编译馆的命运，对许寿裳的思想也产生了重要影响。

三

1947年台湾发生"二二八事变"，有关此事的缘起及其背后各种原因本文不想做全面讨论，只就许寿裳与"二二八事变"的关系及其对此事的看法做些探讨。

"二二八事变"发生时，台湾省编译馆也受到一些冲击。《许寿裳日记》载：2月28日"下午赴馆途中闻枪声甚多，至馆见馆门已闭，对面之永安堂、间壁之中和公司均被毁。赖子清送便当，馆中同仁皆困守一夜不敢出"；直至第二天早晨六点才"搭交通车回"；馆中一名编纂在3月2日归途中"被击数

---

① 至1947年初，台湾省编译馆各项工作进展的具体情况，参见杨彦杰《重建与承续：台湾省编译馆的台湾研究》，《福建论坛》（人文社科版）2014年第4期。

拳"等。① 事变发生后，许多亲朋好友都来信问候，许寿裳也在信中多次提及了编译馆的遭遇，其中以3月23日写给许世瑾、许世瑢的信讲得最完整：

> 廿八日下午，本馆同人正在办公，被暴徒攻入三次，责问本省人与外省人（暴徒声称打中国人，以中国与台湾对称，其悖可推知），待遇有否不公，幸本省同仁告以"公"，始一哄而去，如是者三次。是夜困居一宵，翌晨始送同仁各回其宅，馆中同仁打伤者二人，皆在路上，公私损失，要算最小，可请放心，并望转告亲友为要。②

尽管编译馆所受的冲击并不大，但此事对许寿裳和编译馆的影响却不小。事变发生以后，有关此事发生的原因以及应该如何补救立即成为岛内外热议的话题。3月26日，许寿裳致朱文叔的信说：

> 台省情况，即京沪大报所记所论，亦未详确。总之台胞受日本侵略教育之毒太深，补救之功，倍形艰巨。本馆同仁职司编译，亦惟有尽其在我而已。③

许寿裳感到在这样的情形之下，编译馆所承担的社会责任更大，必须加倍努力。4月2日，许寿裳给王泽民复信，对事件发生的原因及性质做了更加完整的说明。他说：

> 此次变故，纯系奸人有计划暴动，与普通民变迥殊。溯其远因，当系受日本侵略教育之遗毒太深，语文隔阂，祖国文化，懵无所知，近因则系昔日为日寇征用之浪人流氓，悉被遣回，彼辈素无国家观念，惯于捣乱，益以日人暗中策动，以致肇此巨变，其愚可悯，其悖可诛。当日情状，即京沪大报所记所论，亦未详确，兹已渐次明了。此后治本之方，端在教育。弟忝司编译，自维力薄，亦惟有尽其在我而已。④

---

① 《日记》，第800页。
② 《致许世瑾（诗芹）、许世瑢（诗荃）》（1947年3月23日），《书简集》下册，第1521页。
③ 《致朱文叔》（1947年3月26日），《书简集》上册，第927页。
④ 《致王泽民》（1947年4月2日），《书简集》上册，第945页。

许寿裳的这段话，是针对王泽民的来信而写的。王是共产党员，1947年1月、2月间刚到台湾，停留将近一个月，受到许寿裳、杨云萍等人的接待。① 当时他已看到台湾经济、政治情势不稳，并与许寿裳有多次交流。王泽民写给许寿裳的原信是：

> 连日报载台北各地发生事故，虽语焉不详，要可想像得之。台民处特殊环境，抱过奢希望，原不难开诚相与，共谋福利，逐渐消弭其隐患，从事于一切产业之复兴，政权之争执，究不若经济压迫之重要。弟留台不及一月，观察所得，久已视为隐忧，仍不以为无补救之方，曾与先生一再言之，初不料其变如此之速也。②

纵观王泽民与许寿裳之间的交流，不难看出，王泽民更倾向于"二二八事变"是由于百姓深受经济压迫之苦而起的（民变），而许寿裳则强调是日本殖民统治的遗毒太深并有日人在暗中策动（奸人有组织的暴动）。

事实上，许寿裳的这些看法与陈仪等有关系。事变发生以后，许寿裳即给陈仪写信，并往长官公署寻求见面，可是因为客人多，连续几次都"未得见"，直至3月7日即事变发生以后的第七天才与台湾商学院院长李季谷一起见到陈仪。而在此前后，许寿裳还经常与陈仪周边的学者、官员接触。③ 因此，他给王泽民的回信说对事变发生的原因"兹已渐次明了"，即这是经过多方求证的结果。

由于许寿裳认为"二二八事变"与日本殖民统治的余毒远未肃清有关，因此他对当时台湾文化建设的当务之急就有了新的看法。1947年5月4日，许寿裳在台湾《新生报》上发表了一篇署名文章《台湾需要一个新的五四运动》。在这篇著名的文章中，他提出，为了把日本殖民统治的余毒全部肃清，台湾需要一个新的五四运动。文章说：

> 谁都知道民国八年的五四运动是扫除我国数千年来的封建余毒，创造一个提倡民主、发扬科学的新文化运动，可说是我国现代史中最重要的划时代、开新纪元的时期。虽然它的目标至今还没有完全达到，

---

① 王泽民在台北期间受到许寿裳、杨云萍的接待，参见《日记》，第797~799页。

② 《王泽民致许寿裳》（1947年3月7日），《书简集》下册，第981页。

③ 参见《日记》，第800~803页。

可是我国的新生命从此诞生，新建设从此开始，它的价值异常重大。我想我们台湾也需要有一个新的五四运动，把以往所受的日本毒素全部肃清，同时提倡民主，发扬科学，于五四时代的运动目标以外，还要提倡实践道德，发扬民族主义。从这几个要点看来，它的价值和任务是要比从前那个运动更大，更艰巨，更迫切啊！

许寿裳提出，台湾需要的新的五四运动有四个任务，除原五四时期提出的提倡民主、发扬科学外，还有提倡实践道德、发扬民族主义。后面这两个显然是根据"二二八事变"的教训有针对性地提出来的。

所谓"提倡实践道德"，就是要弘扬中华民族的传统美德，即孔、孟、墨子等倡导的仁爱。他认为日本是没有这种美德的。"他只想自己如何可以有利，怎样可以独霸，至于别人的死活，倒不是不管，是一心一意希望对方死掉，才能从中取得利益。所以日本的穷兵黩武，就是因为缺乏利他兼爱的美德而养成的。"现在台湾既然已重归祖国，就必须完全消灭"日本那些有己无人、讲利忘义的毒素"。

所谓"发扬民族主义"，就是要增强民族意识，热爱自己的祖国。由于台湾遭受日本长期的殖民统治，日本人的文化侵略使得台湾同胞忘记了自己祖国的历史地理和语言文字，无法了解祖国的悠久历史和灿烂文明。"所以台湾同胞要加紧语文和史地的训练，达到能够自动看懂祖国的名著，然后对祖国起了崇敬之心，爱国心有了源泉，滚滚不绝。于是民族意识增强，民族主义也自然发扬光大，到了强不可折的地步。"[①]

在许寿裳发表这篇文章以后不久，陈仪离台，新上任的台湾省主席魏道明在事先未通知的情况下突然将台湾省编译馆撤销，许寿裳转往台湾大学中文系任教。尽管许寿裳对编译馆突然被撤销深感不满，认为这项工作"外露为山才一篑，内潜掘井已多寻"，如今却"坐看前功付陆沉"，[②] 但他仍对台湾的文化建设倾注很高的热情。

8月3日，许寿裳又在《和平日报》上发表《中国民族精神的中心》一文，再次宣传台湾需要新的五四运动所提出的实践道德和民族主义问题。文章强调中国民族精神的核心内涵，是从古代孔子、墨子一直到现代孙中山所倡导的仁爱。"中国民族的精神是仁爱"，它是一种美德，因此中国几千年来虽屡

---

① 许寿裳：《台湾需要一个新的五四运动》，《档案》，第 134～136 页。
② 《许寿裳诗稿》，《遗稿》第 1 卷，第 780 页。

经外患，仍巍然独立于天地之间。这种民族精神值得很好地继承和弘扬。①

许寿裳从一开始就很注意国语、国文的教育问题。他认为台湾的教育已有基础，只要加紧进行中国语文和史地的训练，就能使台湾同胞尽快看懂中国名著，接受祖国优秀文化的熏陶，摆脱日本侵略教育的影响。1947年1月，他亲自到师资讲习班去讲解"教授国文应注意的几件事"，并把它整理成文发表。② 4月，由许寿裳亲自撰写的通俗读物《怎样学习国语和国文》列入"光复文库"第一种正式出版，这本小册子的重点是谈如何从日语基础转入中国语文的学习，显然很适合台湾同胞阅读。③ 当年12月21日，尽管许寿裳已经到台大任教，但他仍然在台湾《新生报》上发表专文，谈"对于本省今后语文教育的一点意见"。④ 可见对于在台湾重建中华文化这样的大事，许寿裳一直挂念于心，倾注了大量心血。

四

许寿裳在离开编译馆前夕，为了应和馆中同人的赠诗写下了这样的诗句："难得陈公政见高，教从心理饷同胞。只身孤箧飞蓬岛，故土新临气自豪。"⑤ 这是许寿裳当年飞抵台北时的精神状态。他为能在这片新收复的土地上工作而充满自豪，有一股积极向上、情感激越的精神力量。而时隔一年零八个月，这位为建设新台湾充满激情、热切期盼国家民族复兴的知识分子，却在台北的宿舍中遭人杀害。可以说，许寿裳的一生，台湾这段经历是最值得记忆的一页。因为它正处于台湾光复初期的历史转折点上，他的所作所为，为台湾文化建设倾注的心血，与这段历史紧密联系在一起。

本文探讨了许寿裳抵台经过以及他到台湾以后如何思考编译馆工作和"二二八事变"以后的转变，主要认识有如下几点。

第一，许寿裳到台湾离不开当时的大环境，与他的理想和抱负是分不开的。抗日战争胜利以后，许寿裳原本对重振河山、建设新国家抱有很大期盼，所谓"难得八年摧劲房，从今一德建新邦"即是指此。可是政局的

---

① 许寿裳：《中国民族精神的中心》，黄英哲编《许寿裳台湾时代文集》，台湾大学出版中心，2010，第240~243页。

② 许寿裳：《教授国文应注意的几件事》，《许寿裳台湾时代文集》，第175~181页。

③ 许寿裳：《怎样学习国语和国文》，《许寿裳台湾时代文集》，第121~174页。

④ 许寿裳：《对于本省今后语文教育的一点意见》，《许寿裳台湾时代文集》，第182~184页。

⑤ 《许寿裳诗稿》，《遗稿》第1卷，第780页。

急剧腐败让他大失所望。他想到新光复的台湾去施展自己的才华，陈仪来电邀请他到台湾主持编译馆工作只是一个契机。事实上，在台湾光复不到一个月，许寿裳就把自己的履历寄给陈仪。他到台湾既是时代的需要，也是他自己主动选择的结果。

第二，许寿裳到台湾以后，对台湾省编译馆的工作有自己的思考。他认为在台湾进行民族文化重建，既要努力为台湾同胞提供祖国优秀的"精神食粮"，清除日本殖民统治的影响；又要发挥台湾已有的文化优势，为祖国的学术文化进步做出贡献。他把台湾的文化建设与整个国家的建设与发展联系在一起。因此，他提出要在编译馆开展台湾研究，要延揽人才包括即将遣送回国的日本学者，把日本人已经取得的学术成果尽量接收下来，并继续发扬光大。许寿裳的这些思想和作为让我们看到光复初期台湾的文化重建并不只是单方面的输送民族文化的问题，而是双向的过程，即在重建民族文化的同时也要继续发扬台湾的文化特色。许寿裳在当时的历史环境下，能够提出要接收日本人的学术成果，并对日本人的学术成绩予以充分肯定，这是很值得称道的。这个思想不仅包含他的学术良知和理性思考，也饱含他对民族国家文化振兴的强烈愿望和使命感。

第三，"二二八事变"的发生改变了许寿裳对台湾文化建设的一些思考。如何尽快清除日本殖民统治的余毒成为他思考文化重建一个最急迫和现实的焦点。"台湾需要一个新的五四运动"，这是许寿裳在事变发生后提出的最重要的思想。台湾不仅要继承五四精神，提倡民主，发扬科学，而且要提倡实践道德，发扬民族主义。这四个任务都为了一个总目标，即"把以往所受的日本毒素全部肃清"。尽管编译馆已经被撤销，但许寿裳一直关注着如何在台湾弘扬中华民族的民族精神的问题，关注着如何教授国语国文，让台湾同胞尽快了解中华民族的优秀文化遗产。

历史的发展往往不是一帆风顺的，尤其在台湾刚光复初期。许寿裳在这样的历史转折点来到台湾，主持编译馆工作，担负着台湾文化重建的重要任务。许寿裳渡台以后的思考以及"二二八事变"后思想的演变，向我们呈现了战后台湾历史的曲折发展以及当时在台湾重建民族文化的艰巨而复杂的历程。

（作者单位：福建省社会科学院）

被忽视的暗潮：台籍精英光复台湾的
诉求及国民政府的回应

——以国民党台湾省党部为例

曹 艺

提 要 在国民政府筹划台湾光复和接收台湾以及战后建设的过程中，台湾省党部，无论是光复前的国民党直属台湾党部，还是光复后的国民党台湾省党部，都不是主导机构。光复后台湾省党部的工作重心在台籍人士和台湾民众，在一定程度上代表了台籍精英的立场。国民政府对台籍精英参政热情重视不够，对其有关台湾光复与建设的种种主张未能认真研究，吸取其有益成分，从而合理地建构台湾光复后的秩序。光复后的台湾，本省人与外省人的隔阂日增，导致怨愤丛生，矛盾激化，形成了政局中的暗潮，最终在偶然事件的引爆下，导致了一场波及全台的混乱。

关键词 直属台湾党部 台湾省党部 丘念台 林献堂

抗日战争时期，在祖国进行抗日活动的台籍志士很多，他们组建了不少抗日复台团体。为更好地处理有关台湾事务，加强对各团体组织的领导，1943年4月，国民党中央在福建漳州成立了"中国国民党直属台湾执行委员会"，台籍志士翁俊明被任命为主任委员。1945年9月，"中国国民党直属台湾执行委员会"改组为中国国民党台湾省党部，任命李翼中为省党部主任委员，丘念台、谢东闵等为执行委员。国民党直属台湾执行委员会不仅领导广大台胞进行抗日斗争，而且对战后中国收复和接收台湾进行筹划，提出了一系列收复和重建台湾的主张。台湾光复初期，国民党台湾省党部中的一些成员不仅参加了台湾的接收和重建工作，而且积极了解台湾现状，帮助台籍人士返回台湾，组建台湾光复致敬团，一方面表示致敬，另一方面也旨在向国民政府陈情，汇报台籍人士的建议和想法，以积极消除政府与民众的隔阂和两岸的暌隔。国民党台湾省党部在收复与建设台湾上有自己鲜明的主张，反映了台籍精英对于光复台湾的诉求。对于台湾省党部的复台筹划，国民政府除采取了部分主张外，大多没有听取和采纳。光复初期，有关台籍精英对于台湾现状的不满，以及台湾民众与长官公署乃至"外省"人的关系紧张情况，国民政府并非不知情。但是国民政府对于台湾民众的不满和台籍人士的呼声并未予以重视，没有及时进行疏解工作。本文希望以台湾省党部为例，分析台籍精英对于复台的主张、对接收的建议、对现状的不满、对改革省政的呼吁及国民政府的回应，来分析国民政府在战后收复台湾问题上的不足之处及对此后台湾局势的影响。

一　光复台湾的筹划：台人治台主张与
行政长官公署的建立

1943 年 11 月，国民党直属台湾党部主任委员翁俊明去世。之后，书记长林忠被任命兼任代主委。1944 年春，国民党中央任命萧宜增为代书记长兼主任委员，后任命王泉笙为主任委员。随着日本扩大对福建的侵略、福州沦陷，福建省政府内迁至三明永安，1944 年 3 月，国民党直属台湾党部迁址于永安文龙村。国民党直属台湾党部十分关注抗日战争和台湾形势，对如何收复和重建台湾提出了许多主张和建议，其中心议题就是"台人治台"。

1944 年 7 月，直属台湾党部委员谢东闵发表题为《认识台湾　研究台湾　收复台湾》的文章，呼吁台籍人士要重视台湾问题，此后不仅要特别关心台湾，切实注意台湾，并且要唤起其他同胞的注意 ，以免重蹈清廷过去的覆辙 。[①] 1945 年 5 月，在国民党第六次全国代表大会上，谢东闵受到蒋介石的接见。谢东闵向大会提出了《拟请中央统一和加强对台湾工作之领导案》，提出广泛延揽台籍人才，增加直属台湾党部经费，加强对国内台湾团体的领导。他指出："目前台湾党部工作，人力财力尚属有限，力量尚不充实，……闻国内有志之台胞亦尚未尽罗致在党部之内，其有组织之各单位隶属不同，不免工作参差，故统一与互相配合不甚紧凑，因而损及工作效率。""（一）欲扩大党之组织，宜先放宽尺度，洞开门户，以便延揽台之人才，充实党之干部，庶人地熟悉，有利于工作之进行。（二）光复在

---

① 谢东闵：《认识台湾　研究台湾　收复台湾》，张瑞成编《抗战时期收复台湾之重要言论》，台北：近代中国出版社，1990，第 228 页。

即，台湾人心必大振奋，故台湾党部之工作可能突飞猛进，随时开展，故其活动费用颇难预算，其工作方式仍应采秘密组织，故亦无法依照一般手续报销，只须领导人选得当，经费应大加宽筹，并设特别秘密开支项目，使能因利乘势便宜行事，以免捉襟见肘，窒碍难行。（三）国内台湾各革命团体力量，尚未能完全集中，拟请中央加以援助，并随时指导，使之形成抗敌巨大力量，使能协助国军光复故土，不独可以减少牺牲，并对国际观瞻收刮目相看之效，显示台胞确抱重归祖国之决心，而免其他觊觎讥讪之流弊。"①

1944 年 8 月，丘念台向国民党中央秘书长吴铁城提交了《复台大计管见》和《台湾党务改进管见》，建言"以建立三民主义新台湾省为最高原则"，从党务、军务、政务、经济、教育等方面提出复台主张。在政务工作上，主张政务工作的目的，一是要握紧民心，使台胞内向，勿离去，一面解除日本压迫剥削差别待遇，一面防阻国内贪污暴戾流入，务使勿感政较昔劣；二是要采善存良，一面施行民权平等诸新政，一面保存安定公平诸旧，现使感政较昔佳；三是要相励相成，务使对祖国互增效绩不相妨阻。在方法上，一、力用台人，机关用台人务达 60%，使秩序不变，人心相安；二、实施民权；三、才德主政，省主席应选任德誉崇高者，各机关主管，应选任有政绩良吏，均不限岛内人员，唯贪污应较国内严惩；四、选任国内干才，国内人任官务勿达 30%，专选有经验者以任高级，故稍讲习台事即足，不必再耗材费使训练；五、台人自任警察，驻军固全以国内人为主，警察则应仍用台人，唯以国内警官负主管监督；六、赋税不增；七、安定生计；八、保存法治；九、政令重民，台岛实务人员务少调动，国内人员担任辅导监督，为之表率，台岛政治最好能完全避免国内派系斗争影响。"以台治台，国人主之；主者尚德，辅者惟才，不弃其才，不扰其民，以民权民意为治，台可服矣。苟视为接收宝库，群趋享用；用人惟亲，弃法尚情，贪污苟且，残虐其民，则民必叛而独立，而共管，势甚累卵。"② 丘念台明确提出以台治台，台湾各机关人员中以台人为主，不能用人唯亲，贪污苟且。

对于国民党直属台湾党部的建议、主张和诉求，国民党中央基本都给

---

① 《六全大会代表谢东闵等提"拟请中央统一和加强对台湾工作之领导案"》，张瑞成编《台籍志士在祖国的复台努力》，中国国民党中央委员会党史委员会，1990，第 399 ~ 400 页。

② 丘念台：《复台大计管见》，张瑞成编《台籍志士在祖国的复台努力》，第 369 ~ 382 页。

予了答复和回应,① 但并未加以采纳,特别是对于"台人治台"的核心诉求,国民政府后来的行政长官公署制更是与之大异其趣。不仅如此,对于直属台湾党部反复提出的设立台湾省政府和省党部的要求,国民党中央和国民政府也未接受,而且还成立台湾调查委员会,主持收复台湾的设计工作。谢东闵、丘念台都主张台湾收复后实行省制,并上书设立台湾省政府,将直属台湾党部改为台湾省党部。1943 年 8 月 23 日,丘念台致函中央执行委员会秘书长吴铁城:"惟复省之议,对倭宣战废约已将两载竟未实现,不独未依东四省例设立台湾省政府,即党部亦未敢用台湾省党部之名,不能不令国内志士台岛遗民嗒然失望。事虽若极形式,然一复省制则台岛革命热情可提高,陷区台侨可离敌内向,美英可息共管分治等妄议。……敬恳公力促台湾复省早日实现。"②

1944 年 4 月 28 日,直属台湾党部上书国民党中央党部秘书处及组织部,请求恢复台湾省制,提出:"在成立省政府之前,似应先将本部改为台湾省党部,以加强组织,提高号召,始足振奋民心,运用民力,筹备民政;且本部现虽直属中央,但各方因名义不崇,地位不著,诸种进行,常多纷错阻滞,台胞亦不甚重视。"③ 4 月 29 日,直属台湾党部书记长兼代主委萧宜增致函吴铁城,提出拟将直属台湾党部改为"台湾省党部"。

对于直属台湾党部的要求,国民党中央认为是"斤斤于名分之争",应等台湾光复后关于省制问题决定后再议。1944 年 9 月 4 日,国民党中央执行委员会组织部致函中央秘书处:"查台湾党部所请恢复省制,似应在国土光复之后为宜,至先改该部为省党部一节,应俟省制问题决定后再议,又该部成立不久,亟应深入台岛组训台胞,以厚植党基,应毋庸斤斤于名分之争。"④

直属台湾党部请求改为台湾省党部,意在成为名正言顺的国民党中央在台湾地区的省级组织机构,规划设计收复和重建台湾的工作。但是这一愿望没有实现。不仅如此,1944 年 4 月,国民政府中央设计局成立了台湾

---

① 如国民政府行政院对谢东闵等的建议的处理意见是:"一,统一加强对台湾工作之领导案事属党务,已函请中央组织部核办见复。"见《六全大会代表谢东闵等提三议案决议及办理情形》,张瑞成编《台籍志士在祖国的复台努力》,第 404 页。

② 《丘念台为请恢复复台湾省制及设立台湾省党部呈中央执行委员会秘书长吴铁城函》,张瑞成编《台籍志士在祖国的复台努力》,第 324 ~ 325 页。

③ 《台湾省党部为请求恢复复台湾省制致中央党部秘书处及组织部呈文》,张瑞成编《台籍志士在祖国的复台努力》,第 354 ~ 356 页。

④ 《中央执行委员会组织部致中央秘书处函》,张瑞成编《台籍志士在祖国的复台努力》,第 358 页。

调查委员会，作为研究收复台湾工作的职能机构，长期主政福建的福建省政府主席陈仪被任命为台湾调查委员会主任委员。① 台湾调查委员会的成立，实际上表明它将成为国民政府收复台湾的筹划者，这使直属台湾党部感到失落。1944 年 7 月 8 日，直属台湾党部萧宜增致电吴铁城："胜利在望，台湾收复期近，中央设计局已成立台湾调查委员会，规划善后工作，惟台湾沦陷四十九年，一切政治社会，既不同于海外，与内地各省亦自有异，故对各项人选标准，除专家有能者外，似应尽量遴选与台湾有关系，或对台湾有特别研究者充任，使工作顺利，台湾党部为台湾最高党务机构，三年以来，深感现在与将来工作之艰巨，故敢渎呈鉴核，并恳转中常会核议为祷。"② 表达了直属台湾党部参加台湾调查委员会的愿望。

陈果夫将此函转给陈仪，并提出："可否由该部主管负责人员参与调查委员会工作，就近分负调查任务，借以加强工作效率。"③ 9 月 23 日，蒋介石也致电陈仪："台湾党部现任主任委员及书记长有无加入为调查委员，希再酌核为盼。"④ 陈仪回复，等直属党部"主任委员正式派定后再请增加本会委员名额派充委员"，并指出台湾调查委员会委员丘念台即系由台湾党部委员兼充。⑤ 到 1945 年 5 月，直属台湾党部的丘念台、王泉笙被任命为台湾调查委员会委员。这种安排，显然与直属台湾党部的期望相差甚远。

二　团结台籍人士　为台胞呼吁

1945 年 9 月，国民党第六届中央执行委员会常务委员会第十次会议决议，直属台湾党部改组为台湾省党部，依照甲级省党部编制，原任该部主任委员王泉笙，委员郭天乙、丘念台、谢东闵、陈邦基、杨达辉、廖启祥、杨万定、陈栋、张兆焕、黄敦涵，委员兼书记长萧宜增，均予免职；派李翼中为该省执行委员会主任委员，丘念台、谢东闵、郭天乙、张兆焕、林紫贵、刘兼善、徐白光、林炳康、李伯鸣、王蕴玉为执行委员，指定张兆

① 《台调会工作大事记》，陈鸣钟、陈兴唐主编《台湾光复和光复后五年省情》（上），南京出版社，1989，第 4 页。
② 《台湾党部萧宜增为请台湾调查委员会擢用专才以利复台工作进行呈秘书长吴铁城电文》，张瑞成编《台籍志士在祖国的复台努力》，第 363~364 页。
③ 《陈果夫致陈仪函》，陈鸣钟、陈兴唐主编《台湾光复和光复后五年省情》（上），第 36 页。
④ 《蒋介石致陈仪电》，陈云林主编《馆藏民国台湾档案汇编》第 22 册，第 201 页。
⑤ 《陈仪复陈果夫函》，陈鸣钟、陈兴唐主编《台湾光复和光复后五年省情》（上），第 36 页。

焕兼书记长。①

行政长官公署建立后，台籍精英在其直属机构及台湾各县市中任职比例并不高，据统计，在行政长官公署一级单位 18 位正副首长中，只有教育处副处长宋斐如一人是台籍人士。而在 16 位公署各机关主管与 17 名县市长当中，台籍人士也分别仅占 2 人（王耀东、陈尚文）和 3 人（黄朝琴、刘启光、谢东闵）。这六位台籍人士中除王耀东是本土医生外，其他都是从重庆返台的半山人士。② 台湾省党部的谢东闵任高雄县长，刘启光任新竹县长，在光复后的台湾施政方面，台湾省党部势力微弱。

台湾光复后，台湾省党部进行的工作除清理党员党籍、建立基层党组织机构、培训党务干部等党务工作外，还注重了解台湾民情、团结台籍精英、指导成立台湾民众协会，并向国民政府及行政长官公署就时政提出批评意见和建议。总体而言，虽然台湾省党部主任委员李翼中并非台籍人士，但省党部仍能站在台胞的立场，反对台湾特殊化，同情广大台胞。③

（一）组织访问团，了解台湾实际情况

台湾长期在日本统治下，其情形与大陆各省都不一样，自有其特殊性。为了解台湾社会的实际情况，为以后的工作提供依据，1945 年 11 月召开的台湾省党部第一次执委会议决定组织访问团，由李翼中任团长，张兆焕、林紫贵任副团长，分设三组，率领工作人员至新竹、台中、苗栗、嘉义、台南、高雄、屏东、花莲、苏澳、宜兰、淡水、北投、台北、基隆等地工作，历时 3 个月，足迹几遍全岛。访问团本着宣传重于组织、了解重于开展的原则，"故中心之工作为慰问台胞，宣扬主义，宣达中央德意，进而吸收优秀分子入党。在此三个月中先后举行三民主义宣传大会，召集各所在地士绅及农工等各界领袖举行座谈会，申述本党主义及沟通政府与民众间之意见，印发大批主义刊物布置各交通娱乐场所，如车站、码头、戏院等之宣传环境，同时并择优介绍地方领导分子入党，成立区分部加强领导与训练，由下而上，实行选举，期在实际工作中培植人才，以选举方式产生

① 《中国国民党第六届中央执行委员会常务委员会会议纪录汇编》，张瑞成编《台籍志士在祖国的复台努力》，第 407 页。
② 参见褚静涛《国民政府收复台湾研究》，中华书局，2013，第 481～483 页；陈思《林献堂眼中的国民党与台湾——以〈灌园先生日记〉资料为中心》，《台湾研究集刊》2014 年第 1 期。
③ 褚静涛：《国民党台湾省党部与"二二八"事件》，《南京社会科学》2007 年第 2 期。

基层党务领导分子，以为将来县市党部组织之健全干部"。① 可见，访问团不仅了解台湾民情，还努力进行宣传，促进民众对国民党和政府的了解，促进意见沟通。

（二）发展基层组织　吸收台籍精英加入

台湾省党部为发展基层组织，及早成立各县市党部，开展党务活动，分别在台北、台中、高雄三处，设置党务督导区，督导区设专员，分驻各县市指导推进党务工作，主要是：发展基层组织，及早成立县市党部；发展和训练党员；策动党员参加及指导人民团体之组织；策动党员参加公职候选人检核，竞选县市参政员；等等。② 各督导区的工作从 1946 年 2 月开始，4 月底结束。

在大多数县市党部已经设立的情况下，为指导党务工作的开展，台湾省党部在 1946 年 4 月决定成立各县市党务指导机构，先设立各县市党务指导员办事处（一若党部筹备处），遴选指导员，派赴各县市工作。其主要工作是：（1）扩大征求党员；（2）协助政府组织人民团体；（3）建立社会服务事业；（4）加强区分部之组织及工矿沿海区域区分部之筹组；（5）清理党员党籍及办理党员移转报到手续；（6）建立社会服务事业；（7）全县（市）有半数以上乡镇成立区分部时，即着手筹设正式党部等。③ 1946 年 1 月，经国民党中央组织部批准，台湾省铁道党务划归台湾省党部办理，在人数众多的台湾铁路员工中成立了特别党部。台湾省党部还举办党务干部训练班，对各委员及各县市报送的优秀台籍党员进行培训，④ 以壮大省党部的组织力量。

不仅如此，台湾省党部还注重与地方士绅交流沟通，广泛吸纳台籍精英入党。如吸纳林献堂加入国民党，林献堂出生于台中望族雾峰林家，是台湾地主乡绅阶层的代表人物，被认为是台湾民族运动的先驱者。日本投降后，林献堂满怀热情地迎接国民政府收复台湾，对协助政府建设新台湾满怀希望。但是以陈仪为首的台湾行政长官公署对他"一直有所提防，乃至视其为政治上的障碍，暗中对他进行排挤"。⑤ 台湾省党部对林献堂则颇

---

① 陈鸣钟、陈兴唐主编《台湾光复和光复后五年省情》（上），第 308 页。
② 陈鸣钟、陈兴唐主编《台湾光复和光复后五年省情》（上），第 308～309 页。
③ 陈鸣钟、陈兴唐主编《台湾光复和光复后五年省情》（上），第 309 页。
④ 陈鸣钟、陈兴唐主编《台湾光复和光复后五年省情》（上），第 310 页。
⑤ 陈思：《林献堂眼中的国民党与台湾——以〈灌园先生日记〉资料为中心》，《台湾研究集刊》2014 年第 1 期。

为重视，1945 年 12 月 1 日，李翼中致函邀请他加入中国国民党，林决定接受。① 12 月 13 日，林献堂参加了国民党台中党员的入党式，一同加入的还有他的儿子林云龙和黄朝清。② 此外，在台湾省党部的邀请下，台南著名医生、台湾民众党中央委员韩石泉，抗日人士、因东港事件被判刑的郭国基，台湾工友总联盟的李友三等加入了台湾的县市党部。③

在台湾省党部的指导下，1946 年 1 月，台湾抗日运动领袖蒋渭水的弟弟蒋渭川筹设台湾民众协会，4 月，在李翼中建议下，改名为"台湾省政治建设协会"。④ 协会由台湾文化协会、台湾民众党、工联、农组及台湾革命同盟会改组而成，致力于民主政治的提升与改革。在短短一年中，"台湾省政治建设协会"就有一万余名会员加入，在全岛各地设有分会。⑤

台湾省党部积极吸纳台籍精英，了解他们的愿望和需求，指导他们组织社会团体，提出自己的愿望和诉求，并鼓励他们向行政长官公署和国民政府反映问题，消除隔阂，共同建设新的台湾。

对于台湾接收工作，行政长官公署自认为"得以顺利完成，并无混乱脱节的现象发生，各项政务继续进行，人民生活免了许多惊扰，还算得到相当的安定"。⑥ 然而，日本投降时，台湾已是百孔千疮，日本控制着台湾的肥料，在战败前蓄意放弃米粮等各项物资的管制，导致粮食存量不足，粮价飞涨，通货膨胀严重。⑦ 加上行政长官公署在接收过程中贪污舞弊以及忽视台籍人士等用人方面的问题，光复初期台湾的实际情况与行政长官公署的报告有着很大的差异，台湾同胞对于当时的现状普遍表现出了比较强烈的失望和不满。

1946 年 2 月，国民政府宣慰使李文范来到台湾宣慰。2 月 7 日，台北民众召开大会，向李文范反映台湾的现状，台湾省党部主任委员李翼中参加

---

① 林献堂著、许雪姬主编《灌园先生日记（17）1945 年》，台北：中研院台湾史研究所，2010，第 405 页。

② 林献堂著、许雪姬主编《灌园先生日记（17）1945 年》，第 420 页。

③ 褚静涛：《国民党台湾省党部与"二二八"事件》，《南京社会科学》2007 年第 2 期。

④ 《蒋渭川年表》，陈芳明编《蒋渭川和他的时代》附录四，台湾前卫出版社，1996。

⑤ 蒋渭川：《台湾省政治建设协会略记》，陈芳明编《蒋渭川和他的时代》，第 199～201 页。

⑥ 《台湾省施政总报告》（1946 年 5 月），陈鸣钟、陈兴唐主编《台湾光复和光复后五年省情》（上），第 225、224 页。

⑦ 详见戚嘉林《国府接收台湾失败之研究——兼论其在未来对台工作之启示》，中国社会科学院台湾史研究中心、中国社会科学院近代史研究所台湾史研究室编《台湾光复六十五周年抗战史实学术研讨会论文集》，九州出版社，2011。

了大会。① 2 月 11 日，台湾民众协会向李文范宣慰使及杨亮功监察使提出建议，要求革新台湾政治，具体建议如下：（1）对台胞的歧视应予消除；（2）关于本省最高行政组织应予改正；（3）关于专卖制度应予撤销；（4）关于铁道运送的增价实为不当，应即恢复原价；（5）关于米荒问题应即时设法补救；（6）对国内收复区所有台胞生命财产应予切实保护；（7）对于国军军风纪应予严肃整饬，并划定营房，限时外出，庶免到处扰民；（8）全国国民大会本省代表名额及产生方法，应速规定；（9）为建设我国新海军，应在台创办海军学校及大规模造船厂；（10）本省贸易公司应予撤废；（11）对本省赋税，应遵照国民政府颁令，豁免一年，以示体恤；（12）本省陷敌已久，情形特殊，对于惩治汉奸，应有特别规定，不应依据国内惩治汉奸条例办理，故应请中央政府另行规定，应免有不肖之徒乘机敲诈；（13）对于贪污枉法官吏，应从严惩，并公开宣布，准由人民检举；（14）香港归侨均被英军非法剥夺，应请转由外交部提出严重抗议。②

　　对于收复和建设新台湾以及收复后台湾的状况，林献堂也多次通过不同的渠道予以反映。1945 年 12 月 8 日，行政长官公署召集台籍士绅三十余人开会，咨询如何建设台湾问题。林献堂提出："1. 请省政府速设法将在日本之台胞载回，用是船送还在台湾解散之日本军队。2. 训练新警察之必要，但不可限定采用中学校毕业者，若然人数定必不足。3. 米之统制已无法办理，唯此后奖励生产是最急务，然奖励生产非肥料充足、水利顺序不可也。4. 日本公债数十亿在台湾，若非设法为之整理，银行及信用组合即皆破产矣。以上诸问题请速与陈仪长官商定为盼。"③对于接收中出现的问题，林献堂也不掩饰自己的看法，1946 年 8 月 22 日，林献堂面见闽台区接收处理工作清查团团长刘文岛，告诉他："接收多有不正行为，台中比较好。陈长官虽勤勉，但其所用之人殊不适当，以致凡所接收之工场多中止作业，此后务须整理，若政府要者留之，不要者或贷或卖与人民，庶免生产停顿。"对此，刘文岛"颇以为然"。④

　　应当指出的是，对于台籍精英的意见，台湾省党部也是有所引导的。

---

①　褚静涛：《二二八事件研究》，社会科学文献出版社，2012，第 118 页。

②　闽台通讯社编《台湾政治现状报告书》，王晓波编《二二八真相》，台北：海峡学术出版社，2002，第 28～29 页。

③　林献堂著、许雪姬主编《灌园先生日记（17）1945 年》，第 413～414 页。

④　林献堂著、许雪姬主编《灌园先生日记（18）1946 年》，第 289 页。

对于接收过程中出现的具体问题，如经济、贪污作弊等，省党部鼓励台胞检举揭发。1946 年 7 月 21 日，在省党部举行的国父纪念周上，主任委员李翼中报告台湾的政治现状，分析官民隔阂的症结，勉励党员协助政府肃清贪污，共同建设新台湾。① 8 月 15 日，李翼中发表谈话，呼吁省民协助闽台区接收处理工作清查团，踊跃密告检举贪官污吏：“余极盼众台湾同志同胞，共秉除恶务尽之义，竭各人之所知，摒绝一切感情作用，切实搜集证据，向该团密告或检举或将被贪官污吏隐匿盗卖之敌伪产物，其隐匿盗卖之数量人名地点时间具体向该团密告。”② 对于台籍精英关于台湾行政、经济、米荒、人事及文化等方面的意见，也鼓励提出。但是若涉及台湾政治体制这一根本问题时，省党部则会明确表态。如一直推崇联省自治制度的林献堂，在台湾光复后仍然没有放弃自己的主张，在 1946 年 8 月 6 日台中市参议院为林献堂、黄朝清饯行时发表讲演，宣扬“非联省自治决不能救中国，亦不能救台湾”。③ 对此，8 月 9 日，李翼中明确表示反对联省自治。④

台湾光复后，虽然台湾省党部的主任委员李翼中并非台籍人士，但在他的领导下，台湾省党部深入台湾各地了解民情，建立基层国民党组织，吸纳台籍精英加入各级党部，支持组织民众团体，鼓励台胞检举问题、提出意见，应该说是站在台胞的立场，在相当程度上反映了台胞的意愿和要求。

三 组织台湾光复致敬团 加强台胞和祖国的交流

1946 年 2 月 22 日，在台湾省党部主任委员李翼中会见林献堂时提出了三件事，其中之一是：“蒋委员长特派李文范来宣慰，先生当组织一答礼团往南京”，林献堂承诺“渐次办理”。⑤ 3 月初，丘念台回到台湾，任国民党台湾省党部执行委员和台湾省监察委员。回台湾后，丘念台对于政府施政和民间动态特别注意考察，“尤其当社会心理日趋反常之际，一切不良的现象，都会随时可能发生。经过深入审察的结果，发现上下都不了解，内外

---

① 台北《民报（晚刊）》1946 年 7 月 22 日，转引自褚静涛《国民党台湾省党部与“二二八”事件》，《南京社会科学》2007 年第 2 期。
② 《李翼中谈话》，台北《民报（晚刊）》1946 年 8 月 15 日，转引自褚静涛《国民党台湾省党部与“二二八”事件》。
③ 林献堂著、许雪姬主编《灌园先生日记（18）1946 年》，第 268 页。
④ 林献堂著、许雪姬主编《灌园先生日记（18）1946 年》，第 273 页
⑤ 林献堂著、许雪姬主编《灌园先生日记（18）1946 年》，第 71 页。

也有隔膜，驯致误解愈深，怨愤愈大。自上看下，认为故意撒野；而由下看上，则诋其自私无能。这样对立下去，那就不成样子了"。① 为消除这些不良现象，丘念台主动到各地去旅行访问，实际从事奔走疏解，做沟通官民的桥梁。

3月31日，丘念台等到台中拜访林献堂，"为鼓舞全台出代表者二十三名往南京，对蒋主席答应派李文范为特使来宣慰，及表光复感谢之意"。林献堂、丘念台、黄朝清、叶荣钟等共同对此事进行了协议。② 4月3日，在台中的会上，丘念台提议选25名代表前往南京，"对蒋主席表感谢光复之意"，并募集150万元台币以寄赠将士遗族、医院、教育部、党部，为完成募集目的，设筹备委员进行募款。③ 据一些台湾学者的研究，日本投降后，一些台胞为改善自己的处境，保住生命财产，将向国民政府及其军队献金作为一种必要的付出。丘念台曾在广东组织台胞献金，以求善待台胞。④ 此次组织"台湾光复致敬团"，丘念台提出募集台币捐给祖国，既是作为致敬团的礼物，也是为了表达台胞爱国之热忱。⑤

虽然如此，无论是台湾省党部主任委员李翼中提议组织"答礼团"，还是丘念台努力推动"台湾光复致敬团"成行，其主要目的还是在于鼓励台胞和国民政府间的交流和沟通，促进台胞对大陆的了解和认识。正如丘念台自己说的那样："准备邀集各界知名人士到国内去访问，让他们了解中央和国内同胞，对于台湾实有深厚的民族爱。在这个大范围之下，原谅部分地方接收人员的过失；同时也让中央了解台民的热心爱国，以及台民对政府的拥护与敬意。用以加强上下的联系，进而疏解日据时代所遗留下来的长期隔膜。"⑥

"台湾光复致敬团"最后成行的成员有林献堂、黄朝清、叶荣钟、张吉甫、林叔桓、林为恭、姜振骧、钟番、陈逸松、李建兴以及领队丘念台，财务委员陈炘，秘书林宪、李德松、陈宰衡。出发前，行政长官公署和省

---

① 丘念台：《我的奋斗史》，台北：中华日报社，1981，第324页。
② 林献堂著、许雪姬主编《灌园先生日记（18）1946年》，第114页。
③ 林献堂著、许雪姬主编《灌园先生日记（18）1946年》，第119页。
④ 据研究，战后，在上海、东北、广东、厦门的台胞都曾向当地政府或驻军献金。"献金给祖国，以求得谅解，这种观念和作法是战后台湾人一种为改善自己处境、保住生命财产必要的付出，甚至可以说是赎罪的表现，其大都由半山发起。"见许雪姬《交流与再认识：谈"台湾光复致敬团"的任务》，第32~33页。
⑤ 许雪姬：《交流与再认识：谈"台湾光复致敬团"的任务》，第35页。
⑥ 丘念台：《我的奋斗史》，第326页。

党部李翼中分别向国民政府和国民党中央报告。① 当时，有关台湾现状的负面报道和台湾民众的不满，国民政府已有所了解，陈仪不但致电做解释，而且还在记者会上对台湾现状进行了说明。但一些台胞对陈仪的解释并不认可，1946 年 3 月 13 日，旅沪福建台湾各团体向各报发送了"驳斥陈仪关于台湾现况谈话致各报书"。对此，陈仪的不满是可想而知的。对于"台湾光复致敬团"，行政长官公署提出了五项"奇怪的条件"：（1）不许做过日本贵族院议员的林献堂任团长；（2）不许曾被公署拘留的台绅陈炘做团员；（3）必须自台北直赴南京，不得在上海停留及先接受台湾人团体的招待；（4）不得上庐山晋见蒋主席；（5）不必前往西安祭黄陵。② 8 月 24 日，致敬团成员前往行政长官公署晋见陈仪，陈仪说："从来台胞少往内地，此次大家发愿上京观光，是台胞热烈爱国的表现，那是很有意义的。……我们应该利用望远镜来观摩整体的优点，不宜利用显微镜来仅窥局部的劣点。"到南京见蒋公主席时，"对于台湾政情和民意，尽管率直进言，好的说好，坏的说坏，不必有所顾虑"。③ 致敬团出发前夜，陈仪又设宴招待全体成员。

1946 年 8 月 29 日，致敬团一行搭乘飞机到达上海，受到上海台湾同乡会的热情接待。因为行政长官公署的规定，致敬团只在上海停留了一夜，次日就前往南京。在上海，林献堂和丘念台发表了书面谈话，大致内容是："台湾同胞，懔于往辙，深信内忧为外患之媒，欲免外患，必先无内忧，同人愿望全国一致团结。近闻有人窃议台胞对于祖国发生离心，实为无稽之谈。"④ 8 月 29 日到 10 月 4 日，致敬团参观考察了上海、南京、镇江、无锡、苏州以及西安、临潼和耀县，遥祭黄帝陵，并晋见了蒋介石，拜会了行政、

---

① 台湾行政长官公署的电文是："本省民众以沦敌多年，一旦重归祖国欣见天日感幸莫名，爰自动献金及组织台湾光复致敬团晋京向主席致敬分谒各院部会首长并拟谒陵兼赴西安谒黄帝陵寝，献金国币五千万元已由台湾银行汇至贵处，内四千万元系慰劳抗日阵亡将士家属及补助建设新国防暨补助教育党务等费用，余一千万元系李建兴之母李白氏娘娘教育献金，乞转陈誉收示复。团员代表人数暂定十五人将趁机飞沪转京，其姓名俟行期决定并电达……"《国民政府 台湾民众组织光复致敬团晋京等事与行政院等来往文件》（1946 年 4 ~ 8 月），陈云林主编《馆藏民国台湾档案汇编》第 88 册，第 363 ~ 366 页。

② 丘念台：《我的奋斗史》，第 327 ~ 328 页。对于行政长官公署给"台湾光复致敬团"规定五项条件的原因，许雪姬进行了细致的分析，大致有以下几点：林献堂、陈炘的"汉奸"身份；担心致敬团与上海台人团体接触，告知不利之消息，以作为指责行政公署的材料；不希望致敬团面见蒋介石，免去被"告状"的危险。详见许雪姬《交流与再认识：谈"台湾光复致敬团"的任务》，第 40 ~ 43 页。

③ 丘念台：《我的奋斗史》，第 328 页。

④ 《台湾光复致敬团 林献堂等昨抵沪》，《申报》1946 年 8 月 30 日。

司法、考试、监察五院院长及司法部、外交部、社会部、教育部、农林部、水利委员会、侨务委员会等，拜会了上海市、南京市、陕西省、耀县、无锡县等地方行政长官，以及台湾、福建、广东同乡会成员。在促使国民政府了解台湾情况、了解台胞愿望和要求方面，致敬团做了以下工作。

1.9月30日晋见蒋介石，蒋开门见山地说："现在台胞的生活，相信要比战前辛苦多了！"林献堂告诉蒋，"目前物价比从前昂贵，这是痛苦的"。蒋介石说："现在没有异族压迫了，物质上虽是辛苦，但在精神上定感快乐，因为大家都已做了国家的主人翁。"当蒋介石问到目前台胞最感痛苦的是什么时，林献堂回答："失业者日增，与物价高涨。"蒋介石说："经过一个时间，相信可以恢复安定的。"蒋介石还关心台胞一般的体格，"问常会陈长官否"，林献堂一一作答。最后，蒋介石说："台湾一切都很进步，而且一切都有基础，希望大家努力实行三民主义，则将来台湾省必可成为全国的模范省。"林献堂表示："台胞对台湾省建设一定努力去做，而对祖国建国复兴的工作，也很愿意担负责任。"①

2. 致敬团拜会各院、部时，分别谈到了和台湾有关的各项问题，致敬团提出的意见，"亦多获致接纳"。如国府典礼局长兼代参军长吴思豫曾向林献堂询问："一、陈仪长官政绩；二、在台军队纪律；三、台湾粮食问题；四、台省每月产煤数量；五、一般交通情形。"林献堂分别作答，由此可见，国民党政府对于光复后的台湾政情是十分关心的。丘念台一直在为台籍战犯与汉奸问题申诉，在赴司法院拜访秘书长茅祖权谈及这个问题时，丘念台首先感谢司法院过去通令勿办台胞汉奸之罪的明智决定，继又请秘书长转达院方，"对于台湾汉奸和战犯罪名的冤抑所在，还须通令各地军政机关，再作详细解释，俾能彻底了解中央意旨。至于当时仍然扣押在京沪及各省的所谓台籍战犯，亦曾请其设法早予释放。勿令新光复的台省人民，误解政府宽待日寇而重办台胞，使之滋疑伤心！茅氏都答允转达妥办"。②

3. 致敬团行程结束之际，10月4日上海市参议会、市党部举行招待会，招待致敬团与上海市新闻界见面，林献堂、丘念台、陈炘、陈逸松或致辞，或介绍致敬团的收获，并对台湾经济和省政提出改革建议。林献堂说："台湾在过去八年，幸赖全国军民之奋斗抗战，卒获光复。过去五十年间，台

---

① 丘念台：《我的奋斗史》，第346～347页。林献堂著、许雪姬主编《灌园先生日记（18）1946年》，第358页。

② 丘念台：《我的奋斗史》，第333～334页。

胞受日人之奴化政策，尝尽敌人摧残威迫，但我们始终努力团结，保持固有文化。今日台湾回到祖国怀抱，如小弟弟一般，希望老大哥多多指教领导，共同努力建设新国家，国内纠纷赶快和平解决，使建设有望，亦是台湾六百卅万同胞所一致希望云云。"丘念台报告了四点观感："1. 此次回到祖国，感觉亲切热诚，使我等一享家庭温暖。2. 台胞在过去五十年，因受日人离间，致颇多隔膜，但现在已了解了。3. 同人等来到祖国见到一家兄弟吵架，觉得很伤心，我们吃过五十年亡国痛苦，深切希望国家应赶快走上强国之途。4. 希望国家赶快求得和平，重事建设。并希望国内同胞勿歧视台胞，事实上六百卅万台胞全系纯粹中国民族也。"陈炘回答了记者所询问的台湾工商业情形。他说，目前工商业尚在接收过程中，其延迟不上轨道之原因，在于过去工商企业在日人手中，一旦接收，人力财力均感不足；以后宜分三个阶段发展：（1）完成接收工作，继续生产；（2）恢复战前状态；（3）改良及增进生产。对于有关台湾省行政长官公署的询问，陈逸松发表个人意见说：（1）台湾全体人民都希望中央能撤销行政长官公署制度，而设置省政府制度；（2）长官陈仪道德学问均好，唯因理想太多，不切实际，故徒然造成官僚制度。[①] 他明确要求在台湾实行省政府制度，改革台湾政治。

台湾光复致敬团是台湾光复后第一个由来自台湾本岛的台籍人士组成的赴大陆访问团。其组建的目的就在于消除台籍人士和政府及大陆间的隔阂，互相交换看法，使民政府及时了解台胞的状况和愿望、要求，从而消除双方的疏远和误解。因此，无论致敬团成员表达了怎样的对台湾的看法和意见，都应视作双方的一个沟通过程，对国民政府了解光复后的台湾情况具有积极的作用，更表明了以林献堂、丘念台等为代表的台籍精英对国民政府的良好愿望。

四 国民政府对光复后台籍精英诉求的回应

抗战结束后，国民政府面临着庞大的敌产接收和复原工作以及复杂的国内局势，头绪繁多，变幻莫测。国共谈判、中苏关系、东北问题，都是决定战后中国走向的重要问题。对于台湾，蒋介石认为："台湾与海南实为

---

① 《市参议会市党部招待台湾致敬团 林团长等深望祖国和平建设 陈炘表示台湾行政应加改革》，《申报》1946年10月5日。

今后国防资源与军事工业及海空军之基地，应积极经营与设施也。"① 但是和战后东北问题比起来，台湾接收显然要排在后面一些了，正如行政院长宋子文所说的那样，"东三省之重要远在台湾之上"。② 因此，为集中精力解决急迫难题，同时保证台湾接收工作的顺利开展，国民政府确定在台湾实施行政长官公署制度，任命陈仪全权主持接收台湾工作。蒋介石明令："查台湾（含澎湖列岛）之受降、接收、警备，业经令由台湾省行政长官警备总司令陈仪全权负责在案，关于一切接收事项因台澎情形特殊，为齐一步骤，免致分歧贻误起见，各部会署所接收人员应尽可能纳入台湾省行政长官公署或警备总司令部组织之内，其必需另行组织者亦概受陈长官统一指挥，俟接收完了再行清划职权，复归各主管部会署之节制。"③ 由此，作为台湾地区最高行政长官兼警备总司令，陈仪掌握了军政大权，从而使战后台湾接收和重建工作带着其浓重的个人色彩。

这种个人色彩最突出的表现就是陈仪的亲朋故交被安排在行政长官公署各部门的重要位置，台籍精英设想的"台人治台"局面不但没能实现，反而产生被排斥、被弃置的感受。还在 1945 年 10 月初陈仪即将赴台之时，当时行政长官公署各处处长人选已经公布，著名报人、台胞李纯青在《台湾民声报》上发表《送陈仪将军》一文，指出陈仪这样做，会让台湾人感到"祖国太残酷了"。文章这样说："或谓：'台湾民心待收拾，应以提拔台湾人，鼓励台湾民心。'说这话的，对长官公署弃置台湾人，深表遗憾。任何省都有本省的省政府委员，话虽有理，但期期以为不必争执此事。因台湾乃以国家力量收复的，人事行政当然归中央支配，省界观念必须泯灭。或为台湾革命奔走半生或一生者，固甚愿荣归故里，这也是人情之常。但我却认为中国已经一统，何必'楚材楚用'？进一步说：干革命的人，也未必尽适合于做官，走错了路该埋怨自己。惟为陈长官方面打算，无台湾人可是一种损失。'十室之内，必有忠信。'难道台湾一省，完全没有政治人才吗？即使如此，人必不怪台湾人，而怪陈长官乃以统治殖民地的姿态出现，如台湾人对长官公署作如是想，而其心境的悲哀就太大了，祖国也太残酷了！民主是现政治的主流，我相信陈长官必不忽略台湾的民意。"④ 接

---

① 《蒋中正总统档案事略稿本》第 63 册，台北："国史馆"，2012，第 134 页。

② 《蒋中正总统档案事略稿本》第 63 册，第 115 页。

③ 陈云林主编《馆藏民国台湾档案汇编》第 35 册，九州出版社，2007，第 205 页。

④ 纯青：《送陈仪将军》，《台湾民声报》第 9、10 期，第 4 页。

收尚未开始，人事安排就已令台籍精英心灰意冷。接收工作开始后，掌握长官公署及县市各机关重要事务的大多是以闽浙为主的大陆籍官员，台籍精英的参政之路并未如设想地那样拓宽。陈仪在台湾推行激进的国文国语普及措施，在短时期内废除日语日文、改用汉语汉文，并将之与公务员考试及录取相关联，这不但断绝了许多不会国语或国语不好的台籍精英的参政之路，也使大量接受过日本中等以上教育的台胞，顿时成为"文盲"或"半文盲"。加上因财政困难，各机构大量裁人，被裁减的都是台籍精英，而且台籍人员和大陆籍人员同工不同酬，待遇相差过大。这些都引起了台籍精英的不满，很容易有"外省人"与"本省人"的想法。

（一）国民政府对台籍精英要求的具体问题的处理

国民政府对于光复初期台湾的现状和台籍精英的不满是有一定程度了解的。从1946年1月起，国民政府监察使杨亮功就报告了台湾的情况和台胞的不满。1月21日，杨亮功在致监察院的电文中指出："台省人士对地方政府近有不满表示，各地发现反对标语，报纸亦不断指摘。其原因：（1）米粮统制配给致演成米荒，现已取消配给办法。（2）贸易统制剥夺民营事业。（3）台省人民能力较低，被认为政府高级公务员者甚少。"[①] 1946年1月，闽台协会向国民党提交了一份《台湾现状报告书》，指出，现在台胞对祖国"热情渐转冷淡，由热烈欢迎而冷眼旁观"，要求取消日警日官，惩办汉奸；停用台银券；取消战时统制法令，废除中间剥削机构，奖励产业自治；以及海内外台胞救济刻不容缓。报告书最后指出："以上所举各点，仅属台情之一端，若任其自然演变，将来之结果诚不堪设想，故请中央各方面考察实情，从速设法补救，以奠定百年基础。"[②] 对于这份报告书，国民党给予了相当重视，国民党中央执行委员会秘书处将报告书转发行政院，希查照核办。此后，内政部、财政部、司法行政部、经济部、善后救济总署都予以查办回复。其中，对于取消日警日官建议，内政部明确，台湾省境内的日侨应按照内政部已颁布的训令处理；所用日本官警除技术人员经呈准留

---

① 《监察使杨亮功关于台湾人民对国民政府米粮及贸易统制办法等不满情形致监察院电》（1946年1月21日），中国第二历史档案馆编《中华民国档案史料汇编》第5辑第3编政治（4），江苏古籍出版社，1999，第680页。

② 《国民党中执委秘书处抄送〈台湾现状报告书〉致行政院函》（1946年1月16日），《中华民国档案史料汇编》第5辑第3编政治（4），第668～672页。

用外，一律解除职务，与其他日侨同样处理，分别遣送回国；关于台湾各警察机构接收台湾警察干部情形如何以及留用日本官警究竟有多少，已向长官公署询问，但未报部，有待长官公署的详细报告。① 关于停用台银券及台湾币制问题，财政部的回函是：日本投降台湾接收时，即决定停用台湾银行券；因台湾情形特殊，目前币制仍按陈仪所拟办理，中央银行暂缓在台湾设立分行，但可派员前往监理台湾银行发行新台币；现行的台币与美元的比率，是由行政长官公署规定的，事先未报财政部批准；台币与国币的兑换率，财政部正在审慎合议。② 另外经济部也回函表示"注意改善"，"并从监理方面进一步实行接收整理"，对由经济部主管的有关各点都做了解释和答复。

1946 年 2 月 8 日，台北民众在中山堂召开大会，大会议决 12 项建议，请李文范宣慰使转呈中央，它们是："（一）登用人才（二）承认合法的人民团体（三）严定官纪（四）迅速恢复治安（五）改革卫生行政（六）确定选举制度（七）积极设法防止米荒（八）开放全省山场木材（九）加紧工厂开工（十）撤销贸易公司（十一）迅速恢复教育（十二）积极防止失业。"③ 对于这些请求国民政府解决的事项，经济部转台湾省行政长官公署予以提出解决方案。对于尽量任用台人的问题，陈仪"再三表示大公无私，对台人同等待遇，并无轩轾。惟因台湾沦陷颇久，一向被其压迫，对于政治生活难免稍欠经验，必须略加选择或训练。现政府机关及工厂等除尽量选用台籍技术员工外，并加紧训练台胞，随时分发任用"。关于农民缺乏肥料，请即配购增加生产意见，"查本省工矿处接收大批菜种子等肥料，均已价让农林处，已售农民，并已向内地采购磷矿石以作制造原料，加强生产，充分配售"。④

不仅如此，美国驻台湾记者牛顿（William Newton）在他撰写的有关台湾的通讯中对行政公署进行抨击："（一）台湾之中国行政当局充满腐败散漫气象，毫无从政之能力。（二）重庆政府委派前往台湾之大小官员均竭尽其吸收贪图能力，现台湾全岛之血液几一滴无余。（三）劫掠恫吓没收及其他不顾人民权利之事件层出不穷。（四）岛上时常出现打倒主席（按：台湾

---

① 陈兴唐主编《南京第二历史档案馆藏台湾"二·二八"事件档案史料》（上卷），人间出版社，第 54 页。
② 陈兴唐主编《南京第二历史档案馆藏台湾"二·二八"事件档案史料》（上卷），第 55 页。
③ 闽台通讯社编《台湾政治现状报告书》，王晓波《二二八真相》，第 27 页。
④ 陈兴唐主编《南京第二历史档案馆藏台湾"二·二八"事件档案史料》（上卷），第 57、59 页。

主席）之口号及标语。"① 1946 年 4 月，《密勒氏评论报》发表了题为《混乱中的台湾》的文章，指出："自从台湾接收后，近六个月来在陈仪将军治理下，行政公署对政府及该署本身的功绩，可说是极少甚或可以说是没有。台湾是由坏的境地走向更坏的境地了。"②

对于美国记者对台湾行政腐败混乱情况的报道和对长官公署的批评，国民政府依程序转给了内政部与粮食部以及台湾省行政长官公署。陈仪致电国民政府和蒋介石，对米、煤、糖价格及烟、酒、食盐公署专卖等具体问题进行了说明和解释。但陈仪总体认为："查台绅中向为日人御用者顿失地位，每好诋毁政府信口雌黄，甚或谬谋独立。同时日俘、日侨更施其桃色外交诱惑盟国之人致不顾我之政策如何？环境如何？现实如何？有颠倒宣传者，美记者牛顿来台采访，专以日人、台人为对象，倾听一面之词。曾请其晤谈，借明政府设施，未荷见顾，其所见闻，难免失实。窃仪之为政，历均仰承钧座，对事讲求实际，对人一秉大公，惟政策之推行，有非短时期所能奏效者，自当竭尽智能，坦白将事，以舒廑虑，谨电禀复。"③ 从陈仪的回复看，他对自己的施政还是很有信心，认为只是失去了日据时代地位的台籍士绅的不满和怨言，并不全面，甚至是妄谋台湾独立。国民政府对于陈仪的辩解和看法基本没有异议，认为："查台湾沦敌已久，光复后遽将原有规章完全变更，易于混乱，故一切暂仍旧制，尚非割据。"④ 从避免台湾出现混乱、稳定局面考虑，国民政府依然支持陈仪在台湾的施政措施。

（二）改革台湾省制的呼声及国民政府的回应

除台籍精英不断提出的对于台湾现状不满及接收中的具体问题的意见外，在台湾省改制问题上，台籍精英也不断向国民政府提出在台湾实行省制，与其他省一致，实行军政分治。1946 年 1 月，政治协商会议前，台胞向国民政府行政院提出："（一）谨请中央颁布国民大会台湾代表选举条例，

① 《行政院为中美记者报导台湾行政混乱等事与国民政府文管处等来往文件》（1946 年 4 ~ 8 月），陈云林主编《馆藏民国台湾档案汇编》第 88 册，九州出版社，2006，第 368 ~ 369 页。
② 《行政院为中美记者报导台湾行政混乱等事与国民政府文管处等来往文件》（1946 年 4 ~ 8 月），陈云林主编《馆藏民国台湾档案汇编》第 88 册，第 384 页。
③ 《行政院为中美记者报导台湾行政混乱等事与国民政府文官处等来往文件》（1946 年 4 ~ 8 月），陈云林主编《馆藏民国台湾档案汇编》第 88 册，第 376 ~ 380 页。
④ 《行政院为中美记者报导台湾行政混乱等事与国民政府文官处等来往文件》（1946 年 4 ~ 8 月），陈云林主编《馆藏民国台湾档案汇编》第 88 册，第 385 页。

循行各省市例，选出国民代表参加首届国民大会。（二）谨请中央依各省例设立台湾省政府，以求政制统一，实行军政分治，切实使台湾中央化，而避免有重行殖民政策之非议。（三）谨请中央限期设立台湾各级民意机关，依照各省县市例，修改选举法，实施普选制度……"①1946年春，台籍精英向国民党六届二中全会请愿，提出了十二条要求，将改革省制、统一政制作为首条。②

在大陆的台湾团体和一些国民党的高层也提出在台湾设立省政府的要求，如：国民党中央监察委员袁雍等15人提交的国民党六届二中全会第16号提案，即"东北各省及台湾所有一切政治经济制度与设施应与内地各省一律，不得自成集团，植国家祸乱之源，启外人觊觎之提案"；闽台建设协进会陈碧笙等向六届二中全会主席团呈交的"请速废台湾特殊制度"案；渝、昆、柳、桂、闽、台各团体对台湾施政建议书；等等。其中，陈碧笙提出："（1）速废行政长官特殊制度。政令统一为中央多年致力之国策。陈长官治台举凡民、教、财、建以及军事、司法皆统一于长官一尊，中央各部会派员赴台则拒绝之，出入境人等非经长官准许不得自由。至于各机关之名称及组织亦皆表现特殊以别各省，是当日日本台湾总督尚无如此权威。故行政长官之制度不废则台民实未解殖民地之倒悬，几疑中央不予以平等待遇也。（2）即日建省，厉行军民分治。行政长官公署裁撤之后，应即任命主席及各厅委组织省政府，与东北及内地各省同归划一中央，对边陲省份一例推行省制，台湾更无庸例外。"③1946年7月，闽台建设协进会上海分会、台湾重建协会上海分会、福建旅沪同乡会等到南京，向国民政府、立法院、行政院请愿，要求撤废台湾省行政长官公署，成立省政府。

对于这些呼吁，国民政府中央设计局、内政部给予了回复。1946年5月，中央设计局经讨论后决定："台湾省行政长官公署之设置亦系国民政府为便于处理该省光复事宜之一种临时措施，现在该省既已完全归还祖国，其国际关系又不若东北各省之复杂，长官公署似应于一年期满时依照省组织法改组为省政府并设立厅处。""在台湾省尚未改制以前，凡有关全国性之措施，如外交、货币、贸易、司法等，该省行政长官公署应切实遵照国

---

① 闽台通讯社编《台湾政治现状报告书》，第26页。
② 闽台通讯社编《台湾政治现状报告书》，第29页。
③ 《行政院核办东北各省及台湾省改制问题案与内政部等来往文件》（1946年4月），陈云林主编《馆藏民国台湾档案汇编》第88册，第6～7页。

策及中央现行法令由中央统筹办理。"① 中央设计局认为设立长官公署只是为台湾光复实施的临时性措施，在一年期满后应改组为省政府。改制前，涉及全国性措施，应由中央统筹办理。

1946 年 8 月，内政部认为，台湾省行政长官公署制度"应暂不变更（至少二年内），理由如下：（一）台湾光复未久，人心尚待安抚，省级最高机关威信甫立，不可遽于变更组织，使人民有朝令夕改之感。（二）台湾受战事影响，各种事业破坏停顿，诸待兴复，需要强有力之政府推动一切，若强使与其他省政府组织一律，无异由紧凑趋于散漫，不但无益且有妨碍。（三）省应采首长制或委员制各有利弊，争论已久，建国大纲规定省设首长，将来宪法中关于省级组织有采首长制废除委员制可能，台湾现制正可为首长制奠定基础。应俟宪法实行，省制确定后一律改正，不必于制宪声中多一纷更"。② 最终，国民政府仍是延续行政长官公署制，台湾改立省制的要求没有实现。

（三）蒋介石巡视台湾后的嘉许

1946 年 10 月 21~27 日，台湾光复一周年之际，蒋介石巡视台湾，对台湾的收复工作表示认可。在台北记者招待会上，他说："看到台湾复员工作已经完成百分之八十，衷心甚为欣慰，尤其交通与水电事业，皆可说已恢复到战前日本时代的标准。因此，一般经济事业都能迅速恢复，人民都能安居乐业，以台湾的交通经济以及人民生活情形，与内地尤其是东北、华北比较，其优裕程度，实不可同日而语。"③ 因此，蒋介石对台湾未来的建设充满信心，他在台湾光复周年纪念会上说："本省的物资条件相当优厚，国民教育亦甚普及，民意机构又已全部成立，人民与政府共同努力，在陈长官领导之下，我相信台湾省的前途，一定灿烂光明，一定是可做全国的模范省。"④ 在日记中，蒋介石也说台湾将可以作为一个"模范省"，他

---

① 《行政院核办东北各省及台湾省改制问题案与内政部等来往文件》（1946 年 4 月），陈云林主编《馆藏民国台湾档案汇编》第 88 册，第 54~55 页。
② 《行政院核办东北各省及台湾省改制问题案与内政部等来往文件》（1946 年 4 月），陈云林主编《馆藏民国台湾档案汇编》第 88 册，第 26~27 页。
③ 蒋介石：《巡视台湾的感想——在台北记者招待会上的谈话》（1946 年 10 月 27 日），陈鸣钟、陈兴唐主编《台湾光复和光复后五年省情》（上），第 303~304 页。
④ 蒋介石：《台湾光复一周年纪念会训词》（1946 年 10 月 25 日），陈鸣钟、陈兴唐主编《台湾光复和光复后五年省情》（上），第 302 页。

写道："台湾尚未被共党分子所渗透，可视为一片干净土。今后应积极加以建设，使之成为一模范省，则俄共虽狡诈百出，必欲亡我而甘心者，其将无如我何乎？余此次巡视台湾，在政治上对台湾民众之心理影响极大也。"①

　　蒋介石此次巡视台湾，时间虽然不短，但接触的主要是陈仪等长官公署的军政官员，在《蒋中正总统档案事略稿本》的记载中，除台湾省参议会参议长黄朝琴代表全省民众向蒋介石宣读致敬词外，没有看到蒋与台籍精英座谈或沟通的记录，他看到的台湾民众，不是"欢喜踊跃"，就是"欢呼赞叹"，表现出的是热烈的欢迎气氛。② 对于台胞的建议，蒋介石表示："凡是合理而有利于台湾复兴建设的事情，中央政府不断的在督促指示长官公署积极推进。"③ 希望台胞共同努力，建设台湾。

五　结语

　　从光复前的国民党直属台湾党部，到光复后的国民党台湾省党部，在国民政府筹划台湾光复和接收台湾以及战后建设的过程中，都不是主导机构。与陈仪主持的行政长官公署不同，光复后李翼中主持的台湾省党部的工作重心倾向于台籍人士和台湾民众，倾向于国民党基层组织的建构，并广泛地吸纳台籍人士参加县市党部。因而，对于台湾的基本情况、台民的愿望、台籍精英的政治诉求，台湾省党部有着更深、更全面的了解，也在一定程度上代表了台籍精英的立场。

　　不可否认，台湾省党部和行政长官公署存在党政不和、党内派别之争。但应该注意的是，在培植民族国家力量和影响、消除日本殖民统治观念方面，两者是共同的，只是方法不一样。行政长官公署是凭借行政力量，自上而下地实施接收政策，希望尽快地使台湾从行政和心理文化上回归祖国，因而对台籍精英的主张和愿望考虑较少；台湾省党部则更多地从台胞的立场出发，将他们纳入国民党组织，对其社会组织及建议主张予以引导，并鼓励台胞与祖国的沟通和交流，以形成台胞对祖国的认同及其主人翁责

---

① 《蒋中正总统档案事略稿本》（67），台北："国史馆"，2012，第 375～376 页。
② 如 10 月 21 日记载：在台北，"公及夫人莅临，欢喜踊跃，其热烈较之抗战胜利时景况又有过之也"；10 月 23 日记载："午后，由台中乘车……途经雾峰、草屯、埔里，沿途民众瞻仰欢庆，络绎不绝。"《蒋中正总统档案事略稿本》（67），第 338、357 页。
③ 蒋介石：《台湾光复一周年纪念会训词》（1946 年 10 月 25 日），陈鸣钟、陈兴唐主编《台湾光复和光复后五年省情》（上），第 303 页。

任感。

从光复台湾的理念和行政设计开始，台籍精英的筹划就与国民政府的准备与计划有着很大的差异。光复后，掌管台湾政治权力和重要事务的几乎都是"外省人"，台籍精英处于被排斥的地位，他们找不到光复后当家做主的感受。加上在台湾接收过程中出现的贪腐现象和混乱事件，更使台籍精英对行政长官公署不满，他们不断提出自己的主张和建议，希望得到国民政府的重视，改革省政。

国民政府战后面临复杂的局势和棘手的问题，因而设立台湾省行政长官公署，全权接收台湾，希望以此保证台湾局势稳定。对于台湾的现状，国民政府有一定的了解；对于台籍精英提出的一些具体问题，也予以解决，或转长官公署解决。但对于台胞对现状的不满及其背后的要求，因为和战后大陆地区相比，台湾的情况相对要好，因而国民政府并未给予太多关注，对于台籍精英及岛内外关于在台湾改制、设立台湾省制的呼声，因为担心朝令夕改而出现混乱，故无所作为。

客观地看，台籍精英的主张和要求并非都具有可行性，但国民政府对台籍精英的参政热情及对收复台湾的主张没有予以足够多的注意和认真的研究，从而吸取有益成分，疏解不利之处。蒋介石认为收复后的台湾，生活虽不如日据时代，但自己成为主人，没有了异族压迫，精神上是快乐的。然而台籍精英不但没有主人翁之感，反而因为部分接收人员的"征服者"的态度和作风，心生反感。本省人与外省人的隔阂日增，矛盾激化。对此长官公署与国民政府也并未多加注意，也没有采取化解措施。互不理解导致怨愤丛生，矛盾的聚集激化，形成了政局中的暗潮，最终在偶然事件的引爆下，导致了一场波及全台的混乱。

（作者单位：中国人民抗日战争纪念馆）

日本殖民台湾与殖民朝鲜的比较研究

许介鳞

提　要　在日韩合并100周年的2010年8月10日,日本民主党首相菅直人,表明日本将诚实面对历史,对日本殖民统治朝鲜半岛所带来的莫大损害与苦痛,痛切地反省及由衷地致歉,并且将日本宫内厅所保管的"朝鲜王室仪轨"等朝鲜半岛的贵重图书,归还韩国。日本首相的道歉谈话,仅对殖民统治36年的朝鲜半岛而发,对殖民统治长达50年的台湾,则没有任何道歉之意。日本人对台湾,趾高气扬地认定:台湾的"现代化"或"资本主义化",是日本的殖民统治奠基的,是日本"苦心经营"台湾的结果。既然日本是台湾"现代化"的功臣,就没有必要对台湾道歉,反而乐意接受"台湾人"的感谢。台湾与朝鲜半岛,都经过日本的殖民统治,后来都经历了内战,而陷入"分裂国家"的状态。本文尝试分析何以"朝鲜人"能拂拭日本殖民统治的伤痕,让日本人肃然起敬,痛切地反省和致歉;而"台湾人"经过日本50年"皇民化""同化"之后,成为世界上最"媚日"的人群。

关键词　日本　殖民　台湾　朝鲜

一　朝鲜比台湾历史文化深厚

(一) 日本教科书不写对台"侵略"

在日本的近代史中,对外"侵略"而经营的殖民地,最早最长的,莫过于台湾,然而日本的教科书几乎都是记述日本对台湾的经营开发,很少教导学生日本对台湾"侵略"的事实。因此,一般日本人对朝鲜还有侵略的愧疚感,对台湾则相反,内心则保持着把台湾"现代化"的成就感。

李登辉、陈水扁执政时期,一些以研究台湾史为业的学者,见风转舵,为了反对国民党史观，纷纷"转向"，迎合日本口味，说"后藤新平是台湾现代化的推手"，"八田与一是热爱台湾的日本人"等，赞美日本对台湾的殖民统治。并且顺着日本人的逻辑，修改、编写教科书，教导学生，美化日本统治为"资本主义化"或"现代化"。某些人还主张台湾要有"主体性"。如果依照这个逻辑，台湾是经过日本统治才"现代化"的话，不是暴露了没有日本统治，台湾人自己不能自行"现代化"的奴才史观吗？那么又有什么面目谈台湾的"主体性"？

台湾变成日本的殖民地，是日本靠战争取得的"战利品"，因战胜迫使清廷割让台湾给日本。中日爆发甲午战争（1894～1895），事件与台湾没有关系，那是朝鲜半岛的"东学党"起义，日本借口派兵所引起的侵略战争，不是台湾惹起的战争。但日本战胜中国，却要用"割让台湾"来解决，台湾人民认为这是没有道理的。结果日本对此"战利品"，强调享有自由处分之权。实际上，台湾人民包括原住民起来抵抗日本的侵略，比中国大陆更为长久和激烈。中日甲午战争从1894年7月25日黄海海战到1895年5月8日签订《马关条约》，总共不到一年。而台湾的抗日运动，从1895年"割台"到1915年"西来庵事件"至少持续了20年。1915年7月9日，余清芳和江定所率领的抗日队杀死34名日本警官，8月2日突破日警的包围，杀死日警等日本人20名，台湾总督府派出很多日本军警围捕镇压才将其平息。总督府设临时法庭，根据"匪徒行法令"告发1957人，其中起诉1413人，判死刑者866人，有期徒刑453人。其后，台湾的抗日志士，被日本军警借故一个个捕杀。台湾的抗日才从"武斗"改为"文斗"。

（二）日本对朝鲜的侵略方式

朝鲜变成日本的殖民地，并不是像台湾那样，被当作日本的"战利品"来处理。朝鲜本来就是文化历史深厚的国家，虽然在日本军国主义者的刀枪逼迫下被迫隶属，朝鲜民众的抵抗不用说，领导者中的大院君、国王高宗、王后闵妃等，都持续地对日本采取各种方式的抵抗。

当时，朝鲜朝野中，对朝廷的作风也有不满意的，出现要模仿日本追求"开化"的精英。1881年朝鲜国内兴起"开化"风潮，朝鲜政府以金允植为"领选使"，派遣38名留学生到天津机器局学习中国的洋务运动。同一年，另派遣朴定阳、洪英植、鱼允中等12名朝廷之士和随员共62名，组成"绅士游览团"到日本视察。这一年是日本开设国会之年。善于谋略的福泽谕吉，趁机派遣手下井上角五郎到汉城（首尔），创办官报兼新闻的《汉城旬报》，并由庆应义塾（今庆应大学）接收朝鲜留学生，以方便日本伸展势力到朝鲜。

1884 年激进开化派的金玉均、朴泳孝等，利用邮政局落成典礼，策划"甲申政变"，但仅三天即终了。1894~1895 年，日本趁朝鲜农民起义之机，出兵干涉，强制朝鲜推行"内政改革"，这时稳健开化派金弘集、金允植、鱼允中等主导"甲午改革"，加之俄、德、法"三国干涉"，迫使日本势力一时撤退而失败。①

1895 年日军与日本浪人袭击景福宫，杀害闵妃。朝鲜欲学习日本的"文明开化"，反而遭到日本无情的侵略。1910 年在日军武力下，被迫签订《日韩合并条约》，被日本吞并。朝鲜在日本的军事压力下，被迫缔结《日韩合并条约》，起码是以"主权国"同意的形式，因此依照条约规定，日本必须平等对待朝鲜人，让朝鲜人参与地方政治。

与朝鲜比较起来，日本对台湾的殖民统治，从出发点，就不平等对待台湾人，也不让台湾人参加地方政治。日本的启蒙思想家福泽谕吉谈到对台湾的处分时说："应该效法盎格鲁撒克逊人种开发美洲大陆的办法，把无知蒙昧的蛮民，尽予驱逐境外，由日本人掌握殖产上的一切权力。"② 在日本第一流知识分子福泽谕吉看来，台湾人只是"无知蒙昧的蛮民"。

日本统治台湾 20 年后，东乡实、佐藤四郎两人共著《台湾殖民发达史》，其结论说：日本统治台湾的根本，乃施以恩威并济的办法，对待"殖民地土人"，并学列强的世界政策，移植本国过剩的人口，为本国提供廉价的粮食及原料品，而日本制商品也确实且永久地需要一大殖民地；台湾从地理位置来看，是经营南亚及南洋的策源地，也是经营热带殖民地的实验地。③ 由此亦可见，日本殖民台湾的目的，不是台湾的"现代化"，而是将其作为日本帝国扩张的工具。

（三）台湾最初只有原住民族居住

台湾是位于太平洋上的岛屿，本来只有原住民族居住，因此台湾的文

---

① 山田昭次、高崎宗司、郑章渊、赵景达：《日本と朝鲜》，东京：东京书籍，1995，第 38~43 页。

② 《福泽谕吉全集》第 15 卷，第 266 页。

③ 东乡实、佐藤四郎：《台湾殖民发达史》，台北：晃文馆，1916，第 482~487 页。

化，除了原住民文化之外，后来的大部分都是汉族文化，是随着福建、广东的汉族移民，从中国大陆传来的。所以日本人在殖民统治期间，都称台湾人为"殖民地土人"。就是在"皇民化"之后，称"台湾人"也存有轻蔑的意思，因为只有纯正的"日本人"才是真正的日本国民，至于台湾的原住民则被视为禽兽，从来不被作为"法治"的对象看待。连为日本卖命的"高砂义勇队"也不是正规的日本兵，而是法律编制外帮日军运送军用物资的"军夫"，也就是打杂的"台佣"。

因此，台湾岛上除 17 世纪短暂地有郑氏被封为王之外，没有皇族存在。从"唐山过台湾"的拓垦者，逐渐成为地主势力，占据台湾要地。日本从清朝手中取得台湾以后，对台湾的殖民地统治中，根本不需要去对付"割台"的满族王朝，而只需要对付勇敢剽悍的原住民族以及台湾的地主势力。相对的，朝鲜有 500 多年的李氏王朝文化传统，日本对朝鲜的殖民地统治，必须尽全力于操纵朝鲜的李氏王族。

台湾在历史上虽曾长时间与汉族接触，但台湾岛屿的主人是不使用文字只凭记忆的原住民族。所谓罗汉脚的"唐山过台湾"来谋生以后，汉民族陆续移居台湾，到 17 世纪后半叶的 1684 年，清廷才正式宣布台湾为中国领土，台湾在福建省管辖之下，设一府（台湾府）三县（台湾县 = 台南、凤山县 = 高雄、诸罗县 = 嘉义）。接着在安平、嘉义、台南建立儒学堂。从此 200 多年间，大批福建、广东的汉族移居台湾开疆拓土，但是清廷对台湾的统治，始终采取消极政策。到 19 世纪末的 1885 年，台湾才从福建省脱离升格为省，第一任台湾巡抚刘铭传到任后的 1886 年，开始积极地推行台湾的洋务运动，包括实施清赋（土地调查）、敷设铁路、樟脑专卖、邮政制度等。然而，1895 年《马关条约》的"割台"，使此前约 10 年台湾洋务运动的建设成果全部被日本没有代价地接收过去。

（四）日本人说台湾没有文化

日本著名的教育家伊泽修二（1851～1917）原是文部省官吏，后来辞去官职，创立"国家教育社"，欲推行"国家主义教育"。1895 年 4 月，即"割台"的《马关条约》缔结前两个月，伊泽从东京到广岛的大本营去晋见内定为第一任台湾总督的桦山资纪，毛遂自荐地说，愿意到台湾移植"国家主义教育"。他深信，日本据台后，除了以武力征服之外，必须征服"台湾土民"的精神。因为他认为对台教育是此后日本推进到大陆的兵站基地，一个重要的教育实验地。桦山将就任台湾总督，正需要掌管殖民地教育的人才，立刻接受他的自荐，聘他为台湾总督府的学务部长。

伊泽赴台之前，在5月25日的《广岛新闻》上发表他的台湾教育谈。言谈之间，说到台湾是"愚蠢的沉沦于一个动物的境界""可怜的蛮民""台湾五百万蛮族"等，[①] 蔑视台湾是一个没有文化的地方。

伊泽到任后，看中台北近郊的芝山岩，其地设有惠济宫，旁有文昌祠，即在此地开设"国语（日语）传习所"。1896年元旦，国语传习所的6名日本教职员要到台北贺年，走到圆山河畔被抗日分子袭击而死。这件事的起因是日军占领台湾后，行军中常奸淫台湾妇女。杀害日本教职员的抗日领导简大狮，就是妻子、母亲、嫂嫂、妹妹皆被日本士兵奸杀，家族10多名成员惨遭日军凌虐而死。这种国仇家恨，成为袭击日本人的动机。

（五）朝鲜有更深厚的历史文化

朝鲜文化相对来说起源比日本还早，虽然朝鲜有好几个世纪向中国朝贡，但在政治、经济、文化各方面都相当独立，中朝边界也维持相当安定的状态。李氏王朝（1392～1910）在朝鲜是持续了518年的王国，在东亚算是一个很长久的王朝政权。

1868年日本明治维新，经由对马藩，以文书向朝鲜通告日本政变，传达日本改为"天皇亲政"，其中有"皇""敕"的文字。朝鲜政府认为，"皇""敕"的文字，显示日本天皇欲居位于朝鲜国王之上，大院君主政下的政权拒绝受理。1873年朝鲜改为闵氏政权，仍然不接受日本有"皇""敕"字样的文件。

日本即兴起"征韩论"，派遣军舰到朝鲜沿岸施加压力。1875年日舰"云扬"号进入朝鲜的江华岛水域，遭到朝鲜江华岛草芝镇的守军炮击，日本应战，攻击江华岛以及附近村镇，造成35人死亡。1876年日本以"云扬号事件"为借口，以军事压力强迫朝鲜签订《朝日修好条规》（又称《江华岛条约》）。在缔结这一不平等条约以前，朝鲜与日本的关系本来算是对等的，之后因军事实力的差距，朝日关系才转变为不平等了。

回顾朝日关系的前期历史，在西方列强侵入东亚以前，朝鲜带给日本先进的文化，然而，朝鲜国土却一直遭受日本侵略。4、5世纪，日本侵入

---

① 戴国辉：《日本人》，东京：新人物往来社，1973，第46页，转引自信浓教育会编《伊泽修二选集》。

朝鲜古代国家"任那",到 14 世纪朝鲜又受"倭寇"侵害之苦,16 世纪丰臣秀吉更进一步"出兵朝鲜"。丰臣秀吉出兵朝鲜时,被当地的义勇军击败,后来在朝鲜咸镜北道境内,竖立"北关大捷碑",这是有关朝鲜人抵抗日本的最早的历史纪念碑。到了 20 世纪日本占领朝鲜半岛时,"北关大捷碑"被日军搬走,存放在东京靖国神社内。现在朝鲜的韩国政府,皆要求日本归还这个有历史意义的纪念碑。无论如何,日本的古代文化是从朝鲜传来的,现在连平成天皇都承认日本与朝鲜的血缘关系。

当代的平成天皇,在 2001 年 12 月 12 日生日的当天,很坦白地说出日本与朝鲜的血缘关系。他说,依《续日本纪》的记载,桓武天皇的生母是百济武宁王的子孙,武宁王与日本的关系很深,从那时起日本每一代都招聘五经博士到日本,武宁王之子圣明王,向日本传布了佛教。[①] 538 年,百济的圣明王赠送给大和朝廷佛像与教典,是佛教正式传到日本的历史记录。

(六) 丰臣秀吉侵略朝鲜的残酷记录

近世日本,足利政权在京都室町开启幕府,称为室町时代,朝鲜与日本的关系算是和平而友好的。但是在室町末期,"倭寇"(日本海盗)袭击朝鲜沿岸地区,称为"倭害"。更夸张的是,丰臣秀吉在 1592 年和 1597 年先后两次侵略朝鲜,日本武士团总共约 30 万人蹂躏朝鲜半岛,给朝鲜人带来很大的伤害。侵朝日军将朝鲜的学者、陶工以及农民等,强掳到日本,并强夺大量的朝鲜"书册"、铜版活字到日本。

丰臣秀吉第一次侵朝的"壬辰倭乱",强行绑架朝鲜学者姜沆,并夺取朝鲜"书册",使得日本后来在德川幕府时代能确立"朱子学"为官学。

丰臣秀吉侵略朝鲜时,日本武士团削取了朝鲜人的耳朵或鼻子,这种行为称为"劓"。日本武士为什么有"劓"的残酷行为呢?因为人头太重不方便带回去报功,因此削耳朵或鼻子作为替代,削取越多的耳朵或鼻子,越能向丰臣秀吉报功请赏。依日本史学家林罗山《丰臣秀吉谱》的记述,削取的耳朵数目不下 5 万个,用盐腌于木桶,运回日本。[②] 现葬于京都市东山区的丰国神社门前,形成如古坟状的盛土,称为"鼻冢"。林罗山说,称为"劓"太野蛮,应改称"耳冢"。"耳冢"埋葬了约 25000 只耳朵或鼻子,

---

① Ken Joseph, *Lost Identity*,东京:光文社,2005,第 63~64 页。

② 韩桂玉:《征韩论の系谱——日本と朝鲜半岛の 100 年》,东京:三一书店,1996,第 25~26 页。

可见丰臣秀吉侵略朝鲜的凶残。

二 日本"征台"比"征韩"容易

(一)"征韩"或"征台"的论争

日本在"王政复古"（明治维新）的政变后，1868年成立明治新政府，对外政策从"尊王攘夷"改变为"开国和亲"，而攘夷意识则改变形态，变成对外侵略思想。日本对强势的西洋列强，当然进行"和亲"，而侵略目标则指向弱势的东亚弱邻，因此，一开始就有"征韩"或"征台"的国策论争。特别是闹得沸沸扬扬的"征韩论"，引起日本明治6年（1873）的政变，主张"征韩"的实力派5参议——西乡隆盛、板垣退助、副岛种臣、江藤新平、后藤象二郎，联袂辞职下野。日本当局搁置了"征韩"而先进行"征台"，是从国际情势判断，"征台"比"征韩"容易得多。

先从列强会不会干涉来说，日本割据台湾的1895年，正是帝国主义瓜分殖民地的全盛时期。台湾人民反对将台湾割让给日本，因此成立"台湾民主国"，竭力呼吁西洋列强出面干涉，但是西洋列强是帝国主义势力，本来就是殖民主义的元凶，怎么肯帮助台湾成立"民主国"呢？

而且，日本在外交上已经布置好一切条件，让西洋列强不得不承认，日本占据台湾，乃是仿效列强在国际斗争场，战胜国可以获得"战利品"的法则。列强之中，俄、德、法"三国干涉"日本，让日本退还辽东半岛给中国，是深恐日本侵进大陆直接威胁到它们在华利益及权益的扩张，其实列强早就想要瓜分中国。至于台湾，有剽悍的原住民族死守乡土，列强只好在台湾的南北部开设商馆，与汉族移民贸易，以获得利益。1874年日本出兵"征台"，欲雇美国轮船"纽约"号，美国人李仙得（Le Gendre）、克沙勒（Cassel）、布朗（Brown）、瓦生（Wasson）等，虽被美国公使平安（John A. Bingham）阻止，但日本还是以步兵一个大队，并征集旧萨摩武士300名为主力，总共3658人的兵力，发动4艘军舰出兵台湾，在南台湾社寮（车城乡四重溪口）登陆，攻打牡丹社的台湾族原住民，大肆烧杀。[①] 在"征台"20年后的1895年，《马关条约》"割台"，变成日本加入"列强俱乐部"的入场券。

---

① 藤井志津枝：《近代中日关系史源起》，台北：金禾出版社，1992，第4章。

（二）日本必须先笼络朝鲜王室

相对来说，朝鲜在 1910 年被日本吞并以前，就有列强势力长期的对立抗争。日本吞并朝鲜的口实是：朝鲜如果没有日本来合并，也会被西洋列强合并，朝鲜人由同样的亚洲人统治，总比被西洋人统治要好。因此日本吞并朝鲜之后，朝鲜总督府每年编英文版的《朝鲜的改革与进步年报》（*Annual Report on Reform and Progress in Chosen*），向各国宣称，朝鲜在日本统治下如何地改革与进步。[①]

当时日本判断，清政府不会以长期抗战的精神抵御，可以轻而易举地掠取台湾岛；但是，朝鲜有 500 多年悠久的李氏王朝，日本一下子要吞并朝鲜半岛不容易，必须想办法笼络朝鲜王室。电视连续剧《明成王后》描述日本人如何地欲怀柔朝鲜王室以及朝鲜人前仆后继的爱国精神。像这样的剧，"媚日"的台湾根本制作不出来。

（三）日本怀柔朝鲜国王为日本傀儡

为什么日本必须怀柔朝鲜国王使其成为日本的傀儡呢？因为李氏王朝存在了 518 年，比德川幕府 260 多年要长得多，日本人不能忽视这个历史的分量。李氏王朝的建国是在 1392 年高丽灭亡之时，当时日本处于在室町幕府结束南北朝的动乱中，中国则是朱元璋灭元朝而建立明朝的时期。朝鲜的李朝从此延续到 1910 年被日本吞并为止，历经 500 多年。对于这样有长久历史文化的朝鲜，日本要将其变为殖民地，必须先从笼络朝鲜国王、把国王塑造成日本傀儡着手。

1863 年朝鲜成立大院君政权，这是因为国王直系没有王位继承者，由王族内的其他系统选出次王为继承者，这时选出即位的国王称为高宗（1863~1907 年在位），其血缘的父亲被尊称作"大院君"，成为"摄政"掌握实权。大院君采取"卫正斥邪"政策，即维护朱子学正统、排斥欧美基督教的锁国攘夷政策，由此引发 1866 年、1871 年的两次"洋扰"。但是，他的撤废书院、重建景福宫等政策，也遭到守旧派儒生的反对。大院君执政 10 年之后，于 1873 年下台，由闵氏政权取代。

大院君的夫人闵氏，推荐闵妃为高宗之妃。闵妃在宫中内外扶植闵氏

---

① Mark R. Peattie：《植民地——帝国 50 年の兴亡》，浅野丰美译，东京：读卖新闻社，1996，第 281 页。

家族的势力。1873 年大院君下台之后，当政的闵氏政权改采"开国"政策，但是 1876 年在日本压力下，闵氏政权屈服而签订《朝日修好条规》的不平等条约，此后，朝鲜逐渐沦落为日本以及欧美的半殖民地。闵氏政权在1882 年的"壬午军乱"、1884 年的"甲申政变"中被打倒，但得到清朝的支持而复权，直到 1894 年被日本推翻，执政约 20 年。

（四）日本趁机占领朝鲜王宫

1894～1895 年，朝鲜半岛发生东学党农民起义，日本趁机出兵朝鲜，制造对中国开战的口实。但是，中日甲午战争实际上是从日军占领朝鲜王宫开始的，对此日本一直隐瞒，直到 100 年后，日本史学家在参谋本部的"战史草案"中发现了这个事实。[①]

1895 年 4 月中日签订《马关条约》，清政府承认朝鲜独立。7 月，日军占领王宫，扶植大院君，策划政变，成立开化派的傀儡政权，称为"甲午更张"。闵妃派政权即被驱逐下台。俄、德、法三国干涉之后的 1896 年 2月，李范晋、李完用等"亲俄派"将高宗和王太子迁移到俄国公使馆，成立亲俄内阁，高宗在俄国公使馆内执行政务。日本军国主义者痛恨闵妃，认为她借俄国势力恢复政权，于是没耐心的日本侵略者，一不做二不休，残杀了"联俄抗日"的闵妃。

（五）日本残杀爱国的闵妃

1896 年 10 月 8 日清晨，在日本公使三浦悟楼的指挥下，日本守备队400 多人以及日本浪人集团，侵入朝鲜京城的景福宫，残杀闵妃于寝室，并将尸体拉到后庭凌辱，然后淋洒石油焚毁。日本同时抬出大院君当傀儡，成立金弘集为首的亲日开化派政权。当时的首谋者三浦虽然伪称此事件是朝鲜军队的内乱，但是有美国人目击实际的谋杀案，使得日本遭受国际舆论的责难。

日本所谓的"启蒙思想家"福泽谕吉，立刻想出日军残杀闵妃的对应方法，就是密命手下撰写"朝鲜王妃传"，捏造闵妃是阴险、妒忌、残忍的妖妇，以掩饰日本人的阴险、刻毒、残忍，通过编造闵妃在世时的残忍行为，告知美国人，以缓和美国对日本人的恶劣印象。福泽谕吉想到即做到，

---

① 中冢明：《历史の伪造をただす》，东京：高文研，1997，第 37～68 页。

43

立刻指派庆应义塾的教师林釟藏，向浪人井上角五郎叙述闵妃的故事，编写为日文，再指派工藤精一翻译为英文，然后投书到美国各报去。[1] 日本的"启蒙思想家"，就是这样篡改历史来"启蒙"日本民众去追随军国主义的。但是从朝鲜人的立场来看，闵妃是一位对日本人的野心最后觉醒，而拒绝继续采取亲日政策的爱国者。今日流行的韩国电视连续剧《明成皇后》，就是以戏剧的形式追究过去的历史事实，推翻日本侵略者史观，向21世纪的朝鲜人民传达过去朝鲜的领导层也曾艰辛困苦地抵抗日本的侵略。

（六）高宗皇帝不肯当日本傀儡

1897年1月，朝鲜决定追封闵妃为"明成皇后"。2月，朝鲜国王高宗从俄国公使馆回宫廷，10月举行皇帝即位典礼，国号改为"大韩帝国"，高宗改称为"皇帝"，王妃闵氏为"皇后"，王太子改称"皇太子"。11月22日举行"明成皇后"的国葬。

1898年，大院君去世。高宗皇帝没有出席生父大院君的葬礼，因为高宗的心底一直强烈地怨恨"闵妃谋杀案"的牵连者。李承晚在年轻时参加"独立协会"运动，1897年被捕入狱，1904年出狱。当时致力于韩国独立的爱国人士认为李承晚是去美国呼吁履行"美韩友好条约"互相防御条款的适当人选，于是为他准备了学生护照，并在箱底夹层藏了高宗给韩国驻美公使馆的密函，由李承晚携带赴美。[2] 李承晚在华盛顿大学、哈佛大学念书，取得普林斯顿大学哲学博士，在美国展开朝鲜脱离日本殖民统治的朝鲜独立运动。1945年8月日本战败投降，10月李从美国回国，开展反对朝鲜"委托统治"运动。他是亲美的反共主义者，1948年成立"大韩民国"时，得到美国的支持，就任第一任总统。

（七）谁较爱国？李承晚 vs 李登辉

李承晚的"爱国"意识，也有历史的连续性。从1952年1月18日他发表的"邻接海洋主权宣言"中，可以看出他有强烈的爱国意识。李承晚在日韩两国之间的海域上划定界线，称为"和平线"（日方称为"李承晚线"），设定朝鲜半岛周围的水域，离岸200海里，包括"独岛"（韩日领土

---

[1] 石河干明：《福泽谕吉传》，东京：岩波书店，1932，第45页。

[2] 罗拔·奥利华（Robert Oliver）：《李承晚传》，李健、叶天生译，香港：展望出版社，1955，第71页。

争议之岛，日本称"竹岛"）的表面、水中、海底的一切天然资源、矿物、水产物等，皆归属韩国。为保护该水域的鱼类资源，将水产、渔猎业置于韩国政府监督下，但不妨碍公海上的自由航行权。①

台湾"总统"李登辉，也许是日本殖民统治的伤痕没有治愈，竟然完全依照日本政府的意思，宣称"钓鱼岛属于日本领土"，甚至出动军舰阻止台湾渔民的抗议。② 韩国李承晚与台湾李登辉的"爱国"意识，相比起来，为什么差距这么大呢？

2005年4月李登辉属下的台联党主席苏进强赴日本参拜靖国神社，2007年6月李登辉赴日本参拜靖国神社。此时正值日本首相小泉纯一郎参拜靖国神社，而朝鲜两国人民、中国舆论大声谴责日本之时。

也许李登辉患了比斯德哥尔摩综合征（Stockholm syndrome）更严重的病。李登辉身为台湾"总统"，对日本侵略者不但没有痛恨，甚至反过来有"认同感"，存有帮助日本侵略者的一种情结。李登辉曾亲口对日本作家司马辽太郎说："我直到22岁是日本人呀。"③

（八）朝鲜先沦落为日本的保护国

日本并不是一下子就能并吞朝鲜，而是先要经过"保护国化"的阶段。1899~1900年日本进行朝鲜土地收买事业，1900~1901年推行朝鲜借款供与计划，然后与俄国展开朝鲜铁道敷设权获得计划。④

1905年3月，韩国皇帝高宗又写一封密函给驻上海的俄军少将，请其转达诉请俄国政府，牵制日本蛮横地企图要将朝鲜沦为日本的保护国。日本则先由日本宪兵队掌握京城的治安权，11月由特命全权大使伊藤博文强迫高宗接受变朝鲜为日本保护国的"第二次日韩协约"。条约签订之后，群众聚集"大韩门"前，要求毁弃此新约，接着各地兴起反日暴动，侍从武官长闵泳焕甚至自裁抗议。

韩国沦为日本的保护国之后，对外已经不是一个独立国家，对外关系即由日本外务省处理，但是对于内政，应该还有一定的自主权。然而日本在汉城设立统监府，并在统监的指挥之下，配置日本人顾问到韩国政府各

① 永野信利编著《日本外交ハンドブック》，东京：サイマル出版会，1981，第189页。
② 许介鳞：《对日外交2：为什么盲信？——李登辉、陈水扁时代》，台北：文英堂，2009，第5页。
③ 司马辽太郎：《台湾纪行——街道をゆく四十》，东京：朝日新文社，1994，第104页。
④ 森山茂德：《近代日韩关系史研究》，东京：东京大学出版社，1987，第53~116页。

部局，进行把韩国变为日本殖民地的准备工作。1907 年日方再加强统监府的权力，配置日本人为各部局的次官（次长），全盘地操纵韩国的内政。

（九）以海牙密使事件为借口吞并朝鲜

高宗贵为"大韩帝国"的"皇帝"，不愿沦为日本的"儿皇帝"，但是求救无门。然而他又寻求管道，获得一则消息：1907 年 6 月将在荷兰海牙召开"万国和平会议"。于是他再写密函，派遣李儁等 3 人为代表，携带密函出国到海牙，准备出席万国和平会议，将韩国的苦状诉诸国际。密函内容是，缔结保护条约不是高宗皇帝的意志，请求各国维持正义，毁弃 1905 年日韩保护条约，使之无效。然而海牙和平会议以朝鲜已经失去外交权为理由，拒绝高宗派来的密使参加。密使们诉说保护条约的不当，但各国代表都不理，让他们痛感"和平"为名的国际会议，不过是容忍侵略的帝国主义外交的场所。为表达抗议，密使李儁 7 月在海牙自裁殉国。

日本的韩国统监伊藤博文立即追究高宗派遣海牙密使乃是"非法行为"，逼总理大臣李完用等全体阁员劝告高宗让位，高宗不得已发出让位以及解散军队的诏敕。侍卫大队长朴星焕因此自裁，[①] 以表示朝鲜家臣坚强的忠诚心，而朝鲜各地也爆发激烈的反日暴动。日本欲将朝鲜的全盘内政置于日本监视之下，1907 年 7 月，强迫其接受"第三次日韩条约"以及秘密备忘录。内容是韩国的内政置于统监指导之下，任命日本人为官吏，法令的制定、高等官吏的任免，必须经过统监的认可。秘密备忘录规定：大审院长、大审院检察总长、各部次长都要使用日本人，韩国军队必须解散。日本压制朝鲜官民的抵抗，往吞并韩国之路更推进一步。

1907 年 8 月 1 日，在京城举办韩国军队的解散典礼，但韩军与日军爆发冲突，被解散的韩军加入抗日起义的"义军"行列，"义军"运动扩大到全国。另外，日本为了笼络王室，于 8 月 7 日将高宗与严妃所生的英亲王垠册封为皇太子。8 月 27 日，高宗与闵妃的儿子纯宗在庆运宫即位。12 月 5 日，皇太子李垠被伊藤博文带到东京留学，后来与日本皇族梨本宫的长女方子结婚，被培养成日本的傀儡。

（十）朝鲜志士安重根刺杀伊藤博文

1908 年 12 月，日本成立半官半民的东洋拓殖会社，开始大规模收购朝鲜

---

① 海野福寿：《韩国并合史の研究》，东京：岩波书店，2001，第 288 ~ 308 页。

土地，诱导日本人移民朝鲜。朝鲜各地由"义军"带头不断兴起"抗日"的武装暴力事件。1909年7月，日本内阁会议决议"合并韩国"。10月26日朝鲜的爱国志士安重根，在哈尔滨车站枪杀韩国统监伊藤博文。安重根由日本关东府地方法院判决死刑，翌年3月在旅顺监狱被绞首，旅顺监狱现在还保存日本人用的恐怖刑具。他的果敢鼓舞了后来朝鲜人前仆后继的独立运动，被赞美为不屈"义士"的模范。韩国曾在1982年发行纪念邮票，在首尔的南山公园也有"安重根纪念馆"供人瞻仰。

安重根刺杀伊藤博文事件，并不能阻止日本帝国吞并朝鲜的野心，日本还是不罢休地展开吞并的谋略。日本操纵日俄战争时当日军通译的朝鲜人宋秉畯，组织亲日的幽灵团体"一进会"，在日本政府以及日军的庇护下，侦察朝鲜内的"反日"动向，并炮制"促进合邦"的声明。① 日本的韩国统监寺内正毅逼迫韩国总理大臣李完用，于1910年8月签订"日韩合并条约"。从此，韩国也就真正地"亡国"了，且又被迫改称朝鲜，并于10月设置"朝鲜总督府"。朝鲜总督府统合了日本的统监府与韩国政府各机关，并改编为完全适合殖民地统治的机关。第一任朝鲜总督由韩国统监寺内正毅（陆军大将）就任，如此，朝鲜完全沦落为日本的殖民地，李氏的朝鲜王朝终于灭亡。

战前，日本将李氏王朝的首府留下来使用，以笼络李氏王室为听话的傀儡，这反而激起朝鲜人的"亡国"恨，不断地兴起反日运动。

朝鲜总督府的建筑，在1983年改为国立中央博物馆。但是韩国国内一直有拆毁这栋建筑物的声浪，因为很多韩国人认为，这栋建筑物是日本殖民统治朝鲜的象征，是韩国人的耻辱，非拆除不可，于是于1995年动工拆毁。

（十一）日韩合并是朝鲜人自愿的吗？

1910年8月22日的《日韩合并条约》使韩国被日本并吞为殖民地，此条约虽然有韩国玉玺盖印，但没有韩国皇帝的御名签署。韩国玉玺自1907年由日本的韩国统监府夺取保管。1910年日韩合并时的玉玺盖印，也可以说是明目张胆的监守盗印的行为。《日韩合并条约》的内容既然是记录"韩国皇帝陛下，将有关韩国全部的一切统治权，完全而且永久地让与日本皇

---

① 中冢明：《近代日本と朝鲜》，东京：三省堂，1972，第100页；山边健太郎：《日韩并合小史》，东京：岩波书店，1977，第230～234页。

帝陛下"，怎么可以没有韩国皇帝的签名呢？现在日本的右翼还有人主张
1910 年的"日韩合并"是朝鲜人自愿的，但是绝大多数韩国人认为：1910
年的《日韩合并条约》，没有韩国皇帝的签名，在国际法上是无效的。

日韩合并后，在德寿宫的高宗称为"李太王"，而日本为了笼络他也给
予他皇族的待遇，他于 1919 年 1 月 21 日在德寿宫去世，传说是被日本人毒
杀的。高宗因爱妃（闵妃）被日本人谋杀而耿耿于怀，派遣密使到巴黎的
计划又被日方发觉，朝鲜总督府密令侍医安商镐毒杀高宗。[①]

以高宗的葬仪之日为契机，朝鲜爆发了"三一独立运动"。3 月 1 日，
高宗国葬前两天，爆发了朝鲜亡国后最大的独立运动，参加示威的群众遍
及全国，总数超过 200 万人（2023098 人），死亡者 7509 人，负伤者 15961
人，被逮捕入狱者 46948 人，[②] 此次民众运动又被称为"三一万岁运动"。

算来，1895 年闵妃被日军和大陆浪人残杀，三年后的 1898 年大院君去
世，1919 年高宗驾崩，1926 年 4 月高宗与闵妃生的孩子纯宗也在昌德宫死
去，朝鲜的王室在日本帝国强权的阴影下，命运真是悲惨。

三　日本统治：对台湾比对朝鲜专制

（一）日本对台湾的殖民统治比朝鲜苛酷

一般人都以为，朝鲜人"反日"，台湾人"亲日"，一定是日本对朝鲜
的殖民统治比对台湾苛酷。

然而，在战前东京帝大研究"殖民政策"的学者矢内原忠雄，于 1929
年出版《帝国主义下の台湾》，分析认为日本对台湾的殖民统治比对朝鲜的
苛酷得多。第一，总督为陆军武官时，台湾拥有军队指挥权，朝鲜则无。
第二，朝鲜有地方制度上的选举，台湾则无。第三，朝鲜人的官吏特别任
用范围较广，台湾人很狭。第四，行政高官的任用，朝鲜人有总督府的局
长、推事、检察官，台湾人只有地方官三人，司法官全无。第五，台湾有
保甲（连坐）制度，朝鲜则无。第六，朝鲜有数家朝鲜人发行的朝鲜语报
纸，台湾没有一家台湾人发行的报纸。因此，这位研究殖民政策的杰出学
者认为，不论是统治制度包括当地人的官吏任用或是言论自由，日本对台

①　角田房子：《闵妃暗殺——朝鮮王朝末期の國母》，东京：新潮社，1988，第 359～360 页。
②　《朝鮮を知る事典》，东京：平凡社，2003，第 168 页。

湾的殖民统治远比朝鲜更为专制。矢内原忠雄说，台湾完全没有政治自由，甚至连萌芽都难发现。①

从 1895 年日本在台湾施行"军政"开始殖民统治，由台湾总督来总揽行政、立法、司法的大权，"军令"即成为治理台湾的法源。其后，虽然改为律令立法而推行"警察政治"，但是"总督独裁"体制一直没有改变。

另外，日本在朝鲜的统治，最初 10 年（1910～1919）是由朝鲜总督府推行"宪兵警察政治"。1910 年 6 月，朝鲜总督府剥夺了韩国政府的警察权，于 9 月制定"韩国驻扎宪兵条例"，成立"宪兵警察政治"。由宪兵担任朝鲜的治安警察，举凡户籍事务、卫生管理、强制使用日语、强制耕作农作物等，皆为宪兵的业务。如此统合了宪兵与警察的业务，并由宪兵司令官兼警务总监。第一任警务总监就是由宪兵司令官明石元二郎兼任。

明石元二郎是日俄战争时对俄从事谍报、搅乱活动的大功臣。他于 1908 年担任韩国驻扎军参谋长、宪兵队长，1910 年担任韩国驻扎宪兵队司令官，指挥宪兵严厉而强力地镇压朝鲜"义兵"的反日武装斗争。日韩合并后的"宪兵警察制度"就是由他奠定基础的。他于 1918 年 6 月转任第七任台湾武官总督。这时正是 1915 年台湾大规模武装抗日事件（西来庵事件）过后，台湾汉人的武装抗日运动平息，进入政治社会运动的时代。

（二）台湾人追悼明石元二郎

明石总督在台湾的最大功绩，是创设"华南银行"。当时适逢第一次世界大战后日本在东亚获得"战争利润"的巅峰期，明石即召来板桥林本源家的林熊征，筹组"华南银行"。明石的策略在于，台湾接近华南、南洋，可以发展为日本"南进"的据点，并结合华侨来"以华制华"。"华南银行"的总股份 10 万股当中，最大股东是林熊征，出资 22100 股，其次是代表台湾总督府的台湾银行，持股 9500 股。该行设立后，陆续在广州、河内、西贡、仰光、三宝垄、新加坡等地开设分支机构，完全配合日本政府的"南进"策略。

明石总督于翌年 1919 年 10 月病死于日本，遵照其遗嘱："余死而成护国之鬼，非当台民之镇护不可"，② 灵柩被送到台湾，葬在"台北"，成为日本帝国"永远守护"台湾岛的守灵。他去世时，台湾士绅哀悼，率先且捐

① 矢内原忠雄：《日本帝国主义下之台湾》，周宪文译，台北：帕米尔书店，1987，第 168 页。
② 蔡焜灿：《台湾人と日本精神》，东京：日本教文社，2000，第 63 页。

额最多的是台湾岛人辜显荣，金额是 1 万日元。① 因此明石将军的坟墓，除皇族外，是军人之中最宏壮美观的。

1955 年 8 月，在台北的亲日人士成立"台日交流促进会"，会长林益谦，副会长杨基铨，总干事黄天横，事务局长陈火桐，努力拉拢台日关系。1997 年陈水扁当台北市长时，开辟台北市 15 号公园（林森公园），5 月 22 日整理日人墓地为公园，7 月 17 日由台北市政府发掘明石元二郎之墓，其孙明石元绍也来台，由"台日交流促进会"为主举办明石元二郎"镇魂祭"，12 月 19 日在第一殡仪馆举办明石改葬"慰灵祭"。虽然有"台湾人"愿意提供土地为墓地，但其孙明石元绍对迁墓地点有意见。到了 1999 年才选定"面临台湾海峡"的台北县三芝乡视野良好的基督教墓地为改葬地，8 月 27 日举行"重葬仪式"。至于明石坟墓前的鸟居，则迁移于二二八公园。2000 年 2 月 26 日，在台北市林森北路基督教中山教会，由"台日交流促进会"举办台湾总督明石元二郎"追思会"。为什么战后台湾还有一些士绅期望日本将军明石元二郎来"永远守护"台湾呢？日本殖民统治的伤痕，深深植于台湾士绅的心中。

（三）日本在朝鲜的"武断政治"与"文化政治"

朝鲜在明石元二郎为宪兵司令兼警务总监时期，称为"武断政治"。日本的殖民统治方式，在台湾与朝鲜没有太大的差别，维持封建的笞刑，否定自主的团体，废止言论机关，贯彻"军政"的性质。总督府的政策，不论在台湾或朝鲜，始终以日本帝国为本位，不断地剥削和压迫殖民地民众的生活，引起朝鲜人民的反抗。

因此在"三一运动"后的 1919 年 8 月，第三任朝鲜总督斋藤实表明要改采"文化政策"。因为日本合并朝鲜以来的"武断政治"遭到朝鲜民众的抵抗而行不通，朝鲜总督府必须改采分化并弱化朝鲜人的民族运动，来维持殖民地统治，因此假惺惺地提倡"发达文化、充实民力"以挽救危机。"文化政治"的基本方针，是当时的日本首相原敬的构想，终极的目标放在"同化"上面，也倡导废止总督武官制、废止宪兵警察制度、采用普通警察制，但在实际上，朝鲜没有文官担任总督，警察机构也不断地扩充，军事统治的本质没有改变。但是在不抵触统治的范围内，准许朝鲜人发行新闻

① 小森德治：《明石元二郎》（下卷），台北：台湾日日新报社，1928，第 231 页。

杂志，结成社会团体，这成为 1920 年代各种民众运动、文化运动活跃的前提条件。朝鲜的"文化政治"期，到 1931 年爆发九一八事变宣告终了。

日本据台以来，前 7 名总督都是武官，到了 1918 年政友会的原敬组阁，翌年趁武官总督明石元二郎病死的机会，改派文官田健治郎为第八任总督。当时正是"大正民主"时代，田健治郎标榜"一视同仁"，"内地延长"，让三井、三菱、藤山系统的少数垄断资本，更容易支配台湾的经济，到台湾投资赚钱。1919 年日本公布"台湾教育令"，天皇的"教育敕语"在一视同仁的名目下，摆在台湾人的头上。

这时，台湾士绅也鼓起勇气，推动台湾议会设置请愿运动。田健治郎也不敢怠慢，1921 年 6 月 1 日公布"台湾总督府评议会官制"，来取代台湾议会设置运动。台湾总督府评议会的会长由总督兼任，副会长由总督府总务长官兼任，议员则由官吏 7 人、在台日本人 9 人、台湾士绅 9 人组成。台湾士绅辜显荣、林熊征、林献堂等都被任命为总督府评议员。评议会官制的第一条规定，台湾总督府评议会在台湾总督监督之下，应其咨询，开陈意见。[①] 在总督的监督之下，评议会根本没有决策的权限，实际上是一个"让台湾士绅也有机会表达意见"的花瓶。

（四）日本强夺朝鲜地主的土地

日本在朝鲜的"土地调查事业"，是要让日本人容易投资并占有朝鲜的土地。日本制定"会社令"是要统制企业，让日本的垄断资本容易渗透并扩张于朝鲜。[②] 台湾是一个宝岛，除了生产稻米之外，也盛产甘蔗制糖。台湾总督府特别鼓励日本的垄断资本来台投资于糖业，让台湾地主有充分经营米谷生产的余地，由此产生"米糖相克"的问题。"米糖相克"是日方的问题，台湾农民觉得米价高即种米，甘蔗的价高即种甘蔗。问题在于，当日本国内米粮不足时，即在殖民地台湾和朝鲜推行产米增殖计划，将殖民地生产的米运到日本国内。但是，一旦殖民地台湾和朝鲜的产米与日本的农产发生竞争时，就立刻停止增殖计划，受害的就是殖民地的农产品。台湾的"米糖相克"，实际上是在调节日本国内农产品的供需。

第一次世界大战期间，日本的殖民政策从倾销本国商品、榨取殖民地粮食原料过渡到对殖民地的投资，日本的垄断资本急速地侵入朝鲜半岛，

---

① 高滨三郎：《台湾统治概史》，东京：新行社，1936，第 216 页。
② 韩右欣：《韩国通史》，平木实译，东京：学生社，1976，第 545 页。

借由资本输出，确立殖民地经济圈。然而朝鲜人在 1919 年掀起"三一独立运动"的反日怒潮。[①]

当时台湾的民族运动受朝鲜"三一运动"的冲击，加上第一次世界大战后美国总统威尔逊提倡民族自决，在这样有利的国际条件下，逐渐形成民族运动。台湾的文化协会等民族运动虽以"非武装抗日"的形式，对日本的殖民地统治表达抗议，但到了 1920 年代后期，受日本当局镇压而挫折之后，台湾民族运动多数的领导者已经放弃抵抗，接受了日本统治的现实。因此，日本统治者在台湾，可以不必顾虑殖民地人民行使参政权的意见，也排除台湾人来参与地方自治。

（五）1923 年日本关东大震灾嫁祸朝鲜人

1919 年朝鲜"三一独立运动"之后，日本对朝鲜的统治从"武断政治"改为"文化政治"，然而进一步加强警察力量，促使朝鲜人的反日感情越趋激烈。[②] 特别是 1923 年 9 月日本发生关东大震灾时，日本各界传播"朝鲜人放火""朝鲜人将毒药投井"的谣言，政府也加以煽动，结果，从 9 月 1 日起有 21000～60000 名朝鲜人遭受残杀。[③] 为了缓和朝鲜人的不满情绪，日本统治者假装尊重民意，雇用了一批较多数的朝鲜人到总督府或地方的行政机关服务。这是以"同化主义"的名目，来否定朝鲜人的自治，但并不能欺骗朝鲜人的眼睛，一直不断兴起反日暗杀事件，而日本当局以白色恐怖镇压施行报复。[④] 朝鲜人因反抗，反而得到较多的政治自由；台湾地主阶层的多数逃避政治，或当日本人的"狗腿"阿谀，让许多台湾人变成"经济动物"（economic animals），失去政治自由也不打紧，只要追求经济利益就好，因而丧失了民族的气节。

（六）因地而异的殖民地政策

台湾与朝鲜的地理位置不同，日本的殖民地政策也不相同。

台湾是一个孤岛，与中国大陆以台湾海峡隔开；相反，朝鲜与中国大陆以陆地接连。这种地理位置的差异，因跟中国大陆的连带关系，而让日

---

① 李乃扬：《韩国通史》，台北：中华文化出版，1956，第 248～250 页。
② 中冢明：《近代日本の朝鲜认识》，东京：研文出版，1993，第 103～111 页。
③ 木村宏一郎编著《资料 生徒と学ぶ日本のアジア侵略》，东京：地历社，1989，第 109 页。
④ 森川哲郎：《朝鲜独立运动暗杀史》，东京：三一书房，1976，第 146 页及以下。

本当局制定了不同的统治政策。

日本怕台湾的民族运动受中国大陆的影响，因此限制台湾人渡航大陆，并隔离台湾与大陆的关系；日本又怕朝鲜的民族运动波及日本国内，因而限制朝鲜人渡航日本。但是日本的殖民政策并不是一成不变的，乃随时代的进展而改变。到了战争总动员时期，日本人的劳力不足时，又改为征用台湾人为"军夫"，到中国大陆或南洋各地。另外，对朝鲜人更加苛刻，被强制带到日本开矿山或建设军需工厂等，称为"朝鲜人强制连行"。[①]

日本的侵略战争到了后期，将朝鲜殖民地设定为"大陆兵站基地"，台湾殖民地则被设定为"南进基地"，担任侵略南洋基地的角色，认此将朝鲜半岛设计成南方为农业中心，北方为军需工业的基地。日本统治朝鲜半岛时的殖民地遗绪，成为战后朝鲜半岛南北分裂的远因。同样，日本统治台湾的殖民地时代，促使台湾与中国大陆分断的政策，切断了台湾与中国大陆历史文化深远的羁绊关系。日本近代殖民统治的后遗症，就是殖民统治所留下的伤痕。

四 台湾地主比朝鲜地主幸运

（一） 台湾地主的狡猾本领

"台湾割让"之后的 20 年间，清末以来的台湾地主阶层因从事抗日战争而被日本宪警残杀殆尽。据台湾抗日史研究者从日本官方资料《台湾宪兵队史》《台湾总督府警察沿革志》等的记载估计，惨遭杀戮的"台湾人"总人数，近 40 万人。[②] 抵抗日本的地主被残杀殆尽之后，剩下活命的地主阶层，必须先学会与日方妥协，学习迎合日本统治者的技巧，并狡猾地从中谋利。

台湾北部横跨台北到宜兰的最大地主板桥林家，其末裔的史学者林衡道证言：台湾光复以后，有很多地主欺骗国民政府，说他的土地被日本人征收，蒙受很大损害。其实日本统治时代征收土地，大家都很高兴，因为征收一点土地，地本身价格并不高，但是不论兴建学校、神社、公路、铁路、机场，其余未被征收的土地价格，立即随之高涨数倍，地主坐在家里

---

① 朴庆植：《朝鲜人强制连行の记录》，东京：未来社，1971，第 43 页及以下。

② 王国璠编《台湾抗日史》，台北市文献委员会，1981，第 327 页。

就能发财，这也是有这么多人怀念日据时代的原因之一。[①]

据台湾大地主林衡道的回忆，台湾总督府非常保护地主。水利会、农业会的公职及地方议员都是官派，由地主担任。不过一旦有事情，总督府都要地主捐款，捐款多的人就可以授勋，有五、六等勋章的人就算很体面，警察对这些人也礼让三分。[②] 台湾地主巴结日本统治者的行径，在今天的亲日派的言行中到处可见。

台湾人比较"媚日"也是因为像辜显荣那样的"狗腿"为数不少。辜显荣在1895年日军登陆台湾之初，即勇猛地奔走到鸡笼（基隆）迎接，带领日军进城。其后追随北白川宫的"征台军"南下，完全站在日方的立场，为歼灭抗日义勇军替日军筹措和搬运军粮尽力。辜显荣又创设"保良局"，担任"保良局长"，专事检举"土匪"（抗日分子），因协助日军剿灭有功，而获得"勋六等单光旭日章"。[③] 不但如此，日本当局又赐予其多种"专卖特许"，辜家当日本的"狗腿"致富，成为台湾士绅"媚日"的榜样。在台湾总督府的管辖之下，获得鸦片烟膏的营业特许被日本驱使的"御用绅士"，多达37844人。[④] 台湾总督府鸦片专卖政策的效果，是让习惯吸食鸦片的中国人，丧失了对日本的抵抗意识。

（二）日本在朝鲜的殖民地地主制

朝鲜的地主制在李朝后期已经形成，在日本殖民统治时期，落实为农业的主要经济制度。1876年朝鲜被迫"开港"之后，朝鲜的米谷开始输出，有一部分地主阶级成长为大地主。但是1894～1895年甲午战争之际，日本人地主利用战争的机会，大举入侵朝鲜占据土地，而在日本合并朝鲜之后，逐渐扩张为"殖民地地主制"。

当时朝鲜的富农也有往商业性农业经营的动向，但是日本的殖民统治阻止了自主发展的动向，朝鲜落实为"殖民地地主制"。

日本合并朝鲜之后的1910年代，日本当局推行土地调查事业，以法令确定地主的排他性土地所有权，但并不保护朝鲜农民传统惯习的耕作权，亦即否定"佃农权"为一种物权，不承认农民有永久租佃权。

---

① 《林衡道先生访谈录》，台北："国史馆"，1996，第209～210页。
② 《林衡道先生访谈录》，第204～205页。
③ 《辜显荣翁传》，台北：辜显荣传记编纂会，1939，第28页。
④ 谢春木：《台湾人の要求》，台湾新民报社，1931，第183页。

说穿来，日本在朝鲜的土地调查的目的，在于先确定地主的土地所有权，然后再促使朝鲜人地主的分化。1911 年 4 月 17 日，日本公布"土地收用令"，开始征收朝鲜的土地，将旧朝鲜王室的领地变成官有地，并由日本的垄断资本来收购从前朝鲜人的土地，让日本人成为大地主，来经营朝鲜的农场。1920 年，朝鲜总督府所拥有的官有地达 11 万余公顷。土地调查事业的结果，课税的土地在 10 年间增加 52%，地税收入也增加了 2 倍。①

日本在朝鲜的"殖民地地主制"令朝鲜多数小农陷于破产。穷困潦倒的农民，深感"亡国"之痛，因此兴起民族独立思想，参加"义兵"或爱国起义运动。他们因身受日本的迫害，不得不亡命到中国东北或西伯利亚，长期抗战。

因此，在日本殖民统治下，土地所有权的确定，朝鲜没有人称为"现代化"；相反，认为这是日本帝国主义牺牲大多数农民而扶植少数大地主，确立"半封建"的剥削关系。在台湾，小地主的比例较高，而朝鲜大地主的比重非常之大。在日本殖民统治下，朝鲜大地主加强了对佃农的剥削。地主对佃农的支配及于生产全过程，佃租以实物的米谷缴纳，农民只有被剥削，完全被剥夺了作为"农业经营者"的资格，怎么能称为"资本主义化"或"现代化"呢？另外，在朝鲜农村的家庭手工业方面，特别是棉制品等的生产，也因为日本机械制品的侵入受到毁灭性的打击。

（三）日本在殖民地的产米增产计划

朝鲜殖民地的产米增产计划，跟台湾一样，都是因日本内地 1918 年"米骚动"所引起。日本为了解决内地的米谷不足，令朝鲜总督府从 1920年开始实行土地农事改良事业，设计朝鲜为日本的粮食供给地，将朝鲜米谷运到日本，却坐视朝鲜人陷于饥饿。但是朝鲜跟台湾的情形不一样的地方是，为了培育日本的大地主，而重编朝鲜农业。在朝鲜，当初的 15 年计划预定投资 2.4 亿日元，企图增收 900 万石（1 石 10 斗）的产米。但是，1926 年产米增产计划更改，以日本国家资本的贷款为武器，由日本的国策公司"东洋拓殖会社"，担任朝鲜的土地改良公司，进行朝鲜"单一作物"米谷的对日输出。如此以东洋拓殖会社为首的日本人大地主为轴心，加强了大地主的土地集中，驱使朝鲜农民沦落为无产阶级。

---

① 日中韩三国共通历史教材委员会：《未来をひらく歴史：東アジア 3 国の近现代史》，东京：高文研，2005，第 70 页。

日本从殖民地掠夺了多少米呢？如将朝鲜 1911~1915 年的米生产平均设定为 100，则 1931~1935 年的米生产指数增加到 138，然而这时向日本的米谷市场输出额指数，激增到 829。这表示朝鲜的米谷增产额远远赶不上被日本掠夺的数额，因此朝鲜人民的米谷消费量在同一期间锐减到只剩一半。

如与台湾米比较，台湾从 1922 年栽培生产日本种的"蓬莱米"，米的生产额指数，如以 1914 年为 100，则 1931 年达到 162，这时向日本的输出额指数，也显著地增加为 426。但是不论米谷的绝对量与输出率，朝鲜都比台湾受到了更严酷的剥削与掠夺。以 1931 年的米谷输出率来说，台湾是 35.2%，朝鲜则达到 56.8%。① 这样，朝鲜农民不论如何辛勤工作，也无法吃到米饭，只得从中国东北进口玉蜀黍或粟等杂粮为主食充饥。到了 1930 年代，朝鲜人民的贫穷化，达到连杂粮都购买不起了，也难怪朝鲜人一直不能忘怀日本帝国的殖民地剥削。

（四）"在外朝鲜人"的由来

日本对朝鲜的资本输出，主要放在农业部门，朝鲜没有台湾的制糖业所代表的农产加工业，当然也就没有"米糖相克"的问题。日本的垄断资本专心投资于台湾的制糖业，米谷生产即委让台湾地主管理。日本在朝鲜有东洋拓殖会社的大地主或亲日的朝鲜大地主，严苛地剥削农民，从而更加速朝鲜农民的分化。朝鲜爆发"三一独立运动"时，农村也展开激烈的抗日运动。很多失去土地的农民离乡背井，远行到中国东北等地，成为"在外朝鲜人"。在战前移往日本变成低工资劳动者的朝鲜人，约有 100 万人，在 1945 年战争结束时增加到 200 万人，其中有 140 万人在 1949 年之前回国，剩下 60 万人成为滞留日本的"在日朝鲜人"。②

在日本的殖民统治政策下，朝鲜的"殖民地地主制"扩大到极限。依 1943 年的统计，佃农租地率占总耕地面积的 62.0%，水田的佃租率则占 68.3%。朝鲜的大多数小农，生活完全陷入破灭的状态。台湾的殖民政策，则温存"地主－佃农制"，日方为了笼络台湾地主，赐给地主过安定的生活，所以台湾地主念念不忘日本统治的那一段美好的时代。

---

① 中塚明：《日本帝国主义と植民地》，岩波讲座《日本历史 19 近代 6》，东京：岩波书店，1976，第 248~249 页。
② 朴庆植：《朝鲜人强制连行の记录》，第 48、334 页。

（五） 对殖民地的强制征粮

在失去劳力和物资不足的疲惫状态下，为了支持日本的战争，朝鲜农村还得供出战时粮食的重担。在太平洋战争时期，必须每年持续向日本输送 550 万石的米谷。1943 年，日本预先制定供出稻谷的分摊制度，日本宪警时时以"竹枪"搜索家宅，因为朝鲜农民将粮食藏于厕所或埋在旱田下隐藏。

台湾的农村，也是由"保正"或"甲长"陪同警察，用"竹枪"搜索家宅，举凡稻草堆或任何堆积物，皆以"竹枪"插入拔起，细查农民有否暗藏米谷。台湾的农民比较顺从，朝鲜的农民则为了反制，有时袭击替官方征粮的有关人员，或在劳务动员当中集体逃亡，或图谋杀害相关官吏。也有朝鲜的"学徒兵"（学生被迫当兵）集体逃亡的记录。①

（六） 台湾民族运动的下场

台中雾峰的大地主林献堂，1910 年已俨然是日据下的台湾政治社会运动的领导，他到日本专程造访因"戊戌政变"逃亡日本的梁启超，请教台湾民族运动所应走的方向。梁氏告称："三十年内，中国绝无能力可以救援你们，最好效爱尔兰人之抗英。在初期，爱尔兰人如暴动，小则以警察，大则以军队，终被压杀无一幸免，后乃变计，勾结英朝野，渐得放松压力，继而获得参政权，也就得与英人分庭抗礼了。"②

如此，设立台湾议会的点子，是梁启超授予林献堂的。其实梁启超不会英文，对英国史也是道听途说，不求甚解。爱尔兰议会都是英国人地主为代表，他们不住在爱尔兰，是"不在地地主"的资产家当议员，爱尔兰人抗争持续至今，仍无法得到平等待遇，怎么让台湾去学呢？

台湾议会设置请愿运动，从 1911 年 1 月第一次请愿，到 1934 年 1 月的最后一次为止，每年往东京请愿，共达 15 次之多。每年请愿，先在台湾发动签署，向台湾的地主募集庞大的活动资金，购买赠送给日本议员政客的贵重礼品，拜托他们向日本帝国议会提出"台湾议会设置请愿书"。如此费尽精神，耗费财物，10 多年向日本帝国议会请愿。台湾是日本的殖民地，日本怎么肯让台湾设立独自的议会呢？最后毫无所获，请愿运动也被迫停

---

① 姜德相：《朝鲜人学徒出阵》，东京：岩波书店，1997，第 339～368 页。
② 叶荣钟等：《台湾民族运动史》，台北：自立晚报社，1982，第 2～3 页。

止了，何必如此劳民伤财呢？

本来在日帝的殖民统治下，台湾的民族运动路线应该放在撤废"六三法"上。因为日本帝国议会以"法律第六三号"，授权给台湾总督"委任立法"，使得台湾总督在台湾有权发布与法律同等效力的"律令"，从而成为台湾的土皇帝，可以恣意压榨台湾殖民地，忽视台湾居民的人权。儿玉总督时代狐假虎威的民政长官后藤新平，就是以"法律第六三号"为手段，制定"匪徒刑罚令"、连坐制保甲条例等剥夺台湾人民自由的特别法。因此，"六三法"是台湾总督的专制政治以及各种恶法的根源。然而，林献堂等人竟听从了梁启超的建议，放弃撤废"六三法"运动，改变运动路线，推行台湾议会设置请愿运动，真是愚不可及。

朝鲜总督一手掌握朝鲜的司法、行政、立法的三权，跟台湾总督一样，被称为土皇帝。但是朝鲜的民族运动，不像台湾那样浪费时间去搞议会设置请愿运动，特别是在1919年高宗的葬礼引发的"三一运动"之后，倾全力向"民族独立运动"发展。

林献堂后来又认识因"征韩论"而下台的板垣退助。1914年，板垣以78岁的高龄被一群在台湾失意的日本浪人寺师平一等抬出，筹组"台湾同化会"。板垣的旅费由台中富豪林献堂捐献，他带着一班人马，在台湾连日宴会酒席，大吃大喝，共花费3万余日元。而林献堂等台湾士绅募集的资金只有4600日元。最后，台湾的"铁路大饭店"不得不向板垣伯爵提出费用请求诉讼，而使这位伯爵难堪，落得声名狼藉。日本的"台湾浪人"寺师平一，还骗取了台湾北部望族林氏的授爵活动费5万日元。[①] 此"台湾同化会"到1915年1月被台湾总督府强制解散，仅仅活动了一个多月而已。

五　台湾与朝鲜的"皇民化"对应

（一）日本的"皇民化"政策

二战末期，日本为了将殖民地人力进行总动员，推行了精神改造的"皇民化"运动。日本将台湾和朝鲜民族的固有语言、姓名、文化抹杀，遗留给殖民地民众很深的心理伤痕。日本推行"同化"政策，目的在于抹杀殖民地人民的民族精神，将台湾人与朝鲜人列为归附的"皇国臣民"，变成

---

① 鹫巢敦哉：《台湾统治回顾谈》，台北：台湾警察协会，1943，第185~196页。

下等日本人，而绝对不是"真正的日本人"。因为殖民地人民，无论怎么锻炼精神，血液还是无法变成纯种的日本人。日本当局说要改造殖民地人为"真正的日本人"，全然是笑话，真正的目的是要将殖民地人民变为战争动员的人力资源。

为什么对日本的"皇民化"政策，台湾人比较顺从配合，而朝鲜人不愿服从甚至坚决拼命抵抗？

在台湾称为"内台一体"、在朝鲜称为"内鲜一体"的皇民化政策，以"神道"为中心思想，强制台湾人与朝鲜人参拜神社。在学校的朝会，学生每天早上必须齐唱"皇国臣民的誓词"，大声朗诵"我等是大日本帝国之臣民"。"皇民化"的最大目的，在于将殖民地人民变为战争动员的劳力资源，为补充"兵力资源"铺路。"皇民化"的结果是，殖民地的壮丁被征召到战场当消耗品。

"皇民化"运动之中的"常用国语"运动，是由殖民地当局公布新教育令，在台湾称"内台共学"，在朝鲜称"内鲜共学"，加强日常使用日语为国语。于是在殖民地，使用跟日本人相同的教科书，剔除台湾语（汉文）和朝鲜语的学科，强制要求使用日语。强制使用日语的基本目的，是要殖民地人民"正确地听从"日本统治者的命令。问题是，为什么台湾人顺应时势不太抵抗，而朝鲜人在强压之下采取抵抗的态度？如珍珠港事变的1942年，朝鲜人组织"朝鲜语学会"的会员30多名因编《朝鲜语大辞典》，被日本当局以违反"治安维持法"为名逮捕入狱。[1]

（二）在台湾的"皇民奉公会"

台湾的"皇民化"运动，其实始于1904～1905年的日俄战争之后，但是1937年中日战争爆发后，为了战争总动员，台湾总督府变本加厉，加强推行"皇民化"运动，要求台湾民众改日本姓名，讲日本话、符合标准的家庭被称为"国语家庭"，享有特别的物资配给。鼓励台湾人信仰日本"神道"、参拜日本"神社"，并废除传统的寺庙、偶像，连传统的歌仔戏、木偶戏都在禁止之列。以日本祭祀天照大神的伊势神宫所颁发的神符大麻代替了台湾家庭祭拜祖先的神位。到1941年台湾约有70%的家庭奉祀大麻。

随着"大东亚共荣圈"的进展，台湾成为日本南进的重要基地。1940

---

① 山边健太郎：《日本统治下の朝鲜》，东京：岩波书店，1971，第213～215页。

年 11 月近卫文麿内阁改派海军上将长谷川清为台湾总督。近卫在日本本土推行"大政翼赞会",长谷川配合本土,在殖民地台湾推行"皇民奉公会"。长谷川担任总裁,在中央本部下,州、厅、市、郡、街、庄依次分立支部、分会、区分会、部落会、奉公班等,由各级行政首长兼任各级组织首长。用意在于动员人力,以义务劳动方式为日本的侵略战争奉献劳力。于是又有"奉公壮年团""产业奉公团""挺身奉公队""文学奉公队"等,甚至动员未婚女性组成"桔梗俱乐部"。例如在国民党统治时期担任司法院长的戴炎辉,在日本殖民统治时期,改名为田井辉雄,1941 年 7 月担任皇民奉公会高雄州支部总务班主事。[①] "二二八事件"中遇难的黄妈典,曾改名为广田正典,担任皇民奉公会中央本部奉公委员。[②] 国民党的台籍"总统"李登辉,在日据时期改姓名为岩里政男,也是众人皆知的事情。

为了将台湾人动员为战争的消耗品,日本也采取"饴"(笼络)的政策:1932 年采用内台(日台)共婚制;1935 年修改地方自治制,承认有一部分民选地方议员;1943 年奖励台湾人向日本的南洋占领地区投资,实施义务教育;1944 年任命台湾人为帝国议会敕选议员;1945 年废止保甲制度等。但在另一方面日本也加强"鞭"的政策:1931 年台湾总督武官制复活;1937 年禁止使用汉文,缩小寺庙,增设神社,禁止上演中国戏;1938 年特务警察大增员;1941 年发起皇民奉公会;1942 年效仿日本名改姓名;1944 年实施征兵制等。日本当局是"鞭与饴"的政策同时进行的。

台湾的原住民族,在雾社事件后,由裕仁天皇改称为"高砂族"。日本当局着眼于台湾的原住民与南洋的原住民相近,在台湾组成"高砂青年队",在 1942 年、1943 年随日军赴南洋丛林作战。其实"高砂义勇队"在日军中是没有士兵身份的"佣人",工作性质是打杂的"军夫",由台湾当地部落的日本警察直接带队到战地。在南洋战场为日本牺牲奉献的这些原住民,战后也未获得日本政府的任何补偿。

(三) 在朝鲜的"创氏改名"

日本当局推行的殖民地改姓名运动,在朝鲜称为"创氏改名"。这是要确立日本的氏制度,以天皇为宗家(本)家的一种家父长体制,也是为了实施征兵制把朝鲜人强行编入日军,必须将朝鲜人的姓名改为日本式。如

---

① 《台湾人士鉴》,台北:兴南新闻社,1943,第 218 页。

② 《台湾人士鉴》,第 341 ~ 342 页。

果在"天皇的军队"中，混入"金某人""李某人"，日本人一定受不了。[1]从表面上说是随意，但在实际上是强制改姓名，朝鲜人被迫改为日本姓名的，约达80%。

"创氏改名"就是要剥夺朝鲜民族的固有姓名，在1939年11月以"朝鲜民事令"的改正方式公布，1940年2月开始实施。从1940年6月起，有200多所基督教会被解散，70多名牧师与2000多名教徒遭检举，50多名牧师死于监狱。[2]

朝鲜社会从来是以男性血统为中心的血族团体，夫妻各以别姓构成。"创氏改名"之后，改为以户主为中心的家族制，最大的宗家就是天皇家。面对日本的强制改名，有人以死抵抗，有人改名为"南太郎"，故意羞辱朝鲜总督"南次郎"。改姓名的期限是1940年8月10日，约有322户提出改姓名，但1945年8月日本投降之后，全部恢复本来的姓名。

对日本的殖民统治，朝鲜人保持民族气节一直抵抗，所以日本采取严厉政策对付。至于在台湾，有民族气节的人被日本统治者"骗杀"殆尽，留下那些思想"转向"的投机分子，只求苟且偷安，日本当局对这些妥协分子也就不需要太在意了。

（四）朝鲜由"爱国班"分配物资

朝鲜在1938年7月成立"国民精神总动员朝鲜联盟"。除了行政机关之外，各地也都成立地方联盟。每个人都要参加双重组织，即参加官厅、学校、银行、公司等的联盟之外，还要参加各地方的地方联盟。基本组织是以10户为基准，成立爱国班。到1939年，已有35万个爱国班和460万班员。

日本统治者以民众组织的形式，要朝鲜人奉行向皇宫遥拜、升扬日本国旗、勤劳储蓄等，指定了30个项目为义务。民众的日常生活细节，都受到"皇民化"的影响。另外，在"防共防谍"的指令下，民众必须互相监视"忠君爱国"。日常生活所必需的物资，是经由爱国班分配，所以朝鲜民众不得不服从"国民精神总动员朝鲜联盟"的指示，因为生活都被联盟所掌控。

---

[1] 宫田节子、金英达、梁泰昊：《创氏改名》，东京：明石书店，1996，第179页。

[2] 姜在彦：《日本による朝鲜支配の40年》，大阪：大阪书籍，1983，第149页。

（五）"强制拉夫"与"从军慰安妇"

太平洋战争时期，为了增强战力，日本必须动员兵力和劳力方面的人力资源。战争末期的 1944 年，以"国民征用令"的名义，将朝鲜人强制带到日本各地的煤矿坑、军事设施，从事苛酷的劳动。在朝鲜动员的人数，如果从 1939 年算起到 1945 年，约达 113 万人。当美军对日本投下原子弹时，在日本被炸的朝鲜人，广岛约有 48000 人，长崎也有约 2 万人。[1] 战后，日本政府一直未能妥善解决朝鲜人被炸者的补偿、治疗或生活保障等问题，让朝鲜人深刻地感到日本政府的不人道。

另外，朝鲜女性被日本强拉去充当"从军慰安妇"，也是日本殖民统治给朝鲜人民带来的一大创伤。朝鲜的"从军慰安妇"人数，在 1943 年之后就有 5 万~7 万人，如果从卢沟桥事变算起，超过 10 万人之多，其中包括以"女子爱国奉仕队"之名被强拉去充当"日军慰安妇"的。朝鲜人"慰安妇"中很多是年青少女，没有"卖春"经验的良家女孩，被送到日军的"陆军娱乐所"充当性奴隶。[2] 日本当局迟至日本投降的前一年，即 1944 年 8 月才公布"女子挺身队勤劳令"，将未婚女性动员为从军"慰安妇"，即将"性奴隶"法令化，但是之前非法强制拉去的"从军慰安妇"，也应该清算和反省。

台湾光复已经半个多世纪，台湾还有亲日的资本家放言，台湾人的"慰安妇"是自愿的。这些亲日的资本家与日本的右翼漫画家勾搭，在《台湾论》漫画中说，能成为"慰安妇"是出人头地，从而惹起二战期间被性侵害的老阿嬷痛骂："你们是畜生还是禽兽？"台湾资本家的"媚日"嘴脸，真令台湾同胞蒙羞。

（六）让台湾人热烈列地要当"志愿兵"的技巧

第二次世界大战时，日本在殖民地募集"志愿兵"，为什么台湾与朝鲜相比，有那么多人热烈地应征"志愿兵"，而愿意为日本帝国充当炮灰牺牲性命呢？

朝鲜实施"陆军特别志愿兵制"是在 1938 年 4 月，表面上是"志愿"，实际上是依地方驻在所警官的强制命令，如果拒绝命令，即向其上司施压，

---

[1]　木村宏一郎编著《资料 生徒と学ぶ日本のアジア侵略》，第 127 页。

[2]　金一勉：《日本の军队と朝鲜人慰安妇》，东京：三一书房，1976，第 60~79 页。

开除其工作或停止其家族的配给等，使其不得不"志愿"去当兵。

台湾实施"陆军特别志愿兵制"是在比朝鲜晚 4 年的 1942 年 4 月，这并不是日本对台湾青年特别照顾，而是因为不论蒋介石的军队还是共产党的八路军都是中国人，日方认为让同为"中国民族"的台湾人拿武器，有"通敌"的危险。实际上，派遣台湾人到中国战线，确有"军夫"倒戈到中国方面去，也有"通译"人员将情报传给中方的情形发生。

因此，1941 年 12 月 8 日太平洋战争爆发后，日本于 1942 年 4 月决定在台募集第一批志愿兵，名额为 1000 人，结果有 425921 人应征，第二批志愿兵的募集名额也是 1000 人，结果有 601147 人应征。1943 年 7 月实施"海军特别志愿兵制"，募集名额为 3000 人，结果有 316097 人应征。到了 1944 年日本当局实施"征兵制"，不管志愿或不志愿，只要官方的红色"召集令"一到，就非到战场不可了。"志愿兵制"本来就是日本官方实施"征兵制"的诱导手段，如揭开台湾志愿兵的内幕，就可以窥见台湾总督府的手段，真是阴险毒辣。

台湾的志愿兵，是从引诱在日留学生开始的。台湾的在日留学生，大部分是到东京或京都留学。台湾总督府为了控制和管理在东京念书的台籍青年，设立了"高砂寮"。这是为台湾留学生准备的宿舍，设备还不错，收费又比较便宜，但是住"高砂寮"内的学生的举动，有日本人称"寮监"来监督。当日方要在台湾岛内实施志愿兵制时，台湾总督府先派人去拜访那些住"高砂寮"学生的父母，并软硬兼施地强迫学生家长签下"同意书"，即同意其子弟当"志愿兵"，奉献给天皇陛下。然后总督府的高级官员就带着这些同意书到"高砂寮"去，召集学生去当"志愿兵"。先叫学生在"自愿书"上签名，签完名后，还要用小刀切破手指，盖上血印，《朝日新闻》对此做了报道，很多学生当场哭了起来，然而反被报纸大做文章。

那时候情报都是被管制的，报纸每天都刊登此类的"爱国美谈"。后来日本政府还强迫某位从前"反日"的老前辈，带领这些"志愿兵"一起到天皇居住的宫城门前的二重桥，向皇居行三鞠躬礼，并高喊"天皇陛下万岁"，才算是"志愿兵"忠君报国的仪式礼成。[①] 问题是台湾的父母为什么屈从总督府，愿意签下儿子"奉献给天皇陛下"的同意书呢？台湾的孩子们又怎么不敢违抗虚伪的父母之命呢？辜显荣的儿子辜振甫为什么毫不在

---

① 《林衡道先生访谈录》，第 238 页。

意地申请当日本的"志愿兵"呢？李登辉"血书志愿"的热忱，在《台湾日日新报》1944年2月25日，也留下报道的记录。

（七）朝鲜人拒绝参拜神社

日本当局要以"神道"实现朝鲜人的"皇民化"，朝鲜总督府奖励参拜神社，朝鲜人以拒绝表示抵抗。朝鲜总督府在1919年决定创建"朝鲜神宫"，为日本殖民统治下镇守朝鲜全土的神宫来祭祀天照大神和明治天皇。翌年决定汉城风景美丽的南山为神宫所在地，共花工程费150万日元，于1925年竣工。这是日本在朝鲜推行国家神道，在各地兴建的74个神社当中唯一的官币大社，即宫内省供给币帛祭祀、尊崇皇室的神社。

1930年代中叶，日本又推行一村一神社的计划，更进一步，要求每家每户制作神棚，买天照大神的御札，奖励每天早晨礼拜。1937年中日战争后，加紧强制朝鲜人参拜神社。1941年日美关系恶化时，日本当局镇压约50万名的基督教徒，朝鲜的教徒被强制以集团式去参拜神社。在朝鲜总督府的强制下，促使一部分教徒发起"内地朝鲜基督教一体化"运动，终于在1938年9月，长老派教会在警官监视下，决议参拜神社。反对参拜神社的2000多名牧师和教徒即被检举投狱监禁，同时有200多所教会被迫关闭，50多名教徒因抵抗而死于监狱。

（八）朝鲜人当日本兵真悲惨

根据日本厚生省统计，从"大东亚战争"起，以军人或军属的名义被日本当局征用的朝鲜人共242241人。日本战败后，为日本当兵的朝鲜人受到盟国战犯法庭审判，确定有罪的有148人，其中23人被执行死刑。朝鲜人战犯中，有129人是"军属"，被日军征用担任"俘虏收容所"的监视员。

1952年4月旧金山对日和约生效后，朝鲜人大部分都脱离了日本国籍，只有朝鲜人战犯，仍被以"日本人"之名，继续服刑，拘禁于东京的巢鸭监狱。朝鲜人战犯，最后一名被释放是在1957年，当时是岸信介内阁时期。岸信介是甲级战犯，却当了总理大臣，朝鲜人被迫为日军做牛做马，却比日本的甲级战犯命运还要悲惨。

这名朝鲜人"日本军属"被释放后，日本政府以他丧失日本国籍为理由，断定他不符合资格领取日本的"战伤病者战殁者遗族援护法"及"恩给法"的抚恤补偿金。朝鲜人一生为日本奉献生命，竟落得这样的下场。

1965 年，《日韩条约》缔结后，日本政府又以日韩之间的"补偿问题全部解决"为由，不给予朝鲜人"日本军属"补偿。至于韩国政府，对于1945 年 8 月 15 日之前的死亡者，还认定有补偿请求权，但对判决为日本"战犯"执行死刑的 23 人，一直没有进行补偿。朝鲜人倾向"反日"，是因为日本欠朝鲜人的"血债"实在太多了。

台湾人当日本兵到战场的有 277183 人，在战场上的战死者 30304 人。在太平洋战争中战死或受伤的台湾旧军人、军属、遗族等 14 人，向日本政府请求国家赔偿一律 500 万日元，但 1977 年被东京地方裁判所驳回，接着又被东京高等裁判所驳回。①

至今日本政府仅对在朝鲜的殖民统治表示反省及道歉，但对台湾则不肯承认殖民统治有什么过错。日本发动的战争，驱赶台湾人去参加，台湾人为"大和魂"死伤，牺牲宝贵的性命，台湾人不是太缺乏民族气节、太"媚日"而逢迎日本了吗？

（作者单位：台湾大学）

① 〔日〕林えいだい:《台湾大和魂》，东京：东方出版，2000，第 8~9 页。

从警察制度之比较研究看台湾与朝鲜
"殖民现代性"之差距

文明基

提　要　本文通过对日据时代台湾和朝鲜警察制度及其特征、警察与地方社会之间的关系以及警察对基层社会渗透能力的比较研究，来更具体地评价两地"殖民现代性"形成程度，而且尝试重新研讨解释殖民地朝鲜历史的几个理论架构（包括殖民剥削论、殖民现代化论以及殖民现代性论）。本文特别考虑以下三点：第一，对台湾和朝鲜警察制度比较分析，以利凸显两地警察制度形成过程与其特征；第二，将殖民地台湾这个"参照对象"置于围绕朝鲜"殖民现代性"而展开的争论中，以助更客观地观察朝鲜的"殖民现代性"；第三，为此，用计量方式来集中分析有关警察数量与力量，以做笔者主张的依据。

关键词　台湾　朝鲜　"殖民现代性"　警察辅助机关　地方社会规训权力

一　绪论：殖民地权力，万能与无能之间

　　本文旨在通过对台湾与朝鲜警察制度的形成过程及其特征，以及警察渗透地方社会的能力等进行比较、检视，探讨两地殖民现代性之形成程度。迄今为止，有关日本帝国个别殖民地之研究成果已有相当的积累。事实上，这些研究均有助于了解朝鲜与台湾在日据时代的历史面貌。以韩国为例，众所周知，对殖民史观的歪曲进行拨乱反正之努力，带来了"内在发展论"以及与此紧密相关的"殖民地掠夺论"这两项成果。

　　然而，与此同时也存在一种学术上与现实中的对抗论调，试图重新审视"殖民现代性"之成立。这种观点带有"殖民现代化论"的特征。此外，

从 1990 年代末开始,对现代文明本身进行根本性批判的“殖民现代性论”①开始抬头。这种观点建基于对肯定现代性本身的“殖民地掠夺论”与“殖民现代化论”之批判,并提出了“现代性对韩国社会究竟具有何种历史意义”这一根本问题。

无可否认,在不断努力修改或替换日据时代历史像的过程中,随着新材料被发掘与检讨、新的研究领域不断被开拓,我们对日据时代的理解也变得更为精确、更加丰富多元。例如,在过去,朝鲜总督府的官僚集团或他们所制定的各种政策被视为“绝对之恶”而毫无分析之必要,如今则成为理性分析之对象;在探讨日据时代朝鲜与台湾是否存有现代性时,警察、学校、医院、工厂、监狱等都是判断的依据,这些也都开始受到瞩目,给我们对日据时代的认知带来了一定的变化。

不过,努力确认殖民地现代性是否形成的做法在学术上看起来似乎有所偏颇,使人怀疑这是否夸大了被称为“开发权利”或“殖民国家”的殖民政权作为一个“国家”的能力。这也就是说,不论是夸大朝鲜总督府在引入包括货币、金融、法律在内的各种现代制度时所扮演的实际角色(殖民现代化论),还是对殖民政权创造的各种“规训权力”的实际影响范围予以过高的评价(殖民现代性论),这些将殖民政权评为“强有力的国家”的做法看起来都是没有什么异议的。②

而下列这些与现代性无关的各项内容也让人对日据时代朝鲜的现代性或其普遍存在与否心存怀疑:深厚的“民众世界”之存在③;人口的 80% 以上聚居于农村④;(受统计错误影响)可能过高地评价日据初期的农业生

---

① 尽管有时候人们也会区分“殖民现代论”与“殖民现代性论”,但本文对此两者不予区分,统称“殖民现代性论”。

② 从高估国家能力这一点来看,“殖民地掠夺论”亦有同样的问题。这是因为要有效地、广泛地进行掠夺,前提必须是殖民政权具有高度的掠夺能力。

③ 有关这一点可参阅赵景达《植民地期朝鲜の知识人と民众——植民地近代性论批判》,有志舍,2008,第 9~32 页。近期论著则可参考松田利彦《植民地支配と地域社会——朝鲜史研究における成果と课题》,松田利彦、陈延湲编《地域社会から见る帝国日本と植民地——朝鲜・台湾・满洲》,思文阁,2013。此外,松本祝武在其一系列的研究中将殖民地近代性论的范围扩大至农村,对这种观点的批评可参阅文明基《近代日本殖民统治模式의转移与其意义——“台湾模式”对关东州、朝鲜的适用试图和变容》,《中国近现代史研究》第 53 辑,2012,第 218 页。

④ 堀和生《朝鲜工业化の史的分析》(有斐阁,1995)第 110~112 页指出,1925~1940 年朝鲜的城市人口从 7% 增至 20%。

产性①；现代医疗机构的利用率极低之事实②；协助总督府实现行政上渗透的总督府官僚人数比台湾的少得多③；当农村社会面临"旱魃"肆虐时，农民要求依靠徙市祈雨祭（即"迷信"）来免除旱灾，总督府与地方当局却欣然接受，结果背负"文明化"的包袱，自行暴露出殖民政权的局限性④；尽管已对度量衡做出现代式改革，农村地区却一直到1940年代仍依赖传统算法等。⑤ 一方面强调现代性的成立及其普遍存在，另一方面却对此提出疑问，或强调那只不过是局部存在的现代性。在目前存在这两种相反的研究倾向的情况下，实在有必要对当时殖民政权——朝鲜总督府究竟"能做些什么，无法做些什么"进行巨细靡遗的学术探究。

上述不同的研究倾向既互相对立，又同时并存。造成这种现象的其中一个原因是：有关殖民历史的研究只关注朝鲜或台湾等个别殖民地，无法建立一套对比的标准，以便较为客观地审视各地的殖民经验。在此情况下，比较研究可说是一个有效的方法，有望克服这种研究上的局限。尤其是通过对日本帝国的代表性殖民地——台湾与朝鲜的警察部门进行对比分析，最终将能更加立体地、均衡持平地了解台湾、朝鲜的殖民现代性以何种面貌存在，而这正是本文的宗旨所在。

对于那些在个别殖民地的孤立的研究里难以观察到的各种问题，这种比较研究将会十分有用。根据笔者迄今为止调查所得，在以殖民地警察为主题的研究当中，把台湾和朝鲜放在同一视角下考察的例子实属罕见。先来看看有关朝鲜警察的研究，主要有：强调警察机构的臃肿庞大、警察所执行的行政业务范围之广泛，以及对基层社会的压抑及有效渗透之研究⑥；通过与殖民地化之前的时期进行比较，立足于"国家刑罚权过度膨

---

① 许粹烈：《日帝初期朝鲜的农业——批判殖民近代化论之农业开发论》，韩吉社，2011，第13～31页。

② 松元祝武：《朝鲜农村的殖民近代经验》，尹海东译，论衡出版社，2011，第85～90页；朴允宰：《朝鲜总督府之地方医疗政策与医疗消费》，《历史问题研究》第21期，2009年，第169～172页。

③ 文明基：《近代日本殖民统治模式의转移与其意义——"台湾模式"对关东州、朝鲜的适用试图和变容》，《中国近现代史研究》第53辑，第211～212页。

④ 曹亨根：《徙市祈雨祭习惯과殖民政权의衔接地点》，《社会와历史》第20期，2008年，第208页。

⑤ 李容基：《日帝时期民众的算法与自治性生活世界——通过生活文书中的货币记录》（韩文），《历史问题研究》第23期，2010年，第124～126页。

⑥ 金民哲：《殖民统治和警察》，《历史批评》第26期，1994年，第208～209、219～220页。

胀"的观点,把焦点放在殖民地化以后由国家权力(主要是警察这一执法主体)来问罪的新的违法行为上的研究。① 这些研究主要都是通过与殖民地化之前的朝鲜社会进行对比(即通时性的比较),强调殖民地化以后,包括警察在内的各种机构残暴打压百姓的一面。不过,这些研究并未能以共时的比较来仔细揭示当时朝鲜公权力的残暴性或规训化究竟达到何种程度。

另外,也有一些研究立足于规训权力内面化的观点,认为日据之下的警察同时拥有"恐怖"与"轻蔑"的形象乃是总督府有限的统治能力所造成的,而日据时代的警察制度则给韩国社会留下了"对公权力缺乏信任"这一负面的遗产②;此外,也有另一些研究先对朝鲜警察将势力扩张至地方的各种问题,或警队里的民族结构或巡查的素质等进行剖析,然后指出就连理应获得启蒙并学习的现代规训也遭到民众的拒绝,造成现代性规训虽被强加在民众身上却未能内面化的结果。③ 这些研究以实证的方法来探讨警察力量是否带来规训化或内面化,对朝鲜是否形成"殖民现代性"持保留态度。然而,这些论述同样无法找到可以将朝鲜的事例进行客观比较的对象,这一点与其他研究成果没有多大区别。④

与此同时,有关日据时代台湾警察的研究亦有不少已经公开刊行,⑤ 有

---

① 李钟珉:《1910 年代京城居民的"罪"与"罚"——以轻犯罪统计为中心》,《首尔学研究》第 17 期,2000 年,第 95~97、125~127 页。
② 李祥义:《日帝下朝鲜警察的特征与形象》,《历史教育》第 115 期,2010 年,第 194~196 页。
③ 张信:《警察制度之确立与殖民国家权力之日常渗透》,延世大学校国学研究院编《日帝下殖民统治与日常生活》,慧眼出版社,2004,第 582~584 页。
④ 日本学术界也有许多关于殖民地朝鲜警察的研究,有关殖民地朝鲜警察的综合性研究以松田利彦《日本の植民地支配と警察——1905~1945 年》(校仓书房,2009)为代表。慎苍宇:《植民地朝鲜の警察と民众世界,1894~1919——"近代"と"传统"をめぐる政治文化》(有志舍,2008)则指出:朝鲜社会传统上有"德治の警察支配"的政治文化,这被转换成过度监控民众生活的中央集权式日本型治安体制,因而引起朝鲜民众的抵抗。
⑤ 主要以硕士学位论文的形式发表,例如:李崇禧《日本时代台湾警察制度之研究》,台湾大学法律学研究所硕士学位论文,1996;李文艺《日据时期台湾的警察与警察政治》,厦门大学硕士学位论文,2004;陈炜欣《日治时期台湾"高等警察"之研究,1919~1945》,成功大学历史研究所硕士学位论文,1998;蔡易达:《台湾总督府基层统治组织之研究——保甲制与警察》,台湾中国文化大学历史研究所硕士学位论文,1988;李幸真:《日治初期台湾警政的创建与警察的召训,1898~1906》,台湾大学历史学研究所硕士学位论文,2009;等等。

关警察与保甲关系的专门研究也相当引人注目。① 最近还出现了一项对殖民地台湾的警察制度进行全面探讨的研究,其中包括台湾警察制度之严格、与保甲之间的关系以及各种警察(如高等警察、经济警察等),同时还将台湾的警察制度与日本内地及朝鲜、"满洲国"等进行比较,相当有趣。② 可惜,该研究提供的数据并非对《台湾总督府统计书》(以下简称《统计书》)或《朝鲜总督府统计年报》(以下简称《统计年报》)等原始资料进行整理的结果,恐怕也没有提出独特的论点。

本文将部分继承以上前人研究的成果,同时着重探讨以下几个方面。首先,将殖民地台湾与朝鲜的警察问题放在同一视角下审视,对两地警察制度的形成过程及其特征进行鲜明对比,并且针对围绕着朝鲜的殖民现代性展开的各种讨论,以台湾作为参照对象(reference),提供能将朝鲜的殖民现代性进行相对化的线索。为此,笔者尝试对台湾与朝鲜警察力量进行量化分析。

二 殖民地警察制度的形成过程及其特征

本章讨论台湾与朝鲜警察制度形成的历史,并留意警察在殖民统治下所享有的地位之差异。首先概括地介绍台湾警察制度之成立过程。日据初期,台湾总督府的当务之急就是镇压武装抗日以及迅速恢复秩序,这时候警察任务由警察与宪兵一起执行,但一般由宪兵主导。尤其是第三任总督乃木希典,为了解决军、宪、警各自行使警察权与司法权而引发的矛盾与冲突,实施所谓三段警备制。然而,这项措施并未严格区分土匪与良民,结果导致大批土匪的出现。③ 因此,1898 年继任的第四任总督儿玉源太郎与民政长官后藤新平废除三段警备制,引导抗日分子归顺投降,逐渐在镇压抗日运动方面取得成功。受此影响,原本为了镇压抗日运动而从日本派遣

---

① 王学新:《日治时期台湾保甲制度之研究》,南投:"国史馆"台湾文献馆,2009;洪秋芬:《台湾保甲和"生活改善"运动,1937~1945》,《思与言》第 29 卷第 4 期,1991 年;洪秋芬:《日据初期台湾的保甲制度,1895~1903》,《中央研究院近代史研究所集刊》第 21 辑,1992 年;洪秋芬:《日据初期葫芦墩区保甲实施的情形及保正角色的探讨》,《中央研究院近代史研究所集刊》第 34 辑,2000 年;等等。

② 李理:《日据台湾时期警察制度研究》,台北:海峡学术出版社,2007,第九章"台湾与朝鲜、满洲警察制度的对比"(第 309~333 页)。

③ 李理:《日据台湾时期警察制度研究》,第 55~56 页。

过来的临时台湾宪兵队的规模大幅缩小，其空缺由迅速扩充的警力予以填补。

随着地方官制改革，警察行政与一般行政的一元化亦得以完成。原本的县被废除，改设厅，全台湾因此共设有 20 个厅，并增设支厅（约 80 个）。大部分支厅长由警察（警部）负责，支厅的大部分职员亦由警察充当。后藤新平有意从制度上切断军部对民政的介入，并将警察部门直接纳入民政长官的管辖之下，以强力且有效地支持民政事务，而这种变化正是其信念得以贯彻之结果。

1901 年为了修改台湾地方官制，儿玉源太郎前往东京与中央政府进行协商。这时，日本政府和台湾总督府（尤其是后藤新平）之间出现针对警察制度修订的尖锐矛盾。中央政府主张在民政部内设立警务局，唯仅负责一般的警察行政事务；后藤则认为应在民政部内设立警察本署（而非警务局），由警察本署长（即警视总长）直接指挥、监督厅长进行警察事务。针对此事，就连身为后藤支持者的儿玉也认为不够完善，警察机关与行政机关之间的权限会变得模糊，因而提出反对，但后藤以"不惜辞去民政长官一职"这一破釜沉舟的态度来将自己的主张贯彻到底。[①] 后藤为何如此顽强地要求让警察本署长去指挥、监督厅长？

考察后藤在改编官职过程中的发言，就不难发现其用意所在。后藤说："往后三、四年间，警察应成为地方行政的骨干，推行各种行政事务，否则税收、专卖、大租权整理等堆积如山的各种行政业务将面临困难。不管名称为何，总之各种行政事务都只能依赖警察力量。"他又说："总督府内设置二十三名警视，将其中二十人任命为厅长，如此则总督府在三、四年内即可变为纯粹的警察行政系统，否则将很难在全岛统治上做出实际的政绩。尤其在目前宪兵人员大减之际，就算只是为了普及保甲制度，那也不能不依靠警察力量。"[②] 简言之，后藤的主张就是：在抗日运动刚得以镇压、民政事务正要起步之际，为了同时从多方面下手，有效地推行各种政策，必须依赖警察力量。

结果，（虽然不是像后藤所主张的那样，让所有厅长都由警视来出任）

---

① 《警察机关の扩张に关し后藤民政长官の接冲》，台湾总督府编《台湾总督府警察沿革志》（一），第 102 页。

② 《警察机关の扩张に关し后藤民政长官の接冲》，《台湾总督府警察沿革志》（一），第 101 - 102 页。

民政长官对警察系统的直接指挥、监督权还是得到了制度上的保障。此外，约有 80 个支厅长由警部出任，其属下的所有课员均由警察充当。① 随着厅向支厅委任的事务不断扩大，支厅也变得越来越重要，没有支厅的协助，厅本身几乎难以运作。支厅成为地方行政的中枢机关，后藤的理想——"警察政治"也因此得以实现。②

通过训令第 359 号，全台湾被划分为两个"警察管区"，每一个警察管区各设 10 个厅，同时对警察管区长赋予指挥属下厅长的权限。如此一来，实际上得到的是后藤原本构想中将警视任命为厅长的效果，同时亦得以发挥行政管辖与警察管辖一致的效果。③ 不仅如此，通过制定《台湾总督府官房并民政部警察本署及各局分课规程》（训令第 354 号），警察可以大范围地参与各种民政事务，日后不管对地方官制做出何等改变，都无法动摇警察的主导地位。④

此后，受到 1918 年主张内地延长主义的原敬内阁的成立以及 1919 年朝鲜爆发三一运动的影响，台湾出现第一个文官总督——田健治郎。考虑到对警察政治的不满情绪及制度上的问题，二十厅体系于 1920 年变更为五州二厅（三市四十七郡，后改为五州三厅），警察制度也因此走上改革的道路。此项改革的重点为：将一般行政机关与警察机关分开，让（警察以外的）文官来负责一般行政，警察则须发挥其"原本的功能"。虽然通过改革将警察机关置于地方行政机关监督之下，但各种法令本来就赋予警察颇大的权力，因此地方长官并未能真正地监督警察。再加上警察当时仍在控制负责实际基层行政的保甲，因而他们的势力依旧强大，继续全面地干预地方行政。台湾的这种警察制度基本上一直维持到 1945 年为止。

在朝鲜，警察与宪兵曾于统监府时代发生过有关警察业务主导权的矛盾。然而，随着主张"应以驻韩宪兵队为本位来经营警队"（即所谓宪兵本位论）的寺内正毅赴任统监（1910 年 5 月），寺内正毅的心腹明石元二郎出

① 在规定上，警部与技手都由支厅长掌管，然而随着支厅长无一例外地由警察出任，实际上已使得行政管辖与警察管辖趋于一致。《支厅制度に关する变迁》，《台湾总督府警察沿革志》（一），第 521 页。

② 通过让警察人力负责一般行政事务，台湾总督府实际上同时解决了两个问题。通过将警察人力重新分配到一般行政业务上，解决了因镇压抗日武装运动而导致警察人力过度膨胀的问题；同时通过把警察人力投入到一般行政事务上，得以更强力有效地施行一般行政。参见李理《日据台湾时期警察制度研究》，第 75 页。

③ 《警察管区设置》，《台湾总督府警察沿革志》（一），第 104 页。

④ 《支厅制度に关する变迁》，《台湾总督府警察沿革志》（一），第 522 ~ 523 页。

任韩国驻箚宪兵队司令官（6月），韩国政府签订将警察事务委托予日本政府的备忘录（6月），以及规定"宪警统一"的《统监府警务官署官制》（敕令第 296 号，6 月 29 日）公布等，警察机构被纳入驻韩宪兵队的指挥监督范围内，而这种体制亦随之定型。在韩日合并后，成立了在制度上略经调整、补充的宪兵警察制度，以防止之前出现过的警察机构之间的对立，让命令系统一元化，建立以受宪兵管辖的高等警察为中心的治安体系，并在合并后防止抗日运动等，以维持巩固殖民统治。①

不过，这里应当注意到：早在三一运动之前，包括日本陆军、朝鲜总督府官僚以及政友会等政党政治势力就已经开始要对宪兵警察制度进行改革。以陆军为例，随着 1915 年决定对朝鲜增设两个师团这一陆军的愿望得以实现，占据朝鲜经营费中相当数目（1914 年约为 40%）的宪兵费亦极有可能被列为削减对象。② 不仅如此，当时还不断出现（主要是文官所做的）报告，指各道的警务部长（即宪兵队长）与道厅之间缺乏沟通，或地方官吏急于看宪兵的脸色行事等。政友会一直想对朝鲜（陆军之牙城）的统治体系做出改变，并亟欲参与朝鲜经营。随着 1910 年代政友会在日本政界的势力越来越大，缩小或废除宪兵警察制度的暗流已见端倪，③ 并最终以三一运动为契机得以一举实现。

不过有趣的是，原敬的心腹、内务省地方局长小桥一太在视察朝鲜后提交的报告中指出："有关即刻废除宪兵警察制度，代之以普通警察机关一事，就朝鲜的现状及朝鲜总督府特别会计而言，实属难为之事。"这里提出的是一种渐进式的改革方案，对即刻废除宪兵警察制度持消极态度，认为当前应先停留在向道长官赋予警察权的阶段，然后逐渐改为普通警察制度。

这看起来应该是某种政治判断的结果，因为陆军省所支出的宪兵费若改为由朝鲜总督府特别会计所支出的警务费，则投入到朝鲜经营中的统治费用恐有增加之虞。针对宪兵警察制度的存废及是否要改为普通警察制度

---

① 李承熙：《韩日合并前后时期驻韩日本军宪兵队研究——以宪警统一问题为中心》，《日本历史研究》第 26 期，2007 年，第 162～171 页。

② 一直到决定增设两个师团的 1915 年为止，陆军省所支出的（因而不被算进朝鲜总督府特别会计的）朝鲜经营费屡遭削减，此后陆军内部也出现"未来应努力从朝鲜、台湾等特别会计中拨出经费，用来充当军费的部分财源"的呼声。松田利彦：《日本の植民地支配と警察——1905～1945 年》，第 221～223 页。

③ 松田利彦：《日本の植民地支配と警察——1905～1945 年》，第 224～228 页。

的问题，1910 年代的日本陆军和中央政府被认为处于一种对立的关系，但双方都同样在尽力避免因本国财政开支增加而带来的政治包袱。从 1919 年以前开始，财政问题成为一个相当重要的因素，使得日本政府和朝鲜总督府在宪兵警察制度和普通警察制度之间徘徊，① 这一点跟不受财政问题限制、根据政策需要迅速转换为普通警察制度的台湾形成明显对比。②

　　总之，三一运动以后，宪兵警察制度被废止，引进普通警察制度，朝鲜总督府立下"一面一驻在所"的原则，此后的警察机关与警察人力大幅增加。到了 1920 年，共有 20083 名警察官、251 所警察署以及 2354 所派出所（当时面数为 2509 个）。③ 此后，朝鲜的普通警察制度以 1937 年抗日战争爆发为契机，出现经济警察部门得到强化、图书课得以设置并扩充④等变化，但基本上没有脱离 1920 年代建立起来的普通警察制度的框架，一直维持下去。

　　以上考察了警察制度在台湾及朝鲜的形成过程。从表面现象来看，我们不难发现以下几个共同点：在统治初期，将焦点放在抗日运动的镇压上，实行宪兵警察制度，之后则改成普通警察制度；与殖民地化之前相比，作为公权力的警察之规模急速扩张，从制度上为掌控殖民地居民的日常生活奠定了基础；而这种参与掌控日常生活的主要机制，正是使得警察力量能

---

① 事实上，如果对 1919 年的警察费用和尚处于宪兵警察制度阶段的 1918 年的警察费用预算进行比较，我们将能比较清楚地看到日本中央政府与朝鲜总督府在两者间"徘徊"是有一定的根据的。据筋濑德松《韩国併合后に于ける朝鲜警察费预算の沿革》（《警务汇报》第 181 号，1920 年 6 月）第 20～21 页所载，1918 年的警察费用预算总额为 8003967 日元，而到了改为普通警察制度的 1919 年，其预算总额则骤增至两倍以上的 16754866 日元。

② 1922 年以朝鲜警察协会干事身份到台湾出差的国友尚谦曾对台湾统治实际政绩刮目相看："事情的成败完全仰赖执行力之强弱……如果有人只会指出朝鲜警察费用极其庞大，却无法提供任何良策，那与其关注欧美文物，倒不如先穷究台湾成功的渊源，这会更有收获。"国友：《台湾行》，《警务汇报》7 月号，1922 年，第 64 页。他以此对那些批评朝鲜警察费用增加的舆论做出责难，换言之，国友自己对警察费用的增减问题感受到相当大的压力。在宪兵警察制度的实际运作方面，1911 年以前，仅有 26.8% 的人负责普通警察业务，但 1911 年以后却改成所有人从事该项业务。为了应对这种变化，宪兵的派驻也从策略性地集中派往重要的地方，改为分散派驻在全国各地。也就是说，宪兵的角色从镇压义兵改为管理一般民众的日常生活。要从实际上应对这种变化便不得不大幅增加宪兵的人员，但朝鲜总督府却在控制全体人数的情况下选择了增设宪兵分遣所、派遣所的方法。结果，宪兵工作现场出现许多不满情绪，发生诸如基层机关之间联络不畅或对下级警官监督不力等问题。松田利彦：《日本の植民地支配と警察——1905～1945 年》，第 148～150 页。

③ 张信：《警察制度之确立与殖民国家权力之日常渗透》，《日帝下殖民统治与日常生活》，第 560～561 页。

④ 参阅郑根植、崔京熙《图书课之设置与出版警察体系化，1926～1929》，《韩国文学研究》第 30 期，2006 年。

够参与一般行政事务的所谓"助长行政"。

尽管如此，两者间亦有不少差异。有关这一点会在下文另加叙述，这里首先仅指出的是：在设定警察行政与一般行政的关系上，两地存在本质上的区别。在台湾，地方行政的基层机关"支厅"的长官及其课员均由警察充当，说当时的警察主导一般行政亦不为过，这也使得他们在地方行政上的地位较高；与此相反，在朝鲜，从制度上保障警察介入一般行政的管制机制较为不足，大部分情况下只能根据当地情况随机应变地让他们介入一般行政。①

总而言之，1910 年以来，朝鲜警察制度的变革以及警力骤增确实让国家权力比殖民地化之前更能渗透到社会生活的各个细节，许多在殖民地化以前不是处罚对象的行为事实上也成了司法判罪的对象。然而，这种判断是对殖民地化前后时期的比较，也就是通时性的比较得到的结果。如果进行共时性的比较——与同一时期台湾进行比较的话，亦有可另做评论之处。下文将具体讨论这一点。

三 警力规模与公权力的执法能力

本节将较具体地考察警力规模与密度的问题，首先介绍警力规模。

表 1 台湾与朝鲜的警察人力及每名警察所负责之人口②

年度	台湾		朝鲜			
	警察人力	每名警察管辖的人口	警察人力	宪兵人力	合计	每名警察负责的人口
1909	5674①	573				

① 例如在 1910 年代后期，随着地方行政机构的调整（1914 年"府郡"与"面"的废除与合并以及 1917 年实施"面制"等），提出了减少让宪兵警察参与一般行政的方针等，导致宪兵警察出现"脱离行政职务的倾向"。松田利彦：《日本の植民地支配と警察——1905～1945年》，第 167～168 页。

② 朝鲜的统计直接引用自松田利彦《日本の植民地支配と警察——1905～1945年》，第 24～25 页的表 1"保护国期および植民地期朝鲜における警察官数の推移（1904～44 年）"；至于台湾的统计，有关警察人力统计来自《统计书》（各年版）的《警察官署及警察官吏》，人口数据引用自沟口敏行、梅村又次编《旧日本植民地经济统计——推计と分析》（东洋经济新报社，1988）第 256 页表 23"台湾、朝鲜の人口"。认为警察人力的统计有问题时（如 1914 年），则引用台湾总督府警务局编、吴密察解题《台湾总督府警察沿革志》（一）（南天书局影印本，1995）第七章的警察关系定员逐年异动。

续表

年度	台湾		朝鲜			
	警察人力	每名警察管辖的人口	警察人力	宪兵人力	合计	每名警察负责的人口
1910	6616	499	5694	2019	7713	2010
1911	7201	468	6007	7749	13756	1140
1912	6922	496	5397	7769	13166	1206
1913	8047	435	5736	7958	13654	1175
1914	7671	463	5661	7971	13632	1195
1915	7142	500	5572	7929	13501	1222
1916	7103	506	5621	8041	13662	1225
1917	7535	484	5435	8132	13567	1248
1918	7535	487	5402	7978	13380	1281
1919	7587	490	15392		15392	1126
1920	7412	507	18376		18376	954
1921	8196	468	20750		20750	855
1922	7712	496	20771		20771	867
1923	7712	505	20647		20647	885
1924	7371	537	18458		18458	1004
1925	7391	550	18458		18458	1018
1926	7403	561	18462		18462	1034
1927	7408	585	18462		18462	1049
1928	7582	585	18670		18670	1052
1929	7658	594	18811		18811	1059
1930	7763	603	18811		18811	1075
1931	7934	605	18769		18769	1093
1932	7958	619	19328		19328	1079
1933	8058	628	19328		19328	1097
1934	8035	647	19326		19326	1115
1935	8096	657	19409		19409	1128
1936	8122	671	19724		19724	1129

年度	台湾		朝鲜			
	警察人力	每名警察管辖的人口	警察人力	宪兵人力	合计	每名警察负责的人口
1937	7412	757	20642		20642	1092
1938	7726	744	21782		21782	1047

注: 从 1909 年起, 台湾的警察人力分成"普通警察官吏"与"蕃务警察官吏"进行统计。例如 1909 年, 普通警察人力为 4309 名, 蕃务警察官吏为 1365 名; 1910 年, 警察所属警察人力为 4416 名, 蕃务所属警察人力则有 2200 名。在 1909 年以前的统计中, 其数值乃是不区分警务与蕃务合算出来的。这里将普通警察官吏与蕃务警察官吏合算, 再除以台湾总人口, 得出每名警察所负责的人口。

从表 1 可以看出, 在警察人力的部署上, 台湾明显比朝鲜更加密集。以 1913 年为例, 台湾每 1 名警察所负责的人口是 435 人, 朝鲜却是 1175 人, 几乎是 1/3 的水准。即便是到了差距缩小的 1930 年代, 台湾方面仍在 1/2 的水准。当然, 若就警察人力的绝对数目而言, 朝鲜几乎在所有时期都压倒性地比台湾更多。可是朝鲜的面积大约是台湾的 6 倍, 人口约为台湾的 4 倍。考虑到这一点, 就不难发现台湾的警力部署要比朝鲜的更为密集。这一点亦可从警察官署数目的比较得到确认。详见表 2、表 3。

表 2　警察官署的数量及管辖面积（台湾）①

年度	警务课	支厅	派出所	驻在所	警戒所（监督所）	分遣所	分室	合计	每一警署管辖面积（平方公里）
1901	20	93	930	–	–	–	–	1043	34
1902	20	97	992	–	–	–	–	1109	32
1903	20	89	981	–	–	–	–	1090	33
1904	20	89	961	–	–	–	–	1070	34
1905	20	84	978	–	–	–	–	1086	33
1906	20	83	983	–	–	–	–	1086	33
1907	20	83	958	–	–	–	–	1061	34
1908	20	83	947	–	–	–	–	1050	34

① 《统计书》（各年版）。面积以《统计书》（1938 年版）所载之 35961 平方公里为准。"支厅"在形式上并非警察官署, 而是行政官署, 但支厅长及课员均为警部或巡查, 故实际上与警察官署并无区别。

续表

年度	警务课	支厅	派出所	驻在所	警戒所 （监督所）	分遣所	分室	合计	每一警署管辖 面积（平方公里）
1909	12	87	948	–	–	–	–	1047	34
1910	12	87	952	–	–	432	–	1051	34
1911	12	87	952	–	–	439	–	1051	34
1912	12	87	956	–	–	427	–	1055	34
1913	12	85	958	179	8	454	–	1055	34
1914	12	87	963	187	16	75	–	1062	34
1915	12	85	973	207	70	429	–	1776	20
1916	12	89	931	214	68	521	–	1835	20
1917	12	85	933	243	63	525	–	1849	20
1918	12	85	928	270	56	498	–	1849	20
1919	12	86	929	311	49	439	–	1826	20
1920	7	59	969	343	46	399	–	1823	20
1921	7	59	976	340	67	275	–	1724	21
1922	7	59	978	412	51	173	–	1680	21
1923	7	60	977	414	61	147	–	1666	22
1924	7	59	974	452	49	115	–	1656	22
1925	7	59	957	436	40	105	–	1604	22
1926	8	60	968	576	–	–	–	1612	22
1927	8	60	964	567	–	–	–	1599	22
1928	8	61	968	542	–	–	44	1623	22
1929	8	61	975	535	–	–	45	1624	22
1930	8	63	980	516	–	–	44	1611	22
1931	8	63	983	527	–	–	44	1625	22
1932	8	63	995	523	–	–	44	1633	22
1933	8	65	1000	530	–	–	44	1647	22
1934	8	65	1009	530	–	–	44	1656	22
1935	8	66	1010	525	–	–	42	1654	22
1936	8	66	1018	520	–	–	43	1655	22

续表

年度	警务课	支厅	派出所	驻在所	警戒所（监督所）	分遣所	分室	合计	每一警署管辖面积（平方公里）
1937	8	64	1065	502	-	-	44	1683	21
1938	8	64	1023	488	-	-	42	1625	22

表3　警察官署的数量及管辖面积（朝鲜）①

年度	警察部	警察署	警察官驻在所	警察官派出所	警察官出张所	合计（A）	宪兵队机关합계（B）	A＋B	每一警署管辖面积（平方公里）
1910	14	107	269	91	-	481	654	1135	195
1911	14	106	456	102	-	678	935	1613	137
1912	14	106	464	109	-	693	956	1649	134
1913	14	106	498	113	-	731	969	1700	130
1914	14	105	508	112	-	739	1009	1748	126
1915	14	100	522	102	-	738	1035	1773	125
1916	14	99	515	103	-	731	1056	1787	124
1917	14	99	529	104	-	746	1070	1816	122
1918	14	99	532	106	-	751	1110	1861	119
1919	13	251	2354	143	-	2761			80
1920	13	251	2354	143	-	2761			80
1921	13	251	2386	156	174	2980			74
1922	13	251	2373	160	162	2959			75
1923	13	251	2426	173	186	3049			72
1924	13	250	2410	159	167	2999			74
1925	13	250	2301	162	155	2881			77
1926	13	250	2303	164	133	2863			77
1927	13	250	2306	166	144	2879			77
1928	13	250	2302	171	179	2915			76

① 警察官署的合计（A）根据《统计年报》（各年版），宪兵队机关的合计（B）则根据辛珠伯《1910年代日帝之朝鲜统治与朝鲜驻屯日本军——以"朝鲜军"和宪兵警察制度为中心》，《韩国史研究》第109期，2000年，第143页；原资料为《朝鲜总督府施政年报》（1918年），第476~477页。面积以《统计年报》（1938年）所载之总面积220792平方公里为准。

续表

年度	警察部	警察署	警察官驻在所	警察官派出所	警察官出张所	合计（A）	宪兵队机关합계（B）	A + B	每一警署管辖面积（平方公里）
1929	13	250	2311	188	164	2926			75
1930	13	250	2320	186	134	2903			76
1931	13	251	2336	187	143	2930			75
1932	13	251	2331	197	156	2948			75
1933	13	251	2334	197	176	2971			74
1934	13	252	2336	207	221	3029			73
1935	13	252	2318	212	181	2976			74
1936	13	252	2323	221	184	2993			74
1937	13	254	2332	242	197	3038			73
1938	13	254	2376	282	200	3125			71

1910 年代，朝鲜每一所警察官署的管辖面积较大，达到 100 平方公里。到了 1919 年以后，因转换为一般警察制度、警力激增，其面积较少，为 70～80 平方公里。与此相反，台湾则早在 1901 年每所警署的管辖面积便在 30 平方公里左右，（可能是受理蕃事业推行的影响）从分遣所大量增加的 1915 年开始则一直保持在 20 多平方公里。这说明了在整个日据时代，不仅是警察人力，就连警察官署的设置方面台湾也要比朝鲜密集 3～4 倍。这种差距主要源于两地总督府财政能力的差异。此前已有各种研究详细指出台湾总督府的财力相对较雄厚，而朝鲜总督府则不然。[①] 这种财政能力的差异几乎如实反映在两地的警察费用上。

表 4　警察费用之规模（台湾）[②]

年度	国库	地方税	合计	每一人所需警察费用（日元）	增减之原因
1898	2101394	－	2101394	0.79	

---

① 有关这一点可参考文明基《台湾、朝鲜总督府初期财政比较研究》，《中国近现代史研究》第 44 期，2009 年；《台湾、朝鲜总督府专卖政策比较研究——社会经济遗产与国家力量的差异》，《史林》第 52 期，2015 年；《台湾、朝鲜总督府岁出结构比较分析》，《韩国学论丛》第 44 期，2015 年；等等。

② 此表依台湾总督府警务局《昭和十五年台湾总督府警察统计书》（1942）第 15 页制成。台湾人口依据沟口敏行、梅村又次编《旧日本植民地经济统计——推计と分析》，第 256 页。

续表

年度	国库	地方税	合计	每一人所需警察费用（日元）	增减之原因
1909	449123	3443248	3892371	1.20	
1910	3528611	1783789	5312400	1.61	包括 306 万日元理蕃费
1914	4006877	3080737	7087614	1.99	包括 358 万日元理蕃费
1915	490184	4074067	4564251	1.28	
1919	502099	5536328	6038427	1.63	
1921	11436311	—	11436311	2.98	随着俸给令之修订而急增
1928	10543973	—	10543973	2.38	
1930	10924915	—	10924915	2.33	
1931	10751665	—	10751665	2.24	
1932	10443819	—	10443819	2.12	
1933	10556752	—	10556752	2.09	
1934	10690815	—	10690815	2.06	
1935	10805844	—	10805844	2.03	
1936	10944341	—	10944341	2.01	
1937	11480612	—	11480612	2.05	
1938	11236300	—	11236300	1.96	
1939	11356537	—	11356537	1.93	
平均			8898241	1.93	

表 5 警察费用之规模（朝鲜）[①]

年度	警察费	每一人所需之警察费	增减之原因
1918	8003967	0.47	警察费、宪兵补助员费、宪兵费之合计
1919	17734794	1.02	从宪兵警察制度转为一般警察制度
1920	23946415	1.37	
1921	21964987	1.24	受行政变更影响减少警察费用

---

① 以民族问题研究所编《日帝下战时体制期政策史料丛书》第 2 卷，第 216～217 页 "大正七年度以降警察费增减ノ状况" 为依据；朝鲜人口则根据沟口敏行、梅村又次编《旧日本植民地经济统计——推计と分析》，第 256 页。

续表

年度	警察费用	每一人所需之警察费用	增减之原因
1922	22256241	1.24	
1923	22067512	1.21	
1924	21973789	1.19	
1925	19670070	1.05	
1926	19768404	1.04	
1927	20123583	1.04	
1928	20308691	1.03	
1929	20996895	1.05	
1930	20925308	1.03	
1931	20146974	0.98	
1932	19577596	0.94	
1933	19798596	0.93	
1934	19316600	0.90	
1935	19837127	0.91	
1936	20070412	0.90	
1937	20779561	0.92	
平均	19963376	1.02	

如表4及表5所示，就警察费用的整体规模而言，朝鲜显然较多；但就整个时期的人均警察费用而言，台湾平均1.93日元，朝鲜则是1.02日元，台湾约为朝鲜的两倍。这种差异在其他资料里也有反映，例如对1936年日本帝国内各地区警察费用进行比较的表6中，[①] 朝鲜的人均警察费用为0.876日元，而台湾的人均警察费用则是2.098日元；朝鲜每平方公里的警察费用是91日元，台湾每平方公里的警察费用则是304日元。

表6 警察费用的比较（1936年）

地方	警察费用 （日元）	面积 （平方公里）	人口 （人）	面积平均费用 （日元）	人均费用 （日元）
朝鲜	20070412	220741	22899038	91	0.876

---

① 民族问题研究所：《日帝下战时体制期政策史料丛收》第2卷，第218页，"大正七年度以降警察费增减ノ状况"。

续表

地方	警察费用 （日元）	面积 （平方公里）	人口 （人）	面积平均费用 （日元）	人均费用 （日元）
关东州	4600034	3724	1656736	1235	2.777
台湾	10944341	35974	5216436	304	2.098
库页岛	1277250	36089	551945	35	2.314
内地	88612358	382074	69254148	232	1.280

这种警力布置密度的差异，极有可能反映出公权力执行能力的实际差异。为了更具体地探讨此事，姑且对朝鲜和台湾的犯罪即决处分案件的数量进行比较（见表7）。

表7　犯罪即决处分案件数量[1]

年度	台湾		朝鲜	
	犯罪即决 处分[1]数量	平均1000人口 处分数量	犯罪即决处分 数量	平均1000人口 处分数量
1904[2]	28391	13.48	–	–
1905	37954	12.15	–	–
1911	40171	12.17	12099	0.78
1913	43940	12.55	29827	1.86
1915	40146	11.25	41236	2.50
1918	43921	11.97	71279	4.16
1920	38095	10.14	46955	2.68
1923	46419	11.67	64628	3.54
1925	73230	17.66	83214	4.43
1928	104912	23.64	83596	4.26
1930	130360	27.86	82953	4.10
1933	163399	32.29	89529	4.22
1935	175174	32.95	99950	4.57
1938	104912	18.26	101677	4.46

注：①《统计书》上使用"处理"，《统计年报》则用"处断"，此处一律统一为"处分"。
②《统计书》从1904年开始统计犯罪即决案件的数量，《统计年报》则始于1910年。

————————————

①　根据《统计书》（各年版）及《统计年报》（各年版）制表。

　　选择以犯罪即决处分来作为衡量警察力量对殖民地社会的干涉、渗透程度，是因为属于即决处分的案件除特殊情况外，通常都是在旧时代不在管制范围内、殖民地化以后才成为管制对象的案件。这一点和需要经过刑事诉讼的重罪不同，那些重罪在传统社会里也一样是处罚的对象。因此，犯罪即决处分被认为比较适合用来考察在警察权力影响下，日常生活受约束的程度。[①] 此外，由于《统计书》和《统计年报》都一贯地提供"犯罪即决受理及处理件数"及"犯罪即决处断件数"这两个项目，因此为了方便比较，选择分析立决处分项目应该还是比较合适的。

　　如表7所示，台湾的治安秩序通常被认为比朝鲜更好，但其各年度的犯罪即决处分案件数量却比朝鲜的多，少则3倍，多则10倍。笔者认为，这表示台湾民众比朝鲜民众受到更严格的监视。也就是说，受警察监视、处罚的事情在台湾更为普遍，因此台湾的民众极有可能更强烈、更持续不断地受到现代法规的洗礼。台湾、朝鲜的各民族警察人力比率可视为支持笔者这种观点的资料。

表8　朝鲜的警察人力（各民族人数及其比率)[②]

年度	警视		警部		警部补		巡查		合计		朝鲜人警力所占比率（B/A + B）(%)
	日	鲜	日	鲜	日	鲜	日	鲜	日（A)	鲜（B)	
1921	40	14	369	140	718	268	11028	8160	12155	8582	41.38
1922	41	14	377	140	730	268	11028	8160	12176	8582	41.34
1923	40	14	369	105	718	200	11028	8160	12155	8479	41.09
1924	37	11	333	95	611	170	10131	7057	11112	7333	39.75
1925	37	11	333	95	611	170	10131	7057	11112	7333	39.75
1926	41	11	333	95	611	170	10131	7057	11116	7333	39.75
1927	41	11	333	95	611	170	10131	7057	11116	7333	39.75
1928	41	11	333	95	624	170	10296	7087	11294	7363	39.47
1929	49	11	340	95	650	170	10346	7137	11385	7413	39.44
1930	49	11	340	95	650	170	10346	7137	11385	7413	39.44

①　参考李钟珉《1910 年代京城居民的"罪"与"罚"——以轻犯罪统计为中心》，绪论。
②　以松田利彦《日本の植民地支配と警察》，第 24～25 页，表 1 "保护国期および植民地期朝鲜における警察官数の推移（1904～1944 年)"为依据。

续表

年度	警视		警部		警部补		巡查		合计		朝鲜人警力所占比
	日	鲜	日	鲜	日	鲜	日	鲜	日（A）	鲜（B）	率（B/A+B）（%）
1931	49	11	332	88	603	156	9604	7913	10588	8168	43.64
1932	48	9	338	86	604	154	10163	7913	11153	8162	42.26
1933	48	9	338	86	604	154	10163	7913	11153	8162	42.26
1934	48	9	339	87	605	155	10144	7926	11136	8177	42.34
1935	48	9	339	87	605	155	10227	7926	11219	8177	42.16
1936	50	9	347	87	641	155	10411	8011	11449	8262	41.92
1937	60	8	370	89	688	157	11030	8227	12148	8481	41.11
1938	62	9	388	89	738	157	11784	8542	12972	8797	40.41
1939	65	9	412	86	791	136	12980	8572	14248	8803	38.19
1940	73	9	465	85	894	136	13178	8414	14610	8644	37.17

表9　台湾的警察人力（各民族人数及其比率）[①]

年度	警视		警部		警部补		巡查[①]		合计		台湾人警力所占比
	日	台	日	台	日	台	日	台	日（A）	台（B）	率（B/A+B）（%）
1931	22	–	233	–	241	2	6654	1318	7150	1320	15.58
1934	24	–	247	–	248	2	5922	1279	7306	1281	14.92

注：①台湾的巡查补出现到1920年，此后的年份里不复存在。李幸真：《日治初期台湾警政的创建与警察的召训，1898~1906》，台湾大学历史学研究所硕士学位论文，2009，第55页。

如表8及表9所示，在殖民地朝鲜与台湾的整体警察人力中，朝鲜人警察人力所占比重为38%~43%，[②] 台湾人警察人力所占比重于1930年代则停留在14%~15%。[③] 由于台湾方面的统计资料不够完整，目前还很难对其

① 1931年的统计依据的是台湾总督府警务局《台湾の警察》（1932）第43~49页的《警察职员出身地别人员》（昭和6年末），1934年的统计则以H生《台湾への旅（二）》（《自启》第89期，朝鲜警察协会京畿道支部，1935年5月）第31~32页为依据。

② 村上胜彦、富田晶紫、桥谷弘、并木真人：《植民地朝鲜社会经济统计の研究》（《东京经大学会志》第136期，1984年）第68~75页也提到1919年以后朝鲜籍警察的比率大致为40%左右。

③ 在1940年代台湾籍警力的比重似有增加的迹象。根据范建铺《日据时期台湾警察与经济植民政策之推进》（《中国经济史研究》2008年第1期）第145页的说法，1945年前后台湾籍警察人力增加了20%~30%。

进行全面比较,① 但由于许多研究均指出台湾警力结构中日本人占据压倒性的比重,因此表9所提供的数据亦可大致上反映当时的趋势。②

这两个殖民地警力的民族组成有如此巨大的差异,其原因有以下几个。首先,朝鲜人口与规模较大,仅用日本人来充当警力并非易事。再加上朝鲜总督府可用来运营警队的财政经费有限,进而影响到日籍巡查的录用。例如,一名日籍巡查的薪资通常相当于两名朝鲜籍巡查的薪资,这使得朝鲜总督府面对更大的财政压力,可能在扩充警队的压力与财源有限两者之间多番考虑后,最终选择提高朝鲜籍警察人力的比重。③ 那么这种警力的组成结构对殖民地社会日常生活的管制又会带来何种影响呢?

首先我们可以设想在日据时代,朝鲜殖民地化之前的传统警察形象即"德治的警察支配"有可能得以维持。台湾在殖民地化之前几乎没有警察或与之相似的执法机关,④ 朝鲜则自18世纪以来便设有捕盗厅等独有的警察机构,拥有与警察有关的固有文化与历史。在儒家思想的背景下,对不良风俗有所约束,尽可能避免使用武力,而以文治的教导为主要手段。因此,这种"德治的警察支配"的政治文化对民众的各种风俗习惯持有较为宽容的态度。

---

① 《统计年报》在统计警察人力时,从殖民统治初期即对内地人与朝鲜人进行区分,而《统计书》则在整个日据时期内均没有区分内地人与台湾人。换言之,这也显示在台湾对内地人和台湾人的警力进行区分是没有意义的。

② 李理:《日据台湾时期警察制度研究》,第320~321页。

③ 受日俄战争以"无赔偿讲和"告终的影响,1910年日本政府陷入了财政危机,政府也因而持续面临减少殖民地经营开支的压力。在1920年代受日本帝国实施的行政、财政重整影响,朝鲜总督府也持续面临财政上的压力。张信:《警察制度之确立与殖民国家权力之日常渗透》,第561页。而从1919年开始引入的普通警察制度也需要比之前的宪兵警察制度更大的开销。例如在警察制度改革方面,据国友尚谦按照总督府立场拟定的草案,①有关警察官的人数,在原有的日籍巡查1700名、巡查补(朝鲜人)3325名、宪兵2525名、宪兵补助员(朝鲜人)4719名,合计共12000人的基础上,增加3000人;②关于警察关系费的预算,警务费260万日元、宪兵补助员费116万日元、宪兵费180万日元,在此基础上增加300万日元以上的预算。这些经费总计约856万日元。之后,山县政务总监对此草案进行检讨,以财政问题为由要求对②重新考虑,国友因而在不对人员数量进行增减的情况下减去了100万日元。结果,最初的总督府草案增加了3000名的警察官,达到15499名,警费则增加约200万日元,达到约750万日元的规模(松田利彦:《日本の植民地支配と警察》,第244~246页)。不过,《朝鲜警察解剖》[《数字朝鲜研究》第4辑,1932,国学资料院影印本(1995),第81~84页]的记录显示,1919年以后的警察费用大体为1700万日元到2300万日元,不能排除当时投入了比国友拟定草案时更多的预算之可能性。总之,当普通警察制度的转换成为既定事实后,朝鲜总督府对于投入大笔开销变得更加慎重;而在殖民地警察制度的变更或运作方面,财政因素也是一个超乎预料的重要变量。这几点似乎比较明确。

④ 《台湾总督府警察沿革志》(一),第843~849页。

这种文化虽然也有收受贿赂导致执法效果不彰的缺点，但对于赌博、巫觋等，只要没有产生明显的弊端，大多予以默许。[①] 到了日据时期，这种传统警察文化逐渐演变为过度的武力镇压，以及 "由上而下" 过度控制、监视民众日常生活的中央集权式日本治安体系。[②]

然而，朝鲜社会在殖民地化之后，其传统警察形象是否就销声匿迹，在短时间内变成了符合日式治安系统的警察形象呢？朝鲜籍巡查的比率显得更为重要的原因就在于此。朝鲜籍巡查的学历大多为普通学校毕业、未接受教育或在传统教育机构接受教育，相对来说，他们大多数都与现代官僚制度所要求的 "合理性" 或纪律等有一定的距离。[③] 换言之，这说明朝鲜籍巡查极有可能对 "德治的警察支配" 这种传统警察观更为熟悉。尤其是在与一般民众较为广泛、频繁接触的巡查阶层，日籍巡查与朝鲜籍巡查的比例几乎达到1：1，这不也说明他们很可能对传统风俗采取一种较为柔和、通融的态度吗？

简言之，台湾并没有太多需要克服的传统警察支配的经验，加上其巡查的绝大多数均为日本人，因此能不受传统警察形象的束缚，让日本式警察系统轻易地渗透到基层社会里。与此相反，在殖民地朝鲜，由于直接将日本式治安体系引入民众日常生活的巡查集团内部具有不少异质性，故有可能因此导致其对基层社会的渗透相对有所局限。

四　警察辅助机关与地方社会

上述殖民地台湾与朝鲜警力密度的差异对警察辅助机关的运作也会带来不少关键性影响。众所周知，在殖民地台湾，自清代流传下来的传统自治性治安辅助组织——保甲——自1900年代初期开始制度化运作，[④] 1910年

---

① 慎苍宇：《植民地朝鲜の警察と民众世界，1894～1919——"近代"と"传统"をめぐる政治文化》，第328～334页。

② 慎苍宇：《植民地朝鲜の警察と民众世界，1894～1919——"近代"と"传统"をめぐる政治文化》，第335～336页。

③ 张信：《警察制度之确立与殖民国家权力之日常渗透》，《日帝下殖民统治与日常生活》，第572～574页。

④ 有关保甲制度的具体运作方式，可参考王学新《日治时期台湾保甲制度之研究》；洪秋芬《台湾保甲和 "生活改善" 运动，1937～1945》，《思与言》第29卷第4期，1991年；Chen, Ching-chih, "Police and Community Control System in the Empire", Ramon Myers and Mark Peattie eds., *The Japanese Colonial Empire*, *1895–1945*, Princeton University Press, 1984；等等。

以前，实际上台湾的民众①大致上应该都在保甲的制度下被组织起来。② 他们在上述台湾警察的"助长行政"实际渗透到地方社会的基层方面扮演了决定性的角色。③

表 10　台湾的警察辅助机关及其人力编制④

年度	保数	保甲人员（A）①	壮丁团数	壮丁（B）	A + B	编制率（%）②
1910③	4869	2434500	941	35883	2470183	79.6
1915	4944	2472000	977	37712	2509712	75.3
1920	5114	2557000	949	41470	2598470	74.4
1925	5161	2580500	941	42346	2622846	70.0
1930	5216	2608000	945	42144	2650144	61.0
1935	5472	2736000	981	39768	2775768	56.1
1940	5812	2906000	1059	49316	2955316	52.5
1942	6168	3084000	1117	62605	3146605	52.9

注：①保甲人员是以每保 100 户、每一户 5 人计算出来的。因此本文以"保数×500"的方式计算出保甲的人员。根据 1904 年 1 月民政长官通知所载，以 5 户至 15 户为一甲，以 5 甲至 10 甲为一保。李理：《日据台湾时期警察制度研究》，第 97 页。此外，从日据时代台湾各户的人数来看，一般上每户都有 5 人以上。例如在 1923 年，平均每户有 5.42 人（总人口 3976098 人，总户数 733597 户）；1936 年台湾人口为 5451863 人，户数 945115 户，故每户平均约有 5.77 人。参见沟口敏行、梅村又次编《旧日本植民地经济统计——推计と分析》，第 256 页表 23 "台湾、朝鲜の人口"。

②编制率是将警察辅助人力（A + B）除以台湾总人口后得出数值的百分比。不过，由于内地人和原住民不在保甲编制对象之列，故将彼等排除在外。此时原住民人口在 89000 ~ 150000。参见沟口敏行、梅村又次编《旧日本殖民地经济统计——推计上分析》，第 207 页。为分析方便起见，将其视为 10 万人。内地人人口引自《统计书》（各年版）。

③台湾的保甲制度虽始于 1899 年，但《统计书》于 1910 年才开始对保甲及壮丁团进行统计。

---

① 保甲制度仅限于居住在平地的台湾汉人，不包括居住在台湾的日本人和山地的原住民。

② 例如在中日战争爆发前，1936 年全台湾的保数为 5536 个，壮丁团数为 999 个，编入壮丁团内的壮丁则达 39957 人（1936 年统计书）。假设每一保大约有 100 户，当年台湾人口有5451863 人 945115 户，则每一户约为 5.77 名。553600 户乘以 5.77，可得出当时保甲所属人员为 3194272 人，再加上壮丁 39957 人，则是 3234229 人。这是当年台湾总人口约5451863 人中的 59.3%。这里除去原住民人口约 10 万人，以及不属于保甲编制对象的内地人 282000 人的话，认为当时台湾 60% 以上的汉人均被编入保甲应无大碍。

③ 洪秋芬：《台湾保甲和"生活改善"运动，1937 ~ 1945》，《思与言》第 29 卷第 4 期，第116 页。

④ 保数、壮丁团数及壮丁的内容依据的是《统计书》（各年版）的《警察官署及警察官吏/附保甲及壮丁团》。

　　保甲制度最初是为了镇压抗日运动而实施的，其目的在于切断抗日势力与基层民众之间的网络，并将此网络归属到警察组织之下，使警察得以直接渗透到基层社会，掌握基层行政。保甲的这种网络大致上由上、下两层组成：下层依循村落内的传统文化方式运作，而上层则是警察组织所建立的一种监视网。这两个网络均以保甲领袖（大多为台湾地方上的精英）——保正为中间人。总而言之，保正一方面处于下层信赖网络的顶端，一方面则隶属于上层的监视网，扮演"上意下达，下情上通"的角色。①

　　作为警察辅助机关的保甲之所以能有效运作，一般认为和以下背景有关：彻底实行连坐法，（尤其在皇民化时期的）监视的"内面化"以及警察和保甲的紧密结合等。② 其中最为核心的当属在警察的掌控下，保甲进行了非常彻底的监视，③ 而这种在警察掌控下保甲所进行的监视，其先决条件便是本文前述的较为密集的警力布置。

　　在1901年台湾地方官制改正时，后藤新平不惜提出辞去民政长官一职来强调警察必须成为地方行政上的骨干，以普及保甲制度。如果我们想起本文前面曾提及的这件事，那就不难理解警力扩充与保甲制度运作的相互关系。日本官方每次对台湾的殖民统治进行总结时，总会出现"成功的警察政治"，而每次提到警察政治的成功时就会提及保甲制度的成功。这绝非偶然。④ 台湾总督府有关人士将警察称作"保甲之父"亦非纯属修辞手法。⑤

　　日据时代朝鲜也在进入1920年代后配合日本内地的步伐而推行"民众的警察化"。一般上就是以行政洞里为准，尝试从每户人家选出一人来组成

---

① 不过实际上他们着重于上意下达更甚于下情上通。例如居民提交请愿书或农民、工人举行集会时，因保甲役员在警察指示下予以制止而被迫取消的事例就多得不胜枚举。例如：《时事短评：警官的威力》，《台湾民报》第2卷第21号，1924年10月21日，第7页。因此，林献堂或黄呈聪等台湾民族运动领袖于1924年10月向台湾总督府提交的《建白书》里要求废除保甲制度。1927年，台湾民众党的党员当选为保甲役员，便订下要在保甲内部发挥影响力的策略，参加保甲选举并成功当选，但由于不受当局承认而遭遇挫折。利用保甲与否将决定农会或工会是否能在基层社会扎根，但由于保甲受警察掌控，因此民族运动势力实际上很难渗入其中。王学新：《日治时期台湾保甲制度之研究》，第32~42页。

② 除此之外，也有学者指出，为了让保甲干部"自发"参与，当局还将在地方上垄断销售酒类、香烟等专卖商品的代理店经营权交给保丁和甲丁。范建镛：《日据时期台湾警察与经济植民政策之推进》，《中国经济史研究》2008年第1期，第144页。

③ 王学新：《日治时期台湾保甲制度之研究》，第51~60页。

④ "警察通过掌控保甲而使其力量得以渗透至行政的基层。总之，谈到台湾的统治那就离不开警察，提及台湾的警察那就不能不提台湾的保甲。"盐见俊二：《日据时代台湾之警察与经济》，台湾银行经济研究室编《台湾经济史初集》，1954，第146~147页。

⑤ 王学新：《日治时期台湾保甲制度之研究》，第66页。

保安组合、安全组合、自警团等，这些都统称为警察协力团体。截至 1923 年 8 月，约有 12000 组 139 万余人以警察协力团体的名义被组织起来①，但大致上只带来"难以指导，且缺乏自卫意愿，最终落得个有名无实的结果"。② 换言之，朝鲜并未实现像台湾保甲制度那样的"警民一体化"。③

五 结论："殖民现代性"的差距及其含义

笔者针对殖民地台湾与朝鲜警察制度的形成过程及其特征、警力的规模与力度、各民族警察人力比率的内涵，以及警察及警察辅助机关的关系等问题进行了以量化分析为主的探讨。结果发现，从"规训权力"概念来看，基本上可以确定台湾与朝鲜之间存在不可忽视的差距。此外，有关殖民地警察研究，目前各种研究所面对的问题或局限亦相当明显。

首先，朝鲜警察制度的成立及运作基本上把重点放在维持治安的能力上面。因此，（尽管也有过一些努力）在管制居民的日常生活方面似乎面临较大的局限。有研究指出，1919 年警察制度改革时施行普通警察制度，其着眼点在于提升维持治安能力④；也有评论提到，1910 年扩大宪兵警察制度时，一方面推行以宪兵为主的"宪警统一"，另一方面最受瞩目的却是以设立高等警察而建立起来的治安体系⑤。这些论述似乎都在指出：必须要将高等警察和一般警察这两个领域分开探讨。高级警察领域负责的是对各种结社、集会、报纸杂志、各种出版印刷品及著作进行取缔，同时也掌管和政

---

① 这相当于 1923 年朝鲜总人口 18265757 人的大约 7.6%，而根据台湾同一年的记录，保数为 5154 个，壮丁团团数则为 961 个。《统计书》（大正 12 年），第 218 页。大致上一保包含 100 户，编入保甲组织的共有 515400 户，平均每户为 5.42 人（总人口 3976098 人，总户数 733597 户），如此计算则可知大约有 2793468 人被编入保甲组织。如果再加上编入壮丁团 的壮丁 43879 人，被编入警察辅助机关的总人数则是 2837347 人。这个数字达到 1923 年台 湾总人口 3976098 人的 71.4%。除去不被列入保甲组织的原住民人口约 10 万人以及内地人 口 181120 人，可以说几乎 80% 的台湾汉人都被编入保甲组织。

② 松田利彦：《日本の植民地支配と警察》，第 480～485 页。

③ 1915～1921 年担任民政长官（1920 年官制改正后改称"总务长官"）的下村宏在视察朝鲜 后曾指出，在朝鲜的制度中，警察与保甲分离是导致内务与警察无法合作无间的主要原因。 鹫巢敦哉：《台湾警察四十年史话》，中岛利郎、吉原丈司编《鹫巢敦哉著作集》（Ⅱ）， 绿荫书房，2000，第 133 页。如果考虑到他所说的保甲是对朝鲜警察辅助机关的统称，那 他的观察就足以让我们知道台湾与朝鲜究竟有何区别。

④ 松田利彦：《日本の植民地支配と警察》，第 244 页。

⑤ 李承熙：《韩日合并前后时期驻韩日本军宪兵队研究——以宪警统一问题为中心》，第 174 页。

治犯、思想犯有关的事务；一般警察则主要负责管制及规范殖民地居民的日常生活。对这两者的成果亦应在进行区分后再加以分析论述。

朝鲜的警力规模与密度可以说足够以对付各种形式的抗日运动，但在管制殖民地全体民众的日常生活方面显然是有所不足的。这也使得有关殖民地时代警察的研究已经进入一个必须加以深化、进行更精确考证的阶段。不仅如此，对台湾和朝鲜警察的助长行政也需要进行更加精密的追踪探讨。在列举助长行政的范围或助长行政所动员的警员人次、所耗费的时间时，仅提供朝鲜方面的数据是相当缺乏说服力的。[1] 笔者曾在之前的论文里指出：有关殖民现代性的分析过度集中于城市，几乎忽略了农村的情况。[2] 这类仅局限于京城或大城市的警察或刑法相关研究，恐怕很难避免有所偏颇的批评。[3]

最后要谈的是警察制度的运作与有关殖民政权财政能力之间的相互关系。笔者在本文中提出了以下几点：即便是曾经赞成在朝鲜实施普通警察制度的人士（总督府官僚与政友会等本国政治势力），也因财政上的问题而选择循序渐进的方式；制度转换后，（能减少财政支出的）朝鲜籍巡查的比重急剧增加；受本国及朝鲜总督府财政压力影响，殖民政权极可能无法完全按照自己的意愿去扩大警力规模等。这些都让我们切实地体认到：在未来的台湾、朝鲜殖民地警察史研究里，必须要积极地考虑与财政有关的各种因素，对此详加探讨。

总而言之，笔者通过自己的实证方法对日本的两个代表性殖民地台湾

---

① 张信：《警察制度之确立与殖民国家权力之日常渗透》，《日帝下殖民统治与日常生活》，第566～569页。此外，助长行政动用了很多的人力和时间，并不能直接用来证明该殖民地警察的办事效率。一如张信前引文，第566页所指出的，过度投入于助长事务反而成了减弱警力的原因。因此，如果说一直到日据末期仍有不少警力被动原来进行助长行政，那或许就可以证明殖民地的支配体系依旧处于不稳定的状态，所以才要依赖于助长行政，而像台湾那样依靠保甲组织来解决一部分助长事务时，用于助长行政的时间和人力就极有可能减少。根据台湾总督府编《台湾の警察》（1932）第110～115页所载《巡查助长事务援助时间表》（昭和6年）的记录，台湾所有巡查用于助长行政的工作时间共达459962小时，而同一年巡查的总人数为6654人，如此一来，平均每一名巡查每年要花69.13小时来处理助长行政。假设他们一天工作10个小时，一年就得花上七天左右的时间来处理助长行政业务。

② 文明基：《近代日本殖民统治模式의转移与其意义——"台湾模式"对关东州、朝鲜的适用试图和变容》，《中国近现代史研究》第53辑，第217～218页。

③ 李钟珉：《1910年代京城居民的"罪"与"罚"——以轻犯罪统计为中心》，《首尔学研究》第17期，第95～97页。

与朝鲜的警力规模与实际运作情况进行了探讨，并由此得以确认两个殖民地在"殖民现代性"的完成度方面存在不容忽视的差异。如果笔者迄今为止的观察无误的话，那这种观察结果将使我们很难轻易断言殖民地朝鲜确实存在"殖民现代性"。这种情况也可以称为"现代的延误"现象，[①] 而关于朝鲜的殖民现代性，在单纯地认为是被推迟或规范虽得到强化但却无法内面化的问题之前，[②] 应该说当时首先缺乏一个足以让现代式的价值得以内面化或被强制推行的"训练的场所"。若此种看法更为贴近殖民地朝鲜的现实情况，那我们恐怕要一改过往的观点，从另一个角度来重新构建朝鲜社会的殖民地经验。总之，不论是强调殖民现代化还是殖民现代性，我们都应先深入了解、分辨"殖民现代性"成立与否的结构性条件。[③]

（作者单位：韩国国民大学国史学科）

---

① 张信：《警察制度之确立与殖民国家权力之日常渗透》，《日帝下殖民统治与日常生活》，第583～584页。

② 全愚庸：《书评：韩国近代史研究的新框架与其界限》，《历史批评》（43），第416～420页。

③ 这里有必要指出"殖民现代化论"与"殖民现代性论"两者不同的研究方法。殖民现代化论主要以经济领域为验证论述之对象，因此其主张可通过数据化、量化分析的方式来呈现。这不仅可以提高理论的说服力，而且还提供一种"验证的可能性"，对此应予以积极正面的评价。不过，这种方法在数据的诠释方面仍有一些有待检讨的地方。许粹烈《日帝初期朝鲜的农业——批判殖民近代化论之农业开发论》对1910年日本统治初期的农业生产统计提出反驳等即属此类。即使接受殖民现代化论所提出的数据，如何有说服力地去解释有关"发展的数据"和殖民地社会普遍感觉到的"发展速度迟缓的实际感受"之间的差距，仍是一个待解的难题。要解决这一难题，其中一个可行的方法应该是对经济领域以外的各种现代化指标也积极地进行探讨。与此相反，殖民现代性论的研究对象局限于（监狱、学校、工厂、医院等）大城市的现代化设施，要以此来说明整个殖民地社会，其实也有其受到局限的一面。尤其是关于如何概括说明农村社会的"殖民现代性"，在无法提供解答之前，恐怕难逃"片面性理论"之批判。在研究方法上，由于过于偏向对话语或谈论的分析，因而不仅无法具体提供判断"殖民现代性"成立与否时需有的根据，在"验证的可能性"方面也不见得保持一种开放的态度。这两者若能在研究方法上互相取长补短，相信能在一定程度上克服这种难题。如此一来，则有可能在学术上对日据时代的历史面貌达成某种程度的共识。

"牡丹社"事件

——1874 年日本出兵侵台始末

李祖基

提　要　1871 年发生了琉球漂民在台湾被害事件，日本以此为借口，经过精心的策划与准备，于 1874 年悍然派兵在台湾南部琅峤地方登陆，对牡丹社等进行烧杀抢掠，中国海疆出现了重大危机。清政府一面任命沈葆桢为钦差大臣渡海赴台，加强防卫；一面在外交上展开对日交涉。经过艰难的折冲樽俎，中日双方于当年九月在北京签订了《互换条约》，"牡丹社"事件终于落下帷幕。日本图谋侵占台湾，由来已久。1874 年的"牡丹社"事件，是日本将侵台图谋付诸行动的第一次尝试。在此次日军侵台事件中，美国原驻厦门领事李仙得等人为虎作伥，充当帮凶，起了重要作用。由于中国方面在军事上加强防备以及在外交谈判中据理力争，日本侵占台湾的图谋最终未能得逞。然而，清政府破财消灾的做法，既暴露了海防的空虚，又表现出外交的懦弱，在一定程度上助长了日本对外侵略扩张的野心，为其后日本并吞琉球及 20 年后发动甲午战争和强行割占台湾埋下了祸患，历史的教训值得我们永远记取。

关键词　"牡丹社"事件　日军　侵台　北京专条

1868 年日本实行明治维新，在政治、社会及经济等方面进行改革，国力渐强，开始对外扩张。同治十三年（1874），日本以征讨杀害琉球船民的台湾"番民"为借口，悍然派兵在台湾南部琅峤地方登陆，攻打牡丹社和高士滑社（又作高士佛社），并企图在台久踞，中国海疆出现了重大危机。清政府一面任命沈葆桢为钦差大臣渡海赴台，加强防卫；一面在外交上展开对日交涉。经过艰难的折冲樽俎，中日双方于当年九月在北京签订了《互换条约》，"牡丹社"事件终于落下帷幕。

一 事件的起因：琉球船民被害

"牡丹社"事件的发生与琉球有关。明太祖统一中国之后，于洪武初年开始遣使诏谕琉球，琉球中山王察度即臣服中国。永乐二年，其子武宁嗣位，接受明成祖册封。自是琉球奉明正朔，习明法度，二年一贡。每当新王即位，必来请册，中国必遣使往封，形成了稳定的宗藩关系。清代除了沿明之例外，更在福州设琉球馆，作为琉球贡使之公廨。

同治十年，琉球宫古岛太平山、八重山岛民各乘船二艘，装载方物，到中山府纳贡。事竣之后，于十月二十九日自中山府启碇返回，在十一月初一夜突遇飓风，帆樯折断，船只随风漂流。其中除太平山船一艘顺利回到故里，八重山一艘不知所终外，另一艘八重山船于十一月十二日漂到台湾洋面一小岛，遇台民获救，船上头目松火著、夷官马依德及跟丁、舵手、水手等44人登岸，经打狗港李成忠以船接回，将其一行送至凤山县衙门，再转送至台湾府。后又有同船二人获救，亦送至台湾府，由官府发给衣食钱文。其中一名永森宣者患痘身故，由台湾府给棺收敛。

另一艘太平山船于十一月六日漂至台湾东南岸八瑶湾，触礁船破，船上共69人，3人溺水死亡，余66人凫水登岸。一行人为寻找人家而徘徊，恰遇当地二人，告以若向西行，则将遇大耳人，必将被害，遂带其向南走。因日暮，且离人家犹远，指其路旁岩穴暂宿。琉球漂民不听，且疑此二人属盗贼之类，教其向南行似有诈，遂告别二人，径自转向西行，深夜时宿于路旁小山。七日，继续行路，忽见南方山旁有人家十五六户，有男女居住，其有耳粗而垂至肩者，即高士佛社。社民以小贝壳盛饭与66人食，是夜宿于该社。半夜有一人左手握薪火，右手持刀，推门而入，剥取二人之内衣而去。八日晨，该社男子五六人各携小枪，来告知琉球漂民说将去打猎，应等其归来。琉球漂民见该社之人行为怪异，心生疑惧，乃二三人一伙，分散逃出。至离社里许处聚合，并在小溪旁暂歇，此时见有男女七八人跟踪追来，众人又涉溪奔逃。见路旁有五六户人家，内有一老翁名刘天保，字老仙，粤籍，系居住该处与番民贸易者，琉球漂民遂上前求救。刘天保一面领众人入屋，一面与追来之社民交涉。不料追来之人愈聚愈多，将琉球漂民团团围住，拔刀啁啾作语，剥取漂民衣饰，并分批将漂民带出门外。忽一人裸身奔回，谓皆被杀矣！众漂民闻言惊恐，四散奔逃，其中仲本、岛袋等 9 人潜藏于刘天保家，幸免于害。九日，天保之婿来告知此地甚危，不可留，乃邀 9 人至其家。其父杨友旺为保力庄庄主，遂又率其子阿告、阿和偕刘天保入石门至双溪口漂民被害之处，见无头尸体累累，知为牡丹社人所杀。另有二漂民从林丛中出来拼命求救。时牡丹社人追来又欲加害，刘、杨等尽词慰解，连同前救 9 人合计 11 人，约以番银及酒牛猪布等交换。继又闻有一人为高士佛社人掳去未死，杨氏兄弟等又赴该社以酒食等赎出。又以酒肉布等赎回被害人之头颅，与尸体合葬于双溪口边。为救出琉球漂民，杨友旺等共付给社"番"番银 40 余元、酒 10 瓮、水牛一头、猪数头、布 10 余匹。

被救护的琉球漂民在杨家居留 40 余日，十二月二十二日由杨氏兄弟等护送离庄，于二十六日抵达凤山县衙署，得到官方的接待，并发给每人棉衣一件。二十九日又由衙役护送至台湾府城，与前获救的八重山人会合。漂民中署名张谢敦、充得秀二人且向台湾地方官员呈递陈情书，报告海难被害及获救经过，请求配船送至福建寓馆，俾早得回国，云云。①

同治十一年正月十日，两批获救琉球漂民由官役护送，乘轮船离台，十六日抵达福州，寓琉球驿馆，妥得照顾。福州将军兼署闽浙总督文煜、福建巡抚王凯泰将事件经过具折上奏，称："查琉球国世守外藩，甚为恭顺。该夷人等在洋遭风，并有同伴被生番杀害多人，情殊可怜，应自安插馆驿之日起，每人日给米一升、盐菜银六厘。回国之日另给行粮一个月，照例加赏物件，折价给领，于存公银内动支，一并造册报销。该难夷等船只倾覆，击碎无存，俟有琉球便船，即令附搭回国。至牡丹社生番见人嗜杀，殊形化外，现饬台湾镇、道、府认真查办，以儆强暴而示怀柔。"②

当年六月初二日，琉球获救船民始顺信风搭船自福州起航回国，六月七日抵达那霸。

二 日本侵台之策划与准备

琉球虽然在永乐年间就与中国形成了封贡关系，但万历三十七年（1609）

---

① 琉球漂民被害及获救经过，见伊能嘉矩《台湾文化志》（下），台湾省文献委员会编译，1991，第 79~82 页，有关"生存者仲本筑登儿、岛袋筑登之笔录"；《福州将军兼署闽浙总督文煜、福建巡抚王凯泰奏》，王元穉：《甲戌公牍钞存》，《台湾文献丛刊》第 39 种，台湾中华书局，1959，第 1~2 页。
② 《福州将军兼署闽浙总督文煜、福建巡抚王凯泰奏》，王元穉：《甲戌公牍钞存》，第 2 页。

日本萨摩藩主岛津义久发动"庆长之役",入侵琉球,虏其王尚宁,干涉其财政,规定其世子年满15岁必游鹿儿岛之例,并从琉球与中国的朝贡贸易中获取利益。所以琉球与日本的关系虽不如中国之深久,但亦受日本的影响与控制,形成两属关系。明治维新之后,日本实行"版籍奉还""废藩置县",将琉球编入鹿儿岛县管辖,派驻日本官吏。

同治十一年(1872)七月,琉球漂民在台湾被害的消息传到日本,鹿儿岛县参事大山纲良于二十八日即向日本政府上建言书,声称要向台湾兴问罪之师,"直指彼巢窟,歼其渠魁,上张皇威于海外,下慰岛民之怨魂"。[1] 在地的旧萨摩藩士族熊本镇台鹿儿岛分营营长桦山资纪闻讯也急忙赶赴东京,向参议西乡隆盛及其弟陆军省少辅西乡从道和副岛种臣等游说发动征台。

众所周知,日本很早就对中国领土怀有野心,而台湾孤悬海上,更是首当其冲。1592年丰臣秀吉侵略朝鲜时就曾有出兵台湾的传闻,其后村山等安的侵扰以及滨田弥兵卫等事件莫不是日本企图染指台湾的表现。德川幕府末期,日本感受到西方列强的压力,国内舆论提出以攻为守的策略。佐藤信渊在其《防海策》中即提出应积极经略日本的南方各岛,"使之与琉球国互为犄角,进而出其不意攻占吕宋与巴剌卧亚二国,……再以此二国为南进基地,出动船舶经营爪哇、渤泥以南各岛。或与之修好,以收互市之利;或派遣舟师,趁其脆弱而兼并之。然后驻兵要津,则可耀武扬威于南海"。[2] 佐藤信渊的构想是近代日本南侵论的嚆矢,其中虽未直接提到台湾,但台湾位于琉球与吕宋之间,无疑也是其构想中应该掌控之地。

1850年代末第二次鸦片战争中英法联军侵华之际,鹿儿岛藩主岛津齐彬企图趁火打劫,提出占取福州、台湾说,称:"法既得志于清,势将转向而东,先发制人。以今日之形势论,宜先命将出师,取清国之一省,而置根基于亚东大陆之上,内以增日本之势力,外以昭勇武于宇内,则英、法虽强悍,或不敢干涉我矣。夫清国沿海诸地,关系于日本国防者,惟福州为最,取而代之,于国防有莫大之利焉";[3] 并强调"早日取得福州和台湾

---

① 伊能嘉矩:《台湾文化志》(下),第79页。

② 佐藤信渊:《佐藤家之全集》下卷,"防海策"。转引自梁华璜《甲午战争前日本并吞台湾的酝酿及其动机》,《台湾文献》第26卷第2期,1975年。

③ 林子侯:《牡丹社之役及其影响》,《台湾文献》第27卷第3期,1975年。

及朝鲜，以强化日本国防，乃是当前之要务"。① 而吉田松阴在其所著《幽囚录》中论保日本之道时更明确提出向外扩张的目标，称"今急修武备，舰粗具，炮略足，则宜开垦虾夷，封建诸侯，乘间夺堪察加、鄂霍次克；谕琉球朝觐会同，比内诸侯；责朝鲜纳质奉贡如古盛时。北割满洲之地，南收台湾、吕宋诸岛，渐示进取之势"。② 琉球漂民在台湾被害一事对日本而言无疑是一个很好的借口，外务卿副岛种臣赞成兴"问罪之师"，出兵台湾。日本政府开始为此进行一系列的策划与准备。

（一）实施"琉球处分"方案，为出兵台湾制造借口

如上所述，近代以来琉球虽然为鹿儿岛县所控制，但仍与中国保持宗藩关系。为了切断中琉宗藩关系，副岛种臣拟定"处理琉球之三条"，实行并吞琉球的计划。同治十一年八月十二日（1872年9月14日），日本天皇利用琉球伊江王子尚健赴东京晋见，呈递琉球王奏文和献贡之机，册封尚泰为日本的藩王，并叙为华族。③ 琉球王被夺王位，列为与日本旧藩王相等的华族身份，日本达到琉球处分的第一步。副岛又继续提出"对琉球藩王具体五条"，包括赏赐尚泰三万日元、贵族衣冠、东京宅邸等。接着又在琉球设立外务省那霸分部，派外交官四人驻琉，代办一切外交事宜。同时照会各国公使，声称琉球已归日本，将琉球与美、法、荷三国所订条约改为日美、日法、日荷条约。此既为日本并吞琉球的开端，也是其借口保护本国人民出兵侵台计划的第一步。

（二）高薪延聘李仙得作为侵台帮手

日本虽订下出兵的计划，却苦于对台湾相关的情况了解不多。外务卿副岛种臣得知美国海军曾与台湾"生番"作战，乃向美驻日公使德朗（C. E. De Long）查询经过，并商借美国海军所有的台湾内山及港湾地图。

---

① 岛津齐彬：《齐彬公史料》，杉浦明平、别所兴一编《明治期の开明思想》，东京：社会评论社，1990，第193～194页，转引自藤井志津枝《甲午战争前与日本大陆浪人的思想与行动》，台湾师范大学历史研究所历史学系编印《甲午战争一百周年纪念学术研讨会论文集》，1995年。

② 吉田松阴：《吉田松阴全集》第1卷，第596页，转引自陈丰祥《甲午战前的日本大陆政策》，《历史学报》第13期；梁华璜：《甲午战争前日本并吞台湾的酝酿及其动机》，《台湾文献》第26卷第2期，1975年。

③ 伊能嘉矩：《台湾文化志》（下），第83页。

其时正好美国驻厦门领事李仙得（Le Gendre，又译李让礼）因与美国驻华公使镂斐迪意见不合，请假回国，途经日本。李氏携有整套的台湾地图和照片及多种有关资料。德朗正为无法满足日本人要求而苦恼，闻讯大为兴奋。李仙得除透露他曾与"生番"订有救护遭难美商船员协定，"生番"历经照约行事以及中美之间关于台湾的其他谈判目前仍无结果外，并表示如果日本采取行动，亦可从"生番"方面取得同一性质的保证。德朗认为李仙得既愿协助，正好借此机会提供日本政府以最有用的详细情报，以促进驻日公使与日本的密切关系，增进美国的重大利益，因而要求李仙得暂留居日本，并于九月二十三日（10 月 24 日）将其推荐给副岛种臣。

副岛听了关于李仙得的经历及其在台湾活动经过的介绍后，如获至宝，迫不及待于次日立即在横滨接见李仙得，德朗及其秘书等人列席。副岛就台湾"番"地形势、各社人种数目及其相互关系、"生番"对中国政府态度，台湾要地、港口及附近岛屿概况以至各地物产产销情形等问题向李仙得做了深入的询问。李仙得则一一做了答复并提出建议。其要点为：（1）中国政府对"生番"行为以及"番"社内部事务，无力过问。此次琉球人被杀，传闻中国政府曾下令惩办凶手，地方官懔于"生番"凶悍，不敢采取行动；（2）台湾内山十八"番"社头目卓杞笃前经协议救助遭难外国船员，但不包括中国人在内，此次琉球船民被害，实由其容貌与中国人类似，致为"生番"误会；（3）美船人员被害之处，中国政府虽认为归中国管辖，究为王化所不及之地，实则该处土地人民均属善良，如经适当交涉，由美国人居住，中国人未尝不可退出；（4）当美船人员被害案办结之时，中国政府曾在台湾南端设立炮台，留置兵员守卫，随时救护遭难船员，但数月后即告废弃，另允在原处建立灯塔一所，迄未实行；（5）此次琉球人被害，目前处理办法，应先商请台湾官府建立灯塔，随时保护，如不照办，美国并不欲取得该处土地，日本政府如有意统辖该地，可与中国政府交涉，径在该处建立炮台，派兵守卫，自行保护遭难船员。[①]对于李仙得提供的资料及建议，副岛喜出望外。据日本外务少丞郑永宁所撰《副岛大使适清概略》

---

① 《日本外交文书》第 7 卷，副岛种臣与李让礼对话书，第 5～8 页，转引自黄嘉谟《美国与台湾——一七八四至一八九五》，第七章"日军侵台与美国态度"，台北：中研院近代史研究所，1966。

的记载，副岛对于这次会谈的感想是"共话半日，而相见恨晚！"①

九月二十六日（10 月 27 日），副岛再度与李仙得会晤，李仙得逐项陈述，指出台湾官府建立灯塔的计划似乎已无下文，全岛各地驻军稀少，往往有额无兵，岛上居民约 200 万，海关收入颇为可观。在副岛的要求下，李仙得进一步提出几点建议。第一，此次琉球人在台湾被害，日本可与闽浙总督等交涉，声明出事地点未建炮台灯塔，中国政府并未尽到保护遭难船员的责任，依万国公法，日本政府可自行修筑，保护人民，唯应立约为据，以免中国政府反悔。第二，中国遇有外国诘问，往往视台湾为化外之地，究属何国管辖，殊有问题；日本为亚洲国家，如欲占领台湾，他愿尽力协助；且中国政府在台防卫力量薄弱，只需两千兵力，即可攻取。第三，日本如因出兵台湾，致与中国决裂，自非善策，但既经依照万国公法商请中国政府保护遭难外国人民，中国政府未能办到，日本自行设法保护，乃理所当然；且此一地区迟早必须开发，终有为人攫取之一日。②

如上所述，日本早有侵台野心，德朗、李仙得力劝日本采取攻略台湾的政策，正中副岛下怀，双方一拍即合。副岛以李仙得熟悉台湾情况，能提供日本政府求之不得的情报，立即以上宾相待。此后副岛与德朗、李仙得不断接触会谈，随着对相关情况的了解愈益详尽，日本对于中国（大陆）、朝鲜和台湾的企图和计划也日趋成熟和明朗。就对外方面，日本自认为，第一，中国一向确认琉球为藩属，但日本已实行兼并，不再容忍中国的此种态度；第二，依照李仙得提供的情报，台湾分为"生番"、熟番和华人等地区，中国只能统辖一部分，且防卫力量薄弱；第三，琉球人在台湾被害之地，不属中国管辖，不必事先通知中国政府，即可以少数兵力经行攻取，一经占领，即难被驱离；第四，台湾在地理上的位置，可以控制中国海和日本海的进口，为日本亟欲占领的目标；第五，朝鲜曾向日本入贡，近年坚持无礼行为，日本政府已决定予以惩罚；第六，中日条约未经批准互换，而中国朝廷拒绝外使觐见，必须解决，否则应停止两国邦交，或进行战争。对内而言，日本也认为中国国力次于日本，日本实行维新之后，

---

① 郑永宁编纂《副岛大使适清概略》，《明治文化全集》第 6 卷"外交篇"，第 65 页，转引自庄司万太郎《一八七四年日本出师台湾时 Le Gendre 将军之活跃》，《台湾银行季刊》第 10 卷第 3 期，1958 年。

② 《日本外交文书》第 7 卷，副岛种臣与李让礼对话书，第 13 ~ 15 页。转引自黄嘉谟《美国与台湾——一七八四至一八九五》，第七章"日军侵台与美国态度"。

兵额庞大，军备优良，且官兵均不愿徒事操练，而急于表现其作战的能力。日本政府认为与其容忍那些出身各藩的军人在国内滋事，还不如让他们到中国、朝鲜或台湾作战。这样不但可以解决琉球的归属问题，取得台湾，侮辱中国，且可以博得日本人民的信任，弭息内部纷争，可谓一举多得。①

然而，对外战争并非易事，德朗与李仙得又建议在采取武力行动之前，先竭尽外交的努力，才可有所借口，日本政府予以采纳。要进行此项交涉，自有待于李仙得提供相关情报，如果诉诸战争，则尤须利用其军事经验及其对于台湾港口和道路的知识。副岛于是一再表示希望李仙得留下，为日本政府服务。李仙得初时不肯，后经德朗一再诱劝，终于同意。

十月二十一日（11月21日），副岛随同日本太政大臣三条实美谒见天皇，天皇决定不顾任何反对实施上项计划，当晚副岛即于其寓所接见德朗、李仙得，并介绍他们与日本舰队首长会晤。副岛表示日本政府将任命李仙得为助理公使，随同日使前赴中国谈判，成功之后即由李仙得负责日本驻华使馆的馆务；如果谈判不协，则派李仙得为日本征台军的将领；如果日军占领台湾，继续统治，即以李仙得为总督，代表日本政府行使政权；并答应完全比照美国驻日公使的标准，付给李仙得每年银圆12000元的高薪。② 十一月十八日（12月18日），副岛正式照会德朗，申述前日所议事项，略有不同的是拟授李仙得"钦加二等官衔"，并确定年薪为12000元，并要求代为转达。"重赏之下必有勇夫"，十一月二十八日（12月28日），李仙得接奉日皇的敕命，受任为日本外务省二等官，并于两天后正式觐见日皇，表示效忠日本政府，尽力完成所担任的任务。此后李仙得果然陆续向日本政府提出了几十件备忘录（觉书）及许多意见书，积极为日本攻取台湾出谋献策。③

---

① C. E. De Long to Hamiltom Fish，Japan，November 22，1872，USNA：MD，Japan，M - 133，R - 21，转引自黄嘉谟前揭书，第七章"日军侵台与美国态度"。

② C. E. De Long to Hamiltom Fish，Japan，November 22，1872，USNA：MD，Japan，M - 133，R - 21，转引自黄嘉谟前揭书，第七章"日军侵台与美国态度"；《米人李仙得雇入准二等出仕达并副岛外务卿米国公使往复书》，日本国立公文书馆藏档：A03031117700，转引自李理《李仙得为日本政府提出的"攻台计划"》，中国社会科学院台湾史研究中心主编《割让与回归——台湾光复六十周年暨海峡两岸关系学术研讨会论文集》，台海出版社，2008，第11～38页。

③ 李理：《李仙得为日本政府提出的"攻台计划"》，《割让与回归——台湾光复六十周年暨海峡两岸关系学术研讨会论文集》，第11～38页。

(三) 借换约及觐见之机套取征台"口实"

日本虽然从李仙得处获得不少极有价值的情报,但对中国政府的态度尚不了解,于是接受李仙得等人的建议,以互换条约并祝贺同治皇帝亲政为名,派遣副岛种臣为特命全权大臣赴中国,刺探中国政府的态度,寻找出兵征台的"口实"。同治十二年二月十一日(1973年3月9日),日皇向副岛颁发了《为生番问罪委让全权》的敕旨,称:"朕闻台湾岛之生番,数次屠杀我人民,若置之不问,后患何极?今委尔种臣以全权,尔种臣其往伸理之,以副朕保民之意。钦哉。"① 另有《为生番问罪与中国交涉方法四条》的别敕,其内容如下。

第一,清政府如果视台湾全岛为其属地,可接受其谈判,由其负责进行处置,应责成清政府为遭杀害者申冤报仇。清政府必须给予罪人以相当之责罚,对于横死者之遗族给以若干扶助金,并保证今后不再有同样之暴虐事件发生。

第二,如果清政府认为政令所不及,不视其为属地,不接受上述谈判条件时,则应由朕来处置。

第三,清政府如以台湾全岛为其属地,却事托左右,不接受谈判,则辩明清政府已失政权,且责以"生番人"无道暴虐之罪;如不服所责,则如何处置,任朕之意见。

第四,上述谈判,除以上三条以外,另生枝节,则须注意遵守公法,不失公权而临机处理。②

从别敕内容可以明显看出副岛此次使华目的是"醉翁之意不在酒",而在刺探中国政府的态度,为出兵侵台寻找"口实"。《副岛适清纪略》附言就明白指出:"副岛适清,换约名也,谒帝亦名也,惟伐番之策分。"③ 副岛自己也说:"使外人之觊觎台湾者,不敢妨我王事;使清人甘让生蕃之地,开土地,得民心,非臣恐无成处;请赴清,借换约,以入北京,说倒各国公使,绝其媚疾,因与清政府讨论谒见皇帝问题,告以伐蕃之由,正其经

---

① 伊能嘉矩:《台湾文化志》(下),第84页。

② 《副岛外务卿ヘ生番问罪ノ为メ清国应接振四个条别敕》,日本国立公文书馆藏档:A03031118600。参见李理前揭文及伊能嘉矩《台湾文化志》(下),第84页。

③ 《单行书·副岛使清纪略》,公文书馆藏档:A040171196800,转引自李理前揭文。

界，开拓半岛。"①

二月十三日（3月11日）副岛种臣偕副使柳原前光、翻译官郑永宁由横滨启程来华，李仙得作为代表团顾问随行。代表团一行于三月二十四日（4月20日）抵达天津，之后会晤李鸿章，完成换约手续。四月十一日（5月7日）日本代表团抵达北京，与相关官员接触，于六月五日（6月29日）觐见同治皇帝。

虽然日本代表团此行的主要目的是台湾"番"地问题，但为了避免引起西方列强的猜疑及中国方面的戒备，副岛种臣在先前的外交谈判中绝口不谈台湾事件，不送照会，不亲自交涉，而是在整个行程即将结束之际于五月二十七日（6月21日）匆匆派副使柳原前光与郑永宁会见总理衙门大臣毛昶熙和董恂，先旁敲侧击地询问澳门的地位及朝鲜实际独立的程度等问题，最后才提到台湾"生番"杀人的话题。中方官员答称："番"民之杀琉民，既闻其事，害贵国之人则未之闻。琉球系我藩属，彼时已将幸存者妥为救护，并已送还其国。柳原又问：贵国既言已救护琉人，何不惩治台湾"番"民？中方官员答称：台湾之"番"民有生、熟两种，从前服王化者为熟"番"，置府县治之；未服王化者为生"番"，故且置之化外，未便穷治。并称中方所以对"生番"未加穷究，系因政教所不及。然有闽浙总督救护琉人之奏报，待再查阅后，再作答复。柳原知道中方不可能在书面材料中有任何漏洞，便以副岛大使急于束装归国为由，表示不想等待以后的任何答复，中方官员亦未与之深论。②

日方借由与中国官员非正式的接触，以及将中国官员疏忽的答话解释为中国政府就台湾"番"界地位所做的明确答复。就在双方会谈的当晚，副岛即迫不及待地向日本政府报告，称已从总理衙门方面获得原先想要的答复，即承认"番"地为中国政令及教化不及之地，任务已圆满完成。此行的目的既已达到，副岛一行遂于六月九日（7月3日）离开北京返回

---

① 郑永宁编纂《副岛大使适清概略》，《明治文化全集》第6卷"外交篇"，第65页，转引自庄司万太郎《一八七四年日本出师台湾时 Le Gendre 将军之活跃》，《台湾银行季刊》第10卷第3期，1958年。

② 关于柳原前光与总理衙门大臣谈话的内容《同治甲戌日兵侵台始末》卷1"三月辛未（二十九日）总理各国事务恭亲王等奏"中有提到，但较简略。本文参考了伊能嘉矩《台湾文化志》（下），第84~85页及连战《台湾在中国对外关系中的地位（一六八三年——一八七四年）》（薛光前、朱建民主编《近代的台湾》，正中书局，1977）一文中有关中日双方会谈的内容。

日本。

就在副岛出使中国的同时，台湾附近又发生一起船难。日本小田县备中州人佐藤利八等四人驾船运载盐、席往纪州尾和濑，售出后换回线粉、香菇等物，回程时在纪淡海峡遭遇大风，于同治十二年二月十日漂至台湾东海岸卑南马武窟，船碎，物无一存，登岸求救，又遇土人围聚，惊恐之际，幸得卑南番目陈安生救护，在其家中居住3月余，然后由其送至旗后，再经郡城，至六月十二日乘轮船至福州。官府给予衣食零钱，倍加优待，最后于二十六日（7月20日）搭轮护送至上海交日领事送回日本。时日本方面曾来函致谢。后日本出兵时竟诬称其难民遭"生番"劫掠，作为其侵台的另一借口。

（四）派员到中国侦察，测绘地形，收集情报

同治十一年，桦山资纪赶赴东京游说时就向陆军省提出《探险台湾生番意见书》。作为侵台准备工作的重要环节，日本先后秘密派遣桦山资纪、黑冈勇之丞、福岛九成、儿玉利国、田中纲常、成富清风等潜入台湾，旅行于南北各地，调查地理、风土、民情，收集有关情报，"各复命所见，献替征台之画策（良）多"。① 其中如同治十二年四月间留华学生黑冈勇之丞由上海赴淡水，经陆路侦察台湾南部地区，于五月底返回北京。另福岛九成伪装成画家，游历台湾，在车城与总理林明国、生员廖周贞会谈，"问此地方原来是否土著民自开而领之，或属台湾府之管辖纳付正供，而得知其为自垦自领之地，完全与官府无关系之言质笔记，后来为立证台湾之番地为中国之辖外一资料被提供"。② 同年四月，副岛种臣命令在香港留学的水野遵到台湾探察情形，由于南部已有黑冈与福岛的调查，水野遵的主要调查范围以北部大科崁"番地"为主，于同月底离台赴京报告。

另在李仙得第一号备忘录确立后，日本"正院"（内阁）即于1872年11月下裁示，派遣桦山资纪前往台湾探察。第二年，桦山资纪和水野遵、成富清风、儿玉利国等于七月初一日（8月23日）经由福州抵达淡水，邀请精通台湾"番"情的英国领事馆官员倍得逊会商研究。桦山等人此行的目的除了要对台湾东部"番"地进行调查外，还要接应与副岛种臣约定的十月末日军可能的征台计划。桦山于七月十四日（9月5日）由淡水出发，

---

① 伊能嘉矩：《台湾文化志》（下），第85页。
② 伊能嘉矩：《台湾文化志》（下），第85页。

租用墨西哥籍人彼得（Peter）之帆船，由彼得驾驶，携带银盐布等物，经噶玛兰、苏澳至南澳地区展开活动。后又利用平埔熟"番"为向导，登陆花莲，企图占有奇莱平原。① 桦山在调查过程中将台湾地形、地貌与当地社会背景以及自己的感想等每天用铅笔写在随身的小手册上，内容相当详细。这就是后来被研究"牡丹社事件"的学者作为重要资料的《桦山日记》。八月二十五日（10月16日），桦山等自南澳回到淡水，然并未得到东京方面的消息，乃将台湾情报交由儿玉、成富二人带回，自己再往台湾府、打狗等地继续打探，于十月二十一日（12月10日）由打狗赴香港，结束了其首次侦察台湾的行程。

同治十三年日本侵台军队出发之前，桦山再次奉命赴台侦察，于正月二十一日（3月9日）持游历执照从打狗上岸，从正月二十七日（3月15日）开始至三月初七日（4月22日）与水野遵一道探查台湾南部恒春半岛"番"地。其间二人于二月初七日申刻由旂后到枋寮，称欲至柴城一带地方查看牡丹社、龟仔角等处山势形胜。初八、初九两日因风大，未能起程。初十日，二人乘坐小舟进抵瑯峤，在柴城社寮地方延搁四天，又至大绣房看龟仔角山势，往返计程两天，共计六日，绘有龟仔角山及沿海地图一幅。而牡丹社因高山远隔，未能看见，而无绘图。水野遵还带有李仙得上年所绘旧图一幅，沿途查对。②

桦山与水野二人探查完南部后，又从西海岸北上至淡水。桦山在转往鸡笼候风时恰遇日本攻台军舰"日进"号（上有谷干城、赤松则良），得悉日军已发动征台之役。该船因风浪过大，突然拔锚出港，桦山未及登船，只得从陆路赶路南行，于四月初四日（5月19日）到达打狗，水野亦于次日从水路到达，两人在打狗再度会合，然后一起加入日军对台湾南部"番"地的所谓"征讨"行动。

三 日本侵台军事行动之实施

副岛种臣结束使华任务，返抵东京后继续鼓吹征台事宜，与此同时，明治维新以来日本与朝鲜之间的矛盾与争执，历经五六年的交涉，不仅未

---

① 伊能嘉矩：《台湾文化志》（下），第86页；台湾省文献委员会编《台湾省通志》卷3政事志外事篇，1971，第106页。

② 《枋寮巡检王懋功、千总郭占鳌禀报》，王元穉：《甲戌公牍钞存》，第2~4页。

能解决，反而愈演愈烈，一时之间，日本国内"征韩论"甚嚣尘上。然而，此时赴欧美考察近两年的"岩仓考察团"于9月间返日，在以考察团为主的"内治派"与以留守阁员为主的"征韩派"的辩论中，"征韩派"败北，该派主要人物西乡隆盛、副岛种臣、后藤象二郎、板垣退助、江藤新平等阁员相继辞职，挂冠而去。①"内治派"获胜后推动改革，1873年11月10日设立内务省，大久保利通出任内务卿，推行殖产与兴业政策。

尽管国内政局发生了变化，但日本政府并未放弃侵台的企图，而且各项出兵的准备也从未停止过，只是为了避开外国公使的耳目，防止列强的干涉改采秘密的方式进行罢了。②受挫的"征韩派"对政局不满，发生了企图暗杀岩仓具视的事件。接着又爆发了佐贺之乱。在平定叛乱之后，日本政府乃决定将准备已久的侵台计划付诸实施，以转移内乱的危机。1874年1月26日，大久保利通和大隈重信被任命为台湾朝鲜问题调查委员，在与儿玉利国及李仙得等人会谈之后，在2月6日的内阁会议上，大久保利通和大隈重信两人联署提出《台湾蕃地处分要略》，其内容为：

　　第一条　台湾土蕃部落为清国政府政权未逮之地，其证明在清国出处之书籍内亦明记为证，尤其去年前参议副岛种臣使清时，彼朝官吏之回答亦判然分明，故具备可视为无主地之道理。因此报复我藩属之琉球人民遭杀害一事，为日本帝国政府之义务，故讨蕃之公理于此可奠定深厚基础。但至于处分，则应以确实完成讨蕃抚民之役为主，以清国所生之一二议论为次。

　　第二条　应派公使赴北京，筹设公使馆，使之办理外交。清人若问琉球之所属，即准照去年出使之说法，谓琉球自古以来为我帝国之所属，并应明示现已更使其沐浴恩泽之实。

　　第三条　清官若以琉球向彼本国遣使献贡之故，而认为应为两国所属时，应不再回顾其关系，而以不回应其问题为佳。因为控制琉球之实权皆在于我帝国，且如果我方之目的在于处理完台湾问题后立即

---

① "岩仓考察团"成员包括1/3重要阁员，如岩仓具视、木户孝允、大久保利通、伊藤博文等人，另有100多名赴美留学生随行，于1871年11月出发。主要目的在赴各国交涉1872年到期的不平等条约，但到了美国不知有"全权委任状"，碰了一鼻子灰，自此乃改为考察各国典章制度，至1873年9月返日。

② 爱德华·豪士（Edward H. House）：《征台纪事》，陈政三译述，台北：原民文化事业有限公司，2003，第31~32页。

使其停止遣使献贡之非礼，故无须枉费力气与清政府辩论。

第四条 若清政府提起台湾处分之问题时，则应坚守去年之议点，收集政权不逮于蕃地之明显证据，使之无可动摇。若由于土地比邻之故，而提出可议论时，则应以和平方式解决。若其事件涉及非常困难之部分，可向本国政府请示。惟于推托迁延时日之间而成事且不失双方之和，此为机谋外交之一策略。

第五条 土蕃之地虽视为无主之地，但其地势与清国版图犬牙相连，因而发生邻境关系之纠葛时，则于属福建省之台湾港置领事一名，令其兼管淡水事务，并于征蕃时办理有关船舰往来之各项事务。除上述职掌外，令其担当有关台湾处分时与清国地方官应对，极力保持和好为长久之计。但应任命视察清国之福岛九成为领事。

第六条 领事无关蕃地之征抚，担任征抚者无关于两国之应对，盖明其分界，以维持和好是也。若事涉及极端重要，则可转达驻北京公使。

第七条 福州为福建之一大港，但处分台湾之方便路径是以台湾及淡水为要地，且福州有琉球馆，故应暂时置之度外，以避免嫌忌为佳。

第八条 应先派福岛九成、成富清风、吉田清贯、兒玉利国、田中纲常、池田道辉等六名至台湾，进入熟蕃之地，侦察土地形势，且令其绥抚怀柔土著，他日处分生蕃时，可使诸事便利。

第九条 侦察之要点为计划让军队由熟蕃之地琅峤、社寮港上陆，故应先注意此一带之地势及其他便利于停泊上陆之事宜。①

《要略》第一条显示，日本视台湾番地为无主之地，出兵讨"番"有理，征台在于获得"番地"为殖民地。第二、三条为其外交策略，力主琉球属于日本之说，若中国提出两属之说，则不加理会，待处分台湾后，再禁止琉球向中国朝贡。第五、第六条指派福岛九成出任厦门领事，命其与台湾官员维持友好关系，并使领事事务与军事行动划分清楚以避嫌。第八、九条则为军事行动前的侦察要领，派福岛九成、成富清风、兒玉利国等赴台，进入"熟番"部落侦察（见上文）。

同日，内阁会议做出攻台决定。4月4日，日本政府设立"台湾蕃地事务局"，由大藏卿大隈重信出任"台湾蕃地事务局"长官；李仙得则以外务

---

① 牡丹社事件史料专题翻译（二）《处蕃提要》，黄得峰、王学新译，南投："国史馆"台湾文献馆，2005，第101~103页。

省二等出仕；陆军中将西乡从道任台湾蕃地事务都督，陆军少将谷干城与海军少将赤松则良为参军，陆军中佐佐久间佐马太与陆军少佐福岛九成为参谋。同时，任命柳原前光为驻华全权公使，令其着重办理日军征台的交涉事宜。另根据李仙得推荐，高薪雇用了美国海军少校克些尔（Douglas Cassel，又译克沙勒）和陆军中尉瓦生（Lientenant James Wasson）分别负责军事策划和指导建筑阵地工程。侵台兵员的组成，主要以熊本镇台军（明治政府在熊本地区的正规部队）为主体，另外又在鹿儿岛征募兵员，总数共3600余名。大久保利通还委托大仓喜八郎组建大仓组商会，负责军需运输。另外又租借了英国商船"约克夏"号与美国商船"纽约"号运送兵员与物资，以补充日本船只之不足。

4月9日，西乡从道率"日进"号、"孟春"号等军舰由东京湾品川港出发，前往长崎。日本出兵侵台的行动，引起列强驻日公使的强烈关注。英国驻日公使巴夏礼（Harry S. Parkes）鉴于英国在台湾各口重大的商务利益，于4月9日、13日、16日连续三次照会日外务卿寺岛宗则，诘问日本派兵赴台湾的确实地点与目的，对日本出兵的合法性提出质疑，并于13日声明局外中立，撤回受雇加入日本侵台军事行动的英国公民和船只。继而俄国、意大利、西班牙等也纷纷对日本的出兵提出质疑，宣布中立。美国新任驻日公使平翰（John A. Bingham）对美人员和船只加入日军侵台的传闻反应迟钝。三月初二日（4月17日），《日本每日前锋报》（*Japan Daily Herald*）批评平翰不但未严守中立，且默认或明许美船被日本雇用。平翰乃于次日照会日外务卿寺岛，诘问传闻是否属实，抗议日本雇用美国人员和船只从事战争行动。同日，《星期邮报》（*Week Mail*）再度抨击美公使，终于促使平翰向日本表明局外中立，同时禁止美国人员和船舶参加征台行动。①

除了列强的干预，文部卿木户孝允等亦对出兵持有异议，并于4月14日提出辞呈以示抗议。日本政府的信心有所动摇，拟中止出兵。4月19日，太政大臣三条实美派权少内史金井之恭赴长崎，通知大隈重信暂停征台行动，但西乡从道以"陆海军士气高昂，恐难遏制"为借口，悍然拒绝接受，命令"有功丸"搭载首任驻厦门领事兼台湾"番地"参谋福岛九成、克些尔、瓦生、纽约前锋报记者爱德华·豪士（李仙得之秘书）及由200多名

---

① John A. Bingham to Tershima Munenori, Tokei, April 18, 1874, USNA：MD, Japan, M－133, R－28，参见黄嘉谟《美国与台湾》，第七章"日军侵台与美国"；并参见爱德华·豪士（Edward H. House）《征台纪事》，第35页注12以及李理前揭文。

士兵组成的先头部队，携带西乡从道致闽浙总督李鹤年之《日军征台之通知书》，于27日连夜起航驶往厦门。而李仙得则因顾虑各方的反对意见，不得不放弃原先随军出发的打算，返回东京。5月2日，日将谷干城、赤松则良也率兵搭"日进""孟春"舰及运输船"三邦丸""明光丸"等组成的船队自长崎出发。

5月3日，"有功丸"进入厦门港。① 日本原先雇聘的熟悉台湾南部地区、能说数种部落方言的英籍医师万松（Dr. Patrick Manson）已接到英驻华公使的警告函离厦回国。福岛九成向厦门同知李钟霖递交西乡从道致闽浙总督李鹤年的照会，称这次奉命统兵深入番地的目的是对两年前劫杀琉球遭风人民的"土番"，"招酋开导，殛凶示惩"；并要求其"晓谕台湾府县、沿边口岸各地中外商民"，对日军"不得毫犯"云云，② 而且不等闽浙总督复函，就匆匆驶离厦门，前往台湾。

同治十三年三月二十二日（5月7日），日军先头部队所乘坐的"有功丸"抵达琅峤湾，次日，士兵登陆上岸。二十五日，谷干城、赤松则良率领千余名士兵乘坐"日进"号、"孟春"号驱逐舰及"三邦丸""明光丸"两运输船也相继抵达琅峤。日军采用李仙得的计划，先安抚琅峤地区的居民，使牡丹社、高士佛社孤立，再以军队攻讨之。5月15日，日军派遣赤松则良、克沙勒、瓦生、豪士及华裔美籍通译詹汉生（James Johnson）入山与头目接触。其时老头目卓杞笃已过世，由射麻里社的头目一色（Yisa）和老卓杞笃的幼子小卓杞笃与之会谈。日方借助李仙得的名义与头目建立了关系，并借由试放洋枪，展现武力，与头目达成某种协议。不过，琅峤居民对日军仍"抱持戒心和敌意，即使军营附近的村民，也面露仇视的眼神，……日军一开始即派人极力解释，试图安抚村民的情绪，但效果似乎有限"。③ 5月18日，日军的侦察部队在双溪口、四重溪一带巡逻，其中脱队的五六名士兵遭到埋伏于灌木丛中的原住民的袭击，班长北川直征被馘首。与此同时，"日进"号军舰到东部海岸探测水域时也遭到岸边埋伏的龟仔角社战士的开火射击。5月20日，侦察部队在三重溪遭到牡丹社原住民的伏击，两

① 本处时间据爱德华·豪士《征台纪事》，而福建水师提督咨报中则称三月十五日（阳历4月30日）有日本大战船一只寄泊厦港（见《三月辛未总理各国事务恭亲王等奏》，《同治甲戌日兵侵台始末》，第2页），与前者所记稍有不同。

② 王元穉：《甲戌公牍钞存》，第7页。

③ 爱德华·豪士（Edward H. House）：《征台纪事》，第83页。

名士兵重伤，原住民一人被杀。5月21日，另有日军侦察部队"往保力山巡哨，至石门洞，被牡丹番放铳伤毙六名"，[①] 佐久间佐马太率大队日军赶往四重溪增援，双方在石门展开激战。石门两侧危崖耸立，直挺冲天，一边高约500英尺，另一边450英尺，崖底仅宽30英尺。牡丹社人占据有利地形，进行射击。日军大部队难以展开，乃从石门背后之山腹攀爬而上，然后从崖顶居高临下与下面的日军前后夹攻。牡丹社人不支撤入内山。是役牡丹社包括酋长阿禄父子在内12人战死，被日军馘首，日方死者则有14人。[②]

石门之役双方鏖战正酣之际，日本侵台军总司令西乡从道和参谋幕僚乘坐"高砂丸"抵达寮港，另有船舶共载来增援军队1900余名、大仓组工匠500名。

四月十八日（6月2日），日军依军事会议决定兵分三路，对牡丹社进行总攻击。左翼由谷干城任指挥官，桦山副之，水野为通译，从枫港迂回进袭；中路自石门而入，以佐间久为指挥官，西乡偕克沙勒、瓦生、豪士等随行督师；右翼自竹社口进攻，以赤松则良为指挥官。三路共有兵力1300余人，另有火炮多门，声势颇大。十九日，日军攻占牡丹社，原住民已事前逃离，不见踪影，日军遂放火将番社焚毁。因安全和交通问题，日军撤出牡丹社，在双溪口设置分营，展开诱降行动。五月十八日（7月1日），周劳束酋长率领牡丹社、尔乃社、高士佛社等六社酋长，透过统领埔头人林阿九等人之中介，在保力庄杨天保家中与日军议和。

日军解决了牡丹社之后，便在枫港增驻一支营，在周劳束海岸派遣一小队把守番地入口，又在龟山等地盖建营房，设立"都督府"。此后又陆续从日本运来铁器、农具及果树苗木等，实行屯田、植树，以图久踞。

四 中国方面的反应与对策

中国政府一直认为琉球为中国藩属，台湾更是中国的领土，琉球船民

---

① 《摘抄另纸探报》，王元穉：《甲戌公牍钞存》，第49页。

② 关于石门之战双方伤亡人数各方资料记载不一，如爱德华·豪士《征台纪事》载"生番"死16人，日军有6名战死，近20人受伤；中方委员周有基探报称日兵被"生番"铳杀7人，伤者10余人，"生番"被杀13人。此处数字为林呈蓉据水野遵《台湾征蕃记》及桦山《日记》等资料整理，见林呈蓉《1874年日本的"征台之役"——以从军纪录为中心》，《台湾风物》第53卷第1期，2003年，第23~49页。

被害应由中国自办，与日本无关，因而，完全未料到日本竟会以此作为侵台的借口，所以未做任何防备。

同治十三年二月初十日至十七日，水野遵与桦山资纪两人持游历执照，乘船进入琅峤地区进行勘探侦察，同时带有李仙得以前所绘该处旧地图一纸，沿途查对，并测绘龟仔角山及沿海一带地图。在地驻守的中国官员枋寮巡检王懋功、千总郭占鳌对日本人的间谍行为不仅未加以阻止，而且，二月初九日（3月26日）二人在枋寮拜访王懋功、郭占鳌时，见王懋功所持扇上画有琅峤一带地图，桦山乃请水野遵向王借扇临摹，毫无敌情观念的王懋功竟然答应将扇借予二人。① 又二月二十九日（4月15日），台湾道夏献纶接到台湾口税务司爱格尔（Henry Edgar）来函，告知接阅香港新报内有日本国二月十一日该国兵部奉伊国主谕令，预备兵船，并调兵15000名要来台湾打仗的消息。当时台湾镇、道正忙于剿办彰化廖有富一案，各营勇弁俱随赴彰化，所以对日军侵台的消息甚感意外，称："查上年日本国人利八等四名，在台湾南山后遭风，当经救护，送回上海，交其领事官领收，曾据该国寄送礼物酬谢。又上年四月间，琉球人林廷芳等九名，在琅峤遭风，亦经救护送回均属毫无异言。兹何以忽有调派兵船来台之举？"② 并将之与以前一年日本人欲报复琉球人被杀而征伐牡丹社的"谣传"联系起来，说"倘仍如上年之谣传，自可毋庸置议"；夏献纶甚至还说"牡丹社系属番社，彼如自往剿办，在我势难禁止"，③ 未对日军侵台采取任何有效的防范措施。

有关日本派兵侵台的消息，清廷最先是从英使方面得知的。同治十三年三月初三日（4月16日），总理衙门接到英国驻华公使威妥玛（Thomas F. Wade）的信函称，据英国驻日公使电报，知日本运兵赴台湾沿海迤东地方，有事"生番"；并询及"生番"居住之地，是否隶中国版图；东洋兴师曾向中国商议准行与否？总署函复答称：上年日本国使臣住京时，从未议及有派兵赴台湾"生番"地方之举。究系因何兴师，未据来文知照。台湾"生番"地方，系隶中国版图，且中国类此地方，不一而足，未能强绳以法

---

① 借扇之事据桦山日记记载，见爱德华·豪士《征台纪事》第47页注④；并参见林呈蓉《1874年日本的"征台之役"——以从军纪录为中心》。

② 《台湾道禀总督、将军》，王元穉：《甲戌公牍钞存》，第4～5页

③ 《台湾道禀总督、将军》，王元穉：《甲戌公牍钞存》，第4～5页。

律。① 继英国公使的询问之后，总署陆续于初四、初五日接到英国汉文正使
梅辉立、法国翻译官德微里亚、总税务司赫德、日国（即西班牙）使臣丁
美霞等先后访问，询及日本派兵赴台查办"生番"之事。在得到总理衙门
的答复后，列强很快做出反应，宣布采取局外中立的立场。但中国政府对
日本的举动宜如何斟酌，却反应迟钝，既没有向日本提出质问，更没有想
到用抗议阻止日本的侵略行为。后来，李鸿章、李宗羲又从江海关沈秉成
抄送长崎电报得到另一消息，称日本为"生番"事件派人查问，并且在上
海已有 8 名日本随员等候该国使臣，此消息与各国公使及赫德所述日本派兵
赴台说法不符。李鸿章及总署对相关的情况进行了分析，得出几点看法。
首先，各国兴兵之举，必先有文函知会因何起衅，或不准理诉而后兴师。
日本甫经换约、请觐，和好如常，台湾"生番"一节，并未先行商办，岂
得遽尔称兵？即贸然称兵，岂可无一语知照？此以理揆之而疑其未确也。
其次，日本内乱甫平，其力似尚不足图远。即欲用武，莫先高丽。江藤新
平请伐高丽，尚因不许而作乱，岂竟舍积仇弱小之高丽，而先谋梗化之
"生番"？即欲借图台湾，若中国以全力争之，未必遂操全胜，从自悖义失
和。此以势度之而疑其未确也。再次近年东洋新闻百变，诈伪多端，巴夏
礼与该国情好最密，代为虚张声势，故作疑兵，恐难尽信。② 总之，于理于
情，中国方面判断日本不宣而战出兵侵台的可能性不大，故准备等日使柳
原前光到达后，相机驳辩。不过，总理衙门也认识到，"各国垂涎台湾已
久，日本兵政寖强，尤滨海切近之患，早迟正恐不免耳"；并提出"勿恃其
不来，恃吾有以备之"。③

中国方面最先对日本出兵台湾做出反应，要求日本退兵的是闽浙总督
李鹤年。李鹤年于三月二十三日接到由厦门同知李钟霖转交的西乡从道的
照会后，于二十六日复照，称："查台湾全地，久隶我国版图，虽其土著有
生、熟'番'之别，然同为食毛践土，已二百余年，犹粤楚云贵边界猺獞
苗黎之属，皆古所谓我中国荒服羁縻［靡］之地也。虽生番散处深山，猓
狿成性，文教或有未通，政令偶有未及，但居我疆土内，总属我管辖之
人"；并援引万国公法，认为"台湾为中国疆土，'生番'定归中国隶属，
当以中国法律管辖，不得听凭别国越俎代谋"，指出日本政府"并未与总理

---

① 《三月辛未（二十九日）总理各国事务恭亲王等奏》，《同治甲戌日兵侵台始末》，第 1～3 页。
② 《总署复福州将军文煜函》，王元稺：《甲戌公牍钞存》，第 18～19 页。
③ 《总署复福州将军文煜函》，王元稺：《甲戌公牍钞存》，第 18～19 页。

衙门商允，作何办理，径行命将统兵前往，既与万国公法违背，亦与同治十年所换和约内第一、第三两条不合"；"琉球岛即我属国中山国疆土，该国世守外藩，甚为恭顺，本部堂一视同仁，已严檄该地方官，责成生番头人，赶紧勒限，交出首凶议抵。总之，台湾在中国，应由中国自办，毋庸贵国代谋。各国公使，俱在北京，必以本部堂为理直，应请贵中将撤兵回国，以符条约，而固邦交"。① 不过乘坐"有功丸"的日军先头部队根本不等候李鹤年的照复就开驶赴台，李鹤年将这份照复送到台湾府，命台湾府派员赴瑯峤与日军理论；同时一面将情况向清廷奏报，一面严饬台湾镇、道，命其"按约理论，相机设筹，不可自我启衅，亦不可苟安示弱"。②

李鸿章经过连日与英翻译梅辉立、德翻译阿恩德、美副领事毕德格等会晤，证明各国所接电报实有日本图攻台湾"生番"之信，并称美国人李让礼带领陆军，又雇美国水师官某带领兵船，与其从上海接到的探报相同。于三月二十五日致函总署，提出对付日本侵台阴谋的若干办法：其一，根据掌握的情报，与美国公使辩论，要求美国遵照公法撤回李让礼，并严禁商船应雇装载日兵，迫使日本放弃侵台；其二，鉴于台地海防陆汛，无甚足恃，建议另调得力陆军数千，用轮船载往凤山瑯峤附近一带，择要屯扎，为先发制人之计。设日本兵擅自登岸，一面理谕情遣，一面整队以待，庶隐然劲敌，无隙可乘。同时推荐"管辖新造兵轮船，又系闽人，情形熟悉"的船政大臣沈葆桢为专办日军侵台事件的负责人，由他"会商将军、督抚，密速筹办"。③

李鸿章的建议立刻为清廷所采纳。三月二十六日（5 月 11 日），总理衙门照会日本国外务省，提出抗议，并要求日方对出兵的原因提出解释。照会中称："查台湾一隅，僻处海岛，其中生番人等向未绳以法律，故未设立郡县；即礼记所云不易其俗、不易其宜之意，而地土实系中国所属。中国边界地方、似此生番种类者，他省亦有，均在版图之内，中国亦听其从俗，从宜而已。此次忽闻贵国欲兴师前往台湾，是否的确，本王大臣未敢深信。倘贵国真有是举，何以未据先行议及？其寄泊厦港兵船，究欲办理何事？

---

① 《日本外交文书》第 7 卷，第 78~79 页。
② 《四月戊子（十六日）闽浙总督兼署福建巡抚李鹤年奏》，《同治甲戌日兵侵台始末》，第 9 页。
③ 李鸿章：《论日本图攻台湾》（三月二十五日），《李文忠公选集》，第 16~18 页。

希即见复,是所深盼!"① 二十九日 (5月14日),又发布上谕,称:"生番地方本系中国辖境,岂容日本窥伺!该处情形如何,必须详细查看,妥筹布置,以期有备无患。李鹤年公事较繁,不能遽离省城;着派沈葆桢带领轮船兵弁,以巡阅为名,前往台湾生番一带察看,不动声色,相机筹办。"②四月六日,清廷恐沈葆桢事务太多,应接不济,又谕令福建布政使潘蔚"驰赴台湾,帮同沈葆桢将一切事宜妥为筹划,会商文煜、李鹤年及提督罗大春等,酌量情形,相机办理"。③

上谕发布之后,清廷又陆续接到各方传来的报告,称日本国兵船,于三月下旬,有驶进厦门海口者,有前往台湾者。由瑯峤地方登岸,并无阻问之人。英国水师提督亦选调兵船往台湾迤南巡查。并闻日本购买轮船,装载军装、粮饷。法国及日本兵船,均已抵厦。日本兵共八营,俱在台湾东海旁起岸,欲攻"生番"。情势已十分严重,沈葆桢如以"船政大臣"身份赴台,"恐彼族以非办理各国事务官员,置之不理;且遇有调遣轮船、酌拨官弁等事,亦虑呼应不灵",乃采纳总署的建议,于四月十四日 (5月29日) 下诏改授沈葆桢为钦差办理台湾等处海防兼理各国事务大臣,所有福建镇道等官,均归节制,江苏、广东沿海各口轮船,准其调遣。并令其驰赴台湾一带,"体察情形,或谕以情理,或示以兵威,悉心酌度,妥速办理";同时强调"所有该大臣需用饷银,着文煜、李鹤年筹款源源接济,毋任缺乏。应调官兵,并着李鹤年迅速派拨,毋误事机"。④

五 沈葆桢渡台加强防务

沈葆桢是一位有胆有识、敢作敢为的政治家,接奉谕旨之后,即与福州将军文煜、闽浙总督李鹤年会筹台湾防备,于四月十九日 (6月3日) 联衔上奏,提出"防台四策"。其一,联外交。将递次洋船遭风各案,摘要照会各国领事。将日本不候照复,即举兵入境,并与"生番"开仗各情形,亦分次照会,借列强来公评曲直。日本如怵于公论,敛兵而退最好;否则,

---

① 《给日本国外务省照会》,《同治甲戌日兵侵台始末》,第4~5页。该照会由总署雇用的英籍人士带往日本,但此人在上海耽误了近一个月,故于四月二十日 (6月4日) 才送达日本外务省,而寺岛宗则又故意拖延至六月二日 (7月15日) 才回复。

② 《清穆宗实录选辑》,《台湾文献丛刊》第190种,1963,第145页。

③ 《清穆宗实录选辑》,第145页。

④ 《清穆宗实录选辑》,第146页。

亦可展转时日，为集备设防争取时间。其二，储利器。日本所以敢贸然侵犯，乃是窥中国军备不足，中国必须以深远之计赶紧着手军事现代化。建议将闽省存款，移缓就急，其不足者，暂借洋款，用以购买铁甲船、水雷、洋枪、巨炮、洋煤、洋火药、开花弹及火龙、火箭等西洋武器，作为外交谈判的后盾。尽管"所费不赀，必有议其不量力者，然备则或可不用，不备则必启戎心。乘军务未萌之时，尚可为牖户绸缪之计，迟则无及矣"。其三，储人才。沈葆桢除了自己专责赴台外，还奏调福建陆路提督罗大春、籍隶广东之前署台湾道黎兆棠和吏部主事梁鸣谦等人随其东渡，以期集思广益。其四，通消息。台洋之险，甲诸海疆。欲消息常通，断不可无电线。提出敷设由福州陆路至厦门，由厦门水路至台湾之电报线，使情报瞬息可通，事至不虞仓促。①

五月初一，沈葆桢一行由福州马尾出发，潘蔚乘"伏波"轮直放大洋，于次日抵达。沈葆桢与法籍军事顾问日意格（Prosper Giquel）、斯恭塞格（De Seonsac）等分乘"安澜""飞云"两轮船则沿各港口而行，途经兴化南日、泉州深沪，初三抵澎湖，登岸踩勘炮台水口形势，于初四抵安平，接见台湾镇、道，开始实地了解日军侵台的情形及台湾的防御情况。经悉心筹度后，沈葆桢提出"理谕"、"设防"及"开禁"三项防台措施。但"开禁"非旦夕所能猝办，必待外侮稍定，乃可节节图之。② 所以沈葆桢先从"理谕"及"设防"二项着手。

在"理谕"方面，沈葆桢先派其帮办福建布政使潘蔚与西乡从道交涉。潘蔚先前经过上海时已与日本公使柳原前光交涉，获得柳原给西乡"按兵不动，听候覈办"的文书。五月初八，潘蔚偕台湾道夏献纶等抵达瑯峤，递交给西乡从道的照会。沈葆桢在照会中声明："生'番'土地，隶中国者二百余年，虽其人顽蠢无知，究系天生赤子，是以朝廷不忍遽绳以法，欲其渐仁摩义，默化潜移，由生'番'而成熟'番'；由熟'番'而成士庶，所以仰体仁爱之天心也。至于杀人者死，律有明条，虽生'番'亦岂能轻纵？然此中国分内应办之事，不当转烦他国劳帅糜饷而来"，③ 对于日本未

---

① 《五月壬寅（初一日）福州将军文煜、闽浙总督兼署福建巡抚李鹤年、总理船政前江西巡抚沈葆桢奏》，《同治甲戌日兵侵台始末》，第16～18页。

② 《五月丙寅（二十五日）福州将军文煜、闽浙总督兼署福建巡抚李鹤年、办理台湾等处海防兼理各国事务沈葆桢奏》，《同治甲戌日兵侵台始末》，第26～28页。

③ 《给日本国中将西乡照会》，《同治甲戌日兵侵台始末》，第31～32页。

经与中国商办擅自出兵台湾，提出抗议；并指出日本烧毁牡丹社，且涉及无辜之高士滑社，并传出将攻卑南社，显然与来文所称"殛其凶首"，"往攻其心者"不合，且有以德为怨之嫌。照会最后称："贵国方耀武功，天理不足畏，人言不足恤。然以积年精练之良将劲兵，逞志于蠢蠢无知之生'番'，似未足以示威。即操全胜之势，亦必互有杀伤。生'番'即不见怜，贵国之人民亦不足惜耶？或谓贵国既涉及无辜各社，可知意不在复仇。无论中国版图尺寸不敢以与人，即通商诸邦岂甘心贵国独享其利？"① 表明了捍卫领土主权完整的决心。五月九日至十三日，潘蔚率同夏献纶，同知谢宝鼎及洋将日意格、斯恭塞格等针对其在上海与柳原会谈时提及所谓西乡奉敕限办三件事——"第一、捕前杀害我民者诛之。第二、抵抗我兵为敌者杀之。第三、番俗反复难制，须立严约，定使永远誓不剽杀难民之策"，② 与西乡从道、佐久间佐马太等进行多次会谈交涉。在五月九日上午的第一次会谈中，西乡始则一味推诿，声称自己只是奉命带兵打仗，与中国应接等事宜，一切由柳原公使交涉，若中国有事谈判，请向北京报告后，与当地柳原公使谈判，"届时请申述所见所闻，则公使必向我政府陈报，之后我政府若对余有所指示，余必遵照办理"云云。③ 对于四月间闽浙总督照会及钦差沈葆桢的照会，也推说"此应奏知朝廷，候朝廷有信与柳原再复，伊不能复"。④ 潘蔚问："贵除杀害琉球人之牡丹社蕃地外，是否将着手处分其他蕃地？"西乡答称："无此打算。"潘蔚又追问："处分结束后军队是否立即回国，抑或驻留此地？"西乡答称："此事应陈报我政府后，余将遵照政府命令行事。"⑤ 当天下午4时，西乡及佐久间等至车城潘、夏寓所拜访，潘、夏问其是否会对卑南派兵，西乡答称无此事。潘又问对第三条中未来之处理方式有何高见？西乡称待牡丹社处分结束后再处理。潘问可否先告知其方法？西乡则称虽有某些概略腹案，但皆有待牡丹社之事结束后视后势而定，目前难以预告。潘、夏再三要求牡丹社应由中国处分，且后续处理亦应由中国为之，但为西乡所拒绝。⑥

初十日潘蔚、夏献纶派县丞周有基、千总郭占鳌等进入"番"社，传

---

① 《给日本国中将西乡照会》，《同治甲戌日兵侵台始末》，第31～32页。
② 《柳原公使致福建布政使潘蔚函》，《处蕃提要》，第236～237页。
③ 《西乡都督陈报大隈长官有关清官来蕃之应对手续等数件》，《处蕃提要》，第274页。
④ 《帮办潘、台湾道夏赴日营会晤情形节略》，王元穉：《甲戌公牍钞存》，第77～78页。
⑤ 《处蕃提要》，第274～275页。
⑥ 《处蕃提要》，第275～276页。

集各"生番"头目,至者共一百五六十人,皆谓日本欺凌,恳求保护。因谕令具结前来。次早,除牡丹等三社因日人攻剿,不敢出来外,到者共有十五社,均呈不敢劫杀状。潘、夏即以好言慰之,酌加赏犒,"番"目等皆欢欣鼓舞,咸求设官经理,永隶编氓。潘、夏将各社具结办妥后,即致函西乡,约定时刻会晤,不料西乡竟托病不见。

十二日下午及十三日上午,潘、夏等又赴龟山日营中与西乡交涉,双方就"番"地领土主权所属展开激烈辩论。潘蔚指出,柳原第一条所云"捕前杀害我民者诛之",查牡丹社虽害琉球国人,唯该处系中国所属,应由中国派兵办理,要求西乡按兵勿动。西乡则称其到此地,将施行处分,牡丹人埋伏于菁间,擅自狙击其斥候杀之,故不得已举兵进击,剿其巢窟,并不承认"番"地为中国版图。潘蔚则指出牡丹社实系中国版图,载在志书,岁完"番"饷,可以为凭。因系中国所管,故应由中国办理。并将带去《台湾府志》一本内开琅峤十八社系属归化"生番",交予阅看。西乡答称"生番"非中国所管,中外各国书中俱有记载,即英国、花旗、荷兰诸国人,亦皆有此说并有地图。潘蔚当即请其将地图及各书交出一看。西乡又复支吾,不能交出。最后,潘蔚就柳原所议三条提出处理办法:第一条,由中国官员令牡丹"番"出来谢罪,以后誓不剿杀,并将前年戕害琉球人尸身交出;第二条,"抗拒为敌者杀之",现在各社均无此事,可毋庸议;第三条,"番俗反复难治,应立约使永远誓不剿杀",现已传各社"番"头目出具切结,以后永远保护,不敢再有欺凌杀害抢夺情事。西乡对此初甚不悦,称此事中国不必与闻。潘蔚答称此系中国应办之事,乃云中国不必管,大不近理。并质问:"舍中国有凭之志书,谓不足信,而硬派'生番'各社非我所管,譬如长崎系日本所管,我硬派非贵国辖境,有是理乎?"[1]其实,日本在台的军事行动基本已告结束,所以后来西乡也就顺水推舟说:伊亦望此三事早为办定,即可完结;然而又提出这次日本"大兴兵师,耗费财物,折损兵员之处不在少数",其费用赔偿之事,应由中方考虑。潘蔚问其究竟花费若干,意将何为?西乡称原共筹银210万元,现已用去120万元,要求贴补。[2]潘蔚则表示:"贴补兵费,是不体面之事,中国不能办理。既系贵国擅行兴兵前来,更无贴补之理",要求西乡应先将各社之兵调回勿

---

① 《帮办潘、台湾道夏赴日营会晤情形节略》,王元稺:《甲戌公牍钞存》,第82页。

② 此处中方记载为银圆,《处蕃提要》中日方记载为美元。

动，并知照其政府以后不必添兵前来。西乡应允。①

关于"设防"之事，沈葆桢认为"万不容缓"。②台地绵亘千余里，固属防不胜防，要以郡城为根本。沈葆桢计划在安平设立炮台，"仿西洋新法，于是处筑三合土大炮台一座，安放西洋巨炮，使海口不得停泊兵船，而后郡城可守"。③沈葆桢到台、澎实地踩勘时发现内地班兵已不可用，乃与台湾镇、道商议，将台、澎班兵疲弱者先行撤之归伍，用其旷饷招募本地精壮及习水渔民充补，以固边防。④南路迫近倭营，防务由台湾镇总兵张其光负责。该镇原有部勇一营，并内地调来二营，须增募五营，以遏冲突。北路淡水、噶玛兰、鸡笼一带物产殷阜，为台地精华。苏澳民"番"关键，尤为他族所垂涎。据噶玛兰通判洪熙恬报告，自上年以来，苏澳一带常有倭人来往，今年五月初三日有日本船一只，驶往后山沿海而去，船内备有糖、酒、哔吱等物，企图与山"番"联合，在后山开拓兴业；又据淡水厅陈星聚报告，近有日本兵船载兵百余名，由台南绕后山一带过噶玛兰，入鸡笼口，买煤150吨而去。日意格提议亟须派兵驻扎，沈葆桢决定由台湾道夏献纶负责。该道原有部勇一营，须再募一营继之，以杜旁窥之谋。并派靖远轮迎陆路提督罗大春一同驻镇北路。另由前署台湾镇曾福元组训南北乡团。整体兵力部署为游击王开俊一营驻东港，总兵戴德祥一营驻凤山。至张其光原有一营分驻彰化三哨，先带两哨至凤山。夏献纶则挈参将李学祥率一营往驻苏澳。其新募者，除夏献纶在台北自募二营，及曾福元招募壮勇五百，交在台之烟台税务司薄朗训练为洋枪队外，另五营则派员赴粤招募。并奏调打仗勇敢的前南澳镇总兵吴光亮及甚有勇略的浙江候补道刘璈来台效力。

日军虽驻扎在龟山、枫港等处，但仍不时至附近各庄游弋骚扰。五月二十八日，日兵5人在柴城调戏民妇张杨氏，其族人张来生前往阻止，为日兵杀伤。沈葆桢等照会日营，提出书面抗议，但日军营置之不理。六月初

---

① 关于潘蔚等与西乡交涉经过，见《帮办潘、台湾道夏赴日营会晤情形节略》，王元穉：《甲戌公牍钞存》，第77～84页及《西乡都督陈报大隈长官有关清官来蕃之应对手续等数件》，《处蕃要略》，第271～280页。

② 《五月丙寅（二十五日）福州将军文煜、闽浙总督兼署福建巡抚李鹤年、办理台湾等处海防兼理各国事务沈葆桢奏》，《同治甲戌日兵侵台始末》，第26～28页。

③ 《五月丙寅（二十五日）福州将军文煜、闽浙总督兼署福建巡抚李鹤年、办理台湾等处海防兼理各国事务沈葆桢奏》，《同治甲戌日兵侵台始末》，第26～28页。

④ 《沈葆桢等又奏》，《同治甲戌日兵侵台始末》，第29页。

三日，山后有大鸟万、千仔帛二社，又被胁迫至倭营说和。初四日，有倭兵百余名添扎枫港。下午又有倭兵4人至枫港二十四里之茄鹿塘哨探。① 沈葆桢决定进一步加强南部的防卫措施，命令王开俊由东港带兵进扎枋寮，以戴德祥一营由凤山填扎东港。② 为了阻止日军入侵卑南，沈葆桢派同知袁闻柝乘轮船往招陈安生等。该"番"目五人立即薙发，随袁等至台湾府，赏给银牌、衣物，以原船送归，并派员随之，计划从后山寻路与西部相通。③ 然据袁闻柝所派员回报，卑南各"番"社与西部各社"生番"素无往来。旋经张其光到凤山下淡水一带勘查，得知可由潮州庄开路通卑南，遂决定先行招徕土人，然后动工开路。④ 六月初七日，张其光抵凤山，有昆仑铙、望祖力、扶圳、鹿埔角四社头目来谒；巡至下淡水，则又先后有山猪毛社总头目及扶里烟六社头目率百余人来见。十五日，袁闻柝复带来"番"目买远等十五名至郡城，苦求派兵驻防其社，沈葆桢令袁闻柝招募土勇五百，名"绥靖军"，无事以之开路，有事以之护"番"。⑤

北路方面，台湾道夏献纶率参将李学祥部勇于五月二十九日出发，经澎湖、沪尾、鸡笼，于六月初三日抵达苏澳，亲自督办淡水、噶玛兰各处乡团，发现日人在北路全用利诱手段，非如南路惟用威胁。"番"民不识其计之诡诈，往往坠其术中，招抚较难。为了防止日人的借口，沈葆桢决定先将成富清风向中国地方官所报的"失银事件"彻底查清。六月十六日，派噶玛兰通判洪熙恬、委员张斯桂、李彤恩偕淡水税务司好薄逊（H. E. Hobson）前往花莲港实地调查，并带船户墨西哥人啤噜与当地"生番"面质。结果发现日人所报的"失银案件"，纯属虚构。沈葆桢即将所查讯供记录禀报朝廷，请照会日本公使，就成富清风等违约往不通商口岸诱惑土人提出抗议，并吊销其游历执照。⑥

经过夏献纶的努力，六月间淡水、噶玛兰团练开始举办，添招练勇亦已成军，有事当勇，无事开山。自苏澳至南风澳山路，两日之内，便已开通，继而进辟歧莱之道。平路以横宽一丈为准，山蹊以横宽六尺为准，俾榛莽勿塞，车马可行。为使后路无虞，又在新开歧莱山道设寮驻勇，并增

---

① 《钦差大臣沈葆桢等奏》，王元稺：《甲戌公牍钞存》，第 102～106 页。
② 《钦差大臣沈葆桢等奏》，王元稺：《甲戌公牍钞存》，第 102～106 页。
③ 《钦差大臣沈葆桢等奏》，王元稺：《甲戌公牍钞存》，第 97～100 页。
④ 《钦差大臣沈葆桢等奏》，王元稺：《甲戌公牍钞存》，第 102～106 页。
⑤ 《钦差大臣沈葆桢等奏》，王元稺：《甲戌公牍钞存》，第 110～114 页。
⑥ 《沈葆桢等又奏》，《同治甲戌日兵侵台始末》，第 119～120 页。

勇 300 人，料匠 200 人，随同入山伐木。自六月十六日起至二十一日止，已开路 970 余丈。[1] 六月二十日，福建陆路提督罗大春带印至台，并于七月十三日驰抵苏澳，接替夏献纶；其原部营勇 600 人，也陆续到防，继续北部抚番开路事宜。[2]

在水师总署方面，沈葆桢则以"扬武""飞云""安澜""靖远""镇威""伏波"六兵船常驻澎湖，由日意格教导操演阵式。"福星一号"驻台北，"万年清一号"驻厦门，"济安一号"驻福州，"永保""琛航""大雅"三船往来南北，担任运输。沈葆桢认为台湾远隔内地，防务文书，刻不容缓，眼前船只已不敷周转，奏请将原已停工的马尾造船厂再行开工，赶造船只。[3]

台湾防务，费用殷繁。沈葆桢担心若等待省城展转拨解，恐难应手，于是奏准将台湾盐课、关税、厘金等款应行解省者，尽数截留，拨充海防经费，归台湾道衙门支销。不敷之款，再由文煜、李鹤年筹拨接济。[4] 六月初五日，李鸿章通过"济安"轮自天津寄来洋炮 20 尊，洋火药四万磅。紧接着闽浙总督李鹤年也于海关、厘捐两项合筹银 20 万两，并拨洋火药三万磅交船厂轮船于初八日送达台湾，以济需要。[5]

经过潘蔚在琅峤与西乡交涉以及对日军在台行动的观察，沈葆桢认识到日军有在台久踞之意，"非益严儆备，断难望转圜"。[6] 鉴于班兵惰窳成性，募勇又训练无素，沈葆桢乃于五月二十一日（7月4日）奏请于北洋大臣处借拨久练洋枪队 3000，于南洋大臣处借拨久练洋枪队 2000，令其坐雇轮船赴台增援。[7] 李鸿章也了解到闽中陆勇寥寥，台地仅两营，尤嫌单薄，且"洋人论势不论理，彼以兵势相压，而我第欲以笔舌胜之，此必不得之数"，[8] 因此早有提议由大陆调派枪队赴台增援，以壮声势。不过，他认为直隶防军拱卫京畿，必须留备缓急，碍难分调；南洋枪队无多，防务紧要，

---

① 《钦差大臣沈葆桢等奏》，王元穉：《甲戌公牍钞存》，第 110～114 页。

② 《台湾道夏禀省宪》，王元穉：《甲戌公牍钞存》，第 118 页。

③ 《沈葆桢等又奏》，《同治甲戌日兵侵台始末》，第 121～122 页。

④ 《谕军机大臣等》，《同治甲戌日兵侵台始末》，第 30～31 页。

⑤ 王元穉：《甲戌公牍钞存》，第 92、105 页。

⑥ 《六月己卯（初八日）福州将军文煜、闽浙总督兼署福建巡抚李鹤年、办理台湾等处海防兼理各国事务沈葆桢、帮办台湾事宜福建布政使潘蔚奏》，《同治甲戌日兵侵台始末》，第 44～47 页。

⑦ 王元穉：《甲戌公牍钞存》，第 87 页。

⑧ 李鸿章：《论台湾兵事》（五月十一日），《李文忠公选集》，第 33～34 页。

亦难酌拨。"且兵势聚则气盛，分则力弱。若于两处零星抽拨，兵将素不相习，转临敌贻误。"① 所以于六月初十日上奏，建议将"素习西洋枪炮，训练有年，步伐整齐，技艺娴熟"，由记名提督唐定奎统领，驻扎在徐州的武毅"铭"字一军十三营，移缓就急，调拨赴台。

李鸿章的建议迅速为清廷所采纳，六月十二日，上谕饬令唐定奎统带所部 6500 人由徐州拔赴瓜洲口，由李宗羲、张树声饬调沪局轮船暨雇用招商局轮船驶赴瓜洲，分起航海赴台，听候沈葆桢调遣。② 七月十六日（8 月 27 日），唐定奎率第一批援台淮军抵达，驻扎凤山，台湾军心为之一振。第二批五营亦于八月初五日抵达澎湖。另张其光与吴光亮所募粤勇 2000 余人，亦乘所雇轮船于十七日到旂后登岸。③ 一时兵勇聚集，防御力量大大增强。沈葆桢以这些雄厚兵力为后盾，在南北两路同时进行"开山抚番"工作，给予日军相当的压力与威慑。

六　中日间外交折冲樽俎与《互换条约》的签订

日本在出兵台湾的同时，也派遣柳原前光作为驻华全权公使，除履行公使职责外，也奉命掌理处分台湾之相关交涉事宜。同治十三年四月初四日（1874 年 5 月 19 日），柳原自横滨启程，于十三日（28 日）抵达上海。由于对西乡对闽浙总督之答复及与沈葆桢之应接过程未能详细了解，不便行事，且对清廷是否会承认其使臣职权心中无数，尤其担心前往天津后将面对李鸿章方面严厉的论调，柳原决定暂且滞留上海，俟南北两地情势明朗后再相机北上。④ 中国方面由两江总督李宗羲指派苏松太道沈秉成及江苏布政使应宝时与柳原会谈交涉。沈秉成责问柳原日本出兵之理由，柳原强调"生番"是化外之民，土地为化外之地；沈氏则认为先前副岛种臣并未向中国总理衙门大臣议及出兵；即便要出兵，按理应先照会中国。双方谈判无大进展。四月十六日（5 月 31 日），应宝时与柳原会面，双方唇枪舌剑，展开激烈辩论。应宝时谴责日本出兵不仅侵犯中国主权，且未经谈判，

---

① 李鸿章：《派队航海防台折》（六月初十），《李文忠公选集》，第 42～44 页。

② 《清穆宗实录选辑》，第 156～157 页。

③ 王元穉：《甲戌公牍钞存》，第 127、134 页。

④ 《柳原公使自上海陈三大臣及寺岛外务卿有关沈道台来馆与总理衙门书柬、沈应陆书状及其他数件》，《处蕃提要》，第 213～220 页。

有违和亲国之所为与诋毁国际公法，要求日本务必撤兵；柳原则称去年早已告知总理衙门"生番"之事，且此次西乡亦曾先行文照会福建总督，并无违背友谊之处，中国的撤兵之论是妨碍日本的"义举"。应宝时又质问日本，讨"番"是否仅为尽义务加以惩处还是将来有占有该地之目的？柳原则辩说日本以行义为先，日后之措施次之，刻意回避"占有"话题。① 双方不欢而散。

四月下旬，帮办台湾事务的福建布政使潘蔚离京回闽路过上海之际，于二十二日、二十三日（6月6日、7日）与柳原举行谈判，双方并有文书往来。柳原表示，日师既出交锋，西乡奉有君命，岂肯轻退，日本已经布告通国，誓其保民之义，何可中止？西乡奉命须办三件事："一、捕前杀害我民者诛之；二、抵抗我兵为敌者杀之；三、蕃俗反复难制，须立严约，定使永远誓不剽杀难民之策。"② 潘蔚则针对这三条提出答复：第一条、第二条系专指牡丹社、卑南社二处扰害之"生番"而言，与别社并未滋事之"生番"无涉，足见办事头绪分明。如再有滋事者，应由中国派兵查办，事属可行。第三条所云，中国自当照约竭力保护，拟于海船经过要隘，或设营汛，或派兵船，或设望楼灯塔，使商船免致误入，再被"生番"扰害。③ 柳原见潘蔚复函中有"足见办事头绪分明"一语，如获至宝，以为潘蔚已经承认"讨蕃是为日本政府之义举"，"事渐有进展"，而沾沾自喜，并承诺等潘蔚与沈葆桢详细研商后寄发正式照会书时，正式向日本政府请示并等待指令。④

柳原关于对华谈判的如意算盘，第一步是"由潘蔚依约提出正式照会，使清政府明白承认我讨蕃之举为义举，……尔后计划将蕃地归为我版图之方略则完全由庙议精密策划后决定，而以其为第二局之目标来进行"。⑤ 然而，此时日本侵台的军事行动共已开销各种费用达一百三十六七万元之谱，"前后金额实已不少，且此后至结束为止之费用亦难以估计"；而且渡台士兵中除遭狙击或死于战地者外，其余"因风土炎热而罹病致死者，于长崎

---

① 《柳原公使自上海陈三大臣及寺岛外务卿有关沈道台来馆与总理衙门书柬、沈应陆书状及其他数件》，《处蕃提要》，第 213 ~ 220 页。

② 《柳原公使致福建布政使潘蔚函》，《处蕃提要》，第 237 页。

③ 《福建布政使潘复柳原公使函》，《处蕃提要》，第 238 页。

④ 《柳原公使自上海陈三大臣及寺岛外务卿有关潘蔚往返信函及其他数件》，《处蕃提要》，第 232 ~ 235 页。

⑤ 《柳原公使自上海陈三大臣、外务卿有关都督与清官谈判偿金之电报等事宜》，《处蕃提要》，第 298 ~ 299 页。

病院已有四十余名，尚有近日将由蕃地送回长崎之患者三百名"。① 军费浩繁和大批士兵罹病死亡给日本很大的压力，使其不得不重新审视原来的计划和目标。7月9日，大隈重信在致柳原函中就提到："有关台湾蕃地处分一事，当然不可违背最初出发前所奉内谕之旨，但现在应仔细思考将来设施之事宜、先后缓急之策略等彼我之事情、情况等，经朝议凝思决定后，拟于下次船班派一官员赴其地，面谈庙算所在。"② 7月11日，西乡派信使来沪向柳原通报与潘蔚会谈的详情。西乡在会谈中提出赔偿金一说，不仅打乱了日方关于西乡只负责军事，由公使负责外交的分工计划，而且暴露了日方谈判的底牌，令柳原颇为不满，其在致日本三大臣及外务卿的信函中抱怨道："若一开始西乡将谈判事宜完全推给下官，就不会发生混淆，岂有开谈后所牵扯如此盘根错节情形！"③ 而潘蔚在给柳原的复函中明确地拒绝了日方提出的赔偿金，更使柳原感到恼怒不已，决定于7月18日起程进京，直接与总理衙门交涉。

当时日本报纸及外国人中盛传李鸿章等人言论主张激烈，而趋向于战争，且听说福州、上海之制造所尽全力铸造大炮炮弹，准备水雷，并招募水兵等。日方认为"万一由彼（指中国）先发动时，则成为重大失策，实为国家之大患"，"故此对内调整兵备，对外贯彻谈判，乃不可延宕之事，丝毫疏忽不得"，④ 遂于7月13日派外务省四等出仕田边太一携带指令赴上海向柳原面授机宜，并对与中国谈判定下了基本原则：（1）日本出兵台湾问罪，乃为保民义举；（2）清国政府视该地为化外而不理，不可称其为所属地方乃毋庸置疑之事；（3）占领台湾，制定使蕃民不再猖狂之法为日本既定之志向，此绝非为贪图其地利与人民；（4）中国政府如为巩固其疆域，而对日本在台地有危惧不安之情时，则日本将其地全部奉还亦毫不足惜，但对于日本所靡费之财货、所折损之人命，应给予相当之赔偿。⑤ 指令中还

---

① 《大隈长官致函柳原公使有关蕃地死伤患者之略记、经费支给之概算等事宜》，《处蕃提要》，第299～300页。

② 《大隈长官致函柳原公使有关蕃地死伤患者之略记、经费支给之概算等事宜》，《处蕃提要》，第299～300页。

③ 《柳原公使由上海上陈三大臣、外务卿有关潘蔚与西乡谈判因与前约龃龉而责问潘、沈及辩驳等事宜之一号至六号来函》，《处蕃提要》，第302～322页。

④ 《三大臣致函柳原公使有关兵备调整谈判贯通告谕及函送陆海军内示案等事宜》，《处蕃提要》，第323～325页。

⑤ 《三大臣致函柳原公使有关兵备调整谈判贯通告谕及函送陆海军内示案等事宜》，《处蕃提要》，第323～325页。

详细规定了与清官谈判应注意事项，如"与清国委员谈判蕃地处分事宜时，皆应依附件要领，不可有丝毫屈桡之处，且要尽力促使谈判达成，不可无故拖延立约盖章之期"；"谈判之要领虽在于获得偿金后让与所攻取之地。但一开始不可露出欲索偿金之情，此为想要由我方掌控每次谈判主动权之故"；"谈判逐渐涉及偿金，而认及其数额时，固然不拟要求额外金额，但尽量不由我方提出数额"；"谈判之要领为，如满足我方要求时，应尽速订约"；"前文条约成立后，正式通知政府时，政府为着手都督撤其在台地之军队。是故，订约之日必应迅速以电报预报政府"；① 等等。

为了配合柳原在北京与总理衙门谈判，日本还同时任命李仙得为特例办务使，派其前往福建，向闽浙总督李鹤年、福州将军文煜等人游说，施加压力。其游说的主旨为："第一、清国政府既视台湾蕃地为化外，自然为无主之地，故日本政府征服之后，该地就有属于日本之道理。第二、日本政府既已于台湾蕃地有其权力，但若清国政府要此地时，必须订定约定，确立方法，以使蛮民尔后决不再对航海之日本人及外国人施以凶虐无道之行径。且须对日本政府赔偿征服该地所花之费用"，② 同时还指示其将谈判的情形用电报与柳原互通声气。六月二十三日（8 月 5 日），李仙得一行抵厦门。次日，美国驻厦门领事恒德申（Henderson）即奉驻上海总领事西华的指示，将其逮捕。理由是李仙得劝促、协助并教唆日本出兵侵入台湾，违犯了美国法律和美国对于中美条约所应负的义务，破坏了寄托于是项法律和条约上的和平。虽然李仙得被解送上海后，即由西华宣布释放，但他已无法执行其特例办务使的任务，以支援柳原在北京的外交谈判。李仙得对此极端不满，即在上海匿名出版了 *Is Aboriginal Formosa a Part of the Chinese Empire?* 一书，到处散布"台湾番地无主论"，为日军出兵侵占台湾制造借口。七月，李仙得又与抵沪的大久保通利会合，加入其谈判代表团。

柳原接到日本国内指示后即于六月初四日（7 月 17 日）自上海出发，初八日（21 日）抵天津，六月十一日（7 月 24 日）即会晤李鸿章。李鸿章对日本未经知会擅自出兵台湾一事提出抗议，柳原答称西乡系奉日本朝命出兵，退兵仍应候朝廷旨意；自己是奉旨来通好的，不能做主。李指责日本一面发兵到中国境内，一面又叫人来通好，是"口说和好之话，不做和

---

① 《三大臣致函柳原公使有关兵备调整谈判贯通告谕及函送陆海军内示案等事宜》，《处蕃提要》，第 323 ~ 325 页。

② 《任命李仙得为特例办务使之主旨书》，《处蕃提要》，第 328 页。

好之事"。并诘问牡丹等社已被烧毁劫杀，三件事已办了，为何还不退兵？①柳原答云尚未办得彻底。最后，柳原不顾李鸿章所提在天津就地商谈解决台事的建议，于数天后离开天津径赴北京。

柳原于六月十八日（7月31日）抵京，自六月二十五日至七月十九日与总理衙门大臣举行了四次会谈，双方并多次照会往来。六月二十五日，柳原在致恭亲王奕訢照会中称中国"从前弃番地于化外，是属无主野蛮，故戕害我琉球民五十数名，强夺备中难民衣物，悯不知罪，为一国者杀人偿命、捉贼见赃，一定之理，何乃置之度外，从未惩治？既无政教，又无法典，……我国视为野蛮，振旅伐之也"。② 文祥在当日的辩论中即明确回答："台湾是中国邦土，自一定若说野蛮，是我们邦土的野蛮。如要办，亦该我们自己办。"柳原责问："既是贵国所属邦土，从前杀人之惨，何以不办？"文祥答："说中国不办，从前日本有照会否？既无照会，则琉球我们自己属国，已经地方官办理。"③ 总署大臣又责问、台湾"生番"系中国地方，两国修好条规，大书两国所属邦土，不相侵越；日本照会所称无主野蛮，殊为无礼。柳原前光及郑永宁皆系上年随副岛种臣来京人员，又证以副岛种臣来京时，并未与中国商明，何以捏称中国允许日本自行办理？柳原无可狡赖，只得承认总署从无允许之事。④

七月初二日（8月13日），总署大臣董恂、沈桂芬、崇纶等前往答拜柳原时，双方又举行了会谈，当时田边太一及日驻厦门领事福岛九成刚到北京，也来谒见。会谈中郑永宁传柳原话云："日本朝廷以琉球岛向归所属，如同附庸之国，视如日本人一样。其人被'生番'伤害，日本是应前来惩办的。"董、沈云："贵国人受害一事，内中并无人命。"柳云："抢其衣物，几乎致死，幸有人救了，后承贵国送回。"沈等指出："日本朝廷视'生番'为无主者，大约以先是不知道，如今想已明白'生番'实系中国地方，贵国民人如有被害之事，应行文中国，由中国办理。"最后，郑永宁传柳原话云："日本既已带兵到'生番'地方，应如何归着，刻下柳原之意是要求各位大人示以定见，好令田边回复本国。"董、沈等答称："我们自当回明土

---

① 李鸿章：《与东使柳原前光、郑永宁问答节略》（六月十一日），《李文忠公选集》，第47~51页。
② 《日本国柳原前光照复》，《同治甲戌日兵侵台始末》，第105~106页。
③ 《六月二十五日问答节略》，中国第一历史档案馆藏"外务部档"，第2155号。
④ 《恭亲王等又奏》，《同治甲戌日兵侵台始末》，第97~101页。

爷并告知各位中堂大人。我们先有一言奉复：'生番'是中国地方，必应由中国办理！"① 同日，恭亲王给柳原复照中，列举事实，再次对"'生番'为无主野蛮"之说加以驳斥："查台湾府志，非为今日与贵大臣详辩而始有此书也。内载雍正三年归化'生番'一十九社，输饷折银各节。牡丹社即十九社之一，亦在瑯峤归化'生番'十八社中。治本等六十五社，即卑南觅之七十二社。志书所列'番'社，指不胜屈，皆归台郡厅县分辖。合台郡之'生番'，无一社不归中国者。又恭载乾隆年间裁减'番'饷之圣谕，复详其风俗，载其山川，分别建立社学等事。'番'社为中国地方，彰明较著若此。贵大臣即以为野蛮，亦系中国野蛮；有罪应办，亦为中国所应办。若谓其戕害琉球民，则琉球国王应请命于朝廷"。②

初四日（15日），柳原在照复中重申前议，措辞强硬，称：日本为一独立强国，伐一无主野蛮，何用获得邻国允许？如"番"地果属中国，何不在日军抵台的消息传到之时，就要求其撤退？他还认为，"此系两国大事，名义所关，不宜徒事辩论，必须及早分晰各家所归"，要求中方提出台事究竟如何办理的定议。③

初六日（17日），双方又在总署举行会谈。恭亲王奕訢向柳原表示，中日两国谊切比邻，有辅车唇齿之义，两国无论何国胜负，总非我两国之利。现在不再辩论曲直是非，只应想一了结此事之法，须两国均可下场。并多方设譬，层层启发，冀其从此悔悟，自为转圜，以维护双方友好关系。然而，柳原不但不以平和态度继续商谈，却在初九日（20日）致函总署，咄咄逼人，要求在三天之内对其初四日（8月15日）所提出的要求予以答复。如届时不答复，他将派员返回东京，向日本政府报告，认为中国朝廷对日本派兵入台并无异议。柳原在信末还再次强调："贵国别有何等施设方法，指明后局，使本国此役不属徒劳，可令下得了场，以固睦谊，是本大臣肺腑之望。"④

尽管柳原语带威胁，但总理衙门并不为其所动，而且恭亲王也看出日方的意图，称"推其意，若以不言饷我，欲使兵费等说，皆出之中国之口，

---

① 《同治十三年七月初二日成、沈、董、崇、夏大人答拜柳原问答节略》，中国第一历史档案馆藏"外务部档"，第2155号。
② 《给日本国柳原前光照复》，《同治甲戌日兵侵台始末》，第106~108页。
③ 《日本国柳原前光照复》，《同治甲戌日兵侵台始末》，第108~109页。
④ 《日本国柳原前光来函》，《同治甲戌日兵侵台始末》，第110~111页。

则在彼既得便宜，又留体面"。① 乃于十一日（22 日）致函柳原，指出："'生番'所居既属中国舆地，自应由中国抚绥施政"，驳斥日本在台"设官施政"之非是；并表示"现在下场办法，自应还问贵国，缘兵事之端非中国发之，由贵国发之也。若欲中国决定裁复，则曰台湾'生番'确是中国地方。若问后局方法，则曰惟有贵国退兵后，由中国妥为查办；查办既妥，各国皆有利益"。② 总理衙门的这项正式答复使柳原更加不耐，他在十三日（24 日）致恭亲王的照会中认为，"贵衙门所论如此，直与两家叠次辩论仍画一样葫芦，终无了日"，表示日本"既仗自主之权，伐一无主之野蛮，奚容他国物议？"且宣称日本政府有决心对台湾"番"地"渐次抚妥，归我风化"。③ 这项近似狂妄自大的照复只能证明柳原的整个任务已无法完成。十九日（30 日），双方在总理衙门再次会晤，总理衙门也表现出同样强硬的态度，不但再次坚持中国对台湾"番"地的领土主权，而且警告柳原"从此不可再以不和好之言相迫"。④

在双方采取强硬立场及互不相让的情况下，谈判于 1874 年 8 月底陷入僵局。日本原先想以军事上有限度的成功来赢取政治上的利益的如意算盘，显然已难以实现，柳原前光入觐同治皇帝呈递国书的要求也理所当然遭到中国方面的拒绝。

就在柳原的使命于中日双方互相责难中陷于停顿之际，日本政府开始对出兵台湾的全盘形势重加检讨。此时日本政府接获报告，得悉中国已加强战备，而西方列强也日渐对中国的立场表示同情。曾经建议对台湾用兵以纾解国内反对派不满情绪的大久保利通此时已开始感到各方面的压力。早在 5 月 15 日，大久保就表示愿对因未能阻止西乡远征而引起的后果负完全责任。6 月 30 日，他亲自请求内阁会议任命他为谈判使者前往北京。为了应对可能发生的各种紧急事态，大久保于 7 月下旬进一步向内阁会议提出一系列计划，包括加强日本的军事准备，以应对更大规模的战争及争取国际舆论的支持等。8 月 5 日（六月二十三日），日皇发布敕旨，任命大久保为全权办理大臣，派赴中国，代替柳原进行谈判。敕旨中指示柳原所奉之

①《恭亲王等又奏》，《同治甲戌日兵侵台始末》，第 97～101 页。
②《给日本柳原前光信函》，《同治甲戌日兵侵台始末》，第 111～112 页。
③《日本国柳原前光照会》，《同治甲戌日兵侵台始末》，第 112～113 页。
④《七月十九日问答记》及《七月二十日文祥给日本柳原节略》，中国第一历史档案馆藏"外务部档"，第 2155 号。

秘密敕旨和由田边太一传达之各项纲领以不动为原则；谈判以保全两国亲善交谊为主，但必要时则拥有决定和战之权，并对驻华之日本文武官员拥有指挥进退之权。①

面对谈判的僵局，中国方面也在寻找各种解决的方案。沈葆桢原先所提的"联外交"，即请各国公使公评曲直一节，因外国驻华公使多半作壁上观，不肯为中国出面干涉，以及李鸿章认为"各国虽未明帮日人，未始不望日人之收功获利，断无实心帮我者"，②而被放弃。另一种方案是集洋股，雇洋人，开采"番"矿，由各国分占，以牵制日本的野心。但是李鸿章又认为："分令各国占地，尤虑喧宾夺主，且此时各国方坐观成败，未肯出头。"③第三种方案则是让琅峤成为通商口岸，此乃英国公使威妥玛的意思。沈葆桢认为，"若添琅峤为通商口岸，本地既无出产，来货又无销路，各国何利之有？若以内山为通商地面，使各国分握利源，喧宾夺主，番性本属不驯，台湾从此多事；且恐云南、四川等腹地，援例要求通商，流弊更大"。④李鸿章则觉得沈葆桢所虑似亦中肯，"惟目前彼此均不得下台，能就通商一层议结，洵是上乘文字。好在台湾系海外偏隅，与其听一国久踞，莫若令各国均沾。但通商章程必须妥立，嗣后官制兵制，似亦略须变通耳。柳原谆谆于指明后局，使该国此役不属徒劳，是其注意实在占地、贴费二端，落到通商，必非所愿"。⑤而且总署也认为，"通商或仅添一琅峤口岸，日人固未厌所欲，各国亦何所贪图？"⑥因此这一方案也被放弃了。

台湾方面，中国虽然调集淮军枪队，但只为设防备御，并非想与日本动武，并无必要时不惜与日军一战的打算。李鸿章也担心"若我军齐集，遽与接仗，即操胜算，必扰各口，恐是兵连祸结之象"，⑦故叠函劝沈葆桢"只自扎营操练，勿遽开仗启衅；并密饬唐提督到台后，进队不可孟浪。西乡苟稍知止足，无断以兵驱逐之理"。⑧

七月上旬，大久保利通已到中国，同时还盛传日军集兵六万将攻金陵、

① 《致大久保办理大臣之敕旨》，《处蕃提要》，第355～356页。
② 李鸿章：《论柳原入京》，《李文忠公选集》，第51～52页。
③ 李鸿章：《复沈幼丹节帅》，《李文忠公选集》，第56～58页。
④ 李鸿章：《论台事归宿》（七月十六日），《李文忠公选集》，第64～66页。
⑤ 李鸿章：《论台事归宿》（七月十六日），《李文忠公选集》，第64～66页。
⑥ 李鸿章：《复沈幼丹节帅》，《李文忠公选集》，第63～64页。
⑦ 李鸿章：《复王补帆中丞》，《李文忠公选集》，第55页。
⑧ 李鸿章：《论台防》，《李文忠公选集》，第55～56页。

津沽。十六日（8月27日），李鸿章提出解决台事的另一方案，称："平心而论，琉球难民之案，已阅三年，闽省并未认真查办，无论如何辩驳，中国亦小有不是。万不得已，或就彼因为人命起见，酌议如何抚恤琉球被难之人，并念该国兵士远道艰苦，乞恩犒赏饩牵若干，不拘多寡，不作兵费，俾得踊跃回国。且出自我意，不由彼讨价还价，或稍得体，而非城下之盟可比。内不失圣朝包荒之度，外以示羁縻勿绝之心。"①

七月二十一日，大久保抵天津，但并未拜会李鸿章，而是通过美国驻天津副领事毕德格放出风声，称"不给兵费，必不退兵，且将决裂，扰乱中国各口"云云。② 李鸿章于二十四日与毕德格会晤后立刻向总署报告此事，并就即将与大久保举行的谈判策略提出建议：与大久保交涉应避免激烈决绝之语。中国现拟办法，仍如柳原前在上海与潘蔚所议三条，请大久保查明日本及日本属国人民（不必提琉球，免致彼此争较属国）在"番"地先后被害若干人？是何姓名？以便中国查拿凶酋问抵，并酌议抚恤，嗣后当设法保护，不准"番"人再有扰害行旅情事等云云。并说"此先发制人之计，若待彼先开口，或彼先照会，词气失平，便难登答"。③

大久保于七月三十日（9月10日）到京，八月四日（9月14日）即与总理衙门展开谈判。与柳原前光所称"番地为无主野蛮"不同，大久保改变策略，以中国政教不及台湾"番"地为由来否定中国对"番"地的主权，并以福岛九成与枋寮"番"地居民谈话记录为据。最后提出两项书面问题：第一，中国既以"生番"之地谓为在版图内，然则何以迄今未曾开化"番"民？夫谓一国版图之地，不得不由其主设官化导，不识中国于该"生番"，果施几许政教乎？第二，现在万国已开交友，人人互相往来，则于各国，无不保护航海之安宁。况中国素以仁义道德闻于全球，然则怜救外国漂民，固所深求。而见"生番"屡害漂民，置之度外，曾不惩办，是不顾怜他国人民，唯养"生番"残暴之心也。有是理乎？④ 要求中方答复。

总理衙门虽然事前接到李鸿章的建议，应用先发制人之计，但被大久保抢得先机之后，只好坚守原则，逐条据理予以辩驳。如此，谈判的焦点又回到台湾"番"地主权之争上，双方先后经过四轮近一个月的会谈及照

---

① 李鸿章：《论台事归宿》，《李文忠公选集》，第64～66页。
② 李鸿章：《述美国副领事毕德格面议节略》，《李文忠公选集》，第70～72页。
③ 李鸿章：《述美国副领事毕德格面议节略》，《李文忠公选集》，第70～72页。
④ 《大久保面递第一条》《大久保面递第二条》，《同治甲戌日兵侵台始末》，第144页。

会往来，毫无进展。九月初一日（10月10日），大久保在照会中又连篇累牍，仍事辩论，强词夺理，并以回国相威胁，但在照会末也提出："贵大臣果欲保全好谊，必翻然改图，别有两便办法。"① 初七日（16日），文祥致函大久保，称"贵大臣如真欲求两便办法，彼此自可详细熟商"。② 中日双方遂于初九日（18日）举行第五次会谈，双方停止有关"番"地领土主权的争论，转入"两便办法"的具体协商。大久保承认中国所说的"生番"为中国地方，对中国之政教实不实也不再提，但称日本此数月中，伤亡、病殁兵勇，所花费用应由中国偿给，方可使本国兵回去。中方则称，对日本不知台湾"番"境为中国地方而加兵一节，可以不算日本的不是。漂民被害案件，日本兵退之后，仍由中国查办。案中被害之人或其家属，查明实情，由中国皇帝恩典予以酌量抚恤。至于费用一层，中方认为两国并未失和打仗，如何能讲偿费？③ 谈判至此有了实质性的进展。

九月十一日，双方举行第六次会谈。大久保对于抚恤，必欲问明数目。中方答称，必须日本退兵，中国方为查办。因担心大久保误会以抚恤代兵费之名，又告诉说中国实在只能办到抚恤，并非以此代兵费之名。大久保对日本退兵后如何办理放心不下，要求写一详细明白办法。中方遂将前议自行查办四条以书面形式提出：

一、贵国从前兵到台湾"番"境，既系认台"番"为无主野蛮，并非明知是中国地方加兵。夫不知中国地方加兵，与明知中国地方加兵不同。此一节可以不算日本的不是。

二、今既说明地属中国，将来中国于贵国退兵之后，中国断不再提从前加兵之事，贵国亦不可谓此系情让中国之事。

三、此事由台"番"伤害漂民而起，贵国退兵之后，中国仍为查办。

四、贵国被害之人，将来查明，中国大皇帝恩典酌量抚恤。④

大久保则要求此外给予另单，写明抚恤银数额，但未得到中方同意。双方因抚恤数目又发生分歧，郑永宁到总署告知，日本"须索银洋五百万

① 《大久保照会》，《同治甲戌日兵侵台始末》，第157～160页。
② 《日本外交文书》第7卷，第272页。
③ 《重阳面谈节略》，中国第一历史档案馆藏"外务部档"，第2155号。
④ 《九月十一日大久保等来署面谈节略》，中国第一历史档案馆藏"外务部档"，第2155号。

圆,至少亦须银二百万两,不能再减"。① 九月十四日(10月23日),双方最后一次在总署举行会谈,大久保"仍切切于允给银数,而所言皆指费用",② 并说"无数目,他实在不能回去"。③ 中方则认为抚恤是中国皇帝优待日本之意,固不妨从丰,但与大久保所说数目相差实在太远;且"虽就抚恤办理,而为数过多,是无兵费之名,而有兵费之实",故难以通融迁就。双方严词激辩,不得要领。末了,大久保故技重施,表示议无成绪,即欲回国,并重提"生番为无主野蛮,日本一意要办到底"。中方则仍坚持"台番是中国地方,应由中国自主"。彼此不合而散。④

因中国官员不肯屈从其所提出的抚恤金数目,大久保在无法与中方达成协议的情况下,悻悻然准备于九月十七日做登车离京之计。临行前,他于十五日访问英国驻华公使威妥玛,先向其辞行,接着又诉苦说未得"书面",不能回国,并表示日本愿在赔偿金数目上让步。在探明大久保来意之后,威妥玛决定出面调停,向总理衙门施压,使中国屈服于日本的要求范围。

九月十六日,威妥玛前往总理衙门,初示关切,继为恫吓之词,并谓日本所欲200万两,数目并不多,非此不能了局。总理衙门权衡利害重轻,认为情势迫切,若不稍予转机,不独日本铤而走险,事在意中,中国武备未有把握,随在堪虞。且顾虑若令威妥玛无颜而去,转足坚彼之援,益我之敌。遂告以中国允支付10万两给同治十年受害琉球人家属作为抚恤,再允将日本在"番"社修道、造房等件,留为中国之用,给银40万两,两项合计最多不能超过50万两。⑤

当晚,威妥玛通知大久保,称中国已经接受日方要求。大久保随即前往英国公使馆,两人针对中方提出的草案细加商量,大久保亲自动笔删去中方条文中关于日本承认台湾"番"地为中国所属地的部分以及中国皇帝

---

① 《九月辛酉(二十二日)总理各国事务恭亲王等奏》,《同治甲戌日兵侵台始末》,第174~178页。
② 《九月辛酉(二十二日)总理各国事务恭亲王等奏》,《同治甲戌日兵侵台始末》,第174~178页。
③ 《毛大人、文中堂、沈大人与大久保问答节略》,中国第一历史档案馆藏"外务部档",第2155号。
④ 《九月辛酉(二十二日)总理各国事务恭亲王等奏》,《同治甲戌日兵侵台始末》,第174~178页。
⑤ 《九月辛酉(二十二日)总理各国事务恭亲王等奏》,《同治甲戌日兵侵台始末》,第174~178页。

恩典酌量抚恤的文字，添加"日本国属民""保民义举"等对日本有利的字句，并请威氏转告中方绝不可改变"书面"内容，否则，日方将宣告谈判破裂。总署顾及英使的面子，表示同意大久保所写的"书面"内容。只是对赔偿问题，主张分为两部分，抚恤部分为银十万两；但兵费部分，总署不愿照写，改为"日本退兵，在台地所有修道建房等，中国愿留自用，准给费银四十万两"。①

九月二十二日（10月31日），在威妥玛的见证之下，中日双方谈判代表正式签订《互换条约》，内容如下：

照得各国人民有应保护不致受害之处，应由各国自行设法保全。如在何国有事，应由何国自行查办。兹以台湾"生番"，曾将日本国属民等妄为加害，日本国本意惟该"番"是问，遂遣兵往彼，向该"生番"等诘责。今与中国议明退兵，并善后办法，开列三条于后：

一、日本国此次所办，原为保民义举起见，中国不指以为不是。

二、前次所有遇害难民之家，中国定给抚恤银两。日本所有在该处修道、建房等件，中国愿留自用。先行议定筹补银两，另有议办之据。

三、所有此事两国一切来往公文，彼此撤回注销，永为罢论，至于该处"生番"，中国自宜设法妥为约束，以期永保航客，不能再受凶害。②

另有《互换凭单》，规定日本国从前被害难民之家，中国先准给抚恤银十万两。又日本退兵，在台地所有修道、建房等件，中国愿留自用，准给费银四十万两；同治十三年十一月十二日（日本明治7年12月20日），日本国全行退兵，中国全数付给，均不得愆期。③

条约签订之后，大久保于九月二十九日（11月7日）到上海向江海关领取抚恤银十万两，旋动身赴台，于十月八日（11月16日）到琅峤传谕退兵。翌日，向沈葆桢提出《蕃地交代事宜节略》五条，沈遂派台湾知府周懋琦前往办理接收事宜，计营房130多间，板片1200多片。十一月十二日（12月20日）中国银两全数付给，日军亦全部撤回，历时七个多月的"牡丹社"事件终告结束。

---

① 《日本外交文书》第7卷，第316页。

② 《互换条约》，《同治甲戌日兵侵台始末》，第178～179页。

③ 《互换凭单》，《同治甲戌日兵侵台始末》，第179页。

小 结

日本图谋侵占台湾，由来已久。1874 年的"牡丹社"事件，是日本将侵台图谋付诸行动的第一次尝试。在此次日本侵台事件中，美国原驻厦门领事李仙得等人为虎作伥，充当帮凶，起了重要作用。由于中国方面在军事上加强防备以及在外交谈判中据理力争，日本侵占台湾的图谋最终未能得逞。

此次侵台之役，日本共投入兵力 3658 人，其中将校及下级军官 781 人，军属 172 人，士兵 2643 人，工役 62 人，军舰 5 艘，运输船 13 艘；死亡 573人，其中战死者 12 人，病死者 561 人，另有负伤者 17 人；共支出军费 361万余日元，另加船舶购买费等，共计支出 771 万余元。[①] 中国以抚恤及补贴日本修路建房等名目支付白银 50 万两，合日本币 78 万元。如由费用而言，此役日本可以说完全得不偿失。然而，大隈重信认为此役"不但清廷承认琉球人为日本居民、琉球群岛为日本领土，且使各外国认识日本的兵力，再加英、法两国自幕府末年迫害外国人以来即驻兵横滨，现亦因而撤退，故在明治外交上，所受间接的利益，是很大的"。[②]

实际上，在"牡丹社"事件中，中国方面自始至终从未承认琉球人为日本居民、琉球群岛为日本领土，大隈重信所谓"清廷承认琉球人为日本居民、琉球群岛为日本领土"之说完全是自欺欺人。然而，清政府破财消灾的做法，既暴露了海防的空虚，又表现出外交的懦弱，在一定程度上助长了日本对外侵略扩张的野心，为其后日本并吞琉球及 20 年后发动甲午战争和强行割占台湾埋下了祸患，历史的教训值得我们永远记取。

（作者单位：厦门大学两岸关系和平发展协同创新中心）

[①] 黑龙会编《西南纪传》，第 1782 页，转引自庄司万太郎《一八七四年日本出师台湾时 Le Gendre 将军之活跃》，薛余译，《台湾银行季刊》第 10 卷第 3 期，1958 年。

[②] 大隈重信：《开国大势史》，第 1216 页，转引自庄司万太郎《一八七四年日本出师台湾时 Le Gendre 将军之活跃》，《台湾银行季刊》第 10 卷第 3 期。

近代美国武装侵朝未遂事件对
东亚格局的影响

李　理

提　要　美国借口 1866 年的"舍门将军（General Sherman）号事件"，于 1871 年 5 月派军队武装入侵朝鲜，要求朝鲜政府打开国门。朝鲜政府严词拒绝，朝鲜军队也顽强抵抗，美国最后不得已撤兵。美国认为朝鲜与中国的宗藩关系，是朝鲜闭关的要因，遂改变亚洲策略，积极与日本勾结，利用日本破解以中国为中心的"朝贡体制"，使日本一步步走上对外侵略扩张的道路。

关键词　美国　武装侵略朝鲜　影响

19 世纪下半叶，资本主义各国垂涎于"隐士之国"朝鲜，纷纷要求朝鲜开港，其中美国与日本最为积极。1866 年的"舍门将军（General Sherman）号事件"及 1871 年的"辛未洋扰"是美国入侵朝鲜威逼其开港口的两次事件。1866 年"舍门将军号事件"被学界定为"朝鲜与美国关系的开始"。① 美国企图以追究"舍门将军号事件"责任为由来打开朝鲜国门，于 1871 年 5 月派军队武装入侵朝鲜。朝鲜军队顽强抵抗，美军被迫撤退到海上，但仍然要求朝鲜打开国门，被朝鲜政府严词拒绝，美国最后不得已撤兵。美国认为朝鲜与中国的宗藩关系，是朝鲜闭关的要因，遂改变亚洲策略，积极与日本勾结，利用日本破解以中国为中心的"朝贡体制"，并将其视为"门户开放，利益均沾"捷径。此后美国与日本开始暗中勾结，美国公然参与 1874 年日本出兵侵略台湾、支持日本 1879 年吞并琉球，并在甲午战争中偏袒支持日本，使日本一步步走上对外侵略扩张的道路。故近代美

---

① 伊原泽周：《近代朝鲜的开港——以中美日三国关系为中心》，社会科学文献出版社，2008，第 9 页。

国对朝鲜武装入侵的失败，不能单纯理解为美朝之间的事件，它对近代朝鲜半岛格局的改变及近代东亚关系都有深刻的影响。

一 列强欲以挖国王"大院君"祖坟强迫朝鲜开国

鸦片战争后，中国大门被打开，东亚各国都因中国的惊变而充满了恐惧。特别是处于朝贡体系内的朝鲜，更是将国门紧闭。1863 年，朝鲜哲宗身死，高宗李熙即位，高宗生父李昰应被封为兴宣大院君。1866 年 2 月，神贞后赵大妃取消垂帘听政，宣布"还政"于国王。从此，在高宗亲政的名义下，大院君掌握了政治实权。① 大院君政府鉴于中国与日本被西方相继叩开了国门，为维护国家独立对外实行消极的锁国政策，"把加强国防安全作为内政改革的重要内容，加强对中朝边境贸易的管束"。② 同时，禁止外国传教士在朝鲜传教。

1866 年 1 月，俄国派军舰到达元山，要求朝鲜开国通商。天主教徒以为这是宗教自由的好机会，想劝大院君开放传教。法国驻华代理公使伯诺内建议天主教会朝鲜教区主教张敬一（Siméon François Berneux）借此机会诱使朝鲜政府与法国建立反俄联盟，以取得在朝鲜国内的传教自由。大院君惧怕开放天主教对自己统治带来威胁，故捕杀信奉天主教的官员洪凤周和南锺三等人，甚至殃及 9 名法国天主教传教士，这一事件史称"丙寅邪狱"。法国以此为借口，发动了史称"丙寅洋扰"的武装入侵朝鲜的战争，于 1866 年农历八月派舰队攻打江华岛，而大院君则命李容熙攻击法军，后法军战败退出江华岛。

法国攻打江华岛之时，在朝鲜平安道大同江、京畿南阳府、仁川府外海，都发生了各外国舰艇入侵朝鲜事件。最早一例是 1866 年德国商人奥巴特（Ernst Oppert）率领的船队。奥巴特曾言，在远东地区，只有朝鲜是没有开放的国家，如果能与其进行贸易的话，将获得巨额利润，到朝鲜来也是为了摸清情况。此次行动由英国人詹姆斯（James Whittall）协助，使用汽船"罗娜"号由上海出发，于 2 月 11 日到达朝鲜国忠清道沿岸，并于次日在海美县西面调琴津附近投锚上岸。平薪营使金泳骏、海美县监金膺集等到"罗娜"号上临检询问具体情况。奥巴特答复说，这是英国的商船，是

---

① 曹中屏：《朝鲜近代史 1863～1919》，东方出版社，1993，第 9 页。
② 曹中屏：《朝鲜近代史 1863～1919》，第 16 页。

为通商而来，同时向朝鲜国王进献礼物。朝鲜地方官员没有这样的权限，要求他们马上退出。

第一回航行朝鲜失败以后，"罗娜"号返回上海，奥巴特购买了250吨位的"Emperor"号汽船，并在船上装备了九听炮一门，小旋回炮数门，船长为詹姆斯（James Whittall），再次从上海出发，于1866年6月26日航行到忠清道海美县西面调琴津，向地方官呈交书信，要求发给通商许可。海美县监金膺集以"国禁"为由，给予坚决拒绝。汽船在海美县停泊期间，有一名自称为"菲力普斯（Philippus）"的朝鲜天主教徒，拿着一位牧师的信函，要求奥巴特给予保护。奥巴特与这位牧师及朝鲜领水员约好，企图逆汉江航行，直赴朝鲜国京城，但由于二人没有前来，又恐招致朝鲜地方官的猜疑，故于7月2日在海美县拔锚。

拔锚以后的奥巴特没有朝鲜近海的航海图，也没有领水员，便缓慢航行并测量从德积群岛到汉江口之间的岛屿暗礁及沙洲，于7月10日到达京城附近的乔洞府冲并于次日于江华府月串津抛锚靠岸。月串津菅使金弼德、江华府经历金在献询问详情，得知此船为早前进入海美县的英国汽船。江华府留守李寅应马上向政府进行了报告，政府命令李寅应及翻译方禹叙进行详细查问。奥巴特再次恳请贸易许可及进入京城。李寅应回应朝鲜禁止与外国进行贸易，而且没有得到清国的同意，也不能独断做出决定。奥巴特于是断念，于7月20日从串津出港返回上海。[①]

奥巴特返回上海不久就发生了"丙寅洋扰"事件。奥巴特认识了曾随法军出征朝鲜的美国人菲勒牧师，在菲勒牧师的纵容下，雇用了一千吨位的汽船"支那"号，同时由菲勒牧师帮助的朝鲜人崔善一做向导，开始第三回航行朝鲜。

1868年4月18日，"支那"号到达忠清道洪州郡行担岛。奥巴特使用小型汽船由德山郡九万浦登陆，受到崔善一的弟弟崔性一及教民金汝江等的迎接。在他们的引导下，袭击了德山郡衙，抢走武器，并于同日深夜到位于该郡伽洞南延的大院君之父忠正公李球的墓地，打算掘开坟墓进行报复。由于墓床非常坚固，德山郡守李钟信也率领官民赶来，于是奥巴特等人放弃了掘墓之念，于4月19日回到九万浦，次日回到行担岛。

此次掘墓行动虽未得逞，却使朝鲜朝野上下极为震惊。掘一国之君祖

---

① 《近代日鲜関係の研究》上卷，文化资料调查会，1963，第77~78页；国立公文书馆藏档：A06032017600。

坟之行为，完全超出正常的思维逻辑，违背了人类起码的亲情人性，更与东方儒学文化的伦理道德相违背。朝鲜是信奉儒家文化的，特别强调孝道，认为孝是维系以血缘关系为纽带的宗法社会秩序的稳固基础。孝事家庭尊长，不但应该在尊长生前，即使在尊长死后，也要事死如生，按时祭祀，逢事祭告，甚至平日出门进门，也要告于祖先牌位。祖先死后，入土为安，坟墓是祖先在另一个世界的住所，称作"阴宅"，理应像"阳宅"一样重视，甚至更加重视。帝王陵墓更是这样。故奥巴特的掘墓行为，使朝鲜上下极为愤慨，更增强了大院君对欧美列强的敌视。

对于奥巴特掘大院君祖坟的原因，美国人菲勒牧师及崔善一认为，可能是他们告诉奥巴特南延君墓地可能埋藏很多的珍宝引起的。其实盗墓行为在天主教教义来看，也是极大的犯罪，但奥巴特可能一方面想得到那些珍宝，另一方面也为报复朝鲜杀害了法国的传教士。但笔者以为，上述原因当然有，但最重要的原因是想拿大院君父亲的骸骨，恐吓逼迫朝鲜开国通商。

4月21日，"支那"号航行至永宗镇停泊。奥巴特竟然挑衅性地向永宗菅使申孝哲提出文书，声明为报复德山外国人被杀而来，要求火速将文书送达上级官员：

> 烦带书朝鲜国大院位座下，谨言，掘人之葬，近乎非礼，胜于动干戈，陷民于涂炭之中，故不得已行之，本欲奉枢于此，想秘过度，故姑为停止耳，此岂非敬礼之道乎，万勿以远人之力不及疑讶焉，此军中岂无破石灰之器械乎，然而贵国安危，当在尊驾处断，若有为国家之心，差送一员大官，以图良策如何，若执迷不决，而过四天，远人将回棹矣，勿为遥滞，不几月日，必值危国之患也，当此时以免后悔之地，幸甚幸甚。①

上述文书的内容也证明奥巴特掘墓的目的，就是想拿出大院君父亲的枢木，来威逼恐吓大院君开国。他明知这样的失礼甚至胜于战争，但为了达到开国的目的，将之作为"良策"。

由于事态极为重大，菅使申孝哲马上将文书上奉。大院君极为气愤，

---

① 《近代日鲜関係の研究》上卷，第79页；国立公文书馆藏档：A06032017600。

以永宗营使之名将信退回，并对奥巴特强盗般的掘墓理由给予了坚决的驳斥。

在"驳斥书"还没有传回之时，奥巴特又企图攻入永宗镇，营使申孝哲率部下进行反击，奥巴特方面寡不敌众，两名菲律宾籍船员战死，奥巴特最后无奈退出朝鲜。永宗营使申孝哲将死者首级送到京城，大院君下令以京师为中心，形成八个防御区域。

奥巴特三次出航朝鲜表面上看是英国商人欲打开朝鲜通商之门，实则为英国对外政策的一种体现。奥巴特没有成功打开朝鲜通商的大门，但掘大院君祖坟这一令人发指的事件，引发了大院君极大的愤怒，也令尊敬祖先坟墓的朝鲜国民不能接受，更加刺激了朝鲜的排外思想。

二 美国要求朝鲜开国的"舍门将军号事件"

美国在地缘上并不是亚洲国家，却是最早对朝鲜半岛产生兴趣的西方国家之一。美国经过工业革命，资本主义空前发展，导致其产生对外扩张的要求，以获取更多的原料产地和倾销市场，来满足国内经济发展的需要。远东地区是美国"门户开放"政策实施的重点。在这种思想的指导下，美国先于1844年打开中国国门，又于1854年打开日本国门。朝鲜自然而然地成为美国"门户开放"的又一个对象。但朝鲜早就实行闭关政策，特别是1864年兴宣大院君李昰应摄政以后，锁国政策进一步强化。美国与朝鲜通商似乎遥遥无期。

1832年，美国东印度公司就曾派船进入朝鲜黄海、忠清两道沿岸，要求订约通商。1834年5月13日，美国派往朝鲜进行实地考察的特别事务官极力向国务卿推荐朝鲜的价值，认为朝鲜具备成为侵略亚洲大陆的战略基地及向东北亚进行经济渗透的前沿阵地的条件。美国希望加大对东方的贸易，1845年美国纽约州议员、众议院海军委员会主席普拉特（Z. Pratt）就向众议院提交《开放朝鲜的议案》，认为"这个一向隐遁的国家的港口和市场，对我国商人和海员的事业形成刺激的时代已经到来"。① 这个议案后来由于美墨战争的爆发而被搁置。

1853年1月，一艘美国船只驶入朝鲜东莱府的龙堂浦，朝鲜半岛首次

---

① Nelson and Frederick, *Korea and the Old Order in Eastern Aisa*, Baton Rouge：Louisiana State University Press，1946.

出现了美国人的身影。1856 年，数百名法国士兵在朝鲜长古岛登陆，烧杀抢掠，并窜到黄海道丰川沿岸。这年美国驻华公使伯驾在对美国国务院的报告书中就有"英占舟山，法占朝鲜，美占台湾"① 的瓜分计划。"美国东亚舰队的兵力不够作占领台湾之用，是伯驾不能立刻采取行动的主要原因。"② 美国占领台湾的目标最终没有实现，转而将视线转向了朝鲜王国。

1866 年 7 月爆发了法国武装入侵朝鲜的"丙寅洋扰"事件，英国也趁机几次进入朝鲜，甚至不惜挖掘"大院君"的祖坟，要挟朝鲜开放国门进行通商。美国自不甘心落后，在法国武装入侵的同时派船到朝鲜要求通商。

与"奥巴特事件"几乎同时，美国在华商人普雷斯顿（W. B. Preston）得到英国驻天津密迪士商会（Meadows Co.）的支持，将美式的纵帆船（Schooner）"舍门将军"号（General Sherman）装备为武装商船，准备航行到朝鲜，要求直接通商贸易。"舍门将军"号的船长及驾驶员均为美国人，水手多为中国人，还有 3 名马来人。中国人李八行为笔谈翻译，英国人何各斯（George Hogarth）为朝鲜语翻译，英国圣公会传教士托马斯（Rcv Robert Thomas，中文名崔兰轩）亦搭乘该船赴朝鲜传教。

1866 年 7 月 29 日，该船从天津出港，8 月 16 日到达大同江后逆水航行至黄海道黄州牧三田面松山里前洋急水门处临时停泊。黄州牧史丁大植通过翻译李容肃询问详情，"舍门将军"号的船长通过托马斯及李八行等的翻译，告之此船为英、美、清三国商人组成的商船，为将西洋货物与朝鲜特产进行交易而来，没有其他意思。牧史丁大植明确晓谕：外国船入内地贸易为朝鲜的国法所禁。

"舍门将军"号船长对丁牧史的晓谕置若罔闻，于 8 月 22 日航行至平壤府下游。大院君再派平安道观察使朴珪寿、平安道中军李玄益及平壤府庶申泰鼎三人登船查询，托马斯及李八行称为通商贸易而来，并当面质问为什么杀害法国传教士。中军李玄益等答复朝鲜禁止天主教、基督教等的传教，也严格禁止通商。

平壤地方政府当时还四次给予美船白米、牛肉、鸡蛋、柴薪等，让他们原地待命，等待中央政府指令。但"舍门将军"号继续溯江而上。当时大同江上游地方连天暴雨，河水水位很高，但平壤地方没有下雨，"舍门将军"号船长以为平水，便乘着水势向上游继续航行。其间平安道中军李玄

---

① *Senate Executive Document 22*, 35th Congress, 2nd Session, Correspondence of Parker, p. 1083.

② 李定一：《中美早期外交史》，北京大学出版社，1997，第 230 页。

益及平壤府庶尹申泰鼎等，曾多次命令美船停止前行，但美国人并不听从。

8月25日，"舍门将军"号越过万景台，上溯至闲似亭附近停泊下来，并放下小船，向上游继续前行。中军李玄益等三人乘小船追赶，美国船员袭击了李玄益的船，并拘捕了李玄益等，将他们监禁在"舍门将军"号上当作人质，企图以此来要挟朝鲜答应他们的无理要求。

8月28日，平壤府庶尹申泰鼎急赴美船，要求释放李玄益等人，但普雷斯顿却以1000石白米、大量金银和人参作为撤退条件。而此时美国拘捕李玄益之事已传播开来。愤怒的平壤军民云集于大同江江堤上，高呼口号要求美船马上送还中军李玄益，并向美船打弹弓或投掷石块。"舍门将军"号见势不妙，马上向下航行至平壤府羊角岛附近。当时大同江水水位开始下降，吃水深的"舍门将军"号已经没有办法继续航行。朝鲜军与美船交火并成功救出李玄益。

8月30日，铁山府使白乐润到达平壤，平安道观察使朴珪寿让白乐润兼任平安道中军，与平壤府庶尹申泰鼎一起进攻已经处于搁浅状态的"舍门将军"号，并亲自督战。因江水过浅，"舍门将军"号已经无法施展，但依然发炮顽固抵抗。朴珪寿最后命令使用火攻。9月2日，美船被数百艘装满茅草、浇足了油的火船焚毁，船员全部死亡。

朝鲜当时为清国的藩属之国，负有发生重大事情时必须向清政府进行报告的义务，故朝鲜在很短的时间内，就向清政府就此事件进行了报告：

> 本年七月，连据平安道观察使朴珪寿鳞次驰启备：平壤庶尹申泰鼎呈称，异样船一只，十一日来泊于本府草里坊新场浦口，平壤中军李贤［玄］益、庶尹申泰鼎驰往问情，则其中一人，稍解朝鲜语言，自言姓崔名兰轩，英咭唎国人也。姓赵名凌奉，北京人也；姓赵名邦用，盛京穆溪县人也；姓李名八行，即船主，但国人也。仍曰欲玩平壤，兼见省城大人，交易货物云，答以交易一款，本是皇朝法禁，有非藩邦所敢擅许者也。崔兰轩曰：六月二十一日，自大清国有出来咨文，则贵国岂可曰不能交易乎？俺等于六月二十二日，蹑后出来。又曰：贵地因何赶逐天主教人，今我耶稣教，体天道，正人心，非同天主教云。故答以：此两教，具是我国法禁。又曰：法国主教及教士，并与贵国习教人，何为杀害？答以：无公凭，而浮游异国，变服藏踪，与我国奸细之民，阴谋不轨，在法当诛，而若我国人民之有罪，何关

于法国乎？仍问：你们同来者为几人？答：洋人五人、清人十三人、乌鬼子二人云。船中食尽，愿为借助，故厚给米肉者，凡三次。而盖此船先入黄州海港，愿借粮饩，自黄州兵营，优数赠遗，旋又赶到平壤，东西闪忽，而随请随给，曲副其意矣。

十八日，彼人陆名，乘小青船溯流而上，故本营中军李贤［玄］益瞭望数次，乘小舟随后矣。彼人等瞥然曳去中军所乘之船，执留中军于彼船中，异日军校辈，始夺还中军矣。彼人专昧好意，一向咆吓，轰炮而窥逼全城，放铳而劫掠商船，本国人前后杀伤，为十三人之多。彼人又曰：米一千石及金银、人参多数馈遗，然后可以解去也。诛求无名，欲壑难充，满城民人，不胜愤恚，必欲力拒。二十四日，彼船向我人乱发铳炮，彼铳而我铳，彼炮而我炮。烈焰延及彼船，猛风又助其势，彼船二十人或被烂，或落水，或中丸，尽数就死，等因，具启，据此。①

朝鲜国王给清政府的报告十分详细。从内容来分析，此船虽为美国之船，但其中也有中国人故可以推知当时"舍门将军"号到朝鲜的目的可能是单纯地要求通商贸易。但当时正处于清政府的海禁时期，清朝藩属国也不能擅自与其他各国进行贸易，故朝鲜国王在报告中称"本是皇朝法禁，有非藩邦所敢擅许者也"。另外，"舍门将军"号赴朝鲜发生在法国人武装入侵朝鲜之后，也是列强以挖掘大院君祖坟来要挟朝鲜开国后不久，朝鲜国王及朝鲜人民还处于对欧美列强的愤怒及恐惧之中，从报告还强调美船强行进入黄州、平壤等地，掠去朝鲜中军并要求金银财物等无理之举动，可出看出引发"舍门将军号事件"的原因不是朝鲜的锁国政策，而是列强掘坟之举引发的东西文化的冲突。

三　美国借"舍门将军号事件"武装入侵朝鲜

10月8日，美国驻中国芝罘（山东烟台）领事桑佛彝（E. T. Sanford）由从朝鲜撤退回芝罘的法国舰队处得知了美国"舍门将军"号在朝鲜出事的消息。但美国人没有立即认定"舍门将军"号上的船员已经全部身亡，

---

① 《朝鲜国王历陈洋船情形至礼部咨文》（1866年11月6日），《近代中韩关系史料选编》，世界知识出版社，2008，第113~114页.

以为船员或许只是被朝鲜人俘虏，并认为朝鲜是清国的藩属国，闭关锁国的朝鲜只与清政府保持外交关系，要与朝鲜对话先得通过清政府来从中进行沟通。因此，美国官员卫三畏于 1866 年 10 月 23 日照会总理衙门："舍门将军号 9 月在朝鲜海岸搁浅，被当地人焚毁，船长及二十四名船员被俘，仍不知生死"，并提出"朝鲜政府最好还是把这些船员带到中朝边境移交给当地的清朝官员"。①

清政府总理衙门就此事向朝鲜进行了询问，朝鲜方面回复如下内容：

> 敝邦与英法两国，本不交涉，何有失和，通商传教，则禁而拒绝之，教士则以异国莠民，变服诈惑，面斥除之而已，凡天下各国，相与征战，必先详究情实，明执衅端，始可兴兵，而今法人之瞰我未备，闯入江华府，焚毁全城，剽掠财货，即劫掠残暴之寇也，通商者果如是乎？传教者果如是乎？末乃头领被歼，举帆而走，然伊后迹，有难料测，惟当秉义修备，务尽诚信，而至若兵费赔偿一节，伏荷礼部及总理衙门之虑及利害，诚万万铭感，但法人之攫取敝邦帑蓄戎器者，其数不赀，则敝邦责偿于法国，尤或可矣。法国责偿于敝邦，安有是也，凡系洋人之通商传教，赔偿诸事，小邦之民情国势，虽几年受困于洋夷，断不可行矣。②

朝鲜此时正沉浸在反击"舍门将军"号大捷的喜悦中，故回复总理衙门的照会中，将法军武装入侵江华城与"舍门将军号事件"合为一谈，并明确表示反对"通商开国"，维护锁国政策。

美国为彻底调查"舍门将军号事件"，派出以薛斐尔（Robert W. Shufeldt）为舰长的军舰"沃柱期"（Wochusett）号，于 1871 年 1 月 21 日由山东烟台出发，沿着大同江到朝鲜调查事件真相。

此船于 23 日到达黄海道长渊县吾又浦地区，向当地居民及地方官员发出询问书，问询"舍门将军号"的详情，并要求引渡生存人员。长渊县监韩致容虽给予了答复书，但表示对薛斐尔所问之事一无所知。薛斐尔从当地居民处才得知美船搁浅被焚、全员被杀之事。

---

① Jules Davids ed. , *American Diplomatic and Public Papers：The United States and China 1861 - 1893*, Vol. 9, Scholarly Resources Inc. , 1979, p. 12.

② 《近代日鲜関係の研究》上卷，第 85 页；国立公文书馆藏档：A06032017600。

薛斐尔立即回船至中国，马上将"舍门将军"号遇难之事呈报公使馆。代理公使威廉士再次向总理衙门提出照会，并要求美国亚洲舰队司令 J. R. Goldsborough 派遣军舰到朝解决此事。

Goldsborough 提督派出由费米日（John C. Febiger）指挥的军舰"Shenandoah"号，于 1868 年 4 月由山东烟台出发，沿着大同江上行至黄海道三和府，与府使李基祖进行交涉未果，就在大同江附近进行测量，月余返回。

由于薛斐尔与费米日两人先后赴朝鲜交涉都没有得到预期的效果，美国开始考虑以更强硬手段解决问题。当时美国亚洲舰队新任司令、海军少将罗杰斯（Rear-Admiral John Rodgers）向政府提出：仿效 1853 年美东印度舰队司令培理（Matthew C. Perry）东征日本、要求幕府开港立约的前例，强迫朝鲜与美国修好建交，以期解决"舍门将军"号悬案。

这一建言得到美国政府的同意，于是美国国务卿委派驻中国特派全权公使镂斐迪（Frederick F. Low）赴北京，与清政府进行交涉，并命令他此次行动必须与亚洲舰队司令进行商量。

1871 年 2 月 11 日，镂斐迪到访总理衙门，向清政府表示，美国政府近日将派舰队到朝鲜并希望缔结条约，请总理衙门通过朝鲜国的"冬至使"传达给朝鲜国王。但总理衙门以朝鲜事宜由礼部负责，总理衙门难于直接交涉给予回绝。镂斐迪再三强迫总理衙门，特别是 3 月 7 日接到兼任朝鲜公使的照会后，马上向总理衙门发信称："兹本大臣奉国家旨，于今年钦派本大臣充出使朝鲜之公使，偕水师提督，坐一帮兵船同往朝鲜国议交涉事件。本大臣知中国与朝鲜数百年之交好，可以音问相通，而本国与该国素无往来，遇有商议之件，难以径达。本大臣拟先致函于朝鲜，以达国旨，请贵亲王代寄至该国。兹特将函送交贵衙门，祈速寄。"[①]

镂公使委托总理衙门代转的《美国致朝鲜国王书》内容如下：

> 大亚美理驾合众国钦命出使朝鲜之公使镂，代本国君主问，朝鲜国君主好。历来本国商船，往来日本国、中国、美国之海洋面，必由贵国经过，或遇大雾，船只危险，迷路于各洲岛中，难寻路径，须人引水，或船漏须补，沉溺须人援救，或采买食物，均须上岸各事宜，以人道相待，则美国与贵国，非漠不相关之势。本国常例，商民各水

---

① 《朝鲜交涉事件》，《清季中日韩关系史料》第 2 卷，台北：中研院近代史研究所，1972，第 158 页。

手往各国者，备悉其受艰苦，而不忍坐视，思设法保护之故，故派本大臣暂离驻华之任，前往贵国商议此事。前二十余年，日本国瘦（瘐）毙美国水手人，嗣于癸丑年，美国派水师提督充公使，前往日本国，立一和约，至今两国毫无衅端，可知办法甚善。至于贵国，查丙寅年间，有美商船二只，一在境内遭风被救，人生船没，一在境内被害，人没货无。本国未知，贵国识美国旗号否？未晓一救一害，何以如此相悬？兹欲讯根由，自与日本国事同一律。故本大臣及水师提督，坐兵船一帮，以肃体统，非耀威武，前往贵国，商议交涉事，嗣后如有美船在境内，遭一切苦难，如何设法相救，亟宜早图，庶免美商被害，致启衅端，此防预后患。本国体恤商民水手，甚不欲别国任意欺侮凌虐，将来兵船入境，贵国莫生疑虑，致骇平民，本国以和睦来，望以和睦相待。若多方拒绝，实自招不睦，又谁尤焉？至于本国与中国，夙为良友，先托代达是函，以述国旨大略，约三两个月内，本大臣等入界，希望贵国大官，在界商办一切，专此达知朝鲜国君主，想必以此举为甚善也，顺颂万福。辛未正月十七日（一八七一年三月七日）①

从上述信函内容来看，美国完全隐去了想打开朝鲜国门的意思，单纯强调为保护商船安全而欲往朝鲜进行交涉，并以与日本立约一事为例，似乎十分友好地表达了欲与朝鲜订立通商条约的想法。另外此信也透露出对于通过黑船打开日本国门一事，美国人是十分引以为豪的。

总理衙门既定的方针为"朝鲜政教禁令一切自主"，②不想干涉此次的美、朝交涉，但认为如果拒绝了美国的要求，朝鲜就不能知道美国来航的理由，可能会引发重大危机，故通过敕裁，决定代为传达信件，由礼部将信件交给朝鲜国王。

1871年4月10日，由礼部转送的美国公使书函到达朝鲜，大院君并不愿意与美国进行交涉，马上回复礼部：

今此美使封函，又称一救一害，莫晓其故者何也。其称体恤商民水手，甚不欲别国任意欺侮凌虐云者，此实四海万国之所同然也。该国之不欲受人凌虐，本国之不欲受人凌虐，易地而思实无异同，则于

---

① 《近代日鲜関係の研究》上卷，第87~88页；国立公文书馆藏档：A06032017600。
② 《总理衙门奏折》，《清季中日韩关系史料》第2卷，第159页。

是乎平壤河船之自取灭没，不待辨［辩］说，而其故可晓矣，天下之
人自有公论，上帝鬼神，可畏监临。美国商船如不凌虐我人，朝鲜官
民，岂欲先加于人哉？今来信函，既望和睦相待矣，绝海殊域，如欲
好意相关，则仰体天朝柔远之德意，接应以送，非无其道，而其云商
办交涉，未知所欲商办者何事，所欲交涉者何件乎？凡在人臣，义无
外交，其有遭难客船，慰恤护送，不但国有恒规，亦体对朝深仁，则
不待商办，而保无疑虑，其或不怀好意，来肆陵虐，则捍御剿除，亦
藩屏天朝之职分尔，美国官办只可检制其民，勿令非理相干而已，
交涉与否，更何足论乎？从前别国，不知朝鲜之风土物产，每以通商
之说来缠屡矣，而本国之决不可行，客商之亦无所剩，曾有同治五年
咨陈者，敝邦之海隅偏小，天下之所共知也。民贫货微，金银珠玉，
原非土产，米粟布帛，未见其裕。一国之产，不足以支一国之用，若
复流通海外，耗竭域内，则蕞尔疆土，必将岌岌而难保矣。况国俗俭
陋，手工粗劣，未有一件货物堪与别国交易，本国之决不可行如此，
客商之亦无所利如彼，而每有通商之意，盖由别国远人之未谙未详而然
尔。今此美使封函，虽未尝发端，而既要官人商办交涉，则无或为此等
事欤，遭难客船之照例救护，毋待更烦讲确，余外事件之别无商办，不
须徒费来往。伏望贵部将此诸般情实转达，天陛特降明旨，开谕该国使
臣以为破惑释虑，各安无事，不胜幸甚。（1871 年 4 月 14 日）①

大院君及时回信，严正地驳斥美国方面的"善意"说辞，列举美国商
船挑衅滋事之事实，并以朝鲜国小民贫、物产不丰，拒绝了美国的通商
要求。

美国通过总理衙门送信到朝鲜，只是外交上的礼仪。实际上格兰特政
府已经接受驻上海领事西华德的提案，故镂斐迪根本没有等朝鲜国王的回
信，就于 5 月初到达日本长崎与海军提督罗杰斯会见，并调集到军舰 5 艘、
大炮 85 门及士兵 1230 人，另有秘书、翻译及 5 名归国的朝鲜人，于 5 月 16
日由长崎出发征讨朝鲜。美国决定在缔结"舍门将军号事件"遇难船员救
助协定的基础上与朝鲜订立通商条约，为此赋予美国驻华公使镂斐迪全权，

---

① 《近代日鲜関係の研究》上卷，第 89~90 页；国立公文书馆藏档：A06032017600。

并命令亚洲舰队司令罗杰斯率军护卫。①

镂斐迪公使等所率领的舰队，于 5 月 21 日到达朝鲜京畿南阳府时，抚使申櫶求登旗舰询问来访目的，镂斐迪回答说是为了与朝鲜政府高官进行交涉而来，现因航路不明，测量近海，不致扰乱沿海居民。

朝鲜政府接到南阳府使的急报，于 5 月 29 日紧急派汉学翻译官到仁川。镂斐迪嫌弃翻译官的官位低下，不愿意与他见面，就让代理书记官（前九江海关税务司）德缓与翻译官见面。德缓受命向询问情况的翻译官要求见职位更大的官员，并强说派出舰艇到近海进行测量不会危害到沿海的住民。

6 月 2 日，罗杰斯派军舰"阿拉斯加"号舰长、海军中佐布莱尔（Homer C. Blake）作为小舰队的指挥官，出动武装汽艇四艘到盐河进行测量，吃水浅的另外两艘炮舰进行掩护。测量舰队迂回于顶山岛，对盐河进行测量，并通过孙石乙项北上。当时孙石乙项为江华府的"门关"，戒备森严，没有引水的船只不论公私，一律禁止通行。朝鲜军队见美国小舰队已通过孙石乙项，便从德浦镇、草芝镇发炮，美舰遂应战。②

由于几年前法国人的武装入侵，大院君对江华府一带的防备特别重视。故在美国船到达时，大院君就命江华府留守兼镇抚使郑岐源严加守备。同时派前兵使鱼在渊任镇抚使中军，李昌会为江华府判官，并将训练的都监步兵两哨、禁卫营及御营厅务营督军三哨、"别破阵"50 人及大量的兵器弹药及新铸造的大炮运送到江华府。又命李濂为草芝史、崔敬善为德浦史，进行开战准备。

6 月 3 日，大院君命江华府留守兼镇抚使郑岐源将这年 4 月 14 日送交清政府礼部代转的回信誊本送给镂斐迪，并声明，"本国之不与外国交通，乃是五百年祖宗成宪，而天下之所共闻也"，"今者贵使之所欲商办，无论某事某件，原无可商可办"，③ 严词拒绝了美国提出的通商结约要求。

镂斐迪及罗杰斯认为，如果这样撤出朝鲜，会让美国威信扫地，故决定延长行动时间并与朝鲜进行交涉。镂斐迪于 6 月 7 日复函给郑岐源："贵朝廷不愿与敝国钦差以友谊商论所来欲办之事，此则我钦提宪深为叹惜者

---

① Charles Oscar Paullin, *Diplomatic Negotiations of American Naval Officers, 1778 – 1883*, Baltmore: The Johns Hopkins Press, 1912, p. 288.

② 《近代日鲜関係の研究》上卷，第 91 ~ 92 页；国立公文书馆藏档：A06032017600。

③ 《江华镇抚使送美国公使照复》，大韩民国文教部国史编纂委员会编《同文汇考》（3），韩国文教部，1978，第 52 ~ 53 页。

也。至无端攻击之事并不任咎，而反袒护，谓疆臣职所应为，在我提宪原拟鸣炮之举出于军民之妄为，贵朝廷闻之必欲卸肩，并派大员前来会议，皆所厚望者，以故不遽施为，缓期以待。兹于三四日内，如无贵朝廷延接商办之意，一俟期满，则专听我钦提宪任意施行。为期太促，略旨复陈。"①

从镂斐迪的复函内容看，镂斐迪坚持要与朝鲜商办两国之间的问题，并威胁如果如朝鲜不按美方要求进行谈判的话，美国舰队将采取"任意"的对策。

江华镇抚使郑岐源接读此复函后，立即于次日（6月9日）再次复函反驳：

> 窃详贵来文，殊多出于意望之外者，还为慨叹！贵大宪既称和好而来，我朝廷本拟以礼相待，所以先遣三品官员劳问风涛利涉，且请商办事件，即相礼之道，讵意贵员便谓其人非大员而拒阻逐回乎？劳问之官未及回京，贵船遽入隘港。虽云意非相害，所驾者兵船也，所载者兵器也，百姓军人安得不惊惑骇怪乎？以和睦之道，入他国之礼，恐不当如是。本地曾经兵火，恒存戒严，忽睹非常之举，致有鸣炮之事，惊动左右，虽深歉愧，关隘防范，易地皆然。今来责以任咎，实所未解。贵员之必会大员商办者，今春信函，专为丙寅年间二只商船，一救一害，欲得根由，及嗣后美船如有在境遭难，设法相救等事也。一只之为贵国商船，本国之所未谙，而载来凶悖之崔兰轩自取其败也，初非敝国之故害也。辨惑文案，前后非一，今无足更论。至若贵商之遭难相救，国有成例，无庸更事商确。本国之于贵邦，相去几万里，天外别界，两相安靖，则不待讲约而和在其中矣。说短说长，争多争少，虽欲友睦而转生事端矣。以此论之得失利害，灼然可判。贵宪之任意施行，惟在深思熟计耳。②

郑岐源的复函有理有据，明确说明朝鲜拒绝美方要求的理由，并期望美国三思其军事行动。

---

① 《江华镇抚使送美国公使照复》，大韩民国国文教部国史编纂委员会编《同文汇考》（3），第53页。

② 《江华镇抚使送美国公使照复》，大韩民国国文教部国史编纂委员会编《同文汇考》（3），第53～54页。

　　罗杰斯见朝鲜方面态度坚决，十分恼怒，于 6 月 10 日命令舰队进行登陆作战。此日中午美国海军到达草芝镇，在炮火的掩护下，四五十名士兵登陆，很快就攻占了草芝镇。11 日，美国海军又攻占德津镇，进击广城堡。守卫广城堡的是镇抚中军鱼在渊及其弟鱼在淳等勇将，他们誓死坚守阵地，最后阵亡。美方海军陆战队指挥 H. W. Mckee 先行攻入城内，但身负重伤，最后死亡。

　　此次战斗异常激烈，镇抚中军鱼在渊、其弟鱼在淳、镇抚营千总金铉景、广城别将商致诚及武士四人、御营军九人战死。美国方面除 Mckee 战死外，也重伤十多人。这次美朝间由美舰侵犯引起的血战，史称"辛未洋扰"。

　　美国海军将从草芝镇至广城堡的朝鲜守卫炮台全部破坏，但朝鲜军队仍顽强抵抗，而美方舰队也无力继续进行持久战，遂于 12 日将舰队从广城堡海湾撤退至勿淄岛停泊地，再做进一步的决定。

　　虽然美舰攻下了广城堡，镇抚战死，使朝鲜方面受到重大打击，但由于有之前抵御法舰入侵之经验，大院君相信没有物资的补给，美国舰船没有能力进攻京城，最后不得已也只得退却。故于 6 月 12 日令平都护府使李基祖致信镂斐迪，指责美方"外托友睦之辞，内包诡谲之计"，"乱发枪炮，杀害军民，残酷猖獗，孰甚于是乎？自称和好而来，欲望以礼相待者如是乎？"① 严词抨击了美国恣意妄为的军事暴行。

　　美军退回勿淄岛以后，仍致信朝鲜政府，强制要求其通商。为了迫使朝鲜屈服，他们长期把持江华海峡，企图阻断朝鲜首都汉城的漕运粮源。大院君断然拒绝了美国的通商要求，并相应截断了美军的水源。与此同时，大院君下令将他在"丙寅洋扰"期间书写的"洋夷侵犯，非战则和，主和卖国，戒我万年子孙"的字样刻在石碑上，称为"斥和碑"，竖立在汉城的大街小巷，表明他坚决抵抗美国入侵的决心。

　　6 月 12 日至 7 月 2 日，朝美先后几次通书，互有指责，各执其理。镂斐迪极力辩解，把开战的原因说成是由于朝鲜拒绝与美国交涉之所致，将责任转嫁给朝鲜方面。"原期贵国如肯赔礼，即可免以干戈，自行伸礼，因开和睦之径，宽俟日期，足敷排解，乃贵朝廷默然无语，而各贵守土，金

---

① 《富平都护府使李基祖送美国公使照会》，大韩民国文教部国史编纂委员会编《同文汇考》
　　（3），第 54～55 页。

谓职所应为，何以逆料后来之安然无事耶?"① 朝鲜方面极为愤怒，于6月
20日由富平府使照会镂斐迪：外国使臣要求与朝鲜通商缔约之书函，地方
官不能代为转呈国王，并承诺此后若有漂流遭难船舶，基于人道，朝鲜当
救助护送，绝不"虚言相欺"，希望美国不必为此担忧，所谓通商立约，朝
鲜政府根本不予考虑。与朝鲜的交涉没有结果，又无力发动大规模的军事
行动，镂斐迪与罗杰斯商量后，决定撤退舰队，待将来有机会再继续交涉，
于7月2日照会富平府使李基祖：

> 前接五月初三日照复，又称贵府不允代递公文，复不肯详奏贵朝
> 廷，俾知敝处有此欲达之言语。窃念两国相接往复文字，体制辩论，
> 此等礼仪，系敝总办分外之事，以前往复文字而观，贵府亦未必特受
> 此镇重之权，至代国立言，定规成宪云者，此贵府出于臆断自言，未
> 知果奉此重权否? 敝钦宪不以为据也。我钦宪之来，有怀欲吐，贵朝
> 廷不开以陈述之门，无地可述，不得以贵府越分之空谈，遽作如此之
> 答复。在贵国既未能善为接纳，容远人达所欲言，即不须贵官等设词
> 悬猜，逆料其中藏之积懑。贵朝廷不肯与他国重任公使以文字相通，
> 贵官等亦不必托词代明其故。我钦宪特奉本国敕命，大公利益之举，
> 不耀兵威，不怀恶意，且先有文字达明此情，如是远来，在贵国亟应
> 按礼款迎，或与贵君主，或对特派大员，俾尽达其奉敕之由，议订将
> 来两国交涉事宜之规范。我舟初至，欲解地方之惑，示我等和睦之情。
> 敝总办承准宪委，通知贵员，使知敝上司中怀柔和，不扰民居，不移
> 国俗，不侵寸土等意，贵国应看敝国之势，分使臣之重差，优待涵容，
> 俾得展其奉办之件。而贵国于此等应行礼宜，咸靳而不予，翻于我钦
> 宪力求达文之径，概使之徒劳，兹之不肯代递公文，较从前拒我情形，
> 如出一辙。至文内申明不敢递上之故，皆支吾虚浮之词。敝舟停泊海
> 口时，因候贵朝廷信音，或派大员前来，伊时敝提宪，拟令小舟往探
> 水势，缘贵境水道涉险甚多，系为保护贸易爱人之举，先期告地方，
> 转达沿海官民，勿得阻碍，虽然有此预嘱，并示好意，不料舟行之际，
> 突由伏兵努力肆燃枪炮，意在陨灭我舟师，幸而兵力不敷，未遂奸计。
> 似此残毒之举，贵朝廷不肯任咎，缄默自安，贵守土亦各有言，不过

---

① 《美国公使送富平府使照复》，大韩民国文教部国史编纂委员会编《同文汇考》(3)，第55~
56页。

淡淡欢叹，谓职所应为而已。我提宪守候数日，足敷排解，而贵处并无弥缝之意。因照各礼义邦之常例，自行伸理，虽加刑似重，而我提宪只施于攻我之处，实非过情，足见躬行节制，岂独贵国，即四海各国闻之，必有公论也。在我钦宪欲成本国之所愿，凡诸善策，罔不尽力经营，除伸理负屈外，不加兵力，不耀兵威，以柔和之意而来，至今一无所获，即不必久驻耽延，徒劳文字。历考以上情形，豁然洞悉贵朝廷，于此事之最初立意坚定，拒斥和睦商办之举。我钦宪原以温柔和诱之意而来，先曾布达，现以和柔之度量，适以日增贵君臣之傲慢乖离而已。此番复命，我朝廷闻之，亦必大失所望。至以后如何办理之处，我等实不能预料，将来所虑者，敝国及西洋诸大国，未必帖然于贵君王之定而不移，以及摈斥他国重任使臣，拒而不纳，从此遂寂然也。设或将来各国用强，以至贵君王不能拂其所请，即难言屈抑矣。此节关系慕重，我钦宪相应复旨，恭候本国廷议定夺，暂时移驻他处，或在贵国境内，或于中国地方，或仍令二三舟只，留碇贵境海口一带，随时察探水势，即望贵国不须过问可也。且嗣后如有敝国人民，在贵境遇难，尤冀贵君王，必按复答礼部咨内之应许，不食前言，体恤拯救护送，其中应用费用，本国如数补偿，为此照会。[①]

近代国际法规定："国家领土主要由领水、领陆和领空组成的立体结构，因此，国家领土主权的限制也主要体现在这几个方面。"[②] 镂斐迪带领的美国武装船队，在朝鲜没有允许的情况下进入朝鲜国内领水，还进行水文探测，并以武力占领朝鲜领土，控制江华海峡。这种"单方面向他国宣战；以武装部队侵入他国领土；以陆、海军进攻他国领土"[③] 的行为，在国际法上都应被视为侵略行为。从以上镂斐迪给朝鲜政府的信函可见，美方将责任全部推给朝鲜方面，对自己的侵略行为没有一丝的反省。

经过20多天的对峙，镂斐迪和罗杰斯深刻感受到大院君顽固的态度及朝鲜人民不畏强暴、英勇御敌的精神。再加上美国政府又传来新的训令，称不适合在朝鲜进行大规模的军事行动，于是侵朝美军在已取得军事胜利

---

① 《近代日鲜関係の研究》上卷，第 97~99 页；国立公文书馆藏档：A06032017600。

② 杨泽伟：《主权论——国际法上的主权问题及其发展趋势研究》，北京大学出版社，2006，第 53 页。

③ http://baike.haosou.com/doc/6484083 – 6697789.html。

的情况下，决定在美国独立日前撤兵。1871 年 7 月 3 日，美国军队撤离朝鲜，退回中国山东的烟台。这样美国第二次欲以武力打开朝鲜大门的行动实质上以失败而告终。

小　结

美国借口 1866 年的"舍门将军号事件"出兵朝鲜的"辛未洋扰"事件，是赤裸裸的以炮舰武装入侵朝鲜、威逼朝鲜开港的侵略行为。美国此次出兵征讨朝鲜，起因于罗杰斯想要仿效培理东征日本的先例，打算以武力迫使朝鲜开港。美国以 1853 年"黑船事件"敲开日本之门，日本亦在此时期应运开始政治转型。培理的开港条约促使了日本明治维新的发生，但罗杰斯此次征朝，一无所成。美国与亚洲隔着太平洋，如欲控制亚洲，不仅需要建立一个强大的可以在远洋作战的海军，更需要在太平洋上建立一系列的军事基地。而此次打开朝鲜国门的失败，使美国认为朝鲜与中国的宗属关系，是阻碍朝鲜对外开放的要素，要改变整个东亚的格局，必须帮助日本破解以中国为中心的宗藩体制。故美国开始积极支持日本 1874 年出兵侵台。而日本也以此事件，厘清了中国与琉球的"藩属"关系。在美国的支持与纵容下，日本又于 1876 年与朝鲜签署《江华条约》。此条约的签订，标志着日本在东亚的崛起，更改变了朝鲜与中国的藩属关系，再一次对东亚以中国为中心的"朝贡体系"构成了冲击，预示着东亚地区权力关系将出现显著的重新调整。故从 19 世纪中期开始到 1895 年《马关条约》割让台湾，美国或在台前或在幕后，在日本吞并琉球、出兵台湾甚至割让台湾等几个大的历史事件中，对日本起了巨大的助力作用，而其起点便是"太平洋帝国论"。美国所谓"太平洋帝国论"，本质上就是亚洲殖民帝国论，这一侵略亚洲的政策，是以侵略中国为中心目标的。虽然从 19 世纪中期起，美国在各资本主义国家侵略中国的过程，并不明显地处于首位，但它在纵容日本对琉球、台湾及中国的侵略中扮演了十分重要的幕后策划支持者的角色。

（作者单位：中国社会科学院近代史研究所）

地方精英与1920年代台湾农民运动

陈慈玉

提　要　日本政府在 1895～1945 年间于台湾施行强而有力的殖民政策，使台湾的政治、社会、经济和文化各层面都出现空前的明显变化，此变化甚至影响到第二次世界大战以后的台湾。其中，在战后初期仍为台湾最重要产业的制糖业，则是于日治时期成长茁壮的。当时为了推动新式机械糖厂的顺利运作，对于蔗农的措施有欠慎重，因此在 1920 年代先后发生了二林事件和凤山事件。二林事件中蔗农的抗争对象是林本源制糖会社，凤山事件则因陈中和新兴制糖会社的处置佃耕地而爆发，两个事件促使农民分别组织"二林蔗农组合"和"凤山农民组合"，后来扩大成为台湾农民组合，此组合之所以能出现，其推手则是李应章和简吉。他们当初所力争的不是传统中国常见的抗租、抗粮等租佃制度上的不平等，而是争取既有的耕作权与较合理的原料交易权，这是因为近代台湾新式制糖工业的出现，以及官方强力实行"原料采取区"制度，所导致的糖业资本家与蔗农之间的土地权益纠纷，使势力薄弱的蔗农警觉到团结的重要性。他们之所以能够警觉应该是地方精英极力呼吁的结果，并且也多多少少获得"胜利"，就此意义而言，简吉和李应章在 1920 年代确实扮演了领导台湾农民运动的角色。

关键词　农民运动　地方精英　简吉　李应章　台湾农民组合

一　前言

日本政府在 1895～1945 年间于台湾施行强而有力的殖民政策，使台湾的政治、社会、经济和文化各层面都出现空前的明显变化，此变化甚至影响到第二次世界大战以后的台湾社会经济。其中，在战后初期依旧为台湾最重要产业的制糖业，则是于日治时期成长苗壮的。当时为了推动新式机械糖厂的顺利运作，台湾总督府发布糖业奖励规则，并进一步实施了原料采取区域制度，以确保各糖厂的原料（甘蔗）来源。由于对于蔗农的措施有欠慎重，因此在 1920 年代先后发生了二林事件和凤山事件。

二林事件中蔗农的抗争对象是林本源制糖会社，凤山事件则因陈中和新兴制糖会社的处置佃耕地而爆发，两个事件促使农民分别组织"二林蔗农组合"和"凤山农民组合"，此二组合之所以能出现的推手则是李应章和简吉。

本文拟利用李应章和简吉所写的日记以及相关的官方档案、私人记载、当时的报刊等资料，以此二人为例，论述地方精英在 1920 年代台湾农民运动中的角色。首先探究李应章与二林事件的关系，其次分析二林事件对简吉的影响，再进一步阐明两人及其家属的日后遭遇，以了解日本殖民统治下的台湾地方精英为启迪农民自觉意识所付出的代价。

二 李应章与 1920 年代的农民运动

李应章是位悬壶的医生。他于 1897 年在台中州北斗郡二林庄（今彰化县二林镇）出生，祖父少壮时从福建同安到台湾谋生，先做人家长工，后当中药铺学徒而成为中医师，并与药铺老板的女儿结婚。[①] 李应章有兄一、姐二，因兄幼殇，故其祖母相当宠爱李应章。[②]

李应章在 7 岁进私塾学汉文，在家学四书五经。9 岁入二林公学校学习，在校期间曾和同学谢悦（谢南光之兄）、蔡渊腾（蔡子民之父）结拜为兄弟。[③]

1911 年李应章毕业于二林公学校，在父亲的中药店当学徒。1914 年，入彰化商业学校实业科。[④] 1915 年 9 月、10 月间［按：根据《李应章（伟光）先生年谱初稿》第 29 页记载是 1916 年］，在作文课上写了一篇短文《呜呼惨矣哉》，提到 1915 年 8 月余清芳噍吧年事件，因此遭到校方处罚。

---

① 蔡子民整理《李伟光自述：一个台湾知识分子的革命道路》（上），《台声月刊》第 25 期，1986 年。笔者感谢大众计算机公司简明仁董事长提供此珍贵数据。

② 陈平景：《李应章（伟光）先生年谱初稿》，《台湾与世界》第 11 期，1984 年。

③ 蔡子民整理《李伟光自述：一个台湾知识分子的革命道路》（上）。

④ 陈平景：《李应章（伟光）先生年谱初稿》。

在校期间，李应章还与几个喜爱诗词的同学组织了"艺吟社"，时常和社会人士集会作联吟诗。①

1916年李应章自彰化商业学校毕业，于同年4月考入台北医科专门学校。② 在校期间和几个同学组织"弘道会"准备进行反日活动。不久，因台北师范学校的放火事件涉及一些会员，李应章等人即烧毁弘道会有关文件，解散了该会。③ 1918年，李利用课余时间组织诗社，并经常接触日本左派大杉荣、山川均等人的著作。④

1919年五四运动消息传来，李应章受其影响，和几个同学以及来自厦门的学生在医学校的地下室秘密举行"六一七"（日本的台湾始政纪念日）岛耻纪念日活动。⑤ 同年夏，李回家与谢爱成婚。⑥

1921年，李应章自医专毕业，转入热带医学专修科，在内科实习。同年4月，李与同学吴海水、何礼栋等人〔按：根据《李应章（伟光）先生年谱初稿》记载，还有赖石传〕在台北筹组"全台湾青年会"，向社会名流林献堂、林熊征等〔按：根据《李应章（伟光）先生年谱初稿》记载，被劝募者还有许丙〕劝募资金，因此认识了蒋渭水、蔡培火。后由于蒋渭水的提议，在同年10月将"全台湾青年会"扩大为"台湾文化协会"。当时文化协会推林献堂为总理，蒋渭水为理事兼干事，李应章则任理事兼二林地方干事，开始了台湾的文化启蒙运动。不过，因当时父母一再催促其回乡养家，加上他在1919年夏已结了婚，因此李应章回到二林开设医院，并在二林地区进行启蒙宣传，常被殖民政府当局检举，但旋即释放。⑦

此外，根据李应章的自述，他在1921年10月即参加了林献堂、蔡培火发起的台湾议会设置签名运动。1923年1月台湾议会期成同盟会成立时，李亦参与其中。且在1924年，曾因该同盟的牵连，被日警以违反"治安维

---

① 蔡子民整理《李伟光自述：一个台湾知识分子的革命道路》（上）。
② 陈平景：《李应章（伟光）先生年谱初稿》。
③ 蔡子民整理《李伟光自述：一个台湾知识分子的革命道路》（上）。
④ 陈平景：《李应章（伟光）先生年谱初稿》。
⑤ 蔡子民整理《李伟光自述：一个台湾知识分子的革命道路》（上）。
⑥ 陈平景：《李应章（伟光）先生年谱初稿》。
⑦ 陈平景：《李应章（伟光）先生年谱初稿》。再者，当代大陆官方观点将台湾文化协会定位为"广泛统一战线性质的资产阶级民族主义文化启蒙团体"，对于汉民族的自觉、反对日本的民族压迫，起了很大的作用。蔡子民整理《李伟光自述：一个台湾知识分子的革命道路》（上）。

持法"为由拘留了三天，后因李不是该同盟的主要干部而被释放。①

1923 年 9 月，台湾文化协会彰化支部开会，李应章与詹奕侯共同向大会提出"台湾农村问题实际斗争案"，但遭到否决，文化协会内部也因为对于革命内容与方法开始出现分歧。于是李应章与詹奕侯、刘崧甫、蔡渊腾、陈万勤等组织农村讲座、农村夜校，自己担任讲师，义务上课。同年 11 月，李与詹、刘、陈、蔡等人组织农村问题研究社，搜集相关材料。②

李的家乡二林庄总人口 70000 多人，总户数 6000 多户，其中蔗农的户数约 4000 户。蔗农在种蔗前须向厂方填写"种蔗誓约书"，决定在某地种植甘蔗，并宣誓绝对遵守产糖奖励法，不敢违背，同时向糖厂预借现金（每亩 1～2 元），甘蔗收成时核算照扣，如甘蔗收成不足抵偿对糖厂的债务时，则以年利二分计算清还。当时蔗价由厂方每季于甘蔗收成后，制成糖的货品，再在市场上销售之后才决定。称量斤重亦归厂方决定，蔗农无参与权。甚至在称量斤重时，如发现夹有干叶，厂方可任意扣除去其相当之斤两，因此许多都不能合格。③

1924 年 12 月，李应章与詹奕侯、刘崧甫、陈万勤、蔡渊腾等人起草了二林蔗农组合组织章程。④ 在此期间，他们还写出了各种作物和种蔗收成比较表、各地物价和每年糖价比较表、甘蔗轧出糖的生产比例表、糖厂利润和蔗农收入比较表，⑤ 并且曾编了一首甘蔗歌（用闽南语唱）：⑥

> 种作甘蔗无快活　风台大水惊到大；
> 烧沙炎日也着（要）行　一点蔗汁一点汗；
> 咳哟哟　有磨（忙）无食真罪过！
>
> 沙仑（堆）牺平荒来垦　手插甘蔗像竹围；
> 初一磨（忙）到廿九暗（晚）　三年无转较（不赚够）吃亏；
> 咳哟哟　替人挨金做乌鬼！

---

① 蔡子民整理《李伟光自述：一个台湾知识分子的革命道路》（上）。
② 陈平景：《李应章（伟光）先生年谱初稿》。
③ 李应章手稿《李应章日记》。笔者感谢大众计算机公司简明仁董事长提供此珍贵数据。
④ 陈平景：《李应章（伟光）先生年谱初稿》。
⑤ 蔡子民整理《李伟光自述：一个台湾知识分子的革命道路》（上）。
⑥ 李应章手稿《李应章日记》。

错（砍）蔗无异捻去分，磅称由伊咱无权；

十万将要入等级，蔗叶过（再）扣数百斤；

咳哟哟　种蔗难似中状元！

登记（签字）种蔗做农奴　苦在心头无处呼；

弱者只好手牵手　据理力争咱自由；

咳哟哟　不达目的不罢休！

蔗农如困鬼门关　受亏何处去伸冤；

会社亲像（真似）勾魂鬼　骗人落凹（入榖）崎幢幡；

咳哟哟　挽救农民救台湾！

长工也要想翻身　何况贴本做农民；

大家困了爱精神（清醒）　参加组织是正经；

咳哟哟　十万农民一条心！

蔗农组合是咱的　同心协力救大家；

兄弟姊妹相提携　不怕青面共獠牙；

咳哟哟　出力要和齐！要和齐！！

　　1925 年 1 月 1 日，李应章等人在二林妈祖宫前广场举行了蔗农大会，议决组织蔗农组合。[1] 虽然在警官的包围下，该会仍很顺利且迅速地通过了简章、纲领，并进行了选举。结果选出李应章、詹奕侯、刘菘甫、蔡渊腾、陈万勤、谢党、蔡琴、戴成、谢铁、洪法、谢日新、詹仁话、吴万益、詹菊花、曾文明 15 人为理事，另有监事 7 名，地方委员若干名，互选李应章、詹奕侯、刘崧甫、蔡渊腾、陈万勤 5 人为常理，李应章为理事长，并聘郑松筠律师、名记者泉风浪（日人）二人为顾问，即日起开始办公，是为"台湾农民组合二林本部办事处"。[2] 后来，李应章等文化协会

----

[1]　《二林大城之两庄民奋起组织蔗农组合》，《台湾民报》第 42 号，1925 年；《二林农民大会》，《台湾民报》第 43 号，1925 年；蔡子民整理《李伟光自述：一个台湾知识分子的革命道路》（上）。

[2]　李应章手稿《李应章日记》。

的干部还邀请林献堂到二林、北斗等地开演讲会，向蔗农宣传，并于 1925
年 6 月 28 日正式成立二林蔗农组合，参与的蔗农共 400 余名，① 一度还增加
至 2000 余名。②

1925 年 7 月，蔗农组合的干部们纠合了四五十个农民，前赴管辖二林
地区的林本源溪州糖厂，与糖厂负责人吉田硕造谈判，要求提高甘蔗收购
价格。谈判破裂后，李应章等人又赴二林郡、台中州、台湾总督府请愿，
但仍毫无结果。李应章等乃回乡到附近几个村庄召开农民会议，向农民报
告请愿失败经过，农民斗争情绪因此更加高昂。③ 当时农民会议还议决对糖
厂的要求条件：（1）甘蔗收制前公布收购价格；（2）肥料任由蔗农自由购
用；（3）糖厂与蔗农协议甘蔗收购价格；（4）甘蔗过磅应会同蔗农代表；
（5）糖厂应公布肥料分析表。④

10 月 6 日，李应章和蔗农代表数人带着上述要求，向糖厂交涉。但糖
厂方面以李应章等人无书面证明其代表资格，拒绝交涉。随后，10 月 15
日，李应章在补办蔗农的委任状后，再赴糖厂交涉。⑤ 但糖厂负责人吉田硕
造的态度较上次更为蛮横，说李应章等人不配做代表，谈判破裂。⑥ 于是，
蔗农组合乃拟定了三个决策：（1）价钱先订好，然后砍蔗；（2）甘蔗咱们
种，所有权属于咱们，处理权也属于咱们；（3）砍蔗工人不替糖厂砍蔗。⑦

10 月 20 日，糖厂临时关照"原料委员"传达蔗农，隔日开始砍蔗（本
来厂方应于砍蔗前一星期或十天前宣布）。蔗农组合得知此一消息后，即刻
成立了"斗争本部"，负责处理一切紧急措施与临时有关重要事件等。斗争
本部以 9 人组成，由 15 名农组理事选出，名称为临时斗争委员会，内分五

① 蔡子民整理《李伟光自述：一个台湾知识分子的革命道路》（上）。
② 陈平景：《李应章（伟光）先生年谱初稿》。
③ 李应章手稿《李应章日记》；蔡子民整理《李伟光自述：一个台湾知识分子的革命道路》
（上）。
④ 蔡子民整理《李伟光自述：一个台湾知识分子的革命道路》（上）。
⑤ 陈平景：《李应章（伟光）先生年谱初稿》。
⑥ 蔡子民整理《李伟光自述：一个台湾知识分子的革命道路》（上）。
⑦ 李应章手稿《李应章日记》。关于此三项条件，各种资料说法不一，如蔡子民整理《李伟光
自述：一个台湾知识分子的革命道路》（上）记载为：（1）先议定蔗价后割甘蔗；（2）反对
糖厂单方磅蔗斤两；（3）反对厂方强迫蔗农买肥料。陈平景《李应章（伟光）先生年谱初
稿》记载为：（1）甘蔗为农民所有物，应先议定价钱，然后取蔗；（2）称蔗重量应归卖方农
民掌握，不应由买方的糖厂随便片面决定；（3）肥料应归农民自由处理，不应由厂方强迫农
民买入，其价钱也不应由厂方片面决定。

部：重要决策、宣传、秘书、纠察、联络。各部负责人分别是：主任李应章，宣传兼副主任詹奕侯，秘书刘崧甫；纠察蔡渊腾，联络陈万勤，纠察兼联络蔡琴、洪法；战略委员谢党、戴成。另有一重要决策委员会，由李应章、詹奕侯、刘崧甫、蔡渊腾、陈万勤、谢党、戴成组成。还请了一位陈习负责到各村敲锣宣传。①

10 月 21 日上午 6 时，斗争本部获得情报：今天糖厂要在"火烧厝""竹围仔""大城"三处开始砍蔗。因此，斗争本部乃号召农民群众拒绝厂方砍蔗，结果厂方虽尽力到处拉人，加倍工资，想尽种种法子，要雇用砍蔗工人，却没有一个应差者，以致厂方毫无收获。当天晚上斗争委员们彻夜开会检讨工作，决定加紧各方面的联系与宣传，由陈习负责二林方面的敲锣号召，沙山等村再派谢可负责敲锣宣传，并请谢衢任该方面纠察及联络。② 于是终于爆发了后述的二林事件。

冲突之翌日，包含李应章在内的 93 人遭到逮捕。

1926 年 4 月 30 日，预审结束，其中有 39 人被送公审。李应章由日本律师麻生久保释暂时出狱。他在狱中曾写下："实知此祸本难逃，为唱民权座黑牢；天理自然他日得，一生辛苦不辞劳"的诗句。③

同年 9 月 30 日第一审公判结果，31 人被处惩役。李应章等人即提出上诉，并由日本律师布施辰治④来台担任义务辩护。在第二次公审前，李应章与台湾农民组合的简吉陪同布施前往各地农村演讲，控诉日本之殖民统治。⑤ 当时李应章接受布施的建议，将二林蔗农组合与简吉主持的凤山农民组合合并，称为台湾农民联合会，归简吉主持，以古屋贞雄与李应章为

---

① 李应章手稿《李应章日记》。

② 李应章手稿《李应章日记》。

③ 《狱中感作》，《台湾民报》第 82 号，1925 年。

④ 布施辰治（1880~1953），日本宫城县人，明治法律学校（现在的明治大学）毕业，律师，在 1920 年代为许多因参加劳工、农民、无产阶级运动而被逮捕者义务辩护，活跃于人权拥护运动。他的活动范围扩及朝鲜和台湾。此外，他于 1917 年开始发起普选运动，1920 年创刊《自法庭至社会》杂志，1922 年在东京设立"借家人同盟"。1926 年被选为日本劳动组合总联合会长。战后担任自由法曹团、日本劳农救援会（日本国民救援会）的代表，为三鹰事件、松川事件等辩护。参见布施柑治《ある弁護士の生涯——布施辰治》，东京：岩波书店，2003。

⑤ 蔡子民整理《李伟光自述：一个台湾知识分子的革命道路》（上）。

顾问。①

翌年 3 月，第二审在台北高等法院开庭，并于 4 月结束，25 人被判决有罪，其中李应章以骚乱罪被处禁锢 8 个月，扣除预审 60 天。当时李应章等人再上诉第三审，但同年 7 月被驳回维持原判决。于是，李等人被关进台中监狱，直到 1928 年 1 月中旬才期满出狱。② 服刑期间，李应章之父不幸逝世，③ 李在出狱后始为其父办理丧事与修坟，当时台湾文化协会的林献堂曾特书墓志铭记载事件始末，李应章则在其父的坟墓上砌一座"青天白日徽"，但毕竟当时台湾是殖民地，不能太过明目张胆，李乃将原青天白日徽的十二道光芒改成十六道光芒。④

李应章在出狱后回到二林继续行医，并再度投入当地蔗农斗争。1928年，糖厂虽然略微提高了甘蔗收购价格，但仍保持单方决定蔗价方式，因此，李应章等农组老干部发动不种植甘蔗运动，联合了当地蔗农与地主一致对抗厂方，终于迫使糖厂撤换厂长，并出面接受蔗农组合的要求而关闭

---

① 陈平景：《李应章（伟光）先生年谱初稿》；古屋贞雄，1919 年毕业于明治大学，学生时代即参加故乡山梨县的农民运动，1921 年任律师，加入同年成立的自由法曹团。该团是服膺社会主义与自由主义、积极支持反弹压斗争的团体，参加者尚有布施辰治等人。自由法曹团当时的主要任务，是为因参加农民运动而被捕者辩护。1927 年古屋和布施曾到朝鲜京城为共产党事件和租佃争议的被告辩护。他与台湾农民运动关系深厚。1927 年 2 月，简吉与赵港前往东京为反对台湾总督府放领土地给退职官吏一事向日本帝国议会请愿时，曾获得日本农民组合与劳动农民党支持，双方开始产生交流。因此，他们请求派遣指导人员赴台湾指导农民运动，劳动农民党乃决定派遣党员古屋贞雄律师前往。1927 年 5 月 4 日，古屋贞雄抵达台湾，随即在各地举办演讲，同月 22 日暂返东京，7 月 4 日再度来台，并在台中市开业，除了执行律师职务，也指导台湾农民组合及从事有关农民争议的民事或刑事案件之辩护与争议指导。古屋贞雄还致力于台湾农民组合阵容的扩展、整顿以及战术训练，将日本劳动农民党之思想背景与战术原封不动地转移给台湾农民组合。因此，古屋贞雄来台后，台湾农民组合明显增强了阶级斗争色彩，具有浓厚的政治斗争倾向，又采取暴露战术，经常对大众进行宣传、煽动，挑拨农民的情绪，遇事则每每动员多数农民大众，以陈情、请愿之名举行示威，例如提出抗议书、散发言论激进的文书指令，且与台湾其他思想运动团体结成联合战线，更积极地和海外友好团体合作。台湾农民组合与农民运动得以迈入组织化阶段及迅速发展，古屋贞雄律师确实功不可没。他一直到 1945 年战争结束后才回日本，加入日本社会党，是该党中央执行委员，从 1950 年开始连任 3 届众议院议员，1976年过世。见简吉《简吉狱中日记》，简敬、洪金盛、韩嘉玲、蒋智扬译，陈慈玉校注，台北：中研院台湾史研究所，2005，第 259~260 页。

② 蔡子民整理《李伟光自述：一个台湾知识分子的革命道路》（上）。

③ 李应章手稿《李应章日记》中写道：在服刑期内，家被火烧光，父亲病故都不知道，所以回家时，已经面目全非，父亡家毁了！

④ 《青天白日徽十六道光芒》，《联合报》1997 年 5 月 1 日。

该厂。①

三 简吉与 1920 年代的农民运动

简吉原为小学教师，他参与农民运动应是深受二林事件启发的结果。简吉出生于 1903 年 5 月 20 日，家中务农，凤山公学校毕业后，先到台南厅讲习会深造，再回母校服务，月薪为 29 圆。1921 年进入台南师范学校讲习科，翌年取得台湾公学校教员资格证书，仍然继续先后在凤山公学校和高雄第三公学校从事教育工作，月薪到 1925 年逐渐增至 35 元。② 所以在当时的高雄凤山地区，他是一位深受民众尊重的地方精英（local elites）。

1925 年发生的二林事件扭转了简吉的命运，而此事件是由李应章主导的。二林事件发生在林本源制糖会社溪州工场。日治时期最早的新式机械制糖工厂是 1900 年成立的台湾制糖会社（资金 100 万元），于 1902 年在台南县桥仔头庄所建立的工厂。此后，台湾虽有诸多日资制糖会社，然亦不乏台日合资性质者，板桥林家与日籍资本家合股成立之林本源制糖会社即是一例。③ 当时台湾各制糖会社通常有两座以上的制糖工场，但林本源制糖会社却仅有一处溪州制糖工场（台糖公司溪州糖厂前身，在现今彰化县溪州乡），且设立初期就曾与地方农民发生土地纠纷。因台湾总督府当时将制糖业列为策略性发展产业，故往往透过"公权力"协助资本家收购土地，

---

① 陈平景：《李应章（伟光）先生年谱初稿》。

② 参见台湾总督府编《台湾总督府职员录大正 9 年》，台北：台湾日日新报社，1920，第 352 页；台湾总督府编《台湾总督府职员录大正 10 年》，台北：台湾日日新报社，1921，第 386 页；台湾总督府编《台湾总督府职员录大正 11 年》，台北：台湾日日新报社，1922，第 406 页；台湾总督府编《台湾总督府职员录大正 12 年》，台北：台湾日日新报社，1923，第 423 页；台湾总督府编《台湾总督府职员录大正 13 年》，台北：台湾日日新报社，1924，第 430 页；台湾总督府编《台湾总督府职员录大正 14 年》，台北：台湾日日新报社，1925，第 418 页。笔者感谢大众计算机公司简明仁董事长和财团法人大众教育基金会叶显光顾问提供简吉先生的相关资料。

③ 矢内原忠雄：《日本帝国主义下的台湾》，林明德译，台北：吴三连台湾史料基金会，2004，第 252 页；司马啸青：《台湾五大家族》（下），台北：自立晚报社，1987，第 45～50 页。日据初期，台湾民政长官一意推动新式制糖工业，遂力促板桥林家参与投资。1909 年，林本源制糖会社成立，板桥林家的林鹤寿与林熊征分别担任社长、副社长。但这家制糖会社从筹备初期就枝节横生，终至难逃被日系资本并吞之命运，日本人的计策实系动员林家的资本供其支配，林家在实质上根本无权过问经营事务。迨至 1927 年，林本源制糖会社与其溪州制糖工场被台湾四大制糖会社之一的盐水港制糖会社合并，从此退出新式制糖业经营行列。

即调派警力对小地主进行劝诱或施展高压强迫手段。如遇拒绝出售土地者，更动辄予以体罚或拘留，诸如此类的情况，杨逵于其短篇小说《送报夫》里曾有深刻描述，道尽当时农民之心酸。[①] 当时二林庄被分割为明治、林本源与三五公司源成农场三个制糖会社的原料采取区，从1907年开始，源成农场在警察的协助下，展开强制收购土地的行动，因为日本人认定某些地主恐怕会以未带图章为由，拒绝"合作"，遂在现场开设刻印铺，甚至土地买卖登记所也于此处成立临时办事处。尽管日方这般安排，却仍遭遇强烈抗议和指责，遂动员警察拘捕"不合作"的农民，事态乃告扩大，后来还导致当时的台湾民政长官大岛久满次（1895~1918）引咎辞职。[②] 先前既有这般不愉快之经验，二林地区的农民对制糖会社似已怀抱某程度之怨恨，再加上日后动辄遭其以诈欺及剥削手段相待，不信任感难免与日俱增，导致未来双方爆发冲突。

林本源制糖会社设立溪州制糖工场后，获得殖民政府当局拨交的原料区以供应甘蔗。该会社因在甘蔗收购方面价格定得较低，乃引起蔗农不满。1924年4月，二林庄长林炉与医师许学被蔗农500余人推派为代表，向林本源制糖会社要求支付临时补偿金。林本源制糖会社起初尚无轻易接受该项要求之意，然北斗郡守却认为蔗农们的意见有理，遂于12月出面调解。结果，林本源制糖会社决定以"每甲五元"之标准核发补偿金给蔗农们，该案乃告落幕。[③]

未料，这次的成功经验却刺激了全台蔗农，遂成为他们要求制糖会社提高蔗价运动之开端，先后有数处制糖工场遭遇类似事件。1924年，除了前述的林本源制糖会社溪州工场，尚有明治制糖会社溪湖工场（台糖公司

---

① 司马啸青：《台湾五大家族》（下），第46页；杨逵：《送报夫》，收录于施淑编《日据时代台湾小说选》，台北：前卫出版社，1993，第75~114页。

② 张素玢：《从二林蔗农事件到葡农事件——地域与社会力的形成》，《台湾史料研究》第16期，2000年；司马啸青：《台湾五大家族》（上），第46页；黄昭堂：《台湾总督府》，黄英哲译，台北：前卫出版社，1994，第100页。林本源制糖会社为图谋创立制糖会社的方便，遂送了大量贿款给当时之台湾民政长官大岛久满次，日本中央政府原本欲撤其职，但他却受台湾总督佐久间左马太（1844~1915）庇护而摆脱事件。纵使如此，大岛久满次还是牵涉了阿里山官营林放领问题贪污事件，终究被迫辞职。

③ 以上参见台湾总督府警务局编《台湾总督府警察沿革志第二编：领台以后の治安状况》（中卷），东京：绿荫书房，1986年影印本，第1026页。《林糖蔗农奋起陈情》，《台湾民报》第3卷第10号，1925年。但如前所述，李应章手稿《李应章日记》及蔡子民整理《李伟光自述：一个台湾知识分子的革命道路》等资料中皆未提及此一事件。

溪湖糖厂前身，今彰化县溪湖镇)、盐水港制糖会社岸内工场 (台糖公司岸内糖厂前身，今台南县盐水镇)、大日本制糖会社虎尾工场 (台糖公司虎尾总厂前身，今云林县虎尾镇)、新兴制糖会社大寮工场 (战后初期废止，今高雄县大寮乡山仔顶) 遭遇该类要求。迈入 1925 年后，提高甘蔗收购价格要求争议增至 12 件，与此关联之制糖会社竟达 8 家，其中引发纠纷者包括明治制糖会社总爷工场 (台糖公司总爷总厂或麻豆糖厂前身，今台南县麻豆镇)、明治制糖会社萧垄工场 (台糖公司佳里糖厂前身，今台南县佳里镇)、台湾制糖会社车路墘工场 (台糖公司仁德糖厂前身，今台南县仁德乡)、东洋制糖会社北港工场 (台糖公司北港糖厂前身，今云林县北港镇)，以及再度卷入风暴的林本源制糖会社溪州工场。上述这些纠纷后来大多获得解决，唯独林本源制糖会社溪州工场方面之争议，却在台湾文化协会理事李应章的指导下，竟演变成殖民政府所称的 "骚乱事件"。①

根据《台湾总督府警察沿革志第二编：领台以后の治安状况》(中卷) 之记载，殖民政府官方说辞如下：开业行医于二林庄的李应章系台湾文化协会理事，因 "向来与林炉、许学等人交恶"，故 "对彼等先前协调成功而平息争议一事心生忌妒"，且 "为了维系当地农民对台湾文化协会之信赖以扶植自身势力"，遂 "声言临时补发金乃暂时性给付，不具任何效果"。② 因此，李应章多次亲访林本源制糖会社当局，再度要求提高甘蔗收购价格，同时还向台中州知事、北斗郡守以及台湾总督府陈情，③ 希望达成 "甘蔗收购价格提高为一千斤七元以上" 和 "蔗农参与甘蔗价格的决定" 等目标。再者，李应章并 "极力挑拨农民对制糖会社与糖业政策之反感"，且在 1925 年 6 月 28 日纠集蔗农 400 余名，设立二林农民组合 (农会)，自任组合总理，④ 屡

① 台湾总督府警务局编《台湾总督府警察沿革志第二编：领台以后の治安状况》(中卷)，第 1026 ~ 1029 页；李方宸：《台湾糖业铁路经营之研究 (1946 ~ 1982)》，台湾政治大学历史研究所硕士学位论文，2001，第 18 ~ 19 页。

② 《李应章日记》与《李伟光自述：一个台湾知识分子的革命道路》(上) 等资料中皆未提及李应章与林炉等人的关系，但根据陈平景《李应章 (伟光) 先生年谱初稿》记载，1923 年 9 月台湾文化协会彰化支部开会，李应章与詹奕侯在会上提出 "台湾农村问题实际斗争案"，遭到否决，后来文化协会内部对于革命内容与方法发生分裂。

③ 《李伟光自述：一个台湾知识分子的革命道路》(上) 记载，向会社、州、郡、府当局请愿之事发生于 8 月，《李应章日记》的记载则是发生于 7 月。

④ 《二林蔗农组合成立总会》，《台湾民报》第 61 号，1925 年 7 月 19 日；《李应章日记》中未见此一农民组合成立之事的记载。但根据《李伟光自述：一个台湾知识分子的革命道路 (上)》和《李应章日记》记载，蔗农大会于 1925 年 1 月 1 日召开，并成立了 "台湾农民组合二林办事处"。

次召集成员以加强凝聚力，更曾邀请林献堂等台湾文化协会干部前来当地举办演讲会，批判制糖业与制糖政策，借此"提高农民的斗争性"，每逢制糖期来临就召开蔗农大会，决议提高甘蔗收购价格。1925 年 10 月 6 日，李应章与二林农民组合理事数名向林本源制糖会社提出决议案，彼等要求即希望达成前述两项目标，唯会社方面却以"无法证明他们具备农民组合代表资格"为由，拒绝交涉。稍后，李应章进而向各组合成员收集委托书，且于 1925 年 10 月 15 日再度进行交涉，林本源制糖会社则只同意"视其为意见而听取"，却不肯采纳。① 事情发展至此，李应章遂向组合成员报告交涉经过，同时对各聚落居民诉说林本源制糖会社欠缺诚意，更"煽动他们阻扰甘蔗采收行动以作为斗争手段"。林本源制糖会社得知该项讯息，乃决定先针对未参加蔗农组合者之蔗田逐步进行收割，预定在 1925 年 10 月 21 日派员赴二林（今彰化县二林镇）与沙山（今彰化县芳苑乡海岸一带）② 等两庄内的 7 个地点作业。唯李应章指导下之蔗农阻挠收割，威胁现场临时工，迫使他们停止作业。③ 林本源制糖会社遂向北斗郡（今彰化县北斗镇）警务课报告这件事，且请求进行"适当的取缔"。因此，北斗郡警务课于翌日④派遣巡查部长以下 7 名警察临场执行，⑤ 林本源制糖会社则由原料股长矢岛以下 7 名督导率领 30 余位临时工赴二林庄竹围子（今彰化县二林镇竹围子小区）⑥ 农民谢才之蔗田割取原料。潜伏在附近探查形势的 100

---

① 《李伟光自述：一个台湾知识分子的革命道路》（上）记载，会社方面在第二次交涉时"更加蛮横，说我们不配作代表，谈判破裂"，但是《李应章日记》中完全未提及此次与会社的交涉，以及会社方面以其非代表之故拒绝谈判等事。

② 屋部仲荣编《台湾各地视察要览》，台北出版协会，1930，第 281 页；大舆出版社编《大彰化市县地图集》，台北：大舆出版社，2003，第 4～5 页。又根据吴三连等《台湾近代民族运动史》（台湾自立晚报社，1987，第 507～508 页）二林农民组合是全台湾最早的农民组合。

③ 根据《李应章日记》记载，10 月 21 日厂方因雇用不到砍蔗工人而砍蔗失败，10 月 22 日厂方又从外地雇用砍蔗工人来砍蔗，但这些砍蔗工人在斗争本部干部蔡琴的"劝说"——不是"威胁"下，自动放弃砍蔗。

④ 根据《李应章日记》记载此一事件发生在 10 月 23 日，不是 22 日，但其他数据则记载是 22 日。不过，《李应章日记》与《李伟光自述：一个台湾知识分子的革命道路》（上）中皆记载，当天上午有二林警察分室土桥主任和远藤巡官前来与李应章等人谈判，停止斗争一天，谈解决方法，而李等人皆答应，李个人还赴外地看诊，不料，当天下午即爆发冲突。

⑤ 黄昭堂：《台湾总督府》，第 242 页。日本警察的官阶，由上而下排列依序为：警视总监、警视监、警视正、警视、警部、警部补、巡查部长、巡查、巡查补。

⑥ 大舆出版社编《大彰化市县地图集》，第 4～5 页。

余名农民①见状后，乃开始往现场聚集，并"异口同声恶言叫骂"，且对制糖会社职员丢掷甘蔗与石块。警察见状上前制止，却使反抗气势更加高涨，反遭群众"包围施暴"，巡查部长欲拔刀驱散他们，然情况已"难以收拾"。结果，矢岛被殴成重伤，另有 2 名巡查则因群众夺走配刀而均告负伤。农民们甚至高呼将袭击林本源制糖会社设于二林庄内的办公室，且付诸行动，但随即被另一队闻讯赶来之警察阻挡，四散逃走。②北斗郡警务课向上级机关呈报此事件，台中州警务部乃会同台中地方法院检察官赶赴二林庄，③并自 1925 年 10 月 23 日④起先后检举参加骚乱者 93 名，逐一进行调查，且分别以"妨害业务""妨害公务执行""伤害""骚扰"等罪名解送所辖检查局侦办，史称"二林事件"，而当时舆论界则称为"林糖纷扰事件"。⑤

总之，台湾总督府聘请农学博士新渡户稻造为殖产局长，采用其意见，于 1902 年 6 月发布《糖业奖励规则》。结果除了原本的旧式糖廍之外，具有新式机械设备的大小制糖工场逐渐兴起。各制糖工场既逐渐扩大其生产规模，则彼等原料需求量有增无减，并要求必须确保供应量稳定，无中断之虞。因此，台湾总督府又在 1905 年颁布《制糖工场取缔规则》，谓"欲设立应用新式机械的制糖工场须获得官方核准"。另外，台湾总督府赋予业者申请许可证之际，还依据各制糖工场的每日榨蔗能力划定个别原料采集范围，俾使它们皆能获得稳定之甘蔗供应量，以确保生产作业持续不断，此即所谓的"原料区制度"。根据该制度规定，未经官方核准，原料区内禁止任意设置各类型制

---

① 根据《李应章日记》记载，围观者除农民外，还有镇上的群众、赶集的商人，共二三千人之多；但是，根据宗田昌人《植民地台湾における农民运动》（《二十世纪研究》第 2 期，2001 年）之记载，二林事件时仍只是以直接关系者为组织和启蒙的主要对象，直到 1927 年 4 月蔗农组合在台湾农民组合的主持下改组为农民组合二林支部后，组织对象才扩及蔗农以外的农民，并且还更进一步与全台的农民组合结成共同战线。

② 根据蔡子民整理《李伟光自述：一个台湾知识分子的革命道路》（上）记载，在冲突后农民还提出要袭击警察局，夺取武器起义，但经李应章等人劝阻始放弃。《李应章日记》记载经过与之相近，但《李应章日记》还指出政府当局曾派一营军队前来镇压，后因李应章等人制止了农民袭击警局的提议，才迫使军队在中途停下来。

③ 大冢清贤编著《跃进台湾大观》，东京：中外每日新闻社，1937，第 47～48、52 页。1920 年 9 月，台湾总督府进行地方官制改正后，州设警务部，郡置警务课，市制施行地则立警察署与警察分署。另外，厅设警务课，其下则置支厅。又，平地警察署管辖区内尚有数处派出所，"蕃地"则系驻在所。因此，台中州设警务部，北斗郡置警务课。

④ 根据《李应章日记》记载，检警的搜查应是自 24 日清晨开始的。

⑤ 台湾总督府警务局编《台湾总督府警察沿革志第二编：领台以后的治安状况》（中卷），第 1026～1029 页；《林糖纷扰事件真相》，《台湾民报》第 79 号，1925 年 11 月 15 日；《林糖事件续报》，《台湾民报》第 81 号，1925 年 11 月 29 日。

糖工场；原料区内产出之甘蔗禁止外移，且仅可用以制造砂糖，栽植者必须出售其甘蔗给官方指定的制糖工场；制糖工场得以相当代价，于每个制糖期（通常以翌年 5 月 31 日为止）收购原料区内所有甘蔗，对过剩或贻误采收期之原料，亦须按地方官厅指示而负起赔偿责任；允许原料区内的农民在制糖会社发表甘蔗收买价格后，再决定该年度或下一年度是否愿意植蔗。① 乍看之下，原料区制度似属合理，但实际执行中未必如此，因为农民事实上非种植甘蔗不可，其价格只得任由制糖公司决定，长期以降，终究引起农民反弹，甚至酿成二林事件。今日我们倘若站在台湾汉民族的立场上，二林事件固可被视为前人反抗日本帝国主义统治之精神展现，唯从日治时期的制糖业相关制度面切入观察，则可以发现引起诸多蔗农争议事件之因素，例如旧式糖廍因新式制糖场的出现而逐渐消失，官方对于资本家的拥护，甘蔗收购价格，称量公平性，原料区制度等，都或多或少是造成此种冲突的因素。②

二林事件启发了简吉对台湾农民际遇与农村经济的思考。适巧凤山地区的佃农与陈中和新兴制糖会社发生冲突，因为该会社要收回凤山地区 70 多甲佃耕地，引起承租土地的佃农不满，起而抗争。佃农决定效法二林蔗农，于 1925 年 11 月 15 日正式成立"凤山农民组合"，推选简吉为组合长，该组合协助佃农成功地赢得抗争。简吉到各农村巡回演讲，希望能经由知识的灌输，而唤醒农民自觉的意识，他并陆续协助成立一些农民组合，终于进一步和李应章等人组织了全岛性的"台湾农民组合"。到 1928 年底，该组合一共成立 27 个支部，会员人数达 24000 多人，③ 其影响力受到殖民当

---

① 矢内原忠雄：《日本帝国主义下之台湾》，第 252～256 页。

② 《李应章日记》中，李自称为"无产阶级主义者"，并在日记中常提及反抗统治阶级和资本家——包括林本源制糖会社厂长林熊征和监查许丙。《李伟光自述：一个台湾知识分子的革命道路》（上）在论及蔗农的反抗对象时，则只提到糖厂的吉田专务、二林警察分室土桥主任，而未提起厂长林熊征和监查许丙等"资本家"，且在论及李应章早年参加台湾文化协会时，则说该会是"广泛统一战线性质的资产阶级民族主义文化启蒙团体"，"对于唤起汉民族的自觉、反对日本的民族压迫，起了很大作用"。宗田昌人《植民地台湾における农民运动》则记载：李应章下狱之际由辩护布施辰治带来蔗农组合写给他的信，信内说："二林农民事件的李君等人已入狱了，他们带着喜悦接受成为革命家的洗礼。……殖民地的马克思主义者必要须把民族斗争看得和阶级斗争同等的重要，而且还要予以利用之。我们并不满足于接受言语和文字的快感，并且还下定决心要以组织的力量与统治阶级做斗争。"但宗田昌人认为李应章后来没有成为政治立场上明确的马克思主义者，而是成为"民族运动"的推手。

③ 周正贤：《从大众出发》，台北：联经出版事业公司，2000，第 7～8 页；又，宗田昌人认为简吉从台南师范毕业后回乡任凤山公学校准训导，在凤山佃农争议事件发生前不久离职。他具有相当的侠义心肠及领导性格。见宗田昌人《植民地台湾における农民运动》。

局的注意。该年底台湾农民组合于台中举行第二次全岛代表大会时，正式公开决议支持台湾共产党。殖民当局原本已密切注意台湾农民组合的活动，如今农组公然明示将积极制造农村革命，日本警察乃于 1929 年 2 月 12 日全面突袭检查台湾农组本部、支部事务所和干部住宅，逮捕数千人（史称二一二事件）。经过审判后，简吉等 59 人被起诉，最后简吉被判处有期徒刑一年，于 1929 年 12 月 20 日入狱服刑，翌年 12 月 24 日出狱。[①]

四　殊途同归？

在 1920 年代，李应章和简吉经由农民运动而相识、相交，共同奋斗。李应章于 1927 年以二林事件骚乱罪的名义被处禁锢 8 个月；简吉则因 1929 年的二一二事件被捕入狱，服刑一年。李应章一直被拘禁在台中监狱；简吉先被关在台北监狱，一个月之后即被移送到台中监狱。[②]

从上述两节的论述，可以知道这两位分处台湾南部和中部的地方精英的合作，是在 1926 年下半年李应章第二次被公审之前。当时，日本律师布施辰治来台为二林事件被告义务辩护，李应章曾与简吉陪同布施前往各地农村演讲，担任翻译工作，启迪民众自觉的意识。简李两人并进一步接受布施的建议，合并凤山农民组合和二林蔗农组合为台湾农民联合会，由简吉主持，古屋贞雄和李应章担任顾问之职。[③]

当时简吉的生活相当拮据，相形之下，行医的李应章收入不错。结束牢狱生活后，他仍旧在二林继续开业（保安医院），常骑着在当时极为珍奇的摩托车四处看诊，赚取不少资金，遂得以购置大量田地。所以他日后离

① 宗田昌人《植民地台湾における农民运动》一文则认为，1926 年 6 月台湾农民组合成立以前的台湾农民运动（包括二林事件），还只是以拥护耕作权运动而不是减租、抗租运动为主；1926 年 6 月台湾农民组合的成立及文化协会的分裂，意味着农民运动开始带有"左派"的色彩，而过去领导二林事件的旧文化协会干部则是"右派"，只不过地方农民对他们相当信赖，所以 1927 年 4 月二林蔗农组合改组为农民组合二林支部时，仍只寻求这些旧文化协会干事的支持；1927 年 4 月台湾农民组合第一次全岛大会后，农民运动更进一步向"马克思主义化""政治斗争"的方向转换，但宗田昌人认为此一方向的转换在实际运动中并未被贯彻；1929~1930 年，农民组合事实上归台共领导，并转入地下活动，影响并不大。再者，左派领导的农民运动因过于激进而与群众脱离，且整体来说也未获得实践。
② 简吉：《简吉狱中日记》，第 37 页。
③ 陈平景：《李应章（伟光）先生年谱初稿》。又，周正贤《从大众出发》，第 7~8 页指出：简吉陆续成立一些农民组合，终于进一步组织了全岛性的"台湾农民组合"。

家跑路，甚至长留中国大陆时，家属的生活比较无忧。李应章与其妻谢爱育有 5 名子女，和简吉一样，其子女都由谢爱抚养，并接受良好教育，但未与娘家同住，仅依赖李应章所购置的田园耕作之收入来维持生活。①

1930 年 10 月，台湾民众党在彰化开会时，李应章发表"宁为玉碎，不为瓦全"之议论，反对殖民政府擅改民众党阶级斗争纲领，但因言论激烈，未被部分与会者接受，竟告不欢而散。后遂分裂，终于解散。同时，李还邀请谢南光共同筹组"保甲协会"，以团结农村的广大各界人士，共同抗拒日本的殖民统治。不料当地警察突然搜索其住宅，并警告李不得再发表言论，如有违背，立即逮捕。②

1931 年初，从能高郡的二林老友江川博通警察课长（社会主义的同情者，与日共有关系）处，李应章得悉日本当局有意近期逮捕，乃因此决定离开台湾。③ 经过筹划后，1932 年初，李应章离开台湾到了厦门，先住在台北医专同学林醒民开办的慈善医院，后来为了维持生计，与在鼓浪屿小学教书的外甥洪元廉商量，并向台湾文化协会时的老朋友林木土经营的丰南钱庄借钱，于 3 月在鼓浪屿开设了神州医院。筹备期间，经台湾老乡张水松介绍，结识了中共厦门市委组织部长严壮真（海南人），并与张水松一起加入中共外围组织互济会，进而经严壮真介绍加入中共。④

1934 年，由于中共福建党组织被破坏，严壮真被捕，李应章乃于 11 月下旬离开厦门赴上海，并改名为李伟光。当时李应章托人设法变卖其留在厦门的财产，并将医疗器材运到上海，于翌年（1935 年）4 月在英租界劳合路开设诊所。后来李还从事戒鸦片烟的医疗研究，于 1937 年 1 月研究成功，开始做戒烟医疗，因此在霞飞路开设了一间"伟光医院"。⑤ 当时谢爱曾带着子女前往上海探视，唯因不习惯当地生活方式，仅居留一周即返回台湾。⑥

1937 年 7 月，中日战争爆发，李应章在福建同乡会上认识卢秋涛，又和几位左派台湾同乡吴澄渊、林志诚，以及峡石人史露沙等组织"台湾革

---

① 2005 年 4 月 7 日在彰化访谈李应章之女陈李玉华女士。
② 陈平景：《李应章（伟光）先生年谱初稿》。
③ 陈平景：《李应章（伟光）先生年谱初稿》；蔡子民整理《李伟光自述：一个台湾知识分子的革命道路》（上）。
④ 蔡子民整理《李伟光自述：一个台湾知识分子的革命道路》（下）。
⑤ 蔡子民整理《李伟光自述：一个台湾知识分子的革命道路》（下）。
⑥ 2005 年 4 月 7 日在彰化访谈李应章之女陈李玉华女士。

命大同盟"，在《救亡日报》上发表宣言和纲领，化名注销联络姓名为林立，并有联络地址，想通过报纸找出中共的关系者。[①] 后来李应章终于联络到中共上海办事处（办事处主任是刘少文），在该办事处成员吴成方的领导下，为新四军搜集情报，筹集药品、器械，并从事民众宣传工作。[②]

1940 年 3 月，李应章经吴成方介绍，和曾任小学校长的倪振寰结婚。[③]

1945 年 4 月，"台湾革命大同盟"改组为"台湾人民解放同盟"，李应章担任主委兼组织委员，施石青为总务，郭星如负责宣传，王大昭负责联络，林武忠负责情报。中日战争结束后，施石青和国民党上海市党部接洽，拟组织"台湾旅沪同乡会"，并请李应章出面筹组。李应章和施等人去见国民党党部的张彬人，正式提出组织同乡会的申请。同年 11 月，同乡会正式成立，李应章被选为理事长。[④]

李应章曾于 1946 年短暂返乡，[⑤] 1947 年，"二二八事件"爆发，台湾旅沪同乡会召开会议，成立了台胞六团体的"二二八事件后援会"。

日后成为台湾民主自治同盟的领导者之一，并曾担任全国人民代表大会代表、中国人民政治协商会议委员的蔡子民亦是在此时抵达上海。蔡子民于 1920 年出生于彰化县二林镇，父亲蔡渊腾是二林地区闻人，与李应章为结拜兄弟，并曾参与二林蔗农斗争。蔡子民在 13 个兄弟姐妹中排行老大，1943 年毕业于日本早稻田大学政治经济系，来往于上海、日本间洽谈业务。返台以后，蔡子民在台北任《自由报》总编辑。"二二八事件"爆发，蔡子民亦投入其中，因此被列入黑名单。蔡渊腾要蔡子民立即赴上海投靠李应章，蔡子民因此前赴上海，并接任台湾旅沪同乡会总干事。[⑥]

另外，根据李应章之长子李锡昭所言，在 1949 年大陆沦陷前，李应章要他带着妻女、妹妹与两个弟弟一同到上海帮忙照顾医院工作，李锡昭乃偕其妹李玉惠（在大陆改名李玲虹，后来与蔡子民相恋成亲）、弟李锡光与李锡恺、妻子李喜代，以及两个女儿李丽月和李丽玉共 7 人一同赴上海，留

① 陈平景：《李应章（伟光）先生年谱初稿》。
② 蔡子民整理《李伟光自述：一个台湾知识分子的革命道路》（下）。
③ 蔡子民整理《李伟光自述：一个台湾知识分子的革命道路》（下）。
④ 陈平景：《李应章（伟光）先生年谱初稿》。
⑤ 2005 年 4 月 7 日在彰化访谈李应章之女陈李玉华女士时，有一照片是李应章于 1946 年 9 月 15 日与家族亲友在自宅前合影留念。
⑥ 《前大陆台盟名誉主席之妻盼归乡》，《联合报》2004 年 3 月 4 日。

下母亲和另一妹妹李玉华在台湾。①

1948年6月，李应章赴香港参加中共中央代表主持的"香港会议"。在会上，李和蔡乾、谢雪红等人见面，讨论了台湾问题。大家认为不存在台湾民族，台湾对祖国不是民族问题；台湾有两个前途，一是和大陆同时解放，二是国民党反动派继续盘踞台湾。② 会议决定建立"台湾民主自治同盟"，并决议坚决支持"台湾旅沪同乡会"、强化伟光医院、提高李伟光地位的方针，以利工作。③

1949年5月，解放军进入上海。同年8月19日，中国政治协商会议决定台湾民主自治同盟作为一个单位参加新政协。并经党组织决定，由李应章负责筹组台盟华东总支部，李担任总支部主任委员。9月，李应章参加第一届中国人民政治协商会议。④

回到上海后，李应章除担任台盟华东总支部主任委员外，并担任上海市人民政府卫生局顾问，参加中共华东局台湾工作委员会的工作。1954年，李应章当选上海市人民代表，却在同年10月1日因脑溢血逝世，享年57岁。⑤

相形之下，简吉一直留在台湾。

简吉1930年底出狱，他在日记中写下当时的感想：⑥

（1）像我入狱当时所写的感想那样，关于这次服刑，自己并未感到有任何罪恶。违法行为并不一定就是罪恶行为乃至不道德行为，可是，自己连违法的感觉都没有。

（2）报复主义思想还很浓厚的人，并不把在监人当作人看，即使不研究社会问题，恐怕也需要理解"犯罪的社会性"。任何大罪犯都是从互相影响的社会中出来，可以说是我们所造成的错误——如果认为自己是社会一员的话。

（3）在狱内没有受过其他教诲教育。

---

① 《缠讼多年，二林乡民李锡昭要亲人"复活"》，《联合报》1998年5月13日。又，李玉华在2005年4月7日接受访谈时表示，当时大嫂并不愿前往大陆，但母亲谢爱反对，唯恐其家庭离散，重蹈自己的惨痛经历。

② 蔡子民整理《李伟光自述：一个台湾知识分子的革命道路》（下）。

③ 陈平景：《李应章（伟光）先生年谱初稿》。

④ 蔡子民整理《李伟光自述：一个台湾知识分子的革命道路》（下）。

⑤ 蔡子民整理《李伟光自述：一个台湾知识分子的革命道路》（下）。

⑥ 简吉：《简吉狱中日记》，第164页。

（4）衣食都感到不足。寒冷季节夜间冷得不能入眠，如果睡不好觉，肯定不能锻炼身体，只会害健康。衣服更换期间长，很不卫生。夏季出汗多，被雨淋后，还连续穿两周或十二天，很是痛苦。

（5）祖母临终时未能见面，极其难受。

此感想充分表现出他对狱中生活的不满，以及在其祖母临终时未能见面的遗憾难舍之情，并体认到犯罪有其"社会性"，故报复主义是不足取的。相较于李应章出狱时所写的"在徒刑期内，家被火烧光，父亲病故都不知道，所以回家时，已经面目全非，父亡家毁了！"① 的切切然，显得比较理性。

我们今日翻阅简吉在 370 天左右的牢狱中所写的日记，可以清晰地发现，他摘录了家人和朋友写给他的信函。其中，记载最多的是他和弟弟简新发之间的通信，他写给其弟的信中表达了对长辈的关怀、家中农务的关心，以及他本人对书籍阅读的渴望。② 而给从事农民运动伙伴陈昆仑③的信，

---

① 李应章手稿《李应章日记》。

② 简吉：《简吉狱中日记》，第 112～116、199～202 页。

③ 陈昆仑系高雄州东港郡新园庄力社社（今屏东县崁顶乡力社村）人士，生于 1905 年农历元月十二日。自潮州公学校毕业后，考入台北工业学校（今台北科技大学）建筑科，求学期间经历过台湾人与日本人的冲突，并曾组织台籍同学对抗日籍学生。当时班上有从中国大陆泉州、厦门前来台湾留学者，课余间经常聊起中国革命之事，遂使陈昆仑对民族主义运动产生兴趣，也曾与同学前往台北大稻埕参加蒋渭水举办的文化讲座。1926 年，陈昆仑从台北工业学校毕业，因逢父丧，故束装返回故乡。当时台湾文化协会正在潮州办活动，陈昆仑遂与刚自日本归来之旧识陈德兴共同主持演讲，并于同年参加台湾文化协会"第三回合雾峰夏季学校"活动，但无法认同温和改革模式，不久后即转入无产青年行列。1926 年，陈昆仑与王万得被以"扰乱治安"为由，拘禁在东港派出所，这是他生平首次坐牢。陈德兴认为只办演讲，实无益于日渐贫苦的台湾农村，等到大潭争议事件发生，乃正式投入农民运动。高雄州东港郡东港街大潭（今屏东县东港镇大潭小区）在 1927 年发生所谓之"官租地佃农争议"，即当地有官租地 157 甲，日本官方将此无偿授予"爱国妇女会"（按：由日籍官员眷组成），该单位再转租给苏隆明等 3 人，大潭农民 200 余户则向他们承租这片耕地。因苏某动辄借口转租或开租，故租佃纠纷频传。1927 年 3 月，农民们闻知参加农民组合可对抗地主无理开租改约等行径，遂向陈昆仑与陈德兴寻求解决办法，透过他们的组织与协助，台湾农民组合潮州支部乃告成立，此后持续扩大阵营。随着台湾农民运动之蓬勃发展，陈昆仑入选为台湾农民组合中央委员。1928 年 2 月 3 日，陈昆仑参加台湾农民组合于台中本部召开的中央委员会，并被指定担任高雄州地方斗士，且入选为特别活动队成员。1928 年 12 月，台湾农民组合第二次全岛代表大会召开时，因明确宣示反帝国主义及反资本主义立场，日本殖民政府已无法忍受，遂在翌年 2 月 12 日展开行动，大举搜捕主要分子。陈昆仑被捕后，以"违反《台湾出版规则》第十七条"为由被起诉，高等法院于年底判处其禁锢 10 个月，但允缓刑 5 年。即便如此，陈昆仑依旧坚持理念，曾在 1930 年代替颜锦华驻守台湾农民组合本部，发布秘密指令，继续领导各地支部对抗殖民政府。1931 年，

则除了表示阅读书籍的急切期待心情外，也透露出他依然关心农民组合的状况。[①]

虽然简吉入狱后不久即先后于 1929 年 12 月 28 日和 1930 年 1 月 10 日寄信给农民组合的简娥[②]和其弟简新发，[③]但是一直到半年之后的 6 月 20 日，他才收到其妻陈何写给他的第一封信，内容如下：[④]

久违久违，前日从你朋友处得知你身体非常虚弱，欲前往探望不知可否。迄今为止一封信也未写来，可能是没有时间，但如用功过度会使身体变弱、精神不爽，应适当调整，使身体健康起来。特此祝愿。

年底时曾回新甲，当时全家均平安无事，现在怎样则不清楚，孩子

台湾官方开始扫荡台湾共产党，大举搜捕社会主义运动者，因陈昆仑与简吉、王敏川等人组织"赤色救援会"，故再度入狱服刑 5 年。1937 年，陈昆仑出狱，并与台湾农民组合女斗士张玉兰结为连理，婚后育有 6 子 2 女。战后，陈昆仑曾经历"二二八事件""白色恐怖"等政治迫害，且两度入狱。1960 年起，陈昆仑淡出政治圈，转向金融界发展。逝于1991 年，享年 86 岁。见简吉《简吉狱中日记》，第 255~257 页。

① 简吉：《简吉狱中日记》，第 118~120、204~207 页。

② 简娥，1909 年出生在台南州新化（今台南县新化镇），其父简忠烈系私塾的汉文教师，死于噍吧哖屠杀事件（按：1915 年，日军以武力镇压汉人起义）。简娥自幼聪慧，公学校毕业后，考入高雄女高（今高雄女中）就读，与台湾农民组合另一位女斗士张玉兰同班，求学期间她们认识到日本殖民统治之本质，遂经常参加台湾农民组合与台湾文化协会的演讲。当时正逢全球性之社会主义与民族主义思潮蓬勃发展，台湾的社会运动也趋向反帝国主义与反资本主义斗争，如此环境对简娥影响甚深。稍后，她更在同窗挚友张玉兰的影响下（按：张玉兰参加台湾农民组合，被校方勒令退学），退学投入社会运动，参加台湾农民组合，起初于台中本部工作，随即转往屏东支部。简娥在台湾农民组合屏东支部任职期间，经常利用傍晚时间骑自行车到村落指导农民召开座谈会，以了解其生活疾苦，更教导他们读书识字。1929 年，"二一二事件"爆发后，台湾农民组合即被官方视为"非法组织"，只好将工作转化为地下活动，简娥则变装潜匿在中坜、桃园一带活动年余。除了农民运动，台湾农民组合还支持其他团体从事社会运动，简娥即曾于 1931 年 3 月奉本部指令，北上支持台湾共产党主导之台北印刷厂罢工。1931 年 5 月，简娥参加台湾共产党的松山会议，被选为中央委员会候补委员，会后则担任中央常务委员联络员。同年，日本殖民政府开始搜捕台湾共产党与台湾农民组合成员，简娥虽企图转往大陆，然在基隆被逮获下狱。战后，简娥因家庭与健康问题，未再卷入任何政治活动，其夫却于国民党"白色恐怖"期间被官方以"资匪"为由而予以逮捕，昔日共同参与反抗帝国主义的同志颇多遭受牢狱之灾，甚至被害。对此，简娥感到精神痛苦，遂在 1970 年代初期移民美国，却仍关心台湾民主运动与中国大陆的发展。见简吉：《简吉狱中日记》，第 285~286 页。

③ 此两封信内容见《简吉狱中日记》，第 81~84、169~173 页。

④ 简吉：《简吉狱中日记》，第 145~146、235~236 页。

很好，如果可能写一纸回信也好。言语不得当处请予指导。祝身体健康，再见。

六月十七日
台南市本町三之十一　简陈氏何

这封信用日文敬体的语法所写，内容简短，虽只表达了关怀简吉健康与报告"孩子很好"的状况而已，但仍让读者感受到字里行间充满着夫妻之间不言而喻之情思，与对简吉行动的无尽的支持，更令人敬佩的是她虽然曾经是简吉的老师，却写着"言语不得当处请予指导"等谦虚的字语（或许这是传统东方女性的"出嫁从夫"的想法）。我们也可从信中得知她当时并不在简吉的故乡新甲与公婆、小叔等同住，而是居住于台南市。① 她一直等到年底简吉出狱后，才一起乘车返乡。②

简吉在入狱半年后才接到妻子的来信，似乎心中感慨万分，因此两天之后回了一封长信，使用的却是常体语法的日文，他表示：③

前天特准接到贵函。一个月只有一次的通信自由，而且约一周前才从弟弟处来信，以为这个月不会接到外面来信，真是太意外了。在此酷暑中，妳能保持健康，可喜可贺。新甲方面从弟弟处每月有一次来信。你说要来会面，绝对无此必要。衰弱是难免的，但也没有特别需要担心的变故。由于没有书物，到三月底渡过了未曾经历的漫长日子，真是一日如三秋。从四月拿到书物以来，时间过得容易些，健康也比较好起来。

让妳负起对孩子们的全部责任，使我无后顾之忧，仅此我就感激不尽。尤其对母亲大人更感到愧疚。而且使不宽裕的经济更加穷困，实非我所愿。如果有这些钱，不要在信里写"言语不得当处请予指导"等，不如请多买些书物来自我充实。还有也希望能给孩子们多找些画本，或可作课外读物的小册等。当然小册等读物也要看种类……！

总之要使孩子们成为有气度的人，仅只供养是不可能的。不能只

---

① 2004年7月20日在台北大众计算机公司的访谈。据简吉幼子简明仁表示，其母原本住在简吉故乡新甲，但因为考进二年制助产士讲习所，故搬到台南市娘家附近。又，从当时陈何工整的《医科器械学》的笔记中，可以了解到她的认真学习态度。

② 1930年12月18日陈何写给简吉，要求他出狱时先到台南，再一起返家。见简吉《简吉狱中日记》，第163、255页。

③ 简吉：《简吉狱中日记》，第146~147、236~237页。

当小孩看护而已。

有人说"尽管每个人走的路是多么的不同，可是要抵达的地方都是坟场。"话是这么说，实际上我的生命也到了此，即使是因袭世俗的忠实奴隶，一天又一天的过日子也同样是一辈子。

问题并不在于语言（语言之得不得当）。语言只是得到安慰，问题能得以解决的话，世上无难事矣！东西古今也不会发生这些人间的悲喜剧了。思想问题也消弭无形！……不，应该不会是这样的！……总之孩子们的教育也面临同样重大之抉择。为了使此重大之抉择止于至善而尽最大努力，是所切望者。

谨此共勉之！

六月二十二日　于台中刑务所单独监房

信中除了显现出他对陈何长期以来的默默支持与教育子女的感激之情外，也表示了身处牢狱的无奈心境，更期许妻子要多购买课外读物来教育"孩子们成为有气度的人"。或许由于简吉长年奔波于台北、台中（他在两地皆有租房）① 从事农民组合运动，无法兼顾家庭，所以教育下一代与家中的经济问题，就成为原本为凤山公学校教员（一度为简吉的老师，后来变成同事）、婚后辞职的陈何，② 所必须肩负的责任。

此责任日后越来越沉重，因为简吉虽然在 1930 年底出狱，但一年之后又由于领导"赤色救援会"被捕收押，不久以台共罪名被判刑 10 年。所以陈何带着三个孩子（简敬、简恭、陈从）再度返回台南。③ 此时她已自助产

---

① 1930 年 3 月 27 日给简新发的信中提及台北和台中房租已否支付和续租之事。见简吉：《简吉狱中日记》，第 116、202 页。又，简吉在 1929 年 11 月出面成立台湾农民组合台北办事处，设于台北市上奎府町，并开始任用张道福、许月里等人办事。因此，简吉提及其在台北所租的房屋，可能系充当办事处，抑或是私人前往洽公时之临时住所。台湾农民组合成立初期，本部暂设在凤山，迨至 1928 年 2 月 3 日召开中央委员会时，其事务所已迁移至台中市荣町。简吉因常驻于此，故须就地租屋，以兹就近办事。参见台湾总督府警务局编《台湾总督府警察沿革志第二编：领台以后的治安状况》（中卷），第 1056、1107 页。

② 周正贤：《从大众出发》，第 45 页。

③ 周正贤：《从大众出发》，第 10～11 页。书中记简吉第一次入狱时，陈何留在家乡操持农务，但根据 1930 年 6 月 20 日陈何的信，可以知道当时陈何已经住在台南，等到简吉出狱后才一起回新甲。所以简吉第二次被捕后，陈何再度到台南开始助产士事业。又，杨克煌遗稿、杨翠华整理《我的回忆》，认为简吉入党期间很短，又是普通党员，之所以被判处死刑，可能是因为他多年来一直是台湾农民组合的负责人之一，群众影响力颇大的缘故。感谢许雪姬教授惠赐此书。

士讲习所毕业，正式取得由台南州知事名尾良辰发给的"产婆"（助产士）执照（日期是 1931 年 4 月 28 日），① 乃在台南一面开业接生，② 一面教育小孩，直到 1942 年简吉出狱，才再度回凤山老家。简吉于 5 月任职凤山食品工业株式会社书记，月薪 60 元，8 月升为生产部原料科主任，翌年 3 月调整月薪为 85 元。简吉一家人在日警监视下共度时光。③

1945 年第二次世界大战结束之初，简吉对"回归祖国"原本抱持着相当憧憬，所以加入"三民主义青年团"，先后担任高雄分团的书记、桃园水利会总干事，并参与"台湾革命先烈遗族救援会"的工作；却因为当时中华民国政府无法改善农民和工人生活，他的满腔希盼逐渐转变为失望，终于一年之后投入批评和反制政府措施的活动。他意识到自身参加社会运动所潜藏的危险，乃安排妻儿回到台南躲避可能发生的动乱。果然不出所料，他虽然在"二二八事件"之后四处逃亡，但依然以参与策动"二二八事件"的"匪谍"之名，于 1950 年 4 月 25 日被逮捕，解送台北审讯，年底被判处死刑，翌年 3 月 7 日被枪决，年仅 48 岁。④ 因此可以说无论日据时期或战后，一直都是陈何在辛勤地照顾和教育儿子。⑤

陈何先后在台南开业为助产士 20 多年，由于接生工作优良，颇得产妇及其家属信赖推崇。台南市西区保安宫附近都知道有一位菩萨心肠的助产士，不但可让产妇在家安心待产，而且产前产后之卫生、调养及育儿辅导都很完善。更难得的是收费完全由产妇或其家人量力而为，遇有家境困苦者，常常不索取接生费用，却仍在产前送"十三味"，产后再送"生化汤"等调理食补药物给产妇。因此有些妇人带着上小学的子女，送来多年前应交的接生费，并要自己的小孩拜见这位"接生祖母"。更有某些产妇经历难产，被救后要认"接生菩萨"为干妈，每年前来陈何居处拜寿问安。⑥

---

① 感谢简明仁先生提供"产婆免许证"。

② 在日治时期，唯有受过产婆训练与通过产婆考试者，才能取得执照开业，而受过训练的有照产婆除从事接生外，还要在产前产后提供相关护幼卫生的知识，因此其社会地位逐渐上升，受到所服务社群的尊重。见游鉴明《日据时期台湾的产婆》，（台湾）《近代中国妇女史研究》第 1 期，1993 年。

③ 周正贤：《从大众出发》，第 31 页。

④ 周正贤：《从大众出发》，第 13～17 页。

⑤ 陈何笃信佛教，逝世于 1990 年，周正贤：《从大众出发》，第 21、342 页。又，她于战后 1946 年由台湾省行政长官公署发给台湾省助产士临时证书，而在 1952 年 3 月经过"考试院"考试及格，取得助产士资格。证书系由简明仁先生提供。

⑥ 简敬、简道夫、简明仁：《我的母亲》，1990。

总之，简吉和李应章这两位地方精英都在 1920 年代为了农民运动而牺牲了自己的事业与家庭，但是进入 1930 年代以后，两人的遭遇并不一样，简吉先于 1931 年底被殖民政府监禁长达 10 年，继而在战后白色恐怖时期被捕下狱，终至遭枪决。李应章则于 1932 年初横渡台湾海峡到厦门，在彼岸生根，另外开辟了新天地，虽于战后初期一度返台，但或因"二二八事件"爆发而再赴大陆，① 结果身亡于异乡。他们的妻子也都单独肩负了养育子女的重任，虽然战后李应章的 4 个儿女到上海投靠他，但长女李玉华一直和母亲同住，婚后亦然。② 这两位地方精英在指导农民运动时，是否曾为自己的家属着想呢？进而言之，传统台湾社会的妇女只能默默地承受丈夫所加诸他们的"期许"和"责任"，靠着自己坚忍不拔的毅力与努力不懈的上进心，在人生的旅程中独自为"失怙"的子女奋斗。

五 结语

1920 年代台湾农民组合的出现是李应章、简吉等地方知识分子极力催生的结果。他们当初所力争的不是传统中国社会常见的抗租、抗粮等租佃制度上的不平等，而是争取既有的耕作权与较合理的原料交易权，这是因为近代台湾新式制糖工业的出现，以及官方强力实行"原料采取区"制度，所导致的糖业资本家与蔗农之间的土地权益纠纷，使势力薄弱的蔗农警觉到团结的重要性。他们之所以能够警觉应该是地方精英极力呼吁的结果，并且多多少少获得"胜利"。就此意义而言，简吉和李应章在 1920 年代确实扮演了领导台湾农民运动的角色。

虽然 1930 年代以后，他们分别进入牢狱和远离台湾，却是非自愿的不得已之举，我们目前无法掌握简吉在狱中的生活，却知道他在战后初期依然期盼政府能为普罗大众带来甘霖，因而成为"异议人士"。李应章则于厦门加入共产党，在上海为新四军搜集情报、药品和器械之余，并从事民众宣传工作；战后继续留在中国，成为"台湾民主自治同盟"的要员。换言之，相较于 1920 年代他们在台湾农民运动中的先知先觉的地位，进入 1930

---

① 2005 年 4 月 7 日在彰化访谈李应章之女陈李玉华女士。

② 李玉华，1923 年生，日治时期毕业于长荣女高，22 岁适谢昌荣药剂师，生有二女。谢不幸罹患肺结核而过世，八年后李玉华再嫁给陈善涛医师。感谢李玉华女士惠赐所作《李玉华女士生平简介》，2005 年。

年代以后，他们似乎与当时比较消沉的台湾社会运动的关联，没有以前那么密切，但不可否认的是，他们都仍然关心着台湾的前途，一直心系着台湾民众的生活。

附录

李应章与简吉参与活动记事

年代	李应章	简 吉
1897	生于台中州北斗郡，今彰化县二林镇。	
1903		出生于高雄凤山。
1911	毕业于二林公学校，在父亲中药店当学徒。	
1914	入彰化商业学校实业科就读。	
1916	自彰化商业学校实业科毕业，考入台北医科专门学校。	
1919	受五四运动影响，和几位同学在医学校地下室秘密举行"六一七"（日本始政纪念日）岛耻纪念日活动。 同年夏，回家与谢爱成婚。	
1920		任教凤山公学校，为训导心得（代用教师）。
1921	自医专毕业，转入热带医学专修科，在内科实习。 在台北筹组"全台湾青年会"，后又接受蒋渭水的提议，将该会扩大为"台湾文化协会"。 回二林开设医院。	与凤山公学校教师陈何结婚。 入台南师范学校讲习科。
1922		取得公学校教员资格证书。 仍任教凤山公学校，为准训导。
1923	参加"台湾议会期成同盟"。 与詹奕侯等人组织农村讲座、农村夜校与农村问题研究社，搜集相关资料。	
1924		转任高雄第三公学校准训导。
1925	设立"二林农民组合"，与林本源制糖会社交涉提高甘蔗收购价格，遭到当局取缔，发生流血冲突，李应章等93人遭到逮捕，史称"二林事件"。	参与成立"凤山农民组合"，从此投身农民运动。
1928	服刑期满出狱，回到二林行医，并于同年发起不种植甘蔗运动。	

续表

年代	李应章	简 吉
1929		日本警察突袭检查台湾农组本部、支部事务所和干部住宅，逮捕数千人，史称"二一二事件"。 首度被捕，入狱一年又四天。
1931		因领导"赤色救援会"再度被捕，被判10年，时年28岁。
1932	因日本当局有意逮捕，离开台湾赴厦门，在当地开设医院，并于同年加入中国共产党。	
1934	离厦赴沪，改名李伟光。	
1937	组织台湾革命大同盟。	
1940	与曾任小学校长的倪振寰结婚。	
1942		出狱，将陈何从台南接回凤山。
1945	与国民党上海市党部筹组台湾旅沪同乡会。	台湾光复，加入"三民主义青年团"，因为对国民政府感到失望，投入反制政府的活动。
1946		陈何避居台南。
1947		"二二八事件"发生。
1948	参与成立"台湾民主自治同盟"。	
1949	负责筹组台盟华东总支部。 参加第一届中国人民政治协商会议。	
1950	任上海市政府卫生局顾问，参加中共华东局台湾工作委员会工作。	于台北被捕。
1951		以匪谍之名被枪决。
1954	当选上海市人民代表。10月因脑溢血逝世。	

（作者单位：台北中研院近代史研究所）

宗主国中小资本在殖民地

——以日据时期台湾"米糖相克"问题为例的研究

周翔鹤

摘　要　日据初期，日本垄断资本来到传统蔗作区的台湾南部地区设立了许多大型制糖厂，并掌握了原料甘蔗产地。日俄战争后，许多日本中小资本也来到台湾，进入制糖领域。因南部传统蔗作区已被大资本所占据，他们以水田甘蔗和改良糖廍为基础，进入传统上的稻作区。由于制糖厂的原料甘蔗绝大部分由农民提供，日资制糖厂为保证原料供给乃和农民发生了许多博弈和摩擦。

关键词　米糖相克　宗主国中小资本　蔗田北进

列宁的帝国主义理论指出殖民地是宗主国的资本输出地和初级产品提供地，但列宁关心的是垄断资本，或者说是大资本，那么宗主国的中小资本呢？他们是否到殖民地，在殖民地的行为如何？这并不是无产阶级革命前夜帝国主义理论的问题指向，但是可以成为历史研究的一个内容，何况他们来到殖民地后，严重地影响到殖民地人民的生活。日本是一个后起的帝国主义国家，它的主要殖民地是朝鲜和台湾，以下我们以台湾为例来研究这个问题。

一　关于"米糖相克"

"米糖相克"是日据时期台湾社会经济中的一个重大问题，日据时期台湾殖民当局的官员、新闻记者、学者等各方面对这个问题有许多报道和探讨研究。"米糖相克"被称为日据时期台湾社会经济研究中一个绕不过去的问题，当今治日据时期台湾史者也都要碰到它。所谓"米糖相克"简单地说就是稻蔗争地。台湾的自然条件被认为既可种稻也可种甘蔗，农民能够在两种作物之间容易地进行转作，如此一来，两种作物的供给和需求就会发生摩擦。日本从1910年代起，本国米产量不足，发生"米骚动"，需要输入殖民地的稻米来补充需求。日本所需的稻米主要是从朝鲜输入的，但台湾输日的稻米时间在每年春末青黄不接的时候，有其重要意义。1920年代，日本人喜欢食用的蓬莱米在台湾引种成功，台湾农民大量种植蓬莱米以供出口至日本，而本身则仍食用较便宜的在来米（台湾旧有米种）。台湾的蓬莱米被认为有降低日本国内工资成本、增加利润的功能。但同时，日资在台湾设置了许多制糖厂，这些制糖厂80%的原料甘蔗要靠农民提供，稻米种植面积过多，就要影响到甘蔗的种植和产量，因此，稻米和甘蔗两种作物的种植之间就存在摩擦和冲突。旅日台湾学者涂照彦指出，日本既需要台湾的稻米，也需要台湾的甘蔗，是产生两者相克的原因。① 这自然是不错的，但在米糖相克的问题中，殖民当局的政策、日本糖业资本的所作所为、台湾农民的因应体现了殖民地社会经济的错综复杂，需要我们深入细致的实证研究及在此基础上的理论探讨。日据时期的学者和当代学者在这方面已做了许多工作，而进一步的实证研究将能为理论探讨提供更宽广深厚的基础。

二　学术史回顾

日据时期著名的经济学家矢内原忠雄对米糖相克问题有深入的分析，他从稻田和蔗田的收入着手，认为蔗田的收入决定于同样面积的稻田，在稻米产出仅供给台湾时（且大多数为农家自家消费），稻米的价格是低的，因而蔗价也低，与日资制糖厂输出到日本的粗糖糖价不成比例，日资糖厂占据了蔗糖的高额利润，不让蔗农分享。在日本因粮食不足，需要从殖民地输入稻米时，农民趋向于种植稻米，乃形成了米糖相克，在这种情况下，殖民当局就出手进行干预。矢内原忠雄认为米糖相克问题是日本粮食问题所引起的。矢内原忠雄所采用的是帝国主义理论和社会发展阶段论，因此他认为米糖相克是暂时性的问题，最终社会的演变将导致资本主义大农场的诞生，而农民将沦落成为农场工人，而制糖厂在建立大种植园后，将会

---

① 涂照彦从殖民地社会土著资本和农民的角度深入分析殖民地社会经济，这里不拟展开。

采用先进技术，提高甘蔗产量，且嘉南大圳等大规模水利修建成功后，水利的发展和甘蔗种植技术的提高将彻底解决原料甘蔗的制约。矢内原忠雄以深切关怀殖民地台湾人民而闻名，并因此得罪台湾总督府，而被禁止再入境台湾，他关于资本主义种植场的预想乃是基于以西方农业资本主义化模式为样板的社会发展阶段论。我们知道，他的这个预想没有成为现实，日据时期台湾的农业一直保留小农经营的模式。[①] 但矢内原忠雄关于蔗价决定于米价和米糖相剋乃日本国内粮食不足引起的结论为后来的学者所继承。

日据后期，日本学者川野重任是以市场均衡模型来分析米糖相克的。川野重任认为，蓬莱米和在来米的生产之间已达成良好的市场均衡。蓬莱米是用来出口到日本的，有较高的价格回报，这促使农民转向蓬莱米的生产。但蓬莱米要求良好的灌溉、更多的肥料和肥沃的土地以及较高的地租，这就把较贫苦的农民排除在外，他们只能仍旧种植在来米。但是种植蓬莱米的农民在出售稻米后，需要购买、食用在来米，这样就拉高了在来米的价格，两个米种之间形成了良好的市场均衡。但是，由于米和甘蔗之间的土地生产力发展不一致，又容易进行转作，彼此之间难以形成均衡价格，所以米糖相克其实是二者之间难以形成适当的价格比率。台湾的稻米完全由小农种植，一直到日本发动侵略战争前夕，总督府对台湾稻米生产和输出进行管制之前，蓬莱米和在来米的均衡是由农民自发形成的。和稻米生产不同的是，甘蔗的产出和日本糖业资本直接相关。日本糖业资本投下巨资设立现代制糖厂，不能让设备闲置，原料甘蔗的短缺意味着资本闲置和利润损失，因此日资糖厂积极推动蔗作。而在备战之前，殖民当局在相关甘蔗种植的政策上，相比于稻米积极得多，因此，川野重任认为米糖相克问题是一个政治问题。或许川野重任说稻米市场的均衡价格由农民自己形成这一点尚可讨论，但他认为原料甘蔗问题是一个政治问题，提示殖民当局的积极干预使得甘蔗价格难以由市场决定，在当时的情况下，他也只能讲这么多。[②]

当代学者仍继续深入探讨这个问题。对米糖相克问题用力最勤的大约要算台湾学者柯志明，他对日据时期台湾制糖业和农民的关系的研究是多方面的。他曾经比较台湾和爪哇的糖业资本和农民的关系，这是两个既产

---

① 参阅矢内原忠雄《帝国主义下之台湾》，周宪文译，台北：帕米尔书店，1987。

② 参阅川野重任《日据时代台湾米谷经济论》，台湾银行经济研究室，1969，《台湾研究丛刊》第102种。

米又产糖的地区，同时也都存在宗主国资本和土著农民错综复杂的关系，柯志明指出，"台、爪之间在糖业资本与农民关系以及米、糖部门关系上的差异主要是土著既存社经结构的特性（也即'传统爪哇村落集体取向的农民社会与台湾家户个体取向的农民社会'）所造成的，直接化约到资本的逻辑，探讨'资本主义化'彻底不彻底这种僵硬的视角误导了问题"。① 这主要是从社会学的角度来进行探讨的，挑战的理论对象显然是矢内原忠雄。另外，柯志明也从经济学角度分析米糖相克问题，他主要利用依附理论关于边缘地区（殖民地）产业部门之间发展不平衡来分析问题。殖民地内部存在近代企业和传统产业（农业部门），在近代企业发展的同时，保留传统产业的不发展状态是有利于近代企业获取廉价的原料的。具体到日据时期的台湾，在蔗价取决于米价时，保留低米价是有利于日资糖厂的，但蓬莱米输出到日本有拉高米价从而影响到蔗价的情况。对于日资糖厂来说，要保证原料甘蔗的供给，有两种方法，一是水平式扩展，增加蔗田面积；一是垂直式发展，提高蔗田的产量。而水平式扩展的成本要低于垂直式发展，是日资糖厂的首选。柯志明指出，"1920 年代以前，米作尚未发展，水平式扩张的阻力不大；1936 年以后米生产及米价受到殖民政府行政的压抑［政府管制米生产（1936）及垄断米出口（1939）］使制糖公司得以再度遂行水平式的扩张"。② 但是"米糖相克"问题最集中体现的正是 1920～1940 年这一段时间，1920 年代蓬莱米的驯化成功及出口到日本造成米作与蔗作争田。日资糖厂固然不忘水平式扩张，但同时向原来的米作田（包括原来种植陆稻、水稻、番薯的水田和旱地）扩张。川野重任认为，在这一扩张过程中，南部的旱地已经被利用殆尽，蔗田于是侵入中北部的水田，这就是"蔗田北进"。柯志明是比较反对"蔗田北进"说法的，他认为，"北进争地的问题也缺乏可资证明的资料。长期的（1908～1940）统计资料显示，南、北蔗作面积一直是一同增减，并无北部增加、南部停顿的现象。同资料也显示，1910 年代中期以后，南、北蔗田占全岛蔗田面积的比例已大致稳定，并没有北部持续增加的迹象。南部蔗作区饱和致甘蔗北上侵入中北部水田的说法是站不住脚的"。③ 柯志明所引用的《台湾糖业统计》（详下文）是

---

① 柯志明：《糖业资本、农民、与米糖部门关系》，《台湾社会研究季刊》第 12 期，1992 年。

② 柯志明：《所谓的"米糖相克"问题——日据台湾殖民发展研究的再思考》，《台湾社会研究季刊》第 2 卷第 3、4 期，1989 年。

③ 柯志明：《所谓的"米糖相克"问题——日据台湾殖民发展研究的再思考》。

一个重要的资料。

蔗田究竟有没有北进，这是稻蔗争田的关键，这是一个实证性的问题，以下我们从这个实证性问题入手来进行研究。

三　关于米糖相克的实证研究

（一）关于稻蔗争田的统计资料分析

柯志明据以说明南、北蔗田一同增减的统计资料如表1所示。

表1　南、北部蔗田面积及占全岛蔗田比重

年度	南部蔗田（甲）	北部蔗田（甲）	南部蔗田占全岛蔗田比重（％）	北部蔗田占全岛蔗田比重（％）
1908	20891.99	7695.36	0.728	0.268
1909	30960.69	8010.11	0.793	0.205
1910	51130.20	12106.86	0.806	0.191
1911	72270.41	16720.80	0.808	0.187
1912	56305.82	18032.16	0.747	0.239
1913	46346.87	19719.98	0.688	0.293
1914	50696.63	23301.25	0.665	0.305
1915	55792.01	26645.86	0.655	0.313
1916	80466.59	30570.30	0.703	0.267
1917	86873.35	38046.74	0.670	0.293
1918	94284.81	50641.31	0.629	0.337
1919	75864.71	39732.00	0.630	0.330
1920	67244.27	37101.86	0.620	0.342
1921	74028.70	40483.72	0.617	0.338
1922	90511.28	45767.40	0.637	0.322
1923	76155.24	34866.20	0.653	0.299
1924	82581.91	35254.44	0.670	0.286
1925	84763.76	40442.76	0.650	0.310
1926	77929.13	40277.68	0.631	0.326
1927	64828.65	31953.44	0.639	0.315

年度	南部蔗田 （甲）	北部蔗田 （甲）	南部蔗田占 全岛蔗田比重（%）	北部蔗田占 全岛蔗田比重（%）
1928	67519.67	36605.91	0.623	0.338
1929	77185.13	38197.46	0.643	0.318
1930	70408.41	34270.39	0.644	0.313
1931	62290.81	31988.68	0.629	0.323
1932	71061.42	32846.54	0.649	0.300
1933	57658.87	21980.63	0.684	0.261
1934	60199.94	25360.96	0.660	0.278
1935	78059.64	36490.65	0.642	0.300
1936	84904.39	36016.87	0.662	0.281
1937	83120.99	33745.67	0.667	0.271
1938	87019.36	39014.35	0.648	0.291
1939	104190.2	53368.27	0.623	0.319
1940	106395.47	56863.81	0.610	0.326

注：北部地区包括台北州、新竹州、台中州，南部地区包括台南州、高雄州。

资料来源：《台湾糖业统计》第 14 期（1926 年），第 2～5 页；第 29 期（1943 年），第 4～5 页。

该资料显示，1908～1940 年，台湾的蔗田总体呈现稳定增加的状态，无论南部或者北部，蔗田一直在增加中，而南部和北部的蔗田所占比率大体稳定。其实，在"蔗田北进"的命题中，南、北部蔗田各自所占比率这个概念意义不大，南部蔗田的增加可以被视为台湾蔗糖业增长的应有之义，这里本来就是传统的蔗作区，而中、北部则是传统的稻作区。一般来说，以浊水溪为界，以南（日据时期的台南州、高雄州）为蔗作区，以北（日据时期的台中州、新竹州、台北州）为稻作区，这是符合自然条件的。台湾岛的南部，群山集水面积小于平原面积，水资源不足，大部分土地只能开辟为旱地，种植甘蔗和番薯、芝麻、陆稻等旱作。从荷据时期起，荷兰殖民者就招徕闽南移民到岛上插蔗熬糖，输出到西方；郑氏时期和清代，大陆移民在这里大量种植甘蔗、制糖，输出到大陆和日本；日据时期，这里仍然是甘蔗种植区。而浊水溪以北的彰化平地、台中台地、新竹沿海平地、台北盆地、宜兰平地等，土壤肥沃、水资源充足，适于水稻栽培。清康熙后期，移民开始开发这些地区，水源丰富的地方基本被开垦成稻田，即使像桃园台地这样水资源不充分的地区，移民也修建了许多蓄水池（俗称陂）以种植水稻，因此，台湾岛的中、北部一直是稻作为主。清代，这里的产米销往大陆，成为福建的米仓。在缺水灌溉的地方，农民们种植旱作，自然也包括甘蔗。但是甘蔗是一种喜温作物，对日照时间和积温有要求，虽然它在台湾岛全岛都能生长，但种在北部肯定不如南部，北部农民种甘蔗只是对缺水地区的土地资源的利用，对于甘蔗的产量、出糖率等并不计较。

与此有关的一个资料是经常被引用的，就是康熙后期，台湾知府高拱乾看到农民热衷于种植甘蔗，怕影响到粮食作物的种植，曾发布一个谕示，劝谕农民不要追逐糖利，放弃了粮食作物，造成粮食供应紧张。[①] 这个资料似乎说明稻米和甘蔗传统上是台湾的对抗性作物，两者一向竞争种植面积。但高拱乾的时代，台湾的开垦刚刚越过斗六门（今云林县斗六），已开发地区就是台湾南部，这里是传统蔗作区，农民种植甘蔗是普遍而正常的，高拱乾担心粮食作物不足也是可以理解的。雍正年以后，中部、北部地区逐步开发，水稻大面积种植，稻米产出充足并输出到对岸，官方也就没有这种担心了。实际上，高拱乾的谕示是清代仅见的例子。台湾岛的传统农业区，按自然条件区分就是南部的蔗作区和中、北部的稻作区，这种情况一直延续到日据初期。而根据表1，日据时期中、北部蔗田面积大规模增加，这可以被视为"蔗田北进"。

川野重任曾根据台湾总督府殖产局的《糖业统计》做出"（台湾）州别甘蔗收获面积之变迁"一表，统计日据时期台湾各地甘蔗种植面积之变迁，其中，中部、北部各州的变迁如表2所示。

表2　日据时期台湾中部、北部甘蔗收获面积

单位：甲

时间	1907～1908	1917～1918	1927～1928	1936～1937
台北州	817	4190	2858	2937
新竹州	4957	13988	6885	5253
台中州	2920	32463	48709	25556

资料来源：据川野重任《日据时期台湾米谷经济论》第82页表格改制，略去南部台南州、高雄州以及东部台东与花莲港。

———————————

① 高拱乾：《台湾府志》，台湾文献丛刊本，第250页。

从表 2 可以看出，1910 年代前后，中、北部的蔗田猛增，台中州（彰化地区和台中地区）增加得最猛，而这里是台湾最重要的稻米产区。因此，川野重任说蔗田北进侵入米作区是可信的。1932 年（日本昭和七年）2 月 9～26 日，日本《经济时代》记者藤井乡川在台湾旅行，考察糖业，在台中地区看到帝国制糖会社的制糖厂屹立在米作的正当中，藤井乡川也知道这里是传统米作区，他所要报道的正是米作区当中的制糖企业在获取原料甘蔗时的种种麻烦以及日资糖厂在不利条件下的增长。① 那么，都是谁和帝国制糖会社一样在北进呢？让我们从头说起。

（二）关于"蔗田北进"的分析

1. 台湾近代制糖业最初十年各制糖厂原料采取区域分布

台湾最早的近代制糖厂是三井系投资建立的台湾制糖厂。日本占据台湾后，即确定"工业日本，农业台湾"的殖民政策，而第四任台湾总督儿玉源太郎与民政长官后藤新平即将台湾制糖业确定为"国策"。日本占据台湾之初，因为镇压台湾人民的武装抵抗，军费开支浩繁，其他事业费如土地调查费、铁路、公路、港口、邮电等基础设施费用庞大，而总督府收入仅有田赋和专卖，收支不抵，财政要仰赖日本本国财政的补助，而其时日本财政本身也吃紧，因此，儿玉源太郎与后藤新平乃提出"殖产兴业"政策。殖产兴业的内容为制糖业和矿产开发，但台湾自然资源贫乏，殖产兴业只能落实到制糖业上。台湾总督府在 1902 年 6 月出台"糖业奖励规则"，从资金补助、原料保障、市场保护等方面奖励近代制糖业。② 其中，与我们论题密切相关的是原料保障，即原料采取区制度。1904 年 5 月，盐水港厅发布了"制糖场取缔规则"，为各个制糖厂制定划分了原料地盘，凤山厅与阿猴厅随即仿效（这三个厅都是台湾传统蔗作区）。在此基础上，总督府于 1905 年 6 月发布了"制糖场取缔规则"，凡设立全部或部分采用新式机器的制糖厂，应获得总督府临时台湾糖务局的许可；获得许可后，糖务局为其划定相应的原料采取区域。其第三条规定："台湾总督府许可制糖场之设立

---

① 藤井乡川：《台湾糖业の实际》，"第二编台湾糖业行脚记"，"日治时期台湾文献史料文献辑编第一四三号"，台北：成文出版有限公司，2010，第 115 页。

② 糖业奖励规则将奖励对象设定为每天能消耗 12000 贯原料甘蔗的制糖厂，而这个能力在台湾旧有糖廍的生产能力之上，因此就把台湾大量旧式糖廍排除在外。实际上总督府的一个目的也正是要淘汰旧式糖廍。但其时改良糖廍尚不在被淘汰之列。

或变更时，应限定其原料采取区域，……原料采取区区域内的甘蔗，未经台湾总督府许可，不得运出此区域，或供制糖以外之用途。"也就是说，该区域内的甘蔗只能卖给该制糖厂，而不能运出区域外或做他用（所谓运出区域外，就是指其他制糖厂的竞买）。同时，该制糖厂有义务购买区域内的甘蔗。这个规则对后来各制糖厂的分布、发展影响巨大。

三井系资本还在台湾总督府"糖业奖励规则"发布前就瞄准了台湾糖业，在1901年1月就登记、设立了台湾制糖株式会社（以下简称湾糖），社长铃木藤三郎等实地踏查，选址台南州桥仔头庄，这是台湾传统上最主要的蔗作区之一。在"糖业奖励规则"发布后，湾糖在1906年12月第一次增资以设立第二工场，厂址仍在桥仔头一带，随即又在土地肥沃、灌溉方便的后壁林设立第三工场。根据制糖场取缔规则，湾糖的原料采取区域都在传统蔗作区内，但为了获取更多的原料采取区域，1909年，湾糖合并了在湾里拥有四间改良糖廊，同时拥有丰富、良好的原料采取区域的本地资本的台南制糖；又在1911年合并了英商怡记，该英商工厂在台南厅三崁店及凤山，同样拥有良好的原料采取区域。湾糖拥有如此之多的良好的原料采取区域还不放心，又几次斥资购买土地，以及总督府无偿划拨荒地，设立了后壁林农场、阿猴农场、旗尾农场、桥仔头农场，这样，湾糖在原料供应上就高枕无忧了。[1]

日俄战争后，日本因引进外资及铁道国营等原因，资金充裕，在台湾总督府的糖业奖励政策下，日资大举进入台湾制糖业。

首先，三菱系的明治制糖于1906年12月设立，之前，作为发起人之一和董事的相马半治在实地踏查后，确定以台南州的麻豆、萧垅两地作为厂址，并以嘉义厅的蒜头一带为候补地。嘉义也是一个旱作区，清代这里的制糖业也很发达，但不如台南地区和打狗地区（今高雄地区）。相马半治作为临时台湾糖务局的技师，对此应当是深为了解的。次年8月，明治制糖收购了本地资本的麻豆制糖（自然是为了原料采取区域），开始了其制糖事业。1908年11月，明治制糖在台南佳里设立了萧垅工场；1910年11月在蒜头设立蒜头工场；1911年12月在台南州麻豆设立总爷工场；这样，明治制糖奠定了其在台湾制糖业中的基础。[2] 和湾糖相比，明治制糖的原料采取

---

[1] 参阅佐藤正藏编《台湾之糖业》，台湾产业评论社，1936，台北：成文出版有限公司影印，2010，第96～107页。

[2] 佐藤正藏编《台湾之糖业》，第96～107页。

区域虽然略逊一筹，但也都在传统蔗作区内，还是很不错的。

与明治制糖前后脚到台湾的是大日本制糖会社，其由东京日本精糖和大阪日本精糖在1906年合并组成，为保证原料粗糖的供给而进入台湾制糖业，1906年12月在斗六厅五间厝设立虎尾工场。其后，大日本制糖因日糖事件①破产，由藤山财团接收。大日本制糖多头发展，在日本本国和朝鲜有精制糖事业，在爪哇也有制糖业，又在朝鲜和本国开发甜菜糖。在甜菜糖开发失败后，又将事业重心转回台湾，1925年，在虎尾设立产量英制3000吨的制糖厂，为日据时台湾最大糖厂。当时谚语云"油价北港定，蔗糖虎尾榨"。② 在日后台湾制糖业的几次合并过程中，大日本制糖收购了许多中小糖厂，成为和湾糖拮抗的台湾最大的制糖企业之一，但在1920年代，它还是以嘉义、云林为基地。嘉云地区虽在浊水溪之南，但去台南、屏东这两个传统最主要的蔗作区已较远。大日本制糖被认为在农业方面下力气较迟，但它的虎尾工厂区域跨虎尾、北港、嘉义、斗六四个郡，采取区域总面积61538甲，其中蔗作适合地41032甲，这其中不乏通过合并中小糖企而获得的。③ 总的说来，大日本制糖在原料获得上还是有保障的。

日据初期，在浊水溪以南，除了湾糖、明治制糖、大日本制糖三家垄断资本的近代糖厂，还有一家规模小得多的中型糖企——盐水港制糖。盐水港制糖本是本地资本王雪农在1903年12月与郭春秧所创办，位于台南州新营郡盐水港街岸内。日俄战争后，台湾糖业繁荣，日资纷纷进入台湾，占据适合蔗作的区域以设立糖厂。日人槙哲、荒井泰治等以资本金500万元组织盐水港制糖株式会社，收买了王雪农的盐水港制糖。④ 其时王雪农在1905年的糖价暴跌时，押汇损失300万元，被迫以所持股份抵债。⑤ 王雪农创办的台南制糖被湾糖合并已见前述，另外，他在1906年与他人（有本地人，有日本人）合作创办的斗六制糖在1914年被东洋制糖会社合并。盐水港制糖的原料采取区域在新营、岸内一带，北面被新高制糖、明治制糖、大日本制糖的原料采取区域所包围，传统上是适合制糖的地方。⑥ 盐水港制

---

① 大日本制糖因过度投资资金套牢，又因股市暴跌导致糖价大跌而严重亏损，乃关说国会议员谋图糖业官营以逃避损失，事情败露后企业破产。

② 参阅杨彦骐《台湾百年糖纪》，台北：猫头鹰出版社，2001，第42页。

③ 藤井乡川：《台湾糖业の实际》，第99~100页。

④ 佐藤正藏编《台湾之糖业》，第170页。

⑤ 杨彦骐：《台湾百年糖纪》，第95~96页。

⑥ 佐藤正藏编《台湾之糖业》，第114页。

糖在日据时期几次糖业合并中挺了下来，它虽然和湾糖、明治制糖、大日本制糖不可同日而语，但到日据末期，也成为制糖业四个会社之一。

20世纪最初的十多年，是台湾近代制糖业迅速发展的时期，日本大资本纷纷在南部抢占适合蔗作的区域设立制糖厂，如上所述，三井系的湾糖、三菱系的明治制糖、藤山财团的大日本制糖以及盐水港制糖已经把浊水溪以南适合蔗作的地区瓜分得差不多了，留给后到者新高制糖的地盘已经很少了。

新高制糖为大仓财团所有，其时，大仓财团在日本财团中排名第八。大仓财团起家于牡丹社事件中为日军提供后勤服务，因此与台湾总督府关系密切，儿玉源太郎与后藤新平提出殖产兴业、国策糖业时，原来属意大仓财团，但大仓财团并不看好台湾糖业，没有跟进，儿玉源太郎乃转向三井系。1909年10月，大仓财团方进入台湾制糖业，以500万元设立新高制糖，其时儿玉源太郎与后藤新平均已去职。如上所述，新高制糖设立时，南部适合蔗作的区域已经接近被瓜分殆尽了，新高的董事山田伸吾乃规划，以适合生长制造红糖的甘蔗的嘉义打猫地方设立嘉义工场，另在彰化引进水田甘蔗，设立彰化工场。[①] 山田伸吾农学出身，日本占据台湾之初就进行农业调查，1898年发表"台北县下农家经济调查"，任总督府殖产局权度课长，曾赴爪哇考察水田甘蔗。其时，台湾引进的玫瑰竹种甘蔗适合水田栽种，因此，山田伸吾对水田区域发展制糖业充满信心。后来，新高先着手彰化工场，嘉义工场反而延迟。新高是第一个将近代制糖业引入水田区域者，也是台湾糖业合并运动之前唯一一个进入中北部米作区的大资本。它这一来，引发了米糖相克。

2. 中北部水田区的制糖企业

1909年，与新高制糖差不多同时进入中部水田区的是本地资本和日资合资的林本源制糖。[②] 次年，帝国制糖也在中部设立。

帝国制糖是在松冈富雄设立的改良糖廍的基础上建立的。松冈富雄原是公职人员，水田甘蔗引种成功后辞去公职开办改良糖廍松冈制糖。1910年10月，松冈富雄和安倍幸兵卫、山下秀实发起，资本金500万元，实收

---

① 参阅台湾暨南国际大学历史学系林兰芳《大仓财阀在台湾》，台湾"行政院国家科学委员会"专题研究计划成果报告，2008，www.docin.com。

② 佐藤正藏认为，1908年，一座日压榨能力199吨的改良糖廍在中部水田区设立，是制糖业进入水田区的嚆矢。改良糖廍的记录少，此座改良糖廍尚难以查证，不知是否指松冈富雄所创办的改良糖廍；另外，它还不是近代制糖企业。前引佐藤正藏编《台湾之糖业》，第28页。

75万元，收购松岗改良糖廍和本地人的协和、台中两个改良糖廍作为出发点，设立台中第一工场；1912年又设立台中第二工场，这是一家不大的糖厂，只有300吨的压榨能力；1914年又合并了拥有新竹制糖的南日本制糖株式会社，并建立酒精工厂和本土的精制糖厂。如此渐次发展，最后成为拥有好几家粗糖制造厂和酒精厂并有自备运输船舶的较大的制糖企业。[①] 帝国制糖的发展史可以说典型地代表了台湾中北部中小日资糖企的特点，即以水田甘蔗和改良糖廍为基础和出发点。台湾传统糖廍是以牛拉动两个竖立的石碾子压榨甘蔗，效率低。所谓改良糖廍就是将石碾换成铁制的滚筒，并以蒸汽或柴油作为动力，效率提高非常多。日俄战争结束前，日本本土资金紧张，日资对于台湾总督府的殖产兴业政策没有多少响应，总督府的替代性政策就是鼓励改良糖廍的发展。其时本地资本设立了许多改良糖廍，根据制糖原料采取区域制度，这些改良糖廍都能获得相应的原料采取区域。日俄战争后至第一次世界大战期间，日资大量投入台湾制糖业，改良糖廍就成为日资合并的对象。中小日资无法像垄断资本一样投入大量资金设立大制糖厂，改良糖廍就成为他们的出发点。改良糖廍生产能力的扩大是很容易做到的，早期的改良糖廍多为单重三转子压榨，后期有变换为多重压榨的，此外，简单地增加压榨机也可以扩大产能。传统糖廍生产的是含蜜糖（红糖），增添去除糖蜜的设备就可以制成分蜜糖（精制糖的原料粗糖），这样，一个改良糖廍就转型成为一家小型近代糖厂。改良糖廍利润丰厚，这些都是很容易做到的。中北部的许多中小日资制糖厂就是这样起家的。[②]佐藤正藏指出，帝国制糖树立榜样后，苗栗制糖、台北制糖、南日本制糖等新式制糖厂在北部地方设立起来了。[③] 在第一次世界大战前后这一段台湾近代制糖业的繁荣期，中北部建立了许多改良糖廍，这些改良糖廍有许多是本地资本设立的，但后来多数被日资合并。譬如，王雪农在1911年设立亿源糖米组合，并在1915年投入巨资，推动大甲溪以南4500甲土地的甘蔗种植。但在1918年，新高制糖扩展到大甲溪一带，上述4500甲土地被无偿编入新高制糖的原料采取区域，王雪农为奖励甘蔗种植而向安部、增田屋、三井物产贷款的数十万元血本无归，亿源改良糖廍乃被债权人合并到沙辘制糖。[④] 其他

---

① 佐藤正藏编《台湾之糖业》，第192页。

② 参阅拙稿《日据时期台湾改良糖廍研究》，《台湾研究集刊》1995年第2期。

③ 佐藤正藏编《台湾之糖业》，第29页。

④ 大圆市藏：《台湾始政四十年史》第四编产业，第一章糖业10昭和制糖株式会社。

许多资本比王雪农小得多的本地资本改良糖廊更是逃脱不了被兼并的命运。杨彦骐指出，"明治四十三年（西元一九一零年）是台湾制糖工场诞生的黄金年。这一年台湾有台北木村新三郎等人创立的台北制糖株式会社；以小松楠弥为首的北港制糖株式会社；台湾资本家王雪农等人投资的日资糖厂斗六制糖株式会社；以安部幸兵卫、松岗富雄、松方正熊为首的帝国制糖；台北花田等人设立的中央制糖株式会社等等，台湾新式制糖工场从明治四十一年的八家，到明治四十二年增加几乎一倍的十五家，明治四十五年（1912 年）时全台制糖工场更多达廿九家，将近日俄战争时的五倍之多"。[①] 在这 29 家制糖厂中，南部的都是一些大厂，也有个别小厂。而中北部，除了新高制糖的彰化工场，其他都是小厂，即使帝国制糖，这时刚起步，也是小厂；而中北部其他的厂大多是通过收购、合并改良糖廊成立，都是小厂，它们有基于水田甘蔗的，有基于旱地甘蔗的。总督府本来有个未明文的规划，即南糖北米，即浊水溪以南为蔗糖区，浊水溪以北为稻作区。在蔗糖业的黄金期，这个设想被打破了，不过，来到浊水溪北面的制糖厂大多是中小日资。实际上，北部糖厂并不多，台北的糖厂后来也关闭了，1928 年成立的昭和制糖原来在宜兰有两家工厂，后来也停产了一家。中小制糖厂主要还是位于中部地区。总的说来，南部的糖厂是基于旱地的，而中北部的糖厂是基于水田的，[②] 基于水田的糖厂在原料获得上都有问题。帝国制糖的农务课长山本氏抱怨农民执着于水稻，他说，在米价不是很高时，相对于基于旱地甘蔗的糖厂，（基于水田的）帝国制糖的生产费还不是很高，而当米价升高时，虽然生产费用也高，但农民还是倾向于种稻，在稻作、蔗作收入相同的情况下，农民终究还是会种稻米。有鉴于此，帝国制糖收购甘蔗的价格并不是一开始就定下来的，而是比照稻米的市场价格来决定收购甘蔗的价格，[③] 此即米价比准法。据吴育臻研究，米价比准法只出现在中北部，尤其中部的台中州；至于南部，仅东洋制糖[④]在传统上有埤圳灌溉的台南州地方实行过几年，台南州其他地方和高雄州均未实行过。[⑤] 可见，所谓的米糖相克，主要发生于中部。而相对于小厂，新高制糖、帝国制糖、林本源制糖这三家糖厂可以

[①] 杨彦骐：《台湾百年糖纪》，第 44 页。

[②] 藤井乡川：《台湾糖业の实际》，第 121 页。

[③] 佐藤正藏编《台湾之糖业》，第 176 页。

[④] 东洋制糖是一家专事收购改良糖廊的会社，1927 年 12 月被大日本制糖合并。

[⑤] 吴育臻：《"米糖相克"问题的空间差异（1895～1954）》，台湾师范大学地理学系硕士学位论文，2002，华艺线上图书馆，www. airitilibrary。

说是处于米糖相克问题的中心。

综上所述，日据时期台湾的近代制糖业起始于 20 世纪初，在最初的 10 年里，主要是日本大资本在南部旱作区设立近代大糖厂。第一次世界大战前后是日据时期台湾近代制糖业大发展时期，除了大资本继续在台湾南部设立糖厂之外，一些中小日资（这些中小日资有来自日本本国的，也有岛内日本人的资本）在中北部设立了一些小规模的糖厂，这些糖厂多基于水田甘蔗，引发了稻蔗争地即米糖相克。1920 年代，蓬莱米在台湾引种成功，并输出到日本，稻米的主要种植区为中北部，米糖相克问题乃尖锐化。1930 年代中期，因日本本国对殖民地稻米的需求已不迫切，且日本已开始走上备战道路，殖民地当局乃开始管制台湾的稻米生产，并垄断稻米出口，米糖相克问题在当局的行政控制下不再凸显。

结　语

一般而言，宏观理论多着眼于总体形势。假如我们以帝国主义理论作为分析工具的话，可以发现，日据时期，台湾制糖业成为日本资本的一个有利的投资场所，但同时，日本又需要殖民地的初级产品——稻米和粗糖，正如列宁所说的，要从一头牛身上剥下两张皮。而正是资本输出和初级产品的需求同样旺盛时，米糖相克的问题就发生了。但我们可以更进一步对资本构成进行深入分析，柯志明认为日资为降低成本而在原料甘蔗种植上实行水平式扩张，这是不错的，但大资本在南部旱作区的扩张未引致明显的问题，中小资本在中部地区的扩张却引起了米糖相克。在殖民地，大资本占尽天时地利，而中小资本也努力要分一杯羹。实际上，在割台之初，就有许多日本人来台湾寻求机会，殖民当局中的一些公职人员因占据有利地位，容易获取机会进入工商领域，松岗富雄等人是典型的个案。他们一般资金较少，但和日本国内的中小资本结合，利用殖民地政府对宗主国资本的有利政策，压迫蔗农，也能逐步取得发展。以前对他们的研究是比较少的，也缺少理论框架来处理殖民地的中小资本研究，这是今后可以考虑的一个研究领域。

（作者单位：厦门大学台湾研究院）

台湾经济政策改革缘起探讨（1950～1960）

汪小平

提　要　1950 年代台湾经济政策改革以土地改革、发展私营经济、改革外汇制度和十九点财经改革计划为主要内容。陈诚、尹仲容、严家淦、杨继增等技术官员是这几项经济政策改革的主要推手。台湾经济政策改革的起因在于应对美国经济援助的停止。其中，美国的角色主要是作为外在推动力而存在的，而非经济政策的制定者。当时的政治局势有利于国民党当局推行经济政策改革，而以陈诚为首的技术派官员务实的态度是推动改革的重要因素，自由市场经济学说的传播，则为台湾当局的经济政策改革提供了一个方向。

关键词　经济政策改革　美援　技术官员　市场经济学

前　言

按照时间先后，1950 年代台湾经济政策改革以土地改革、发展私营经济、改革外汇制度和十九点财经改革计划为主要内容。陈诚、尹仲容、严家淦、杨继增是这几项经济政策改革的主要推手，李国鼎、王作荣等后起之秀亦献颇多，对之后台湾经济起飞起到重要作用，是理解台湾政经关系的重要历史脉络。本文从 1950 年代美国对台经济政策演变、台湾的政治环境、自由主义经济学传播这三个面向来探讨台湾经济政策改革的缘起。

一　美国对台经济政策演变与台湾经济政策改革

1950 年代，美国对台政策服务于其在远东冷战的总体战略。朝鲜战争结束后，美国国家安全委员会于 1953 年 11 月 6 日制定 NSC146/2 号文件——《美国对福摩萨和中国国民党政府的目标与行动路线》，以此总揽美国对台政策的方针。文件的主旨是要把台湾当作冷战的最前沿来对待。该文件开宗明义第一条写道："保护作为太平洋岛链的一环的台湾、澎湖的安全，对美国的安全至关重要。"为此，文件从政治、军事、外交、经济、文化等各个方面提出对台政策的原则。在政治上，文件指出，支持提高国民党政府的行政效率，以便赢得岛内外支持，防止台湾转向共产主义；军事上则提供军事援助，发展台湾军事潜能；外交上支持台湾当局作为中国的代表。① 1950 年代，国家安全会根据形势又出台了多份对台政策文件，其中比较重要的有 NSC5503 号文件②和 NSC5723 号文件③。从这些政策文件来看，1950 年代美国对台政策总目标是巩固台湾的"反共前沿"地位，其政策目标变化较小，主要集中在政治、军事、外交上。关于经济目标，NSC146/2 则以"加强台湾经济"这一条作为原则，并没有详细的"加强"策略。从几份文件的内容看，美国对台经济政策的主要内容是强调经济援助，并没有全盘发展台湾经济的政策指导。美国的决策层从未把发展台湾经济当作优先方向考虑，而是当作政治军事的附属来对待，这与战后美国复兴欧洲和日本经济有很大不同。美国对台经济政策主要依赖美援实施，其原因在于美国对台湾的经济潜力不乐观。事实上，美国情报部门一直对台湾的经济潜力和能力评价悲观。1949 年美国决策层在面临是否放弃台湾时，中情局对台湾经济的评估是"并没有多大的战略资源，也不具有巨大的工业潜力"。④ 1950 年 6 月，杜鲁门发表声明，表示不介入台海纷争。当年 9 月朝鲜战争爆发，杜鲁门又发表声明，表示介入，之后美国又开始重新援助国民党。尽管援助再次开始，在 50 年代初，美国对台湾的经济形势依然非常悲观。1953 年中央情报局对台湾资源人口评估后，认为台湾经济形势悲观，不足以自给自足。⑤ 直到 1960 年美国国务院情报部门还评估说：

---

① NSC146/2, States Objectives and Courses of Action With Respect to Formosa and the Chinese National Government, November 61953, DNSA, Document Number: PD00326.

② NSC5503, Uniyed States Objectives and Courses of Action With Respect to Formosa and the Chinese National Government, January 151955, DNSA, Document Number: PD00439.

③ NSC5723, Uniteci States Objectives and Courses of Action With Respect to Formosa and the Chinese NationalGovernment, October 41957, DNSA, Document Nuniber: PD00530.

④ 《中情局关于台湾未来发展趋势的预测》（1949 年 3 月 14 日），沈志华、杨奎松主编《美国对华情报解密档案（1948～1976）》，第七编"台湾问题"，东方出版中心，2009，第 304 页。

⑤ 《国务院情报和研究署关于战后台湾经济形势的评估》，沈志华、杨奎松主编《美国对华情报解密档案（1948～1976）》，第七编"台湾问题"，第 327 页。

"台湾经济无法生成足够的资源用于满足其军事需求及快速增长的人口需求，台湾经济问题根源于此。要使台湾经得起军事重负，足够的援助必不可少。'中国'的资源供应也要跟上，还要使得经济增长幅度和人口增长幅度保持最低的平衡，这样才能保证物价稳定和必要的消费品水平的满足。总之，虽然有美国源源不断的援助，但是目标远未实现。"①

尽管美国并不看好台湾的发展潜力，但是到了 NSC5503 号和 NSC5723 号文件出台的 1950 年代下半期，美国对台经济政策还是有所改变，主要是提供经济、技术援助，改善贸易环境和增加私人投资等。国家安全委员会专门制订的经济援助计划为 1955 年的 NSC5506 号文件，该文件名为《美国未来对亚洲的经济援助政策》，台湾是众多国家和地区之一。该文件主要是美国援助的政策性指导，目标指向发展地区经济，尽管政策模糊，但是以"发展"为主题。由此，1950 年代美国对台经济政策可以概括为两点：（1）始终以美援为主；（2）中后期开始考虑如何发展台湾自身经济。台湾经济政策改革深受这两个特点的影响。

其一，在 1950 年代早期，台湾经济政策受制于美援，但美国政策方向本身并不明确。1954 年 5 月，俞鸿钧接替陈诚任"行政院长"。鉴于缺少全盘经济政策，当局为了寻求经济政策支持，曾经主动要求美国派经济顾问团。1954 年 8 月，艾森豪威尔派以斯蒂芬（S. Rezar Stefan）为团长的美国经济顾问团到台湾。10 月提出一份报告书，针对台湾财政、经济及预算提出 80 多点建议。但是报告书其实作用有限，台湾当局做了评估后，否定了其可行性。② 直到 1950 年代末准备停止美援计划时，美国都避免直接制定台湾总体经济政策。

美国负责对外援助事务的中央机构历经多次改组，1948 年设立的经济合作署（ECA）先后改组为共同安全署（MSA，1951）、对外业务署（FOA，1954）、国际合作署（ICA，1955）、国际开发署（AID，1961），但其在台湾的派驻机构则在职能和人员上都保持了相当的连续性和稳定性。驻台经援机构的业务范围一开始就被明确规定，它在外交使团首脑的督导和军援顾问团的协助下负责各项与经济援助有关的事务，并多方参与台湾的经济

---

① 《国务院情报和研究署关于台湾国民党政权基本形势的评估》，沈志华、杨奎松主编《美国对华情报解密档案（1948～1976）》，第七编"台湾问题"，第 386 页。
② 《美国经济顾问团报告书》（1954 年 11 月），"国史馆"藏严家淦档案，转引自郭岱君《台湾往事：台湾经济改革故事（1949～1960）》，中信出版社，2015，第 111～113 页。

建设。驻台美援使团的下属机构根据台湾经济的各产业部门进行了相当细致的划分，除了经济分析、计划和审计三个办公室，驻台经济援助机构设有自然资源、电力、教育、贸易和工业以及公共行政等小组，其工作人员均为各自领域的专家。在援助的运作过程中，很大程度上出于美国方面的要求和设计，台湾当局内部也进行了相应的制度安排和机构设置。美援运用委员会、经济安定委员会、农复会等与美援相关的机构成为美国对台湾的经济事务施加影响的渠道，同时也成为台湾当局制订和推行整体和部门经济发展计划的中枢机构。① 不可否认，美国对台经济政策的影响力是通过美援来实现的，但是具体经济政策并非统一。"大使馆"担负更多的政治责任，经援使团主要评估和监督美援成果，而军援使团主要评估军事协助能力。这三个机构中经援使团对政策影响力最大。但是，即便有经援使团，美国对台经济政策仍主要配合政治军事需求，而非发展经济考虑。

早期研究美国援助台湾的学者雅各比（Neil Jacoby）在谈到美援的影响力时提到："美国影响力最大的结果，是台湾建立起欣欣向荣的私人企业制度。没有国际开发署的介入，私人企业到 1965 年是不会成为台湾经济的主流的。国际开发署为那些私人投资者创造外部经济条件，供应资金，并且持续向当局施压，促使其改善私人投资环境，从而促进私营企业的繁荣。"② 雅各比的这种说法就整个 1950 年代来说有点言过其实。但在 1950 年代末期，美国的确转变对台经济政策，注重鼓励发展私营经济。1959 年美国国际合作署驻台安全分署署长郝乐逊（Wesley Haraldson）鉴于要告知台湾停止美援的消息，曾与陈诚等人商议经济政策。他给台湾当局提供发展建议，首先就提到"经济建议并非来自华盛顿的指令"。③ 此时，美国对发展台湾经济有政策方向上的要求，但依然强调"建议"。

其二，台湾经济在 1950 年代严重依赖美援，台湾当局经济政策改革的主要动力在于减轻这种依赖。严家淦在 1963 年对美国援助情况做了全面概括，对其重要性做了说明，指出：（1）美援为"我国"经济建设主要资金来源之一，在历次经济建设计划当中，美援计划占有重要地位，凡是规模大、需要资金较多之计划，多有援款支持；（2）美援对平衡"政府"财政

---

① 牛可：《美援与战后台湾的经济改造》，《美国研究》2002 年第 3 期，第 66～87 页。
② Neil Jacoby, *U. S. Aid to Taiwan: A Study of Foreign Aid, Self-help, and Development* (New York: Praeger, 1966), p. 138.
③ *Foreign Relations of the United States* (*FRUS*), *1958–1960*, Vol. 19, p. 645.

收支和国际收支方面作用巨大。[①] 1952 年 8 月，共同安全署驻台分署要求经济安定委员会就美援终止前的台湾经济发展做出全面的长期规划。9 月 26 日，经安会向驻台分署提交了一份为期四年的经济计划草案，台湾"四年经建计划"的编订和实施自此开始。为应对美援到期停止的压力，早在 1953 年朝鲜战争结束后，陈诚就意识到美国对台的援助主要出于军事目的，经济援助在于推行有力的自助计划，非长久之计。他指出："我们依存经援的心里愈深愈久，将愈招致自力更生信心的破灭，而且国家经济生活愈将无以自立。"[②] 美援停止或政策改变一直是悬在国民党当局头上的达摩克利斯之剑。王作荣后来回忆，尹仲容在 1950 年代常常思考问题，其中的一句话——"美国对我们的政策可能有变，要如何应付呢？"使其印象深刻。[③] 可见，尹仲容经济政策改革的出发点之一就是希望摆脱美援依赖。依靠自身力量发展台湾经济，也是蒋介石所在意的。李国鼎注意到，1959 年的十九点财经改革措施最后获得蒋介石的支持，与此不无关系。[④]

第二次台海危机结束后，美国自身经济遇到困难。因此所谓美援停止的风声愈演愈烈。1957 年，美国修改援助法案，美援增加开发贷款基金，一改以前以赠予为主的形式，而是贷款和赠予并行。尹仲容等人意识到美援停止将很快来临，力主加快改革。他认为台湾经济问题的核心在于供给小于需求。他从"生产 + 外援 < 消费 + 建设，也就是供给 < 需求"这个公式出发，指出，如果要经济稳定，供给和需求必须达到平衡，否则经济会遭到极大困难。他认为，台湾目前平衡依赖美援。他警告，美援政策已经改变，今后如果还能维持目前水平，已经不容易，可能还会减少，台湾不可能永远依赖美援。唯一能做的就是扩大生产、减少消费、增加税收。而要扩大生产、增加税收，必须拓展外销。[⑤] 之后，美援的形式逐渐发生改变，特点是：（1）以政府对政府为基础性之赠予贷款逐步减少；（2）遵循国际投资之正常方式，以个别投资计划为对象，给予长期贷款，但是条件优惠；（3）由政府提供种种便利，鼓励民间投资；（4）敦促自由世界其他

---

① 严家淦：《美援现况及趋势》，收入许瑞浩、周琇环、廖文硕编《严家淦与国际经济合作》，台北："国史馆"，2013，第 236～242 页。

② 陈诚：《陈诚回忆录——建设台湾》，东方出版社，2011，第 259 页。

③ 王作荣：《壮志未酬——王作荣自传》，台北：天下文化出版社，1999，第 37 页。

④ 康绿岛：《李国鼎先生口述历史——话说台湾经验》，台北：卓越文化事业公司，1993，第 143 页。

⑤ 沈云龙编《尹仲容先生年谱初稿》，台北：传记文学出版社，1988，第 444～448 页。

进步国家，共同肩负国际开发任务。1961 年美国肯尼迪政府通过《国际开发法案》。① 美援形式的演变是最终停止美援的一个过渡，台湾当局意识到时间的紧迫性，加快了改革经济政策的步伐。

1958 年，陈诚指示尹仲容研究办法，尹仲容主导的"美援会"制订了"加速经济发展建设计划"，最终目的是台湾经济能够自立，不再依赖美援。② 1959 年 6 月，郝乐逊警告台湾美援即将终止，在此之前，台湾必须赶快改革，加速投资。③ 1959 年 12 月，美国经济合作署副署长萨启奥（Leonard Saccio）到访台湾，正式告知台湾当局，美援政策即将改变。④ 12 月 17 日，郝乐逊与严家淦、尹仲容、杨继增、钱昌祚、李国鼎等举行会谈。郝乐逊提出六点计划：检讨防务预算、合理的信贷与预算政策、赋税改革、外汇改革、公共设施费率改革以及设立证券市场。12 月 20 日，郝乐逊送给严家淦备忘录，增加了"单一汇率"与"出售国营事业"两项。⑤

陈诚收到赫乐逊建议书的次日，即邀请赫乐逊和驻台"大使馆"代办雅格尔（Joseph A. Yager）前来商讨，与会的还有严家淦、尹仲容、李国鼎等人。两人对尹仲容的"加速经济发展计划"十分熟悉，并说明当局采纳该计划的必要性。赫乐逊还特别指出：（1）他的建议书并不代表华盛顿的指令；（2）发展私营经济；（3）援助在于尽可能地增加台湾经济的自力更生的能力；（4）发展私营经济，主要在于政府能够创造好的商业环境。陈诚在强调台湾当局困难的同时，表示美国提出的建议是一年前蒋介石和杜勒斯的联合公报的自然发展结果，台湾方面原则上同意赫乐逊八点建议的内容。⑥ 之后，尹仲容率"美援会"根据美方的建议，由王作荣迅速草拟"十九点财经改革措施"，又经过多方磋商，合并原来的"加速经济发展建设计划"为"加速经济发展计划"方案。1960 年 1 月，陈诚带着严家淦、尹仲容、李国鼎向蒋介石报告，蒋介石最终同意了这个方案。⑦ 1965 年，美援最终停止。

---

① 严家淦：《美援现况及趋势》，许瑞浩、周琇环、廖文硕编《严家淦与国际经济合作》，第 231 ~ 247 页。

② 郭岱君：《台湾往事：台湾经济改革故事（1949 ~ 1960）》，第 152 页。

③ 郝乐逊：《台湾经济之发展》，（台北）《国际经济资料月刊》第 3 卷第 1 期，1959 年 7 月。

④ 康绿岛：《李国鼎先生口述历史——话说台湾经验》，第 139 页。

⑤ 郭岱君：《台湾往事：台湾经济改革故事（1949 ~ 1960）》，第 140 页。

⑥ *FRUS*, *1958 - 1960*, Vol. 19, pp. 645 - 646.

⑦ 郭岱君：《台湾往事：台湾经济改革故事（1949 ~ 1960）》，第 156 页。

其三，美援形式与台湾经济政策形成关系密切，改革措施很大方面是针对这种特殊的经济政策。1950年代早期，在主要经济改革措施中，除土地改革外，发展私营经济、改革外汇制度都与美援形式所造成的经济特点有关。第一，美国经济援助远小于军事援助，导致经济援助集中于公有企业。1950～1967年，美国军援和经援总共40亿美元，其中90%是赠予援助，10%是贷款。军事援助约60%，超过经济援助的40%。[①] 另外美援的经济援助，有一部分是通过相对基金补充政府预算，1951～1953年几乎占1/3，而当时当局总预算的80%用于军事。[②] 尹仲容自己就意识到，美国"援助"台湾的主要目的之一，是要极力加强所谓的"台湾防务"，使台湾军事要塞化，成为美国所谓"封锁共产主义势力链条"的一个环节。他指出，除这一时期的20余亿美元军援之外，美国的所谓"经济援助"，也带有明显的军事"援助"性质。在一般经援项目中，就有两项（军协援助和防卫支助）是直接或间接地用于军事目的，美国并且宣称，其军协"援助"的目的，就是"协助受援国保持适当之军力，加强受援国武装部队之战斗力量"，而防卫援助的目的是"加强其军事潜力"。[③] 1955年，美驻台"大使馆"就经济计划设定目标，非常清晰地指出："1. 支持军事援助计划，2. 提高中国政府的声望和效率，3. 保持价格稳定，4. 略微但稳定地提高生活水平，5. 提高自由中国的经济产量，使其除下列情况外，最终实现收支平衡：（1）进口包括直接军队支持的军事装备和供应品所需的费用。（2）向美国驻台官方代表团或组织提供财政支持。"[④] 庞大的军费开支，使得台湾经济实际上被绑在了美国冷战的战车上。为了考虑援助效果和表示支持国民党政府，美援主要流向公营事业。1954年，美国驻台"大使馆"经济处主管埃尔伍德（Robert Elwood）在台湾的官方刊物上撰文指出："在台湾这个地方，想要采取行动，一下子就把所有权调整过来，让大部分或全部工业归私人所有，好像是行不通的。这样的做法一定会产生打击士气的后果，亦会妨碍现行扩大工业生产计划的实行。首先必须采取步骤使那些政府企业能在健全基础上营业……"[⑤]

---

① 吴聪敏：《美援与台湾的经济发展》，《台湾社会研究季刊》1988年春季号，第155页。

② 陈诚：《陈诚回忆录——建设台湾》，第258页。

③ 尹仲容：《台湾之美国经援及其运用》，《台湾银行季刊》第10卷第3期，1959年。

④ 《国务院美国驻台北"大使馆"关于美国对台计划的评估》，沈志华、杨奎松主编《美国对华情报解密档案（1948～1976）》，第七编"台湾问题"，第59页。

⑤ 《自由中国之工业》（1954年4月），第6页，转引自陈玉玺《台湾的依附发展》，台北：人间出版社，1992，第73～74页。

据统计，1951～1965年，美援67%分配给公营的单位，27%分配给官民合营的企业，只有6%分配给纯粹的民营企业。[①] 战后台湾公营经济在整个工业经济中本来就占主导地位。根据1946年7月5日公布的《台湾省接收日资企业处理实施办法》，各机关所接收的日资企业，凡与国计民生十分密切的，都拨归公营，拨归公营以外的部分，则标售民营。但台湾光复初期，日资企业的标售工作一直迟迟未能展开，仍由政府维持经营。这样公营事业便在整个工业中建立了独占的地位，民营工业则微乎其微。[②] 发展民营企业，最早是1952年，陈诚推动耕者有其田的土地改革，需要向地主购买土地。当局缺乏资金，严家淦设计以出售四大公营企业（农林、工矿、水泥、纸业）筹集资金，地主最后以公司股票的形式转让出土地。[③] 此项政策被认为是创举，陈诚更是把这项举动上升到引导地主投资转向现代工业的策略上。[④] 尽管这样，台湾发展民营经济起色不大。美援主要流向公营单位，实际上维持了公营企业在经济结构上的不合理地位。因此，改革这种经济结构上的不合理，也要从美援入手。尹仲容在经安会工业委员会期间，最重要的一件事就是发展进口替代工业来扶植民营企业。发展进口替代业的契机，与美援有关。美国援助台湾一些物资，当局通过授权代加工的方式，扶植本地工业。其中最出名的"代纺代织"就是美援相关公司与尹仲容共同想出的办法。[⑤] 即由美援机构自美国采购原棉运台，然后分配给各纱厂代纺棉纱，纱厂纺成棉纱后缴送美援会之代理人中央信托局，再标售予织布厂。这种"代纺"方式，使纱厂无须支付原棉价款，而以领取加工费的方式获取稳定可靠的利润。"此一经营方式，各纱厂得在毫无风险及极少财务负担之情形下成长发展。"[⑥] 这种当局和纺织业厂商之间的委托来料加工制度，从根本上来说是平衡美援不合理分配的一种形式。第二，外汇制度改革中的复式汇率，顾名思义即对不同的进出口商品给予不同的汇率，以产生限制某些商品进口与鼓励某些商品出口的效果。在台湾，棉纺织品用一个汇率，丝纺织品用一个汇率，机器设备又是一个汇率。经济学家蒋

---

① Neil Jacoby, *U. S. Aid to Taiwan: A Study of Foreign Aid, Self-help, and Development* (New York: Praeger, 1966), p. 51.

② 史全生主编《台湾经济发展的历史与现状》，东南大学出版社，1992，第159页。

③ 陈立文主编《严家淦总统行谊访谈录》，台北："国史馆"，2013，第62页。

④ 陈诚：《陈诚回忆录——建设台湾》，第194～195页。

⑤ 陈诚：《陈诚回忆录——建设台湾》，第206页。

⑥ 赵既昌：《美援的运用》，台北：联经出版事业公司，1985，第11页。

硕杰就注意到，这种"让每个工业都可以活下去的汇率"，把汇率制度搞得十分混乱，不利于经济正常发展。[①] 不过这种奇怪的汇率制度事实上和美援的存在有千丝万缕的关系。1957 年反对外汇制度改革的"财政部长"徐柏园就指出："外汇贸易如果做到资金自由，最为理想，但是问题是一则台湾收支不能平衡；二则台湾人与共产党斗争，不能不防止套汇和资金外逃；三则要考虑配合美援运用，不能不采取计划的方式来支配用途。"[②] 可见，旨在发展私营经济的外汇制度改革，必须考虑到美援运用的实际情况。

二　政治环境与经济政策改革政治动力

经济政策改革乃是国民党当局自上而下的改革，深受政治影响。国民党败退台湾后，另起炉灶，重新建立以蒋介石为中心的强人"政府"，其中比较有意义的大事就是国民党改造，通过改造逐渐剪除了国民党在大陆时期的各个派系，内部局势稳定。之后，当局又驱逐吴国桢和关押孙立人，两个案件都表明无人可撼动当局的体制。《自由中国》派的反对运动以及台湾本省籍政治反对运动还处于萌芽之中，鲜有像样的反对政治气氛。台湾的政治环境完全笼罩在国民党发动的"反共大陆"的政治宣传以及无所不在的高压管制之中。国民党当局最大的政治压力来自外部，一是中共，二是美国。

一方面，朝鲜战争爆发后，美国介入了国共内战，使得中共武力解放台湾受阻。第一次台海危机以后，中共改变了武力解放台湾的一贯政策，尝试提出了和平解决台湾问题的方案。早在万隆会议期间，周恩来就向国际世界阐述中国政府愿意和平解决台湾问题的设想。1955 年 7 月，一届人大二次会议召开，周恩来在会上明确了这一方针。他说："中国人民解放台湾有两种可能的方式，即战争的方式和和平的方式，中国人民愿意在可能的条件下，采取和平的方式解放台湾。""如果可能的话，中国政府愿意同台湾地方的负责当局协商和平解放台湾的具体步骤。"[③] 在解决台海危机过

---

① 吴惠林、彭慧明：《蒋硕杰传》，台北：天下远见出版股份有限公司，2012，第 128～130 页。

② 《徐部长在光复大陆设计研究委员会第四次报告大会报告》，《盐业通讯》第 76 期，1957 年 12 月，转引自郭岱君《台湾往事：台湾经济改革故事（1949～1960）》，第 125 页。

③ 《周恩来在一届人大二次会议上发言（节录）》，国务院台湾事务办公室研究局编《台湾问题文献资料选编》，1994，第 82 页。

程中，美国积极炮制"两个中国"，这给国民党政权很大的外在压力，促使中共意识到海峡两岸在反对美国的"两个中国"上有共同点。在第二次台海危机期间，毛泽东以彭德怀的名义发表《台湾同胞书》，指出："世界上只有一个中国，没有两个中国，这点也是你们同意的，见之你们领导人的公告。"文章还指出，美帝国主义是我们的共同敌人，呼吁举行谈判，实行和平解决。① 因此，在1950年代后期，两岸紧张的对峙关系事实上有松动的迹象。另一方面，从朝鲜战争开始到《共同防御条约》的签订，美国对台政策逐渐清晰起来，就是围绕支持国民党政权防御台湾，却不支持蒋介石"反攻大陆"。第一次台海危机过后，美国与台湾当局签订了《共同防御条约》。条约第六条特别规定："为适用于第二条及第五条之目的，所有'领土'等辞，就中华民国而言，应指台湾与澎湖"，第二条及第五条规定并将适用于经共同协议之其他领土。美国防御的"中华民国领土"为台湾、澎湖，有限适用共同协议下"中华民国"控制的其他领土。② 可见国民党"反攻大陆"事实上越来越得不到美国的支持。1958年台海危机期间，美国国务卿杜勒斯飞到台北，逼迫蒋介石正式放弃军事反攻。10月23日，美台发表公告，文中声称："两国政府重申，它们忠于联合国宪章的原则。它们忆及，它们据以采取行动的条约是防御性质的。中华民国政府认为，恢复它们在大陆上人民自由是他们神圣的使命。它认为，这个使命的基础就是中国人民的人心，而胜利地实现这个使命的主要手段是实行孙中山的三民主义，而不是使用武力。"③ 美国的这种举动当然对暂时稳定两岸关系有利，防止国民党当局的军事冒险。事实上，在1960年代初，国民党当局几次军事冒险计划都因没有得到美国支持而取消。④ 相对稳定的局势对决策者推行经济政策改革产生影响。

其一，两岸关系的缓和的迹象为以"反攻大陆"为主要政治目标和舆论宣传主题的国民党当局赢得了经济建设的时机。以陈诚为首的务实派官员对"反攻大陆"的理解为发展壮大台湾，等待时机"反攻"。陈诚本人对"反攻大陆"十分务实。他手书治理台湾座右铭，有云："政治求团结，军

---

① 《告台湾同胞书》，《台湾问题文献资料选编》，第104页。
② 《美蒋共同防御条约》（1954年12月2日），《台湾问题文献资料选编》，第919页。
③ 《美国国务卿和蒋介石会谈公报》（1958年10月23日），《台湾问题文献资料选编》，第989～990页。
④ 林孝庭、赵相科：《1962年"台海危机"背景探因》，《当代中国史研究》2013年第4期。

事确保台湾，外交争取美援，经济促进生产。"① 其中并无"反攻大陆"的口号，在当时的政治宣传环境中，显得有些特别。陈诚在第一次任"行政院长"时，反复强调不做冒险的"反攻大陆"举动，而是要积蓄力量等待机会。他认为，在等待"反攻"当中，"我们军事反攻不可能，但是政治反攻、经济反攻、文化反攻则是可以好好做一下的"。② 1958 年，陈诚以"副总统"身份兼任"行政院长"，又回到了经济领域。他务实的态度是促使经济政策改革能够开展的重要动力。陈诚起用的尹仲容、严家淦、杨继增等技术官员都有类似的务实的政治态度。其中，严家淦在 1959 年为了财经改革顺利进行，对削减军费的安排十分务实。他把防务预算按固定币值计算，维持当时的数额。这样表面看起来没有减少防务预算，但是随着台湾收入逐年增加，军费开支必然减少。③ 这样一种设计，是财政经改革计划得到蒋介石支持的关键。1960 年代，这批务实官员强调的经济建设回到了中心位置，使得政策改革得以延续。

其二，两岸关系的对峙，除了军事对峙外，经济政策也有竞争的意味。1950 年代，中共在大陆地区推行计划经济改造，经济渐趋稳定。尽管当局宣传中共的经济政策一无是处，但是从收揽民心角度出发，不得不进行一系列改革。其中陈诚在 1950 年代初期的两项大政策——土地改革和整顿国有企业，都有反思大陆时期的做法的意味。土地改革被看作陈诚治台第一善政，其推出原因，很大程度上是要反制中共在农村推行土地改革的政治压力。早在 1945 年 10 月 23 日，国民党政府行政院就发布训令，公布《二五减租办法》要求各地执行，接着又发布《二五减租宣传大纲》《二五减租办法补充规定》，蒋介石电令"健全农会组织，以彻底推行二五减租"。④ 到了台湾后，陈诚把土地改革视为收揽民心的第一要务，强力推行改革，甚至动用严法强力推行。至于整顿国有企业方面，目的更是收揽人心。当时公营事业范围太大，资本分散，无法扩大再生产，公营事业人浮于事，腐败严重，陈诚指出："在大陆时期，中共以此作为攻击我们的口舌，国际友人对我们表示失望多以此为理由，人民的离心离德也未始与此不无重大关系。"⑤

---

① 陈诚：《陈诚先生书信集——家书》（下册），台北："国史馆"，2006。
② 陈诚：《陈诚回忆录——建设台湾》，第 181 页。
③ 郭岱君：《台湾往事：台湾经济改革故事（1949～1960）》，第 155～156 页。
④ 朱汇森主编《中华民国（台湾）农业史料（之一）》，《土地改革史料》，台北："国史馆"，1988，第 129～145 页。
⑤ 陈诚：《陈诚回忆录——建设台湾》，第 191 页。

其三，两岸对峙关系对台湾吸引投资不利，且庞大军费开支拖累经济发展。美国中央情报局就注意到："在'自由中国'或像它一样直接暴露在共产党威胁之下的其他国家，除非有类似美国政府机构承担一切风险，否则我们不能指望它能从国外引进大量的长期私人资本。"① 两岸关系严重对峙为国民党颁布"戒严令"和实施"动员戡乱条款"提供了理由。在1950年代早期，不少经济政策实际上是一种战时政策。台湾局势渐趋稳定之后，习惯利用军事手段治理的国民党，遭到极大诟病。当时比较有影响的反对派《自由中国》就极力反对当局落后的经济政策。主笔夏道平在1956年就指出台湾"经济害于财政，财政害于军事"。② 早在1951年，他就发表社论《"政府"不可诱民入罪》，文章写道：在当局金融管制下，三大名目的金融罪：（1）买卖金钞；（2）套汇；（3）地下钱庄，一经破获，都可能援用《妨害国家总动员惩罚暂行条例》，由军法机关审判。夏道平指出：在这严法下，"政府"工作人员有滥用法律的嫌疑，诱民入罪。③ 甚而在1959年，还有一般经济案件移送军法的事件，夏道平就专门撰文《开倒车——走私案移送军法审判》予以谴责。④ 因此，一旦局势渐趋稳定，种种过于严苛的法令的改革势在必行。

三 市场经济学说的传播与经济政策改革

尹仲容等技术官员的务实作风使得他们对自由市场经济学并不排斥，而是折中后运用。其中典型的就是尹仲容推行的所谓"有计划的自由经济"。

1950年代自由经济学在台湾开始传播有两个源头。一是与当局合作的蒋硕杰、刘大中等经济学家参与了经济政策改革的设计。1952年前后，蒋硕杰就建议尹仲容采取市场经济改革，当时尹仲容不为所动。蒋硕杰遂送尹仲容一本詹姆斯·米德的《计划与价格机制》，这本书对尹仲容产生很大改变，使他转变对原有计划经济学的态度，转而支持市场经济。⑤ 1954年刘

---

① 沈志华、杨奎松主编《美国对华情报解密档案（1948-1976）》，第七编"台湾问题"，第61页。

② 何卓恩、夏明选编《夏道平文集》，长春出版社，2013，第21页。

③ 《自由中国》第4卷第11期，1951年6月11日，何卓恩、夏明选编《夏道平文集》，第3页。

④ 《自由中国》半月刊社论，1959年12月1日，何卓恩、夏明选编《夏道平文集》，第17页。

⑤ 邢慕寰：《一本书改造了尹仲容先生——追怀蒋硕杰先生》，《蒋硕杰先生悼念集》，1995，第123页。

大中与蒋硕杰应台湾当局的邀请，由国际货币基金组织借调返回台湾地区，提出了单一汇率、贬值、外汇券、利率自由化、贸易自由化等政策，这与当时台湾地区主流的"保护主张"政策大为不同。刘大中与蒋硕杰一同反对当时政府流行的低汇率政策，主张按照市场机制的作用，将台币币值贬值到实际水平，同时借由市场供需产生价格自由、灵活弹性变动的结果，促使利率上升和国外资金的流入，这样才有利于物价的平衡。尹仲容时任台湾地区行政院外汇贸易管理委员会主委及"中央银行"总裁，兼管外汇、贸易、金融等攸关国计民生的重大事务，他采纳了刘大中与蒋硕杰等人的建议，决定放弃管制、保护，回归价格机制。[1] 1957 年 8 月，尹仲容因"杨子木材案"赋闲两年后复出。尹仲容即主张采取汇率改革来发展经济，得到陈诚支持后，重新回到主导经济改革的前沿。当年台湾外汇收支状况恶化，年底蒋介石任命了一个由陈诚牵头并包括俞鸿钧、徐柏园、尹仲容、严家淦（美援会主委）的九人小组专门研究解决办法。在这个小组的会议上，徐柏园和尹仲容之间发生尖锐的对立：前者以现有外汇外贸体制有助于维持经济安定为由坚决反对进行改革，而后者则认为现有体制因导致低效和腐败行为已失去存在的合理性。1958 年 4 月 12 日，台湾"行政院"公布《改进外汇贸易方案》以及《外汇贸易管理办法》，同时外汇管理委员会公布"进口外汇审核规则"、"贸易商申请进口外汇办法"和"结汇证明书买卖办法"，最终实行了蒋硕杰等人四年前的主张。

另一个源头则是以雷震为首的自由派学者的传播，把市场经济与政治主张联系起来。他们极力鼓吹自由经济主要出于两个理由。其一，经济管制过多会导致政治独裁。《自由中国》创刊前后，面对当时的"反共"形势，雷震把"政治民主，经济平等"作为其主张的基本架构，认为经济必须左倾，即只有"经济平等"才能收拾人心。[2] 但是，很快雷震就改变了看法。在《自由中国》第二次座谈会上，雷震明白地指出："最近本社同人，有一个共同的看法，即国家对于经济事项，如果管得太多，则政治上的民主自由，不免受其影响，如果更进一步走到国家资本主义的话，则政治一定是独裁。"[3]

① 周呈奇：《战后台湾地区经济增长思想研究》，九州出版社，2007，第 17～20 页。
② 雷震日记，1949 年 2 月 18 日，傅正主编《雷震全集》第 31 卷，台北：桂冠图书股份有限公司，1989，第 137 页。
③ 萧仲泉、杨欣泉记录《自由中国第二次座谈会记录》，《自由中国》第 2 卷第 7 期，1950 年 4 月 1 日，何卓恩、夏明选编《夏道平文集》，第 21 页。

1953 年 9 月，《自由中国》开始刊载殷海光翻译的哈耶克的《到奴役之路》，表明《自由中国》从理论上引介西方自由主义经济思想并逐渐倡扬自由经济的主张。在《管制计划与自由计划》一文中，殷海光指出，他所批评的管制经济是"就反自由竞争的计划经济而言，或只就取自自由竞争而代之的计划而言"。① 其二，反对国有经济无限扩大，鼓吹民营。夏道平在《国营事业转投资问题的商榷》一文中指出："从实施的后果而言，则国营事业的范围日益扩大，民营则日益缩小，其后果必然造成海耶克所讲的到奴役之路。"② 在《民营事业使命》一文中，夏更是直接指出："政治民主要以经济自由为基础。生产事业的国营，只有在资源稀少以免私人垄断的情况下，才有其必要。过了这个限度，国营事业越扩张政治上的民主就越萎缩。理由很简单，政府的钱包由人民（大都经由其代表）来掌握，人民才可以控制政府，使其不能滥用权力；反之，如果人民的经济生活操纵在政府之手，这个政府就会走上集权的途径。"③

自由派学者的政治经济观点引起比较保守的学者的反对，引发了关于计划和市场的争论，主要是市场经济学支持者与计划经济学者（大多为三民主义经济学派）的论战。作为执政的务实派官员，陈诚和尹仲容等人务实的态度再次占上风。陈诚在经济制度大辩论的时候，声称自己是民生主义经济制度的支持者。孙中山的三民主义中有"节制资本"一项，陈诚认为台湾情况特殊，"私人资本方在萌芽之中，为防范他的夭折，不但不能加以节制，而且还应多方鼓励诱导，使其得以欣欣向荣"。④ 严家淦则更为务实，指出："在经济落后的国家，由于种种条件不够，各项建设如电讯铁路均不适合私人投资之发展，故工建方面仍需先靠政府奠定基础，而后吸引私人投资。"⑤ 尹仲容则称自己的经济学思想为"计划式的自由经济"，即主张在当局的计划指导下，根据一定的发展目标，实行民营经济的自由竞争。尹仲容与严家淦一样，认为当时台湾经济民间发展的力量薄弱，只有政府

---

① 哈耶克：《管制计划与自由计划》，殷海光译，《自由中国》第 9 卷第 7 期，1953 年 10 月 1 日，第 20 页。
② 夏道平：《国营事业转投资问题的商榷》，原载《自由中国》1954 年 11 月 1 日，何卓恩、夏明选编《夏道平文集》，第 6~10 页。
③ 夏道平：《民营事业使命》，原载《自由中国》1955 年 4 月社论，何卓恩、夏明选编《夏道平文集》，第 11~13 页。
④ 陈诚：《陈诚回忆录——建设台湾》，第 185 页。
⑤ 《行政院美援运用委员会四十七年第四次会议记录》，许瑞浩、周琇环、廖文硕编《严家淦与国际经济合作》，第 80 页。

或少数经济组织能利用本身的条件，代替民间力量；又认为台湾发展工业时间紧迫，不能拖延；且资源有限，必须统筹安排。[①]

1959 年尹仲容、王作荣等人制定的"十九点财经改革方案"，主要分三大类：第一类是在郝乐逊的八点建议基础上的主张，主要是恢复自由市场，解除不必要的管制；第二类是发展政府功能的主张，如鼓励储蓄、奖励投资，这已经超出自由竞争的范畴；三是健全各种经济制度。[②] "十九点财经改革方案"主要吸收了自由市场经济学说的观点，在当时看来属于比较激进的改革方案。草拟方案的王作荣被看作凯恩斯经济学信徒，因此也有计划的影子。其中最重要的当数奖励、鼓励投资的方案。在发展经济的过程中，政府不缺席，这与尹仲容所谓"计划式自由经济"不谋而合。不过"十九点财经改革方案"虽然得到蒋介石支持，但是之后实施并不顺利。而方案当中最能反映政府有形之手的"奖励投资"获得关注。1959 年底，李国鼎奉陈诚之命，组建工业发展与投资研究小组。李国鼎根据"十九点财经改革方案"中的鼓励和奖励投资方案，制定了《奖励投资条例》。[③] 该法案对推动建立起台湾以外销为导向的经济政策做出了巨大贡献。

四　结论

1950 年代台湾经济政策改革的起因在于应对美国经济援助的停止。其中，美国的角色主要是作为外在推动力而存在的，而非经济政策的制定者。当时的政治形势有利于国民党当局推行经济政策改革，而以陈诚为首的技术派官员务实的态度是推动改革的重要因素，自由市场经济学说的传播则为台湾当局的经济政策改革提供了一个方向。

（作者单位：中国社会科学院近代史研究所）

[①] 康绿岛：《李国鼎先生口述历史——话说台湾经验》，第 88 页。

[②] 《十九点财经改革方案》，李国鼎：《台湾财政金融与税制改革》（上），咨询与电脑杂志社，1999，第 140～141 页。

[③] 康绿岛：《李国鼎先生口述历史——话说台湾经验》，第 143～144 页。

国民政府运台黄金对台湾经济的影响

冯健伦

提　要　国民政府在大陆国共内战中日趋劣势后，于 1948 年 12 月开始，将上海国库的黄金、金银硬币及有价票券，陆续迁运至台湾，决意以台湾作为今后反攻大陆的基地。然当时台湾在经济方面，二战后的损害尚待恢复，"二二八事件"的影响及大陆经济状况的连累，造成"国府"迁台初期台湾通货膨胀严重。大陆方面，虽然国民政府在南方尚控制几座大城市，但在大陆已全然失去税源收入，军政所需全由台湾方面支持。随"政府"迁台的数十万军队及公教人员，也需"政府"供养。本文利用台北"国史馆"档案和南京中国第二历史档案馆所藏相关档案，尝试探讨"国民政府"在迁台初期如何运用这批迁台黄金进行金融改革，稳定台湾经济，在此过程中发挥了什么样的作用与影响。

关键词　运台黄金　台湾经济　国民政府

国民政府在国共内战中日趋劣势后，为部署退路以及为后续的战事做准备，于 1948 年 12 月开始，将上海国库的黄金、金银硬币及有价票券，陆续迁运至台湾，决意以台湾作为今后反攻大陆的基地。"行政院"于 1949 年 12 月 9 日正式在台办公。[①] 然当时台湾在经济方面，二战后的损害尚未恢复，其间又发生"二二八事件"，以及受大陆经济状况的连累，故"国府"迁台初期，台湾民生凋敝，通货膨胀严重。大陆方面，"国民政府"在南方尚控制几座大城市，但在大陆已全然没有税源收入，军政所需全由台湾支持。随"国府"迁台的数十万大军及公教人员，也需"政府"供养，当时经济情势危急，当局决意在台湾筹备一系列的金融改革，而这批刚从

---

① 《中央日报》1949 年 12 月 10 日。

大陆运抵台湾的黄金，恰好成为推行改革的给养。

有关黄金运台，早期因当局讳言此事以及相关史料开放程度受限，因此除了零星的文章，并无学者对此事件展开学术性研究。近年来，吴兴镛为解此谜团，投入研究，陆续于两岸出版了与此议题相关的著作。[①] 除此之外，王丰、陈锦昌、汪荣祖、李敖等也在著作中探讨了黄金运台之事。[②]

上述著作，以吴兴镛的研究最为翔实。吴兴镛为黄金运台事务负责人之一吴嵩庆之子，以其父的日记及相关手稿为基础，并访查吴嵩庆生前的许多同事、旧友，并整理成回忆记录，对此题目用力甚深。然上述著作虽颇有成果，但重心都聚焦于1949年"国民政府"上海国库黄金运台过程、相关人士对此批黄金的争夺、黄金及外汇数量等，对于迁台黄金对台湾经济发展的实质影响甚少提及。本文利用台湾"国史馆"档案和南京第二历史档案馆所藏相关档案，尝试探讨"国民政府"迁台初期，如何运用这批迁运台湾的黄金稳定经济、进行金融改革，以及在此过程中，黄金的运用又起到什么样的效用，产生了哪些影响。

一 运台黄金数量

分析运台黄金用途之前，首先应探讨黄金的大致数量。蒋介石是黄金运台最初的发想者。[③] 1948年10月9日，蒋介石密召中央银行总裁俞鸿钧，首次谈及以"改储金地点"方式来转运黄金。11月2日，辽沈战役失败，国民党军损失47万余人，其中多为精锐部队，也开启日后国民政府全面溃败的序幕。辽沈战役的全面失败，也加速了蒋介石部署退路的脚步。[④]

---

① 吴兴镛：《黄金档案：国府黄金运台一九四九年》，台北：时英出版社，2007；吴兴镛：《黄金秘档——1949年大陆黄金运台始末》，江苏人民出版社，2009；吴兴镛：《黄金往事：一九四九民国人与内战黄金终结篇》，台北：时报文化出版企业股份有限公司，2013。

② 王丰：《蒋介石父子1949危机档案》，台北：商周出版社，2008；陈锦昌：《蒋中正迁台记》，台北：向阳文化出版社，2005；汪荣祖、李敖：《蒋介石评传》，台北：商周出版社，1995。

③ 虽在1947年10月以后，国民党军由攻势改采守势，国共内战形势便开始逆转，但其中真正使蒋介石决定部署后路，应起因于济南战役的失败。济南战役开始于1948年9月16日，仅仅8日的时间，解放军以伤亡2.6万余人的代价，便攻占重兵防守、工事坚固的济南，国军伤亡被俘8万多人，绥靖区司令官王耀武被俘，成为国民党军重大挫败。参见李云汉《中国近代史》，台北：三民书局，第631页。

④ 《辽沈会战》，《荣民文化网》，http：//lov. vac. gov. tw/Protection/Content. aspx? i＝25c＝3。

（一）第一阶段迁运数量

黄金首次迁运，始于 1948 年 11 月 29 日由中央银行发行局签署的一件公文："……移动库存准备金项下之一部分黄金至台北存储……计共柒百柒十四箱，合纯金贰百万零四千四百五十九市两点五零陆。"[1] 初次运台的黄金共 200 余万两。

1948 年最后一天，中央银行发行局又进行了第二批黄金的运送："兹已向海关洽妥'海星'巡舰一艘，准于明晚密为办理装运手续，计装黄金一百五十一箱，计重纯金五七二，八九九．四八七市两，银币一千箱，计四百万元。并请海军总部派'美盛'舰随同护运……"[2]

第二批运到厦门的黄金，在中央银行的档案中，有一笔 1949 年 2 月 7 日由上海运台湾黄金 554394.896 市两。[3] 从两者的时间与数量，可合理推测这批黄金运抵厦门不久，即转运至台湾存放。只是运台后黄金数量从 57 万余两变为 55 万余两，少了 1.8 万余两，可能是存放在厦门两个月左右时间有所支出。

这两次可归为黄金运台的第一阶段。

（二）运厦门黄金数量

在第一阶段黄金运出大陆后不久，1949 年初，国民政府在军事上节节败退，淮海战役接近尾声，国民党内部以桂系李宗仁、白崇禧为首的桂系政治集团，以和谈名义，逐渐向蒋介石施加压力，希望他下野出洋。战场上的失利和国民党内部派系的压力，使蒋介石内外交迫，决定尽快解决黄金搬迁事宜。

至 2 月 10 日，蒋介石《事略稿本》记录："二月十日……下午周宏涛秘书自上海归来，谒公报告'中央银行所存现金，已大部如期运往厦门、

---

[1] 洪葭管主编《中央银行史料：1928.11～1949.5》（下卷），中国金融出版社，2005，第 1354～1355 页。

[2] 《1948～1949 年中央银行密运黄金去台史料》，《民国档案史料》，中国第二历史档案馆，第 69 页。

[3] "国史馆"里存放的中央银行档案"运台保管黄金收付及存余数量表（卅七年十二月四日至卅九年二月十二日止）"，收入项第二笔为："第二批由沪运台（卅八年二月七日）＝554394.896 纯金市两。"《中央银行汇报各地运台黄金收付及存余数量表及中央信托局十月份初外汇与物资报告单》，《蒋中正总统文物》，台北："国史馆"，入藏登录号：002000001324A，典藏号：002-080109-00004-002。

台湾，现存上海者，惟留黄金二十万两'云。"①

蒋经国2月10日日记也记道："中央银行金银之转达于安全地带，是一个重要的工作。但以少数金融财政主管当局，最初对此不甚了解，故经过种种接洽、说明与布置，直至今日，始能将大部分金银运存台湾和厦门，上海只留上万两黄金。此种同胞血汗之结晶，如不能负责保存，妥善使用，而供诸无谓浪费，乃至资共，那是一种很大的罪恶。"②

由此可知，至1949年2月10日止，上海国库的黄金大部分都已移存至台湾与厦门。

关于迁运厦门黄金的数量，蒋介石的机要秘书周宏涛在回忆录写道："刘攻芸告诉我，外头传言并不正确，目前全国黄金存量，运到台北二百六十万两、厦门九十万两……"③ 周宏涛指的260万两乃第一阶段运台的黄金数量；90万两则为1949年2月运厦门部分，此数字有其根据，但不正确。原因在于当时负责保管厦门黄金的吴嵩庆清查后发现账面数字与实际数量不符，于日记中写下："闻厦金多出七万两，刘（攻芸）坚嘱电厦着陆襄理（纪臣）即回"；"陆君到粤，知多出九万余两，央行胡涂至此，因另拟分配办法"。④ 由此记录可知，运厦黄金账面少了9万两，故实际数量总计在99万余两。

这批存于厦门的黄金，作为国民政府维持大陆军政机关及战事的支出，并未用完，1949年下半年，解放军进攻至福建沿海时，剩余的31余万两黄金于8月16日开始运台。

（三）第二阶段迁运数量

这时期的黄金除运往厦门之外，尚有一批直接运往台湾。这批黄金是所有运出大陆的黄金中最容易受到忽略的，因此次迁运与运厦黄金同一时间，且是以民航机悄悄运至台湾。由于这批黄金并未记载至文献中，因此需从其他文献进行推测。1949年2月5日，中央银行业务局致发行局的公文中有：

---

① 周美华编《蒋中正总统档案——事略稿本（79）：民国三十八年二月至四月》，台北："国史馆"，2013，第57~58页。

② 张日新主编《蒋经国日记：1925~1949》，中国文史出版社，2010，第208~209页。

③ 周宏涛口述、汪士淳撰写《蒋公与我：见证中华民国关键变局》，台北：天下远见出版公司，2003，第94页。

④ 吴兴镛：《黄金往事：一九四九民国人与内战黄金终结篇》，第144页。

奉（刘）总裁2月5日手谕，"由发库在准备金项下拨出黄金12万两交业务局，另由业局以同值外汇抵充准金，仰即办为要。"等因。查上项黄金12万两，折合美金500万元，兹以本行美金外汇短绌，拟改拨600万美金同值之港币3200万，俾资抵充准（备）金。除已电知香港中国银行迅就本局港币户划拨，另请关立贵局户外，相应函请密洽为荷。

此致

发行局

附：总裁手谕一纸

由发库在准备金项下拨出黄金12万两交业务局，另由业局以同值外汇抵充准金，仰即办为要。业务局、发行局。

芸二·五[①]

这笔从发行局提出的12万两黄金去哪儿了呢？2月7日香港的《华商报》报道："央行又有黄金由中（国）航（空公司）专机飞台北，央行派出纳科郝树铭押运至台北。"[②]

此外，2月8日，刘攻芸告周宏涛，央行尚有68万两黄金，至2月10日，便仅剩20万两，表明自上海国库移走了约48万两。加上蒋介石的专机驾驶员衣复恩回忆，在1949年他曾率飞机奉空军总司令周至柔命令，从上海运黄金至台湾。将这两次空运的数量相加，可合理推论此批运台黄金约为60万两。

这批黄金运台，由于是以军费借支的名义，因此同样未见于中央银行档案，唯一可见其痕迹的，只有上述提及的时间上刚好符合的宋子文2月9日呈给蒋介石的电报："……攻芸因环境关系，国库金银，该员犹豫延迟甚久，鸿钧临走日，彼始决定以翌日起，黄金逐渐空运，至白银如何，似未肯定，现在情形，究竟如何，请注意。"[③]

---

① 《国民党政府撤离大陆前向台北厦门密运现金一组资料》，《民国档案》第2期，中国第二历史档案馆，1989，第69页。

② 香港《华商报》1949年2月7日，转引自吴兴镛《黄金秘档——1949年大陆黄金运台始末》，第84页。

③ 《宋子文电蒋中正处理国库金银运存情形》，《蒋中正总统文物》，台北："国史馆"，入藏登录号：002000001324A，典藏号：002－080109－00004－004。

（四）第三阶段迁运数量

1949 年上半年，战局已明朗化，同年 5 月，解放军已将上海包围，蒋介石便命时任京沪杭警备总司令的汤恩伯负责将央行剩余黄金迁台。5 月 15 日汤恩伯给中央银行的电函称："为适应军事，贵行现有黄金、银圆除暂留黄金五千两、银圆三十万元外，其余即务存于本部指定之安全地点，需要时陆续提用。"① 汤氏于 17 日电央行时提到金额："……现存黄金银圆除业务局必需准暂留黄金五千两、银圆三十万元外，其余黄金十九万八千两，银圆及半圆一百二十万元，希即刻移送安全地点……"②

中央银行的《运台保管黄金收付及存余数量表》在收入部分记录这批运台黄金的数量为 192029 两，③ 与汤恩伯提到的金额相当接近，可知第三阶段迁台黄金为 19 万余两，另有银圆、半圆 120 万元。

（五）迁运黄金总额

国民政府在大陆失利后，美国政府态度一直暧昧不明，1949 年 4 月，解放军攻占南京，美国大使馆并没有像包括苏联在内的外国大使一样随国民政府南迁广州，而是留在南京，希望与中共政权进行接触。这使蒋介石政府开始担心，若美国日后不支持"中华民国"，那么中国存于美国的外汇便将石沉大海。因为有此顾虑，便在 1949 年 8 月两岸局势大致底定之前，将存在美国的近 20 万两黄金运到台湾存放。总计上述各数字，可合理推估存放在台湾的黄金为 386 万余两（见表 1）。

表 1　运抵台湾黄金统计

运送批次	运送时间	起讫点	黄金数量（市两）
第一阶段（第一批）	1948/11/29	上海 - 台湾	2004459.506
第一阶段（第二批）	1949/1/1	上海 - 厦门 - 台湾	554394.896
第二阶段	1949/2/5 - /2/9	上海 - 台湾	600000

---

① 《1948~1949 年中央银行密运黄金去台史料》，《民国档案史料》，第 71 页。

② 《1948~1949 年中央银行密运黄金去台史料》，《民国档案史料》，第 71 页。

③ 《中央银行汇报各地运台黄金收付及存余数量表及中央信托局十月份初外汇与物资报告单》，《蒋中正总统文物》，台北："国史馆"，入藏登录号：002000001324A，典藏号：002 - 080109 - 00004 - 002。

运送批次	运送时间	起讫点	黄金数量（市两）
第三阶段	1949/5/17	上海－台湾	192029.743
厦门剩余黄金	1949/8	厦门－台湾	312500
原存国外黄金	1949/8	美国－台湾	199074.608
总计			3862458.753

二 运台黄金的用途

从台北"国史馆"资料及相关负责人的报告来看，当时运台黄金最主要的用途，并非以往人们印象中的全部用于军费支出，而更多是在压制台湾的通货膨胀情势、控制物价，以稳定新台币的信用。

（一）币制改革

运台黄金最开始的用途，在于台湾的币制改革。币制改革的法令于1949 年 6 月 15 日颁布，此改革最重要之处，即中央拨给台湾省政府黄金 80 万市两作为改币基金。当时大陆尚未完全沦陷，新台币仍系地区性货币，并未完全脱离中央金融系统，故由中央拨借黄金，借此巩固台币信用。①

依据《台湾省币制改革方案》，新币发行的要旨如下：

一、台湾银行发行新台币总额二亿元。

二、新台币对美金之汇率，以新币五元折合美金一元。

三、新币对旧台币之折合率，定为旧台币四万元折合新币一元。

四、新币应以黄金、白银、外汇及可换外汇之物质十足准备。

五、为巩固币信计，新币在省内得透过黄金储蓄办法，兑换黄金。在省外得透过进口贸易，兑换进口所需之外汇。②

---

① 潘振球主编《台湾省币制改革方案》，《中华民国史事纪要——中华民国三十八年（一九四九）一至六月份》，台北："国史馆"，1996，第 704 页。

② 潘振球主编《台湾省币制改革方案》，《中华民国史事纪要——中华民国三十八年（一九四九）一至六月份》，第 704～705 页。

（二） 黄金政策的运用

新台币发行后，除以 80 万两黄金为发行准备外，另据《新台币发行办法》有如下规定[①]：

1. 台湾省政府指定台湾银行发行新台币。

2. 新台币单位为 1 元，币券面额分 1 元、5 元、10 元、百元四种，辅币分 1 分、5 分、1 角、5 角四种。

3. 旧币四万元折新币 1 元，限民国 38 年 12 月 31 日前无限制兑换新币。

4. 自新币发行，本省公会计一律以新币为单位。

此次台币改币最重要的部分，在于以足够的黄金作为货币支撑，80 万两黄金的价值相当于新币发行总额的 110%，以此建立民众对新台币的信心。

另外政府将黄金储蓄及抛售黄金政策相互运用，1949 年 6 月 15 日颁布的《台湾省币制改革方案》中载明："台湾银行黄金储蓄存款应将原办法修正加强办理"，新台币在台湾省内得透过黄金储蓄办法来兑换黄金，政府借此收回新台币以稳定币值。另有《修正台湾银行黄金储蓄办法》，将黄金储蓄存兑时间缩短，增加活期储蓄，新台币在存储 10 天后，即可支取黄金条块，定期存款则分为一个月、两个月及三个月以上三种。[②]

《修正黄金储蓄办法》施行时，规定每市两为新台币 280 元，以每美元合新台币 5 元计算，黄金每市两合美金 56 元。后因世界金价逐渐降低，台湾省黄金储蓄的官价偏高，且与汇率脱节，故于 1950 年 2 月决定将贸易商进口采用代购公营事业结汇证，每美元合新台币 8 元，使黄金储蓄的金价与世界金价及汇价得以大致维持平衡。

省政府在 1950 年发行"节约爱国有奖储蓄券"，并按黄金公定价格与市价实际差额调整配销张数，导致黄金市价上涨，造成投机行为，黄金外流。对此，政府于 1950 年 2 月根据《台湾省进出口贸易及汇兑金银管理办法》制定新外汇办法，外汇公定价格不变，仍为 1:5，结汇证价格永久保持在

---

① 潘振球主编《新台币发行办法》，《中华民国史事纪要——中华民国三十八年（一九四九）一至六月份》，第 706～707 页。

② 徐柏园编述《政府迁台后之外汇贸易管理初稿》，1967，第 9 页。

7.5 元出口，商人除 20% 依照公定价格结售台银，80% 照自由价格买卖。①

1950 年 6 月朝鲜战争爆发后，国际与台湾金价均告上升，黄金储蓄券于是从该年 6 月 16 日起搭配有奖储蓄券，随着搭配数量的增加，等于逐渐提高了黄金的官价。一个月后，改配爱国公债，每市两搭配 135 元，连同官价 280 元，计 451。考虑到当时黄金市价在 400 元左右，低于官价，为避免搭配公债两年后造成还本的负担，该年 10 月中旬起便不再搭配公债，将官价定为卖出 410 元，买进 390 元。1950 下半年，国际金价上涨幅度增加，官价低于市价甚多，黄金储蓄流出大量黄金，只得于 12 月 27 日，宣布暂停收受黄金储蓄存款。

至于抛售黄金方面，在 1949 年 2、3 月间，台湾即开始实行。1950 年 1 月 14 日平准货币基会成立后，将抛售重点放在美钞，但 1950 年 1 ~ 5 月，平均每天在市场抛售的黄金仍在 100 市两以上。抛售方式系由台湾银行洽商金瑞山、金再兴、益记、美华四家银楼办理。各银楼先按例依黄金储蓄办法，以新台币折存黄金储蓄存款，后得以存折向台湾银行借用黄金，台湾银行可照存折内存数十足贷给，满十日即可提取黄金。此黄金储蓄办法由于大量流出黄金，难以为继，乃于 1950 年 12 月 27 日宣布告终。②

徐柏园 1954 年曾任"财政部长"，并曾于俞鸿钧后担任"中央银行"总裁职务，故他的资料很有可信度。关于储蓄及抛售黄金的数量，徐柏园提及："综计黄金储蓄及抛售黄金，自实施时起至三十八年年底止，共消耗黄金五十九万零九百九十四市两；再迄至三十九年十二月二十七日止，总共消耗黄金一百九十九万八千余市两。"③

于宗先于《台湾货币与金融论文集》中也有提及相关数字："从四九年六月十五日至五○年底的一年半内计抛售黄金 145 万两，美金 6600 万元，以建立台湾人民对新台币的信心。"④

台北"国史馆"档案《台湾银行发行部黄金收付报告表》，在"付项"

---

① 瞿韶华主编《中华民国史事纪要——中华民国三十九年（一九五○）一至三月份》，台北："国史馆"，1994，第 424 ~ 425 页；张敦智、朱文彦：《爱国公债发行缘由及相关文件探析》，《台湾古文书学会会刊》第 12 期，2013，第 24 ~ 50 页。
② 徐柏园编述《政府迁台后之外汇贸易管理初稿》，第 10 页。
③ 徐柏园编述《政府迁台后之外汇贸易管理初稿》，第 11 页。
④ 于宗先总主编、邱正雄主编、王必成发行《台湾货币与金融论文集》，台北：联经出版事业公司，1975，第 37 ~ 41 页。

一栏记录，经过台湾银行储蓄部卖给民间的金额为152万余两，① 由此可推知当时为了稳定新台币信用，储蓄及抛售黄金的数量当在150万两左右。

（三）军政经费的支出

"国民政府"虽于1949年已陆续将主要资源与人员迁到台湾，然"行政院"于同年12月9日才正式在台北办公。为了支撑在广州与成都的"政府"力量及在大陆南方还能掌握的一些主要城市，面临庞大的财政负担。此时"国民政府"的重心已在台湾，在大陆已没有了税收，这些地区的领导人只得一再向台湾要求运送黄金作为维持运作的经费。

例如1949年10月，洪兰友从广州密电请求蒋介石拨黄金20万两应急："目前财政困难情形再阅一、二日国库即将停止，计上月欠三千万，本月上半月应付出二千五百万元，共需五千五百万元，而国库分文无着，关部长拟请求于十日前先拨黄金二十万以济眉急……"②

同月，坐镇重庆的张群，也自重庆发电向台湾当局寻求援助：

> 此次因财部央行主管变更，加以广州银券跌落，此间银元券已惨落百分之四十，日来用尽方法维持，即待业军饷之现银亦挪付央行支持兑现，勉维稳定，关佩衡迄尚未来渝，目前财政金融已成脱节，现奉嘱监督运渝黄金运用一节，自当尽力，弟本为央行普通理事，必不得已时亦好以常理自居，预闻行务矣。③

11月，"行政院长"阎锡山和"财政部长"关吉玉也致电台湾方面，要求应即运黄金赴成都救急：

> 关于动用库存黄金二十万两事，兹奉阎院长传示，惟以一、军费，

① 台湾银行发行部的黄金收付报告表中，从1947年6月至1957年7月，在"付项"一栏，拨付储蓄部金额为1527353市两。《台湾银行发行部黄金收付报告表（民国三十六年六月至四十六年七月底止）》，《蒋中正总统文物》，台北："国史馆"，入藏登录号：002000001325A，典藏号：002－080109－00010－005。
② 《洪兰友电蒋中正财政经济小组商拟先拨黄金二十万两以济财政眉急》，《蒋中正总统文物》，台北："国史馆"，入藏登录号：002000001324A，典藏号：002－080109－00004－015。
③ 《张群电黄少谷运渝黄金运用事》，《蒋中正总统文物》，台北："国史馆"，入藏登录号：002000001324A，典藏号：002－080109－00004－016。

除以前所欠不计外，十一月份必须早付，而仍欠者约千余万元，另尚有紧急粮款数百万元必须立付，现已十一月下旬，十二月副食，并应支付。二、政府资遣，国防部方面已付五千两金，闻尚约多需三千两，行政院方面至少亦需等数。三、白长官及胡副长官均以维持兑现，需金万急，并均说如缓即无法支持，经核均系实情。四、维持银圆券兑现，及军队领各种款，均绝对迫付三分之一许之黄金，库存已不足应付，拟请转陈总裁，可否仍准一次运毕，今已二十三日，去下班飞机改铸小条之时间，已到下月方能抵用，如仍宜分两次，可否首准即日飞运成都赶铸小条，因今日之事，必须争取时间，晚三五天，即有重大关系，务请婉陈邀准，俾得应急至祷。①

由以上几项档案可知，当时台湾除了自身的经济困境，还需供养大陆若干尚能掌握的城市，财政负担可说相当沉重。

除了供养大陆尚控制的几个南方城市外，最主要的台湾基地，还有约70万的军人需要供养，都需要巨额的经费。因此，军政费用也是以往观念里黄金花费量最大的部分。

以下据台北"国史馆"《中央银行运台保管黄金收付报告表》中有关黄金支出的项目，整理如表2所示。

表2 中央银行运台保管黄金收付报告

单位：两

（甲）本行驻台代表办公处给付（1949年12月20日止）	
（1）拨付台湾银行新台币发行准备金（1949年6月）	700000 *
（2）运渝总行	275001
（3）拨运广州总行	50000
（4）拨运广州总行	50031
（5）拨运广州总行	7000
（6）拨运定海分行	3005
（7）拨运成都分行	49975

① 《阎锡山电陈诚黄金运成都事》，《蒋中正总统文物》，台北："国史馆"，入藏登录号：002000001324A，典藏号：002-080109-00004-016。

续表

（甲）本行驻台代表办公处给付（1949 年 12 月 20 日止）	
（8）拨付东南军政长官公署	125000
（9）拨付东南海航委会经费抵押	20000
（10）拨付空军总部	66260
（11）拨付海军总部修舰费	5747
（12）拨付联勤总部运蓉	20000
（13）拨付国防部亥月军费	66900
（14）冲付第 263 号原箱差数	0.981
以上共计拨付黄金	1438922

＊共 80 万两，另 10 万两为同年 12 月中央银行总行迁台后方拨付，故未显示在表中。

资料来源：《中央银行运台保管黄金收付报告表》，《蒋中正总统文物》，台北："国史馆"，典藏号：002 - 080109 - 00010 - 005。

从表 2 可知，央行黄金运台后，又将部分黄金运回大陆支撑 1949 年下半年国民党的军政费用。将表 2 与大陆有关的第 2～7 项与第 9～13 项相加，可得知运台后，再回运大陆使用的黄金约 61 万两。

除了前述的 1949 年两岸军费支出，由表第 7 项可知，1950 年一整年的军费支出为 81 万余两。约略估计 1949 年、1950 年两年，军事费用支出达1432048 两黄金。

表 3　中央银行运台保管黄金收付报告

单位：两

（乙）总行迁台后经付（1957 年 7 月 31 日止）	
（1）拨付台湾银行（1950 年 1 月）	100000
（2）拨付台湾银行（1950 年 1 月）	126000
（3）拨付台湾银行金门新台币发行准备金（1950 年 3 月）	35000
（4）拨付台湾银行垫款抵押	27000
（5）拨付台湾银行国库调度运用	100000
（6）拨付台湾银行垫款抵押	98000
（7）拨付 1949 年 1～12 月军费	818129
（8）冲付 C 字第 3 号及 256 号原箱差数	6
（9）拨付台湾银行掉换美金发交外交部备用	8376

续表

（乙）总行迁台后经付（1957 年 7 月 31 日止）	
（10）拨付台湾银行掉换美金外汇	100000
（11）拨付台湾银行掉换美金外汇	5000
（12）拨付台湾银行掉换美金外汇	28333
（13）拨付台湾银行掉换美金外汇	44444
（14）拨付台湾银行掉换美金外汇	43845
以上共计拨付黄金	1534135

资料来源：《中央银行运台保管黄金收付报告表》，《蒋中正总统文物》，台北："国史馆"，典藏号：002 - 080109 - 00010 - 005。

（四）每月支出黄金数量及用途

仔细分析这批黄金每月的使用情形可以看出，虽然大项目不多，但使用的单位与机构颇多，在此以 1949 年 7 月为探讨范围。

表 4　中央银行黄金折付库款（1949 年 7 月 1～31 日）

机关名称	银圆数额	折合率	黄金数额
联勤总部财务署副秣费户	1884737.78	75	25129.837
联勤总部财务署副秣费户	1011141.38	75	13481.885
联勤总部财务署副秣费户	32367.94	82	394.731
联勤总部经理署	369041.87	82	4341.669
交通部补贴费户	98049.52	85	1127.006
联勤总部财务署副秣费户	322859.55	87	4304.794
联勤总部财务署紧急购粮款	767999.98	75	8827.586
联勤总部财务署紧急购粮款	6340.05	87	84.534
蒙藏委会主持班禅坐床典礼旅外费	33202.97	75	386.081
湘桂黔铁路局付煤款	33361.81	86	387.928
联勤总部财务署副秣费户	2063315.73	86	25162.387
联勤总部经理署	26640.81	82	296.009
海军总司令部	798147.72	90	8868.308
台湾银行广州通讯组	872081.10	90	9689.790
江西省政府穗××以×	147387.69	90	1637.641
国防部测量局第一制×厂	7863.93	90	87.377
第二补给区司令部	185899.95	90	2065.555

机关名称	银圆数额	折合率	黄金数额
联勤总部财务署副秣费户	60000.03	90	666.667
财部税警总团	22308.84	90	247.876
联勤总部第一财务处	6235.02	90	69.278
联勤总部财务署副秣费户	309960.00	90	34444.000
海南特区长官署	125730.00	90	1397.000
立法院	45000.00	90	500.000
宪兵×团官兵薪饷副食费	3500.01	90	38.889
国立南宁师范学院院长陈一百	2999.80	90	33.320
海南空军基地指挥部	16650.00	90	185.000
64军司令部	89599.95	90	995.555
资源委员会	262494.00	90	2916.600
南京市政府	7200.00	90	80.000
47供应站	49995.00	90	555.500
交通部总务司	16992.00	90	188.800
合计	12469104.43		148591.603

注：表内"×"为档案看不清楚部分。

资料来源：《徐堪呈蒋中正，接任中央银行职务以来支付军政款项及外汇收支概况表》，《蒋中正总统文物》，台北："国史馆"，典藏号：002 - 080109 - 00004 - 010。

这时虽各项支付大名以银圆券支付，但军政款项必须运往前线各地或尚未开设兑现地点，使用者因银圆券在当地未能大量流通，不得不以银圆支付或以黄金折付，所以主要还是以黄金作为支撑。

自表4可知，1949年7月的黄金支出为14万8千余两，蒋介石机要秘书周宏涛曾称政府平均每个月必须拨付近18万两纯金[1]，由此大约可知每月黄金支出数额的大致范围。同月份黄金之外，银圆部分的支出情况如下：

表5　中央银行银圆券兑现支付银圆统计（1949年7月4～31日）

分行	兑入	兑出	实际兑出数
广州	872111	7165821	
重庆	201168	6655932	

---

① 周宏涛口述、汪士淳撰写《蒋公与我：见证中华民国关键变局》，第297～298页。

右上角：**续表**

分行	兑入	兑出	实际兑出数
福州	54642	213530	
衡阳	85400	481000	
长沙	—	87494	
桂林	61535	461473	
贵阳	256902	296810	
成都	409900	368200	
兰州	948474	368935	
厦门	15510	13200	
其他各地	151154	—	
合计	3056796	11112395	8055599

资料来源：《徐堪呈蒋中正，接任中央银行职务以来支付军政款项及外汇收支概况表》，《蒋中正总统文物》，台北："国史馆"，典藏号：002 - 080109 - 00004 - 010。

此时"国民政府"在大陆的流通货币，已从金圆券改制为银圆券。自7月4日广州开始办理兑现，重庆、衡阳、桂林、贵阳、成都、兰州、福州、厦门、长沙等地陆续开兑。"国民政府"在大陆江河日下，加上金圆券发行时民众得到的惨痛教训仍历历在目，使得民众对于银圆券唯恐避之不及。从表5可知，兑入较兑出多出约2.65倍，不到一个月的时间，银圆就被兑出800余万。因此银圆的消耗也是相当快速且惊人的。

由上述统计可知，自大陆运台的黄金总额约为386万两。由前面叙述亦可确定运台黄金的主要用途，即储蓄与抛售黄金政策、大陆及台湾军政费用，这几项相加已超过300万两黄金。而从当时蒋介石机要秘书周宏涛的回忆及台湾银行的黄金收付报告表可知，1950年5月的央行黄金剩余50万～①

---

① "依当时央行总裁于一九五〇年六月七日呈总统的报告指出，一九四九年以来运至台湾的纯金来源及数量如下：除了自上海分三批运台数量最大，共二百七十五万余两之外，另从美国、日本运回再加上原先置于厦门的纯金，全部共有三百七十五万五千五百四十余两。但这些纯金自政府迁台后至五月底止，连同拨付台银的台币发行准备金八十万两在内，总共耗掉三百二十一万二千五百四十两，仅剩五十四万两千九百一十两多。""依当时央行总裁于一九五〇年六月七日呈总统的报告指出，一九四九年以来运至台湾的纯金来源及数量如下：除了自上海分三批运台数量最大，共二百七十五万余两之外，另从美国、日本运回再加上原先置于厦门的纯金，全部共有三百七十五万五千五百四十余两。但这些纯金自政府迁台后至五月底止，连同拨付台银的台币发行准备金八十万两在内，总共耗掉三百二十一万二千五百四十两，仅剩五十四万两千九百一十两多。"周宏涛口述、汪士淳撰写《蒋公与我：见证中华民国关键变局》，第297～298页。

100万两。① 由此可知，黄金以上述几样为主要支出，虽如新成立于阳明山的总裁办公室公费支出、《民族报》和联合报的开办费及公务人员的奖恤金等，都有用到迁台的黄金，但支用的数额都很有限。

三　运台黄金对台湾经济稳定的作用

1949年下半年，正值大陆局势最混乱的时刻，军政机构、公营事业及大量军民陆续播迁台湾，混乱之际，1949年6月15日发行的"新台币"正好在此时收到效果，暂时止住了来自大陆的涨潮，将经济抵挡在崩溃边缘，使"国民政府"得以于兵荒马乱中稍稍喘一口气。

至1952年底，台湾有关改善经济的政策有币制改革、筹募公债、征收防卫捐、增加烟酒公卖收入、发售爱国奖券、整顿税收、整顿政府机构、国营事业、结汇证制度、复式汇率、黄金储蓄政策、优利存款制度等。这些政策，有些与黄金息息相关，有些则毫无关联，以下将对以黄金为支撑或与黄金有关的政策加以叙述，探讨黄金在台湾经济稳定过程中的角色。同时接续上节对于军政经费支出的分析，探究在经济政策之外，黄金在财政方面做出的贡献。

（一）黄金对军政的稳定

随"国府"迁台的人口职业中，以军公教人员为主，其中又以军人为最多，他们无法投入产业的生产，且需耗费当局庞大的薪饷，对当时财政状况已至谷底的"政府"来说，无疑是相当沉重的负担。

由上节可知，1949年、1950年两年，军事费用达到140余万两黄金，占黄金总支出近一半之多。当时在台"国军"最主要的问题，在于高级指挥机构编制过于庞杂，实际军力空虚，徒有部队番号，使军费虚耗。当局乃利用黄金作为军政费及遣散费，整编军事单位及政府部门。

以军队为例，至上海撤退时，作战部队共计60余个军，经过第一次整编后，从60个军编并为21个军。1949年8月15日，陈诚兼任"东南军政

---

① 《台湾银行发行部黄金收付报告表（民国三十六年六月至四十六年七月底止）》中，记录库存黄金为1106248市两。《台湾银行发行部黄金收付报告表（民国三十六年六月至四十六年七月底止）》，《蒋中正总统文物》，台北："国史馆"，入藏登录号：002000001325A，典藏号：002-080109-00010-005。

长官公署"长官，坐镇台北，指挥东南区战事。[①] 长官公署成立后，实行第二次整编，将上述各个高级指挥部的职权归属长官公署，将部队从 21 个军整编为 16 个军。1949 年 10 月，古宁头战役结束后，台海战事暂告一段落，于是进行第三次整编，隶属长官公署的仅剩舟山指挥部，台湾、金门两个防卫部，澎湖防守部，部队从 16 个军编并为 11 个军。[②]

以往改革总以涉及人事部分最为困难。能以仅仅半年的时间，精简如此多的军事单位，如果不是有黄金作为支撑，恐难如此顺利。整编的成功减少了指挥机构的层次，也节省了经费，使军事成本有效缩减，黄金的挹注，维持了庞大军政机关的运作，使军心不致混乱，亦使当局能稳定有效地推动相关财经政策的改革。

（二）币制改革

1948 年底至 1949 年，台湾在短短几个月的时间，涌进近 200 万军民，约为当时台湾总人口的 1/3，此时的粮食及物资供应可谓捉襟见肘。1949 年 8 月 5 日，美国政府发表长达 1054 页的《中美关系白皮书》，文中表达对"国民政府"的失望，对当局上下士气造成重大打击。身为马歇尔使华重要随员的白鲁德，于 1949 年 7 月 25 日签复美国国务卿的信函中便提到："际兹国共生死搏斗之秋，美国此举，将促速国府之崩溃……"[③]

与此同时，中国共产党也正如火如荼地部署对台作战，准备解放台湾，使台湾社会充满了不安与恐惧。在种种因素影响下，恶性通货膨胀蔓延全台湾。至 1949 年 6 月，物价较 1945 年台湾初光复时上涨约 5600 倍，[④] 当局只能不断地赶印钞票，来面对如此剧烈的通货膨胀。台湾银行除旧台币外，于 1947 年 10 月开始发行本票，原意是使台湾银行节省现钞收付手续以及应付市场需求，1948 年 5 月起开始在市场上流通。至 1949 年 6 月 14 日币制改革前，定额本票的发行额为 1.2 万亿元，已至泛滥程度。台币改革迫在眉睫。

币制改革的重要目标在于使贸易及财政收支达到平衡。贸易收支部分，

---

① 《中央日报》1949 年 8 月 16 日。

② 陈诚：《陈诚先生回忆录——建设台湾》（上），第 95 ~ 96 页。

③ 梁敬錞：《美国对华白皮书之经纬与反应——艾契逊一石三鸟政策之一》，张玉法主编《中国现代史论集·第十辑国共斗争》，台北：联经出版事业公司，1982，第 436 页。

④ 潘志奇：《光复初期台湾通货膨胀的分析（民国三十四年至四十一年）》，台北：联经出版事业公司，1980，第 18、27 页。

由于"国民政府"在大陆的政权正逐渐易手,各单位陆续播迁来台,已不必再向大陆方面供应庞大粮食与农产品,除了减少汇差损失外,这些经济作物可转而输出,增加外汇,故贸易收支平衡方面可较为和缓。

财政收支部分,以往几次的币制改革都以失败告终,究其原因主要是财政支出远大于收入,使财政赤字严重,政策无足够资源支持,币改的美意最终皆形同具文。与此前不同的是,此次台币改革,以黄金80万两作为后盾,价值等于全部发行总额的110%,民众可随时拿货币向政府兑换黄金,手中的钞票兑得到黄金,民众自然对新货币信心倍增。此外,新货币还可结购外汇进口物资,对内可兑黄金,对外可兑外汇物资,如此信用得以巩固。[1]

当局利用大量运台黄金,既稳定了新台币的信用,也稳定了全台民心,没有再发生类似法币、金圆券、银圆券恶性通胀所造成的政治、社会不安。因此可以说,运台黄金在新台币发行初期,在朝鲜战争尚未爆发、美国援助尚未到来之前,为台湾的经济社会稳定做出了重大的贡献。

(三)黄金储蓄存款

然而经济要稳定,单靠货币的稳定是远不够的,必须与其他相关的配套措施共同施行。与金圆券、银圆券相比,可说至少有了一个好的起始,有了货币稳定的先决条件,其他财经政策的推行才有可能见得到成效。民众无法信任流通货币时,必然将造成金融体系的紊乱,当务之急应以挽回民众信心为先。因此与此同时,"政府"开办黄金储蓄存款,允许人民存在台湾银行的短期存款可在到期日按公告价格来兑换黄金,以收缩性措施配合币制改革。黄金储蓄存款的作用在于让存款者得以以低于市价的价格购存黄金,利息也可以提取黄金,这样在几个月后,即可获得预期金价上涨的利益,又可利用黄金来保值。

然黄金储蓄存款是否达到了预期的效果,成功召回人民的信心呢?从前"经济建设委员会"副主任委员叶万安的访谈中可略知一二。叶万安回忆:"记得在币制改革之前,五月份开始实施(黄金储蓄存款),明订10两黄金(笔者:此为口误,应为1两)是280块台币,存一个月就可以兑换黄金。我曾经拿了140块钱去存半两钱,到月底拿到黄金以后,高兴得不得

---

[1] 《中央日报》1949年6月15日。

了。这证实政府有十足的黄金准备。当时还跟同事凑足 280 块存进台湾银行，拿出来的时候市价已经 400 多块，赶快卖掉赚钱，这就是黄金存款。"①

由此可知，由于历经在大陆财经策略的失败，故人民起初对于此政策大多半信半疑，举棋不定，但当真正兑换到黄金时，心中的疑虑削减大半，也就敢大胆兑换了。

总计黄金储蓄存款实施短短一年半，吸收的金额即达新台币 4.4 亿万元，超过新台币的发行总额。② 后因 "政府" 存金难以为继，台湾银行乃于1950 年 12 月 27 日宣布暂停收存，后于 1951 年 8 月 13 日，台湾省政府宣布废止黄金储蓄存款办法。③ 此存款办法施行时间虽不长，仅一年七个月，但这期间正是台湾经济最为动荡不定的时期，黄金储蓄存款对于稳定信用、安定民心，可说起到关键作用。

（四）优利储蓄存款

面对台湾人口的骤增及剧烈的变动，新台币虽然涨势减缓，但发行额还是逐月递增，9 月时发行额已比 3 个月前增加近一倍，12 月又比 9 月时增加近一倍，年底已至 1.9 亿万元，达当初制定发行上限边缘。眼看新台币两亿元的发行限额已守不住，台湾银行遂提议将新台币辅币自限额中划出，单独针对辅币订定发行办法。然而单独划出后，辅币发行额大增，1950 年 2 月后，开始加印外岛地名的省外发行。将辅币与外岛发行额度排除后，到1950 年 2 月 5 日公布台币发行额是 177923782.5 元。④

回想起 1948 年的金圆券，最终就是因弃守发行限额，导致其币值一泻千里，为了不让新台币的发行超过限额，必须再提出其他政策因应。为防止新台币超出限额，但又不致因过分紧缩金融阻碍到工业的发展，决定在1950 年 3 月指示各行库开办 "优利储蓄存款"，借此来吸收社会上过剩的通货，减轻通货膨胀的压力，同时将资金用于经济发展。⑤

1950 年 4 月 15 日公布实施的《台湾省各行库举办优利储蓄存款办法》，

---

① 《台湾金融发展史话》，台湾金融研训院，类别：DVD，2005。
② 宋文彬等编撰《台湾金融发展历程》，合作金库调查研究室，1994。
③ 刘宁颜、台湾省文献委员会编《重修台湾省通志·卷四经济志金融篇》，台湾省文献委员会，1992，第 434 页。
④ 《中央日报》1950 年 2 月 5 日，转引自《中华民国史事纪要——中华民国三十九年（一九五〇）一至三月份》，第 290~291 页。
⑤ 台湾银行经济研究室编《台湾金融之研究》，台湾银行经济研究室，1969，第 103 页。

要点如下：

一、每次存入金额，不得低于新台币三百元。

二、每次存储期限，不得少于一个月，逾期不提取者，逾期利息照乙类活期存款计算。

三、存款利率为月息 7 分（即每 100 元每月 7 元）。

四、各行库收受存款后，专存于台湾银行。由台湾银行转放于物资调节委员会或其它公营及民营事业，转存利息按月息 8 分。

五、存款存户得持本存款存单，向存款银行申请质押借款，但借款金额不得超过质押存单面额七成。存单质押借款利率定为月息 9 分，但得随本存款利率调整而调整。

六、本存款专为奖励人民储蓄而举办，军政公款不得比照本办法之规定办理。①

叶万安分析优利存款的优点为："三个月的存款月息是 9%，年息就是 180%。所以存 100 块，一年后就会有 180 块的利息。因此也吸收了不少存款，至少对货币供应量及增加率，产生缓和的作用。"②

显而易见，如此高的存款利率，只是因应经济现况的权宜之计，绝不可能长久。1950 年 5 月和 6 月，物价分别较前月下跌 10.2% 及 5.2%，表明物价已在控制当中，于是在 1950 年 4 月 17 日和 6 月 21 日两度调整存款利率，在通货膨胀获得控制后，更大幅调降放款利率，将定期放款利率由 1950 年初的月息 9% 降至年底的 3.9%，定期质押、透支、质押透支的放款利率也都做同等幅度下调。③

从表 3－1 可知，"优利储蓄存款"开办后，以三个月期利率来看，4 月时利率尚在 9%，至 7 月时通货膨胀获得控制后，便将利率大幅调降至原本一半的 4.5%，之后屡次调整，自 1951 年 3 月起，利率每次调整皆为下修利率，至 1952 年底，利率已降至 2.15%，仅约开办时的四分之一。

---

① 《中央日报》1950 年 3 月 25 日。

② 《台湾金融发展史话》，台湾金融研训院，类别：DVD，2005。

③ 张绍台、王伟芳、胡汉扬编撰《台湾金融发展史话》，台湾金融研训院，2005，第 29～30 页。

表6　优利储蓄存款利率变动情况（1950 年 3 月～1952 年 11 月）

月息:%

调整日期	一个月期	两个月期	三个月期	半年期
1950 年 3 月 25 日	7	—	—	—
1950 年 4 月 17 日	7	8.0	9.0	—
1950 年 7 月 1 日	3.5	4.0	4.5	—
1950 年 10 月 1 日	3.0	3.3	3.3	—
1951 年 3 月 26 日	4.2	4.5	4.5	—
1952 年 4 月 28 日	3.8	4.0	4.0	4.2
1952 年 6 月 2 日	3.3	—	3.6	3.9
1952 年 7 月 7 日	3.0	—	3.2	3.4
1952 年 9 月 8 日	2.4	—	2.6	2.8
1952 年 11 月 30 日	2.0	—	2.15	2.3

资料来源：台湾银行经济研究室编《台湾之金融史料》，台湾银行经济研究室，1953，第89 页。

优利储蓄存款是否达到预期的效果，成功收回市场上过剩的游资呢？此问题或许可以优利存款额的增减情形来观察。

表7　优利存款额增减情况（1950 年 3 月～1952 年 12 月）

单位：千元

时间	存款额（新台币）	增减情形（以 1950 年 4 月为 100）
1950 年 3 月	1725	—
4 月	20461	100
5 月	32180	157
6 月	33295	163
7 月	28241	139
8 月	35437	173
9 月	35453	173
10 月	26184	128
11 月	23932	117
12 月	20518	100
1951 年 1 月	17285	84

时间	存款额（新台币）	增减情形（以 1950 年 4 月为 100）
2 月	23547	115
3 月	27185	133
4 月	37123	181
5 月	56609	277
6 月	83306	407
7 月	120027	587
8 月	139808	683
9 月	166043	812
10 月	163766	800
11 月	175886	800
12 月	163783	800
1952 年 1 月	183985	899
2 月	227943	1114
3 月	268846	1314
4 月	344118	1682
5 月	440003	2150
6 月	489575	2393
7 月	523472	2558
8 月	548792	2682
9 月	538467	2632
10 月	538578	2632
11 月	521558	2549
12 月	457325	2235

资料来源：许荣昌《台湾优利存款之研究》，《台湾银行季刊》第 5 卷第 4 期，1953 年 3 月，第 104 页，转引自潘志奇《光复初期台湾通货膨胀的分析（民国三十四年至四十一年)》，第 98 页。

由表 7 可知，优利储蓄存款额由 1950 年 3 月的 1725000 元，至 4 月升至 20461000 元，较前月增长 10.86 倍，5 月时达 32180000 元，与 3 月时相比，仅两个月的时间，存款额便增长 17.65 倍，至 8 月时达 35437000 元，较 3 月增长 19.54 倍，此后逐渐平稳，表明通货膨胀的情形已经得到控制。而从最危急的 1950 年 3 月至 5、6 月间，存款额增加 10 余倍，至 8 月时达到 19 倍，可见优利储蓄存款收回货币的成效是毋庸赘述的。

除极为诱人的存款利率外，优利储蓄存款尚有另一特点，即转存款办法。意思是当商业银行收取的优利存款超过其有利之放款时，投资时超额的部分可以较高的利率转存至台湾银行，使商业银行不致亏损，用意在吸收社会上的游资，而且不轻易贷放，以此来避免利息损失。①

台湾银行当时扮演中央银行的角色，透过商业银行来吸收货币，意指增加一元优利存款，经济体系就减少一元的强力货币，商业银行也因此减少一元的存款及作为创造信用的准备金，这种做法十分有效地遏止了通货膨胀，使金融形势得到和缓。②

经济学家蒋硕杰评价优利储蓄存款办法时曾说："这一存款的举办，指出了金融当局有意将过去完全不顾可投资的供需情形，把银行利率压低至与市场利率比较，低到可笑程度的传统政策，加以修改。这项政策对于银行制度吸引较大额的储蓄有相当大的成功。"③

由此可见，以优利储蓄存款方式收回市场过剩通货的政策，可说是卓有成效。

（五）爱国公债

爱国公债在 1949 年 7 月 23 日公布条例后，于 8 月 1 日开始发行，当时国民政府尚能掌握的南方城市缺乏财源，加上银圆券甫开行，台湾的经济情势也还不稳定，政府为了应对庞大的军事费用及支持银圆券的发行，公布《中华民国三十八年爱国公债条例》，发行爱国公债，以银圆为单位，也是台湾各种公债中唯一以银圆计价的一种。④ 此条例要点如下：

一、本公债年息四厘，自发行日起，每六个月付息一次。

二、自第五期付息期起开始还本，每六个月平均还本一次，分十五年还清，每次还本以抽签法定之。

---

① 张绍台、王伟芳、胡汉扬编撰《台湾金融发展史话》，第 30 页。
② 潘志奇：《光复初期台湾通货膨胀的分析（民国三十四年至四十一年）》，第 103～105 页。
③ 蒋硕杰：《台湾之利率问题》，于宗先主编《台湾经济发展论文集——台湾货币与金融论文集》，台北：联经出版事业公司，1975，第 313 页，转引自张绍台、王伟芳、胡汉扬编撰《台湾金融发展史话》，第 29 页。
④ 《"中央政府"在台发行公债史料》，《"财政部"财政史料陈列室》，http：//www. mof. gov. tw/museum/ct. asp? xItem = 3786ctNode = 37。

三、认购本公债，除照票面以银圆或银圆兑换券缴购外，得以白银黄金或外国币券或政府指定之实物，按照市价折合缴购。

四、本公债还本付息，一律以银圆或银圆兑换券给付。

五、票面分五十元、一百元、五百元、一千元、五千元、一万元六种，均为无记名式，不得挂失。

从"蒋中正总统档案"中对于爱国公债的一段文字记载，可知政府对于此次公债发行的重视：

> 卅八年爱国公债额定三亿银圆。公债条例早经院会通过。公债筹费委员会人选，亦经政院聘之。其临时收据、正式债票，均已印妥。并已交央行运往重庆保管。……为此次发行公债……在意义上实行发行爱国公债平衡预算，此次则不仅平衡预算，实为输财救国、破产保产。在方法上言以往为劝募为自由认购。此次则为派募、为强迫摊购……只许超募，不得短募，只许成功不许失败……①

"国民政府"迁台后，本想以爱国公债作为筹募建设资金的重要来源，因此以半强迫手段要求民众认购。为推行爱国公债，财政部门采取各种手段，对认购人会在报纸上给予表扬，不认购者则在报纸上公布姓名，并派警察协助劝募，届时未购足指定数额，则由警局逐日传讯，直到购买为止。然而民众对于此公债实无信心，仍有相当多的富户不愿意配合。1949 年 10 月，黄少谷密电张群："公债甫开始举募，一时尚难集有成数"，② 可知劝募的情形并不顺利。到了原定的截止日期 1950 年 3 月 31 日，全台仅募得新台币 3000 多万元，与预定的 9000 万元相去甚远，因此仍继续劝募，但至 5 月底，也只募到半数。但省府已决定，不募足预定数额绝不松手，因此对欠缴未缴各户，决定延长其期限。为了及早达成，于 7 月 16 日起，与台湾银行办理之黄金储蓄存款搭配，专入每市两配 135 元，每市钱配 10 元。③ 每

---

① 《蒋中正总统档案》，台北："国史馆"，财政金融，103 号，转引自刘苇卿《台湾人的发财美梦：爱国奖券》，台湾书房，2011，第 10 ~ 11 页。

② 《黄少谷提报发行爱国公债等情》，《蒋中正总统文物》，台北："国史馆"，入藏登记号：002000001324A，典藏号：002 - 080109 - 00004 - 016。

③ 张敦智：《台湾百年乐透》，台北：博扬文化事业有限公司，2006，第 97 ~ 103 页。

市两搭配 135 元，连同官价 280 元，计共 415 元。当时的台湾银行结汇证价格，一美元为 10.35 元。每市两黄金约 40 美元，表明黄金市价当在 400 元左右，每市两的官价与搭配的公债价值结合后，造成市价低于官价情形。为避免搭配公债两年后的还本负担，自 1950 年 10 月中旬，不再搭配公债，将官价订为卖出 410 元，买进 390 元。①

（六）台湾经济逐渐稳定

以上各政策所发挥的效果，使得新台币的发行虽无法阻止，但仍成功地控制在一定的涨势之内。从表 8 也可看出，1951 年 3 月之后，新台币在辅币与限外发行部分的发行幅度，也都开始趋于稳定。

表 8　新台币发行情况（1949 年 6 月 ~ 1952 年 12 月）

单位：千元

时间	限内发行	辅币	限外发行	合计	定基指数	环比指数
1949 年 6 月	56455	—	—	56455	100	
9 月	107658	4778	—	112436	199	199
12 月	192417	5211	—	197628	350	1746
1950 年 3 月	190418	39998	—	230416	408	117
6 月	195740	38696	—	234436	415	102
9 月	196462	39876	49000	285338	505	122
12 月	198544	39371	50000	287915	510	101
1951 年 3 月	189306	64803	100000	354109	627	123
6 月	199059	72282	145000	416341	637	118
9 月	189121	63305	191000	443426	785	107
12 月	199615	82320	191000	472935	838	107
1952 年 3 月	198891	80663	239650	519204	920	110
6 月	198679	99565	274650	572894	1015	
9 月	198323	90850	274000	563173	998	
12 月	199045	115908	390000	704953	1249	

资料来源：张仁明《台湾银行季刊》第 20 卷第 1 期，第 68 页。

---

①　徐柏园编述《政府迁台后之外汇贸易管理初稿》，第 11 页。

从表 9 的趸售物价指数变动来看，经济最动荡的 1949 年，物价较 1937 年增加 34 倍之多。至 1950 年物价大幅下降到 3 倍，由于货币改革及政府种种措施，可知最危急的时候已经过去。

台湾的物价自 1952 年 5 月起，开始逐渐稳定下来，摆脱了恶性通货膨胀的阴霾，台湾的经济至此已获得稳定，生产与贸易俱已逐渐恢复，接近光复前的最高水平。1952 年可以说为台湾经济在光复后转向稳定发展的关键时期。[①]

表 9　光复初期台北市趸售物价指数变动情况

时间	1946 年	1947 年	1948 年	1949 年	1950 年	1951 年	1952 年
1 月	—	129.02	109.75	136.24	119.58	113.05	102.41
2 月	132.62	150.82	113.41	148.68	110.72	104.27	102.76
3 月	119.45	111.66	114.75	133.85	101.13	97.61	102.61
4 月	113.48	106.77	103.67	151.37	101.72	103.40	101.25
5 月	120.71	111.78	102.01	202.01	102.75	106.98	97.59
6 月	107.60	107.70	104.98	143.43	96.69	101.91	98.22
7 月	104.02	109.04	123.40	107.95	99.75	101.61	99.19
8 月	104.08	114.12	120.21	104.26	107.73	101.84	99.86
9 月	94.82	118.61	123.95	108.83	110.85	101.61	99.58
10 月	103.89	137.49	207.56	121.46	112.15	104.70	99.17
11 月	105.71	119.59	207.10	111.67	101.89	103.31	99.04
12 月	112.45	114.58	90.99	109.44	102.41	103.84	101.88
年指数上涨幅度（%）	297.32	381.47	732.18	3405.74	305.54	65.98	23.13

注：分月指数皆为环比指数，各以其上月为基期 100。

资料来源：袁颖生《光复前后的台湾经济》，台北：联经出版事业公司，1998，第 191 页。

由图 1 可知，台北市趸售物价年指数自战后以来，年年呈增长情形，到 1949 年，大陆大批军民撤退来台，更是达到新高，并较前年提高了 4.65 倍。而从 1950 年开始，物价上涨的情势得到控制，1951 年、1952 年后，便

---

① 另据殷乃平《六十年来中华民国与美国经济关系》一文分析，台北市趸售物价上涨率 1950 年为 88.5%，1951 年降为 53%，1952 再降为 19.8%。见李本京编《中华民国与美国六十关系之回顾：1950～2010》，中美文化经济协会，2012，第 197 页。

逐渐稳定下来了。

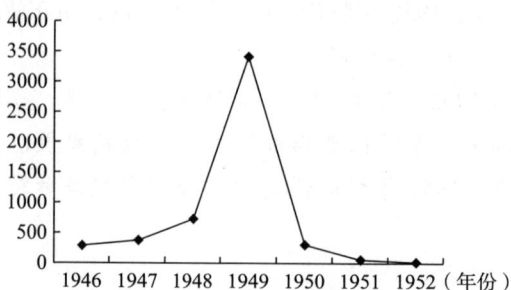

图1　光复初期台北市趸售物价年指数上涨情况

在此必须一提的是，在目前对稳定台湾经济、进一步发展台湾经济的探讨中，我们常忽略民众的心理对于政策成功所起到的作用。1949年蒋介石政权从大陆播迁来台，内外交迫，在人民心目中的信用所剩无几，而黄金提供了新台币发行准备，当局并不计一切代价大量黄金投入市场，既为维持台币价值，更重要的是建立新台币在人民心中的信用，黄金对稳定人心的贡献，虽无法量化，却是其最重要的影响之一，在探究运台黄金对台湾经济的影响时，不能忽视心理层面的部分。

四　结论

1948～1949年，国民政府在大陆战场节节败退，于1949年下半年逐渐失去在大陆的实质统治，上海国库的存金随"国府"移往台湾。迁台初期，尝试将运至台湾的黄金分为两部分派用，一部分用于军政支出，不仅供养随迁的数十万大军及公教人员，还需支持大陆尚在控制中但毫无税收来源的城市；另一部分用于推行币制改革，减少大陆金融溃败所带来的恶性通货膨胀的影响，调节物价，稳定台湾经济。前者以黄金为保障，稳定军心精简军队，仅半年时间就完成军队整编，支付军政开销，维持100多万军人及公教人员的运作，估计1949年、1950年两年，军政费用支出超过140万两黄金，维持了军政机关如常运行，使庞大公务体系不致混乱；后者以黄金为支撑推出币制改革，减少大陆金融溃败所带来恶性通货膨胀的影响，辅以经济政策，陆续推行"黄金储蓄""优利存款"等政策，并利用私人银楼向市场上大量抛出黄金，以稳定物价。到1950年12月，抛售到市场上的黄金达150万余两。

1947～1949 年，国民政府在中国大陆不断地推翻自己订立的金融政策，使民众对当局的信心荡然无存。至"国府"迁台时，"台湾省主席"陈诚都说，当时"政府"在一般人民心目中，其信用甚至不及一间私人银楼。[①] 有鉴于此，当局只能将黄金大量地投入民间，以此在民众中树立政府的公信力，试图挽回金圆券、银圆券在大陆造成的政府尽失人心的局面，故黄金的消耗可说相当快速。1949 年下旬至 1950 年，短短一年多的时间，黄金消耗便超过 300 万两，几乎将运台黄金花费殆尽。

虽然币制改革及相关经济政策消耗黄金甚巨，但在军队、公教人员及民众的恐慌心理获得平息后，政策的推行便事半功倍。在长达一年多的努力后，恶性通货膨胀于 1950 年底开始缓和，1951 年、1952 年，物价得到控制，社会经济逐渐稳定，台湾最终得以安然度过这段风雨飘摇的时期。

黄金的运用深刻影响了 1949 年至 1950 年代初期的台湾社会，对于台湾的经济稳定功不可没，并为日后的经济发展打下了坚实的基础。综上所述，笔者认为运台黄金对于"国府"迁台初期至 1952 年台湾的经济稳定，有居功厥伟的贡献，并为 1953 年后台湾开始利用美援开展系统的经济建设创造了良好的条件。

（作者：北京大学历史学系）

---

① 薛月顺编《陈诚先生回忆录——建设台湾》（下），第 67 页。

政治协商还是利益交换?[*]

——台湾"国发会"评析

翟金懿

提 要 面对"台海危机"发生后两岸关系紧张局势和"总统直选"后岛内政治力量新变化,为下一阶段"修宪"做准备,台湾当局决定援引"国是会议"先例,以政治协商形式,于 1996 年底召开"国家发展会议",讨论"宪政体制"、"经济发展"与"两岸关系"三大议题,但在新党退出后,成为国、民两党利益交换的"分赃会议",引起社会各界不满。从会议达成的结论来看,以"总统扩权"交换"冻省"共识,显然背离"一个中国"的原则,是"独台"与"台独"的合流,不仅为两岸关系和平发展制造了障碍,也造成台湾地区政治体制新的混乱。

关键词 政治协商 利益交换 台湾"国家发展会议"

1996 年春,台湾地区举行首次领导人"公民直选",李登辉、连战搭配的国民党候选人以 54% 的得票率高票当选为台湾地区"正、副总统",李登辉成为台湾史上首位"民选总统",这给李登辉的执政增加了"代表民意"的成分,使他自信心膨胀,准备实施下一阶段的"台湾改造计划"。他在 5 月 20 日的就职演说中提到:"将尽速责成政府,针对'国家'未来发展的重要课题,广邀各界意见领袖与代表,共商大计,建立共识,开创'国家'新局。"① 实际上是为下一阶段"修宪"积极谋划。自 1988 年接替蒋经国成为台湾当局领导人以来,李登辉一直致力于台湾的"宪政改革",已先后主持

---

* 在"国发会"筹备期间,由"建国会"会长彭明敏筹议召开的"台湾国家发展会议"也拉开帷幕,民进党、"建国党"多人出席,会上主张"台湾为独立国家",号召以"台湾名义加入联合国",明显具有"台独"性质,本文不做讨论。

① 《李登辉就职演说全文》,姜殿铭主编《台湾一九九六》,九州图书出版社,1997,第 496 页。

推动了三次"修宪"工作，在"中央政府体制"层面，取消了"行政院院长"的"副署权"，"总统"权力不断扩大，并且在法律上将"中华民国"的"治权"和"主权"限定在所谓的"台澎金马自由地区"，这与李登辉自 1994年以来推行的分离主义路线相吻合，体现出其"台独"的政策倾向。

1996 年"总统"选举结束后，"民选总统"已突破原有的"中华民国宪法"中的"内阁制"架构，国、民两党都有通过"修宪"来改变"中央政府体制"、朝"总统制"方向发展的诉求。对李登辉来讲，也需要进一步扩大"总统"权力和继续推动"中华民国台湾化"的政治策略。但是台湾当局面临内外困境，不仅有"台海危机"带来的两岸关系紧张局势，而且李登辉及国民党已无法在"国民大会"一家独大，出现国、民、新三党鼎立的政党竞争格局，李登辉担任党主席的国民党不能主导"修宪"格局。因此，李登辉选择召开"国家发展会议"，寄望以"政治协商"形式营造"全民总统"的超党派形象，并借机联合其他反对党派形成"改革共识"，再次"修宪"，从而推动台湾"本土化"，带领台湾人"出埃及"，迈向"新时代"，这个"新时代"其实就是走向"台独"的时代。

一 "国发会"召开的时代背景

选择在 1996 年召开"国家发展会议"不是偶然的，它与 1990 年的"国是会议"有不同的时代背景，是政党政治的产物。"国是会议"是在民意和社会力量推动下的改革，且参与范围广泛，吸纳各类人士的意见；而"国家发展会议"则是李登辉提议召开的政党间协商会议，主要参与者是三大政党代表，有明显的政党政治色彩。

综观 1996 年岛内外的局势变化，"国发会"的召开至少由以下几个因素促成。

1. "台海危机"引发两岸关系紧张，需要缓和气氛

1995 年 6 月，李登辉以"私人身份"访美，在康奈尔大学发表的演讲中提出"中华民国在台湾"或"在台湾的中华民国"，为"两个中国"或"一中一台"制造舆论。[①] 李登辉"访美"实质上是为 1996 年大选造势，希

---

① 《人民日报》评论员、新华社评论员：《一篇鼓吹分裂的自白——一评李登辉在康奈尔大学的演讲》，国务院台湾事务办公室新闻局编《鼓吹分裂的自供状——李登辉在康奈尔大学演讲评论文章汇编》，九州图书出版社，1995，第 2 页。

望在选前获得美国支持。中国国务院副总理钱其琛、外交部以及全国人大外事委员会、全国政协外事委员会都发表谴责声明，对美方的立场表示批评。李登辉这次访问及发表分裂言论，不仅"损害了中美关系的'政治基础'，纵容了台湾当局的分离主义倾向，助长了国际上的反华气氛"，① 也引发台海间"严重冲突"，造成自 1958 年以来"最严重的一次台海危机"。② 他在美国《国家评论》杂志上就《中国之未来》发表专文，对其访美之旅进行狡辩，将"台海危机"归因于大陆，并不反思自己出卖国家主权和分裂国家领土的言行。他宣称："1995 年 6 月，在我接受我获得农经博士学位的康奈尔大学之邀，回母校演讲后，北京在极接近台湾的海域进行军事演习，他们的行为只能解释为试图侵扰我们的人民，并损害我们的经济。"③ 李登辉的不实言论在海内外招致广泛批评，有学者指出："李登辉访美是一个严重的政治事件，不但使中美关系蒙受损害，出现倒退，也必将使两岸关系遭遇障碍，罩上阴影。"④ 新华社的评论更是直接指出，李登辉的言论真正目的在于"挑动和裹胁台湾民众跟随他一起走上分裂的道路，是要以台湾同胞的利益、前途和生命作为赌注，向'一个中国'的原则挑战"。⑤

面对大陆维护国家主权和领土完整的鲜明立场，美方逐渐意识到要"稳定与中国的关系，稳定台湾海峡的局势"，因此强调"反对海峡两岸中任何一方单方面改变现状"。⑥ 迫于美方的表态和大陆的压力，李登辉表面上希望两岸能保持合作关系，他提到，"我们要与大陆保持和平与合作关系。海峡两岸若能携手合作，中国文明将成为造福亚太地区，乃至全世界的一股力量"。⑦ 但在实际行动上又表现为另一套，从 1996 年下半年开始，台湾当局不断收缩两岸经贸关系，控制台商在大陆的投资经营活动，继续执行"南进政策"和"台湾优先"的经济政策。

在两岸关系紧张时刻，李登辉及台湾当局希望召开"国发会"，从内部

① 陶文钊主编《美国思想库与冷战后美国对华政策》，中国社会科学出版社，2014，第 74 页。

② 周志怀：《关于 1995～1996 年台海危机的思考》，《台湾研究集刊》1998 年第 2 期。

③ 李登辉：《中国之未来》，台湾《中国时报》1996 年 5 月 19 日。

④ 翟象乾：《李登辉揭开自己的假面具》，国务院台湾事务办公室新闻局编《鼓吹分裂的自供状——李登辉在康奈尔大学演讲评论文章汇编》，第 45 页。

⑤ 新华社评论员：《鼓吹"生命共同体"制造分离意识——评李登辉的"台独"言行之二》，国务院台湾事务办公室新闻局编《鼓吹分裂的自供状——李登辉在康奈尔大学演讲评论文章汇编》，第 23 页。

⑥ 陶文钊主编《美国思想库与冷战后美国对华政策》，第 76 页。

⑦ 李登辉：《中国之未来》，台湾《中国时报》1996 年 5 月 19 日。

寻求"大陆政策"的共识和支持，以减少政治改革的阻力。民进党主席许信良也表示，"两岸自三月飞弹演习以来，就进入紧张关系，但国际上和'国内'工商业界都不希望这种紧张关系持续下去，政府正面临这种内外压力，而急于提出具体政策"。他坚信，"在'国家发展会议'之后，将出现比现在更开放的大陆政策"。①

2. 为下一阶段"修宪"凝聚政党共识

李登辉在就职演说中表示"必须推动第二阶段的'宪政改革'，澄清选举文化，强化廉能政府，改善社会治安，调整政治生态，落实政党政治，以确保民主政治的稳定与发展"。② 但随即明确提出 1996 年不"修宪"，李登辉大致是出于两方面的考虑。

第一，提议"联合内阁"未被接受，而连战兼任"阁揆"又引发政争，需要化解矛盾。1995 年 12 月 2 日，第三届"立法委员"选举中，国民党取得 164 席中的 85 个席位，较第二届的 103 席大幅下降，仅仅以 3 席的优势保持在"立法院"的地位，得票率也仅为 46.06%，远低于上届的 61.67%。民进党获得 54 席，新党获得 21 席，在"立法院"形成三党竞争抗衡的格局，虽然在"立法院长"的选举中国民党以一票胜出，但也由此带来 6 月连战是否兼任"行政院长"引发的政争。"总统"选举期间，李登辉及连战本人都表示若当选，连战不会兼任"阁揆"，但是选举结束后，李登辉却提名连战兼任"行政院长"，这在朝野引起轩然大波。在民进党、新党拒绝加入李登辉提议的"联合内阁"后，"立法院"坚决不同意李登辉提名的"行政院长"，连战在此期间做"施政报告"，也被拒之门外。"立法院"还通过开会表决以 80 票对 65 票的结果，要求李登辉重新提名"行政院长"。有媒体分析指出，李登辉也将因此"付出相当可观的政治社会成本"。如果李登辉不理会"立法院"的请求，则会导致"在野党在未来的时日势将永无休止地瘫痪议事、罢审法案"，③ 最终形成"行政"与"立法"对峙的局面；若是接受"立法院"的请求，连战则有可能下台，李登辉筹划已久的"内阁"人事安排也就失去了正当性。这场政争交由"大法官会议"进行解释，得到一个模棱两可的结果，造成"总统"与"立法院"之间的关系紧张，现行体制的弊端显现。宪法学者苏永钦指出："最后的出路仍是朝野协商修

---

① 樊嘉杰：《"国家发展会议"邀民进党参加》，台湾《中国时报》1996 年 9 月 21 日。

② 《李登辉就职演说全文》，姜殿铭主编《台湾一九九六》，第 497 页。

③ 社论：《朝野均应各让一步，勿使全民皆成输家》，台湾《中国时报》1996 年 6 月 12 日。

宪，以求和解，也就是阁揆提名的争议先搁一边，把宪法当作替罪羊。"①

第二，国民党一党主导"修宪"的时代一去不复返，三党竞争格局形成。1996 年 3 月 23 日第三届"国民大会"代表选举，总额 334 席，国民党最终获得 183 席，民进党获得 99 席，新党获得 46 席，无党籍获得 6 席。根据"宪法"规定，"修宪案"须有国大代表总数 2/3 出席，以及出席代表 3/4 决议。这次选举结果，国民党已无法获得 3/4 的"修宪"绝对优势，丧失了"修宪"的主导权。而且一旦民进党与新党联合，将形成一定的力量，足以与国民党在"国大"会场展开杯葛，只有通过政党协商"修宪"才能保证国民党版"修宪"案的顺利通过。

基于上述两点考虑，李登辉不会贸然提议"修宪"，而是提议召开一次多党联席会议，借此了解各党派的主张，再根据会议结果做成"修宪"提案，既体现"民主"，也自然更有利于其"政改"目标的实现。

3. 李宋之争与省级机构调整

李登辉在政坛的崛起，与宋楚瑜的贡献不可分。尤其是蒋经国去世后，李登辉成为"民选总统"以前的这段时间，宋楚瑜在党内和政坛一直是李登辉的有力支持者，但 1994 年宋楚瑜高票当选省长后，在党内的影响力和民意支持度不断攀升，引起李登辉警惕。有分析指出，"一旦省长由民选产生，且'总统'由相对多数当选制选出，因为得票率高低之故，就有可能发生民选省长在得票数上超越'民选总统'的情形，因而会对'总统'的权威带来威胁"。② 1996 年李登辉当选后，宣布不再连任，培养连战接替自己的位置，而且在人事安排方面，有意排挤宋楚瑜；加之此时台湾社会正掀起"叶利钦效应"（地方政府行政长官经民选后势力膨胀，挑战中央权威并有可能分权）是否会在台湾政坛出现的广泛讨论，宋楚瑜在讨论中处于尴尬位置。有报道列举宋楚瑜 1996 年"总统"选举后面临的境况："在民选省长的位置上，按照以往惯例，他的下一步应是回'中央'当'院长'级以上职务。但由于最近有很多迹象显示，他的政敌们正逐渐形成一道围堵他的防线，这可以从目前台北传出他暗中运作'立委'反对核四翻案，以及省府官员'入阁'受挫等事件看出端倪。对内阁人事一直处在未被事先告知的情况下，让宋楚瑜惊觉，他似乎已与'权力核心'产生了过去不

① 戴文彪：《"宪政"灰色地带"政院"运作黑暗期》，台湾《中国时报》1996 年 6 月 12 日。
② 若林正丈：《战后台湾政治史——"中华民国台湾化"的历程》，台北：台湾大学出版中心，2014，第 272 页。

曾存在的隔阂。"①

限制宋楚瑜力量壮大集中反映在精简省级机构问题上。自台湾光复后，一直保留台湾省的建制，但"当前'中华民国'的管辖区域，仅限于台、澎、金、马等地，人口亦仅二千二百万人，故'中央政府'与台湾省所辖面积重叠百分之九十八以上，人口重叠亦百分之八十，多层级的机关与叠床架屋，造成管理单位多，负责单位少，行政程序繁，工作流程长等各种现象"。② 尤其是在"总统"选举前后，"精省"与"废省"两种论调增多，民进党和部分激进势力提出"废省"口号，引起较大社会反响。由98位"立委"连署"冻省"的"修宪"提案因王天竞、傅崐成的异议在"立法院"搁浅后，林浊水表示，"废省"是"社会的共识和潮流，统派人士挡也挡不了"。③ 台湾省政府公布一份省长宋楚瑜就职两周年的成绩单，除了详细列出各项省政府工作的数据与绩效之外，也借此凸显省长的施政成绩。报告中还特别强调指出："省长当初在竞选期间所提出的具体政见，已有近八成九的落实率。"④ 这份成绩单可以看作台湾省政府方面对"废省"的回应和"保省"的坚持。

无论是"保省"、"废省"还是"冻省"，都是李登辉及国民党在"总统选举"结束后无法回避的议题。

4. 援引"国是会议"经验，通过协商达到政治目的

1990年3月20日，李登辉宣布台湾地区将召开"国是会议"，并以"健全宪政体制""谋求'国家'统一"为两大议题，借此"搭建一个集合朝野精英共商大计的舞台，来对抗脱离民意的内部既得利益集团"。⑤ 这次会议是蒋经国去世后，国民党主导下召开的一次参加人员广泛、讨论议题明确的协商会议，李登辉及国民党"主流派"寄望通过这次会议，引进体制外力量解决执政困境，尤其是化解派系矛盾，实现政治改革目标。这次会议在台湾政治发展史上具有里程碑式意义，相关议题的讨论对台湾地区的政治转型、经济发展及两岸关系的调整变化有一定的影响。也正是因为这次会

---

① 邱家宜：《午夜十二点半，宋楚瑜还在思考两个他和李登辉的问题》，台湾《新新闻周刊》第487期，1996年7月7~13日，第35页。

② 台湾省文献委员会编《台湾省政府功能业务与组织调整文献辑录》，南投：台湾省文献委员会，1999，第577~578页。

③ 李季光：《"冻结省修宪提案"被打回票》，台湾《中国时报》1996年11月9日。

④ 张瑞昌：《回应"废省"声浪？宋楚瑜成绩单公布》，台湾《中国时报》1996年12月17日。

⑤ 邹景雯：《李登辉执政告白实录》，台北：成阳出版股份有限公司，2001，第331页。

议的"成功",让李登辉在 1996 年"总统直选"实现后决心召开"国家发展会议",希望"援引当年'国是会议'成功的范例",通过召开"国家发展会议","让反对党再次成为改革的关键推手",① 达成政治抱负。

李登辉从执政开始,对民进党的态度表现出亲近,不只因为民进党大部分人的成长背景和他接近,也因为民进党流血流汗追求的民主、自由与人权,也正是他矢志推动的理想。② 李登辉曾在中山楼与民进党部分人士共餐时表示:"新的制度通常要有人起头才比较好做,需要民进党先扮黑脸的推动。"③ 7 月 1 日,李登辉与新上任的民进党主席许信良会面,就"政党合作、促进良性政党政治及继续推动政治改革相谈甚欢",也导致许信良的行为被民进党内有些人士称作"主席夜奔敌营"。④ 许信良对此解释:"前晚的会谈还谈不上是合作,只能说是双方寻求合作的开始。朝野合作对民进党来说,利大于害,民进党必须在合作中获得执政的经验和资源。而双方合作民进党可能失去的东西有限,因为如果双方合作民进党有损失,国民党同样也会有损失。"⑤

民进党对李登辉的"政党合作"比较感兴趣,因为对民进党来说,尽管在"总统"选举中惨败,但如果在接下来的县市长选举中获胜,则可为下一届"总统"选举积累政治资源,有利于实现党派的政治抱负。许信良在题为《寻找新梦追求新梦》的就职演说中提到,"在'总统'民选之后,国民党不再是非法政权,而是拥有民意支持的合法总统和执政党。民进党的政治态度必须调整,必须和国民党竞争、争取台湾人民的了解和支持,以确保继续发展。在'总统'大选受挫之后,全党都热切期待赢得明年的县市长选举,重振迈向执政的信心和士气"。⑥

二 "国发会"召开前的准备工作

根据李登辉指示,"国发会"召开先要成立"前置工作小组",由"总

---

① 邹景雯:《李登辉执政告白实录》,第 336 页。
② 张慧英:《李登辉 1988~2000 执政十二年》,台北:天下远见出版股份有限公司,2000,第 63~64 页。
③ 邹景雯:《李登辉执政告白实录》,第 337 页。
④ 张慧英:《李登辉 1988~2000 执政十二年》,第 281 页。
⑤ 李季光:《许信良:政党合作李登辉有腹案》,台湾《中国时报》1996 年 7 月 3 日。
⑥ 樊嘉杰:《许信良:未来政党关系不该变成零和游戏》,台湾《中国时报》1996 年 7 月 1 日。

统府秘书长"黄昆辉担任召集人，开展筹划工作。1996年9月18日，"总统府"举行"前置工作小组"工作会议，李登辉在讲话中明确提出"国发会"召开的原因："'国家'发展在'总统民选'后迈入另一个新的阶段，在一个新的体制中，'国家'如何有进一步的发展、如何形成'国人'的共识，更加显得重要，所以举行'国家发展会议'，邀请各界代表、意见领袖，共同参与，并借以凝聚共识。"① 在这次会上，基本确定"国发会"的三项议题：健全"宪政体制"、加速经济发展和增进两岸关系。

根据"前置工作小组"计划，"国发会"召开前首先设置筹备委员会，主要研讨会议议题和推荐参会人员，委员会设有召集人和副召集人，筹备委员23～29人，幕僚单位编组以执行长为首，设置副执行长若干人，秘书处设议事、新闻、秘书、警卫交通、总务、会计6个小组。筹备委员产生原则有四个："政党代表，由最近一次（即第三届国大代表）选举得票率超过百分之五之政党各推举代表2人，共6人；民意机关代表，含国民大会、立法院、省、市议会代表各1人，共5人；政府机关代表，含总统府、行政院、省、市政府及议题相关之主管部会代表，最多8人；依议题之性质，邀请学术界及社会各界之代表，最多10人。"② 经李登辉核定，连战担任会议筹备委员会的召集人，副召集人由国、民、新三党推派出任，分别是萧万长（国民党）、张俊宏（民进党）、李庆华（新党）。其他委员共29人，具体分配如下：

> 政党代表6人：饶颖奇、黄主文（国民党），尤清、邱义仁（民进党），周阳山、赖士葆（新党）。
>
> 民意机关代表5人：谢隆盛（"国民大会"副议长），王金平（"立法院"副院长），刘炳伟（台湾省议会议长），陈健治（台北市议会议长），陈田锚（高雄市议会议长）。
>
> 政府机关代表5人：黄昆辉（"总统府"秘书长），徐立德（"行政院"副院长），吴容明（台湾省政府副省长），陈师孟（台北市副市长），黄俊英（高雄市副市长）。
>
> 与议题相关之主管部会首长5人：林丰正（"内政部长"），章孝严

---

① 陈凤馨：《"国家发展会议"三议题确定》，台湾《联合报》1996年9月19日。
② 黄昆辉等编辑《"国家发展会议"实录》（上），台北："国家发展会议"秘书处，1997，第1页。

（"外交部长"），王志刚（"经济部长"），江丙坤（"经建会主委"），张京育（"陆委会主委"）。

学术界及各界代表8人：田弘茂（"国策中心"主任、"国策顾问"），谢瑞智（师大教授、"国大代表"），黄天麟（第一商银董事长），曹兴诚（联华电子公司董事长、"国策顾问"），辜振甫（海基会董事长、"资政"），翁松燃（"国统会"研究委员、香港中文大学教授），王效兰（民生报发行人），赖浩敏（"中选会"委员、律师）。①

1996年10月11日，筹备委员会召开第一次会议，由连战担任会议主席，与会人员有副召集人萧万长、张俊宏、李庆华及黄昆辉等27人，陈田锚和陈师孟因事请假。李登辉在致辞中表示，"总统直选"后，"在新的体制中，如何在政局的安定下，集中'国人'经验和智慧，共谋'国家'的长远发展，是我们能否展开大建设，昂首进入新世纪的关键所在"。②

筹备委员会第二次会议决定增加与会人员名额，由原定150人增至170人，除筹备委员会成员当然出席会议外，其余137人分配方案为："1. 政党代表30人，由国民党、民进党、新党三党依4∶3∶2之比例推荐；2. 各级民意代表30人，由国民党、民进党、新党及无党籍人士依4∶3∶2∶1之比例推荐；3. 学者专家20人，社会贤达20人，由召集人、副召集人及筹备委员推荐，每人推荐名额以不超过3人为原则；社会各界亦得向筹备委员提供建议名单，由委员并入考量。再由筹备委员会推派五人小组，负责审查遴荐；4. 各级行政人员代表17人，由'行政院'推荐；5. '总统'指定20人。"③ "宪政体制与政党政治"议题由吴伯雄、沈富雄、姚嘉文、陈癸淼、廖义男、刘松藩、钱复担任主席团；"经济发展"议题由吴乃仁、施振荣、徐立德、陈文茜、赖士葆等担任；"两岸关系"议题则由丁懋时、朱高正、宋楚瑜、周荃、许信良、陈水扁、辜振甫等担任。

筹备委员会在会议筹备期间，为了"扩大参与层面，广泛搜集各界意见"，以备会议参考，举办了各项专题及分区座谈会，邀请"内政部""行政院经建会""行政院陆委会"等相关机关于11月5～26日举办专题座谈会14场次，还邀请省（市）及县（市）级政府各举办一场分区座谈会，就

---

① 张慧英：《"国发会"名单核定11日开首次会》，台湾《中国时报》1996年10月5日。
② 黄昆辉等编辑《"国家发展会议"实录》（上），第7页。
③ 黄昆辉等编辑《"国家发展会议"实录》（上），第14页。

三项议题同场同时进行座谈，于 11 月 7～25 日共举办 27 场次分区座谈会，并邀请专家学者进行专项研究，提出对策，编印出来供大会议题讨论时作为背景说明材料。

除了民、新两党积极回应"国发会"的召开，选派人员参与筹备工作外，社会各界对"国发会"的召开也有所期待，先是肯定会议的前期准备工作："无论就出席人员的择定及议题的安排，整个过程大致体现了民主包容、相互尊重的气象，其能获得包括朝野政党代表在内的筹备委员之高度肯定，即足作为有力之佐证。"① 同时提出质疑，认为台湾省政府推荐的四位出席代表落选恰逢"废省"之说高涨之际，引起了"省府反弹"，似乎印证"国发会"的召开已经有了预设的立场，即"废省"。此外，就会议召开提出三点意见。

一是要厘清"国发会"的性质。"就原始创意者'总统府'方面的官方说法，一再强调'国发会议'乃是一体制内的全民参与共商'国是'发展的会议；但是在野党派则质疑其并非经常建制的咨询机构而只能视为体制外的偶发性聚合，并刻意强调其性质应属政党协商会议。我们认为这方面的差异主要来自于会议的认知及期许，但问题的症结应在于经由议题的探讨找出'国家'发展的基本共识与应循方向。因此既无须刻意区分为体制内外，在实际的运作过程更应是将全民参与和政党协商熔于一炉，以兼顾全民所需与后续政策法令的落实。"

二是政党协商色彩过于浓厚。"在短暂的五天正式会期中，包括台面上的发言，以至台面下的沟通、政党协商的斧凿之痕必然斑斑可考。对此，我们完全可以理解'国发会议'所获致的共识结论，不论透过'修宪'抑或立法，终必须经由朝野政党的背书认可才能贯彻落实。然而如果据以粗暴地排除'国发会议'其他政党属性并不明确的与会人士的发言意见，乃至于全民大众经由直接管道所提供的建言，则可以断言其所获致的决议将是充满政党角力妥协的痕迹但却独缺民间素朴之见。'国发会议'如何兼摄两者，其实正是占卜'国发会议'是否圆满成功的重要指标。"② 黄昆辉强调，"'国发会'不是政党协商会议，但是有政党协商的基础，其结论没有法律强制力，但有政治拘束力。"代表新党担任"国发会"副召集人的李庆华明确会议为"政党协商会议"。民进党主席许信良认为会议定位并不重

---

① 社论：《如何开好一场成功的"国家发展会议"》，台湾《中国时报》1996 年 11 月 20 日。
② 社论：《如何开好一场成功的"国家发展会议"》，台湾《中国时报》1996 年 11 月 20 日。

要，将"功能"尤其是会议共识"落实成'国家政策'"① 才是最重要的。实际上，这次参会的大多数代表都有政党属性，本身就是以政党为主的会议，讨论议题也与下一阶段"修宪"密切相关，这一点无法避免。

三是应思考如何落实"国发会"的结论。"会议的召开，不止在逞一时之口快，更重要的是在获致共识之后，究竟如何据以形成政策，制订法规。在这方面，我们欣见主要的在野政党代表都能表态愿在形成共识后予以贯彻落实。然而如所周知许多议题涉及政党和个别团体个人利益的消长，如果政党代表在'国发会议'和'国大'、'立院'党团之间于认知与实际作为上出现落差，则将堕损'国发会议'的功能效应。"建议"朝野人士，不止关心从现在到年底关于'国发会议'的相关进程，同时更能以永续发展的观点追踪查察'国家发展'议题如何贯彻落实。毕竟，相对于'国家'发展目标的设定，国发会议的召开，扮演的只是沟通触媒的角色。不论有无共识结论，'国家'跨世纪的发展不能没有规划、没有方向。准此以观，我们对于'国发会议'自是寄望殷切，多所期待。"②

三 "国发会"三大议题讨论情况

12 月 23 日，"国发会"正式开幕，李登辉在致辞中着重强调会议三大议题的意义："就'宪政体制'与政党政治而言，关系到'国家'民主化的再发展、再巩固问题；就经济发展而言，关系到民众生活福祉与'国家'竞争力的再精进、再提升问题；就两岸关系而言，关系到台海安全与交流互惠的再检讨、再策进问题。"③ 黄昆辉对三大议题也有详细介绍："'宪政体制'与政党政治"议题，将研讨"'总统'、'行政院'、'立法院'之关系"；"'国民大会'、'立法院'与'国会制度'"等议题，以厘清"中央政府体制"；讨论"'中央'与地方权限划分"、"'中央'与地方财政划分"等问题，以健全地方自治；此外也要研究"改进选举制度，净化选举风气"及"健全政党政治运作"。这项议题也将"奠定第二阶段'宪政改革'的基础"。④ 经济发展议题，以"提升'国家'竞争力的策略"、"推动亚太营运

---

① 张慧英：《政党协商运作是"国发会"骨干》，台湾《中国时报》1996 年 12 月 16 日。
② 社论：《如何开好一场成功的"国家发展会议"》，台湾《中国时报》1996 年 11 月 20 日。
③ 黄昆辉等编辑《"国家发展会议"实录》（上），第 92 页。
④ 黄昆辉等编辑《"国家发展会议"实录》（上），第 96～97 页。

中心的做法"及"参与国际经贸组织的战略"为讨论主题，以此"全面检讨经建策略，突破经济发展的瓶颈"。[①]两岸关系方面，以"因应当前两岸发展情势"，就"两岸关系"与"'国家'安全""经贸投资""对外关系"等问题进行探讨，目的是"寻求结束两岸敌对状态，恢复两岸协商的策略"，最终"建立对大陆政策的共识"，并"推展理性、和平、对等、互惠的两岸发展关系"，以此"奠定'国家统一'的基础"。[②]

在议题正式讨论前，还召开了"国发会"的"会前会"，三党一派就部分问题达成一致。会议中针对这三项议题先是召开分组会议，后召开全体会议，讨论情况如下。

1. 经济发展议题

"国发会"总结报告指出，台湾经济发展的目标在于"突破当前经济困境，恢复发展动力；建立经济发展的新方向，开创二十一世纪台湾经济远景"。在这次会议上，决定了经济发展的三大战略："加速迈向高度自由化、国际化境界，以因应二十一世纪全球经济竞争的新时代；体认台湾幅员狭小，天然资源匮乏，应使有限经济资源作最充分的运用，以提升'国家'整体竞争力；建构一个包括精简合理的政府组织架构、健全的法令规章、现代化的文官制度的高效率政府部门，以配合经济发展的需要。"[③]

在分组讨论中就"如何改善政府财政收支，健全土地管理、税制及回馈制度，促进劳资和谐，透过加速法令增修，政府管制松绑，以提升行政效率，限期完成公营事业民营化"等问题初步达成共识，但"新核能电厂兴建，党营事业"[④]等议题存在分歧。

最终达成以下共识：改善政府财政收支；加速基础建设，扩大民间参与；健全土地（税制、管理、回馈）制度；检讨能源政策；促进劳资和谐；加强环境保护，提升生活品质；推动亚太营运中心建设方面，提出加速法令增修，提升行政效率；加强金融自由化、国际化；加速公营事业民营化；排除投资障碍，促进产业升级等措施。在其他有关经济发展的建议中，有提议在"总统府"之下成立"跨党派的'新政府委员会'"，以"落实'国发会'主张，推动政府改造与组织重整"，最终建立一个"精简而有高效率

① 黄昆辉等编辑《"国家发展会议"实录》（上），第97页。
② 黄昆辉等编辑《"国家发展会议"实录》（上），第97页。
③ 黄昆辉等编辑《"国家发展会议"实录》（上），第745页。
④ 黄昆辉等编辑《"国家发展会议"实录》（上），第569页。

的二级政府制度"。①

2. 两岸关系议题

"两岸关系"议题属于分歧最大、达成共识最难的议题。"国发会"上，对国民党而言，需要"凝聚共识"为日后两岸政策"背书"，而民、新两党则"力求介入两岸决策，争取发言权，进而分享国民党手头上的资源"。②

"两岸关系"议题包含以下子议题："1. 两岸互动的策略与原则：两岸关系定位、'国家'安全与两岸关系（含危机处理问题）、国际情势下两岸关系发展策略、大陆情势与两岸关系发展策略、'国统纲领'的落实与检讨。2. 两岸协商基本问题：结束两岸敌对状态、签署和平协定、两岸领导人互访、交流衍生问题之解决。3. 两岸经贸关系建构：如何规划稳健发展的两岸关系、台商投资权益保障、两岸直接通航有关问题。4. 对外关系与两岸关系之互动：对外关系与两岸关系的动态平衡问题、参与联合国与国际组织问题、多元化方式推展对外关系问题。5. 落实港澳政策保障'国人'权益：九七后驻港机构问题、九七后台港航运问题、九七后台港及九七后台澳人员往来问题、九七及九七后港澳地区'国人'权益保障问题。6. 大陆政策决策体系与监督机制：建立凝聚共识机制问题、大陆政策的决策程序问题。7. 其他有关两岸关系之问题。"③

分组会议达成的共识：（1）两岸互动的政略与原则：自1912年起，"中华民国"即为一主权国家；自1949年中华人民共和国成立后，两岸即成为"两个对等政治实体"。开展两岸关系应以维护"中华民国"之生存与发展为基础。大陆政策与对外政策应互为表里，相辅相成。两岸协商基本问题：两岸可在适当的时机，就和平协定之签署进行协商。④ 两岸协商应以内部共识为基础，并由主管机关授权，在"国会"监督下进行。积极推动恢复辜汪会谈，以建立台港新关系及解决两岸加入世界贸易组织之相关问题，进而营造两岸和平互动环境。促进两岸领导人在适当时机互访，以开创两岸合作的新纪元。⑤ （2）两岸经贸关系的构建：两岸"三通"问题，应依照安全与互惠的原则，在时机成熟时，经由协商解决。①（3）对外关系与两岸关系互动，落实港澳政策保障台湾权益。

分组会议存在的分歧：（1）国民党：继续以"一个中国两个对等政治实体"架构定位两岸关系，基本目标是追求两岸的民主统一。②（2）民进党："台湾是一个主权独立的'国家'，台湾与中国的关系，基本上应属于一般的国际关系，台湾与中国的关系必须正常化。配合台湾国际化之方向，应积极加入联合国，并大力推动政党外交、民间外交、城市外交等非传统形式之外交。"（3）新党："坚持'一个中国，两个对等政治实体'的原则，不过对于'一个中国'的内涵，两岸政府应尊重彼此的解释权。政府应适度采政经分离的原则，辅导台商拓展大陆市场。积极推动两岸经贸、文化、学术等交流，有助于稳定两岸关系，保障台海和平。"③

全体意见汇总如下：（1）马英九代表国民党发言指出，"一个中国，两个对等政治实体"是台湾对两岸关系的定位，现阶段应该做的是"恢复'辜汪会谈'，以协商构建台港新关系以及两岸加入世界贸易组织的相关问题"，同时在"时机与条件成熟时"，就"签署和平协定问题进行预备性磋商"。④对两岸"直接三通"问题则有所顾虑，马英九认为"思考两岸'直接三通'，固然要考量民众或厂商个别的经济利益"，但"忽略'国家利益'及社会整体成本负担，则将是不够周延的"。⑤对外关系上，既要坚持"务实外交"，也要推行"稳健"的大陆政策，而监督机制方面，不应裁撤"国家统一委员会"，而是应该加强其功能。（2）张麟征代表新党发言指出，"两岸关系究竟为何种关系"可以"模糊处理"，而"一个中国，两个对等政治实体"也可"重作考量"。在"外交政策"上，他认为"'一个中国'原则是我们外交政策及大陆政策的平衡杠杆，只有在此一原则上，两岸可以即使在对外双边关系上竞争、斗争，而不致在两岸关系上引起战争"。在经贸上，香港回归和加入世贸组织，已经使"直接三通"问题无法回避。至于"国统会"问题，他认为尽管已经"日趋式微"，但仍有"象征意义"，建议"不动为宜"，且"不宜增设"新机构。⑥（3）林浊水代表民进

---

① 黄昆辉等编辑《"国家发展会议"实录》（上），第583页。
② 黄昆辉等编辑《"国家发展会议"实录》（上），第585页。
③ 黄昆辉等编辑《"国家发展会议"实录》（上），第586页。
④ 黄昆辉等编辑《"国家发展会议"实录》（上），第659页。
⑤ 黄昆辉等编辑《"国家发展会议"实录》（上），第660页。
⑥ 黄昆辉等编辑《"国家发展会议"实录》（上），第662页。

党发言，他认为这项议题至少达成了三项共识："'一个中国'和'统一'不再是台湾的共识、双方的地位是对等的、'台湾优先'的共识"，以后再谈到"一个中国"的政策时，应该"明白表示是政党各自的立场，不是'国家'的立场或人民的立场"，也不再是"政府的立场"。[①]"国统会"的名称不恰当，建议在其之外，成立一个"对中国政府"的"最高咨询机构"，至于两岸经贸方面，他认为台湾没有"利用中国的市场而导致经济的成长"，应该"慎重的考虑"[②] 这个问题。（4）翁松燃代表社会人士发言，他赞同张俊宏的意见，认为要以"发展有效的、为人称道的民主制度和文化"作为对抗力量，也指出多数社会人士倾向支持"准国际关系"[③] 的两岸关系定位。关于"大陆决策与监督机制"的问题，社会人士也分为三种意见，分别是"维持原体制并更改国统会名称"、另设"三党及个别人士可共同参与之咨询机构"、在"'立法院'设立两岸关系委员会事监督"，新机构的名称有"大陆政策及两岸关系全国咨询委员会""大陆政策咨询委员会""两岸关系咨询委员会""两岸关系发展委员会""国家发展委员会"[④] 等建议。

3. "'宪政体制'与'政党政治'"议题

经过 27 场分区座谈、6 场专题座谈、4 场专题综合研讨及 13 场专家学者研讨会，国民党蔡政文、民进党郭正亮、新党周阳山、无党籍赖浩敏等多人会商，就"宪政体制与政党政治"议题达成三党一派"会前会"的 18 项共识，并建议"国发会"不要推翻这 18 项共识。另外还有约 16 项尚待商议，即是否"废省"、是否增设副县市长、"立法院"应否拥有调查权、投票年龄应否降为 18 岁等，将作为"国发会"讨论重点。

一、厘清"中央政府体制"部分：

1. "中央政府体制"应依权责相符原则，采行若干调整，以避免"宪政"僵局。

2. 审计权回归"立法院"。

3. 军政、军令一元化。

---

① 黄昆辉等编辑《"国家发展会议"实录》（上），第 663 页。
② 黄昆辉等编辑《"国家发展会议"实录》（上），第 664 页。
③ 黄昆辉等编辑《"国家发展会议"实录》（上），第 666 页。
④ 黄昆辉等编辑《"国家发展会议"实录》（上），第 667 页。

二、合理划分"中央地方权限"、健全地方自治部分。

1. "中央与地方权限"应进一步合理划分。

2. 缩减省政府之组织与功能。

3. 县市政府职权应予增强。

4. 维持乡镇单位，但该级选举应暂停或取消，乡镇长改为官派。

5. 地方税法通则、财政收支划分法应尽速立法或修正，以健全地方财政。

三、改善选举制度，净化选风部分：

1. "总统"选举制度，有关连署及保证金门槛问题应再做检讨。

2. "立委"名额应酌予提高为二百人至二百五十人。

3. 若采行单一选区、两票制，政党代表名单应有妇女、原住民及侨民名额。

4. "立委"任期与"总统"任期一致，改为四年。

5. 净化选风、修改选罢法、改善选举制度、选区划分在"中央"应成立超然中立之委员会。

四、落实政党政治部分：

1. 补助政党竞选经费应酌以调高，但应纳入适度规范。

2. 政党不得干预司法，公务员应保持政治中立。

3. "立法院"协商机制应法制化、制度化。

4. 政党组织及运作应受法律规范。①

经正式会议讨论，全体意见汇总如下。（1）张晋城代表无党派发言指出，"总统直选"后应加重权力，"行政院"为执行机关，"总统"任命"行政院长"无须经过"立法院"同意并且有"解散立法院"的权力，"立法院"则拥有"倒阁权"。②他反对将"弹劾权"划归"立法院"，如果一定要这么做，应该在"门槛方面跟具体条件方面要加以规范"，"立法院"只拥有"弹劾提案权"，然后交给"公民投票"决定。"国民大会"应予维持，但人数要减到150~200名，"修宪权"改由"国民大会和立法院联席行使"。地方行政层级方面，他建议，"'中央'成立委员会以最终'废省'为目标，一年内提出'废省'之阶段进程及具体步骤"并"先行冻结下届

---

① 张启楷：《"宪政议题"18项共识提报"国发会"》，台湾《中国时报》1996年12月17日。

② 黄昆辉等编辑《"国家发展会议"实录》（上），第734页。

省长及省议员之选举"。① （2）因为新党离席，吕亚力代表新党发言，他认为："政党比例代表制应该让选民决定当选人之名次"并"提高妇女及原住民等人数"。而且以后台湾在改革时，要坚持"程序正义"和"容纳一切集团与政党之参与。"② （3）邱义仁代表民进党发言，他指出，在"中央体制"上民进党可以接受的有："1.'总统'提名'行政院长'不必经'立法院'同意；2.'立法院'得对'行政院'行使不信任投票；3.'总统'有解散'立法院'之权，但须有必要之规范或限制；4.'立法院'拥有对'总统'、'副总统'之弹劾权以及决算审计权；5.'立法院'各委员会之调阅权与听证制度应'入宪'，并予以法制化；6.停止'国民大会'的选举，'国民大会'的名额应缩减"。地方行政层级方面，"自下一届起，冻结省长及省议员的选举"，还要在"中央政府"下设立"专责委员会"，负责处理"省府职掌、人事等相关事宜之转移"等，必须在半年内完成规划。因为国民党拥有庞大的党产事业，民进党对此提出"党营事业不得经营垄断性事业、不得到大陆投资、不得参与政府采购、不得承揽公共工程"③ 等要求。（4）饶颖奇代表国民党发言，他指出现行制度应朝向"改良式混合制"，"总统"任命"行政院长"，无须"立法院"同意且可在必要时解散"立法院"，"行政院长"也可"咨请总统解散立法院"，但需"必要之规范"；至于"立法院"的权限，则可以对"行政院长"提出"不信任案"，并有审计权及对"总统、副总统"的"弹劾权"。至于"国民大会"，则需继续维持但要"缩减名额"，且"冻结国民大会之创制、复决权"，"人民得就全国性事物行使创制、复决权"。地方行政层级方面，主张先"调整精简省府之功能业务与组织"，然后"成立委员会完成规划及执行"，同时还要"冻结省自治选举事项"。还要"取消乡镇市级之自治选举"，而"乡镇市长"则改为"依法派任"。④ 党营事业的投资则基本接受民进党的四点主张。

四　各界对"宪政体制与政党政治"议题的评论

从会议举办的初衷、会议的讨论情况和引起争议较多的话题来看，经

---

① 黄昆辉等编辑《"国家发展会议"实录》（上），第 735 页。
② 黄昆辉等编辑《"国家发展会议"实录》（上），第 737 页。
③ 黄昆辉等编辑《"国家发展会议"实录》（上），第 738 页。
④ 黄昆辉等编辑《"国家发展会议"实录》（上），第 739 页。

济议题和两岸关系议题是"老调重弹"，没有突破以往的论调。政治改革话题即"宪政体制与政党政治"是"国发会"的中心议题，正如黄昆辉指出："社会上及党派间对若干宪政课题与两岸关系较有争议，实有进行沟通，凝聚共识之必要。"① 王作荣也认为"宪政体制"议题是讨论重点："虽说是三大议题，实际上只有一个主题，即宪政体制与政党政治，其余两项议题不过是为主题作陪衬而已。"② 社会各界人士也评价会议有"偏政治轻经济"的取向。"宪政体制"议题是引发台湾地区政治格局变化的制度根源，也是"独台"与"台独"的合流，为台湾当局下一步"修宪"提供政党力量支持，因此本文将重点讨论这一主题。

"宪政体制与政党政治"议题引发的争议是围绕两个问题展开的，即"中央"与"地方"两方面体制改革与再造。

首先是"中央政府体制"问题。"总统直选"后，台湾地区的体制究竟是走向"总统制"还是"双首长制"问题，引起较多讨论，这次会议关于"总统""行政院""立法院"三者关系达成如下"共识"：

1. "总统"任命"行政院长"，不需经"立法院"同意。

2. "总统"于必要时得解散"立法院"，而"行政院长"亦得咨请"总统"解散"立法院"，但需有必要之规范或限制。

3. "立法院"得对"行政院长"提出不信任案。

4. 审计权改隶"立法院"。

5. 对"总统"、"副总统"之弹劾权需符合"宪法"严格程序，并改由"立法院"行使。

6. "立法院"各委员会建立听证制度及调阅权之法制化。③

从以上结论可以看出，"中央体制"方面最大的变化是"总统扩权"甚至不受约束，"行政院"沦为办事机构。"行政院"院长改由"总统"任命，"立法院"的"阁揆同意权"不复存在，"行政院"成为"总统"的幕僚机构，"行政院长"成为"总统"的幕僚长，这样就造成"总统有权无责，行政院长有责无权"的局面。"总统"除了任命"行政院长"外，还可

---

① 黄昆辉等编辑《"国家发展会议"实录》（上），第96页。

② 王作荣：《壮志未酬：王作荣自传》，台北：天下远见出版股份有限公司，2009，第485页。

③ 黄昆辉等编辑《"国家发展会议"实录》（上），第775页。

以解散"立法院"。尽管"立法院"也可以提出"总统弹劾"案，但因有严格规定的束缚，不易实现，导致"总统"的权力扩大到几乎不受制约的地步。按照这个方式，所谓的"内阁制""双首长制"已经没有争论必要，最终的走向还是"单首长制"，只不过是不受约束的"总统"。有分析指出，"一个权力例行化的'总统'将因此而产生，'行政院长'则是总统的幕僚长，不必经'立法院'同意，'总统'的权力运作则依靠'国务会议'行之。这根本不是什么'混合制'、'双首长制'，而是派一个'行政院长'应付'立法院'的'总统制'。在这样的设计下，对总统幕僚长的行政院长设'倒阁权'已无任何意义"。①

因新党支持"内阁制"，与国民党协商破裂后，新党发表《真正的改革新党绝不缺席》声明，宣布退出"国发会"，强调会议已经"背离改革的道路，成为国民党当局谋求个人权位的政治交易场所"。② 新党退出后，并没有影响国、民两党协商沟通，相反加快了沟通速度，形成"共识"。有评论指出，"国发会"是考验国民党"改革诚意"的一次会议，如果"只要求权力集中"，而不是"以对等的制衡来作交换"，就是"无诚意"的会议。③ 就民进党在"国发会"的表现来看，其政治策略逐步走向成熟，"没有提出一些符号式或是整套的'宪政体制'的想法，实际上就是因为过去这几年的经验积累，因为过去要求一次革命成功的零和竞争，不但让民进党失去主动性，且在'宪政'的发展上，只能扮演边陲的角色。所以这次民进党只对个别、单一的议题提出不同的看法，像是诉求'单一国会'议题上，民进党用增加'立法院'的调查权、弹劾权来取代，或是党营事业民营化的问题，尽量把议题分散且细致化"。对民进党来讲，不要求"全盘的胜利"，而是"只要突破一个点，便等于是多得到一分的战果"。④ 可以说，民进党"国发会"的收获大于预期。

除国、民两党和无党籍代表外，其他政党和社会人士对"宪政体制"议题批评较多。新党"立委"姚立明认为，"未符合权责相符的原则，只会

① 南方朔：《要求权力集中的同时要以对等制衡交换》，台湾《新新闻周刊》第 511 期，1996 年 12 月 22～28 日，第 11 页。
② 罗如兰：《协商破裂新党宣布退出》，台湾《中国时报》1996 年 12 月 28 日。
③ 南方朔：《要求权力集中的同时要以对等制衡交换》，台湾《新新闻周刊》第 511 期，1996 年 12 月 22～28 日，第 11 页。
④ 庄胜鸿：《为占领更多政治版图民进党不再光打高射炮》，台湾《新新闻周刊》第 512 期，1996 年 12 月 29 日至 1997 年 1 月 4 日，第 39 页。

制造更多的‘宪政僵局’，运作不良”。江鹏坚认为“宪政体制”的改革“不够宏观”，结论虽“维持五权架构，但已明显朝三权分立发展，整个体制如何运作并不明确，显得相当紊乱”。① 新党“国大党团”召集人许历农在“国发会评论座谈会”上的发言较为直接地点出了问题的实质："此次‘国发会’所达成的‘宪改共识’，完全是国民党的‘独台’与民进党的‘台独’合流。已经彻底破坏‘五权宪法’体制，等于宣判‘中华民国宪法’死刑，‘中华民国’实质已不存在。"②

其次是“地方体制”问题。“国发会”在“地方体制”方面达成的共识是“冻省”，具体说来是“调整精简省府之功能业务与组织，并成立委员会完成规划及执行，同时自下届起冻结省自治选举”。在“精简”省一级组织的同时，还“取消乡镇市级之自治选举，乡镇市长改为依法派任”。③

从岛内政治格局来看，“国发会”的“冻省”结论将引发台湾岛内两方面的关系紧张：

一是国民党内派系纷争，体现在李宋关系、国民党高层与省政府关系上。

国民党在萧万长主持下召开党内会议，明确下达政策指示，“将‘省虚级化’列为国民党的底线”。对此，省政府方面表示，“省府‘依法行政’，任何党内或政党间的‘共识’，都必须落实于‘宪法’和法律，省政府不会放弃在‘国发会’之外，发表其见解和主张”。④ 因为省方的压力，12月18日晚，李登辉在会商“国发会”议题的原则指示与结论时说："维持政局安定、民主及提升政府效率原则，有关省府虚级化问题应‘研究省及各级政府业务功能之调整或简化，现阶段不宜讨论废省或省虚级化问题’。"⑤ 随着会议进程的加快，国、民两党在议题上都做了妥协和让步，国民党希望在“总统”拥有“行政院长”提名和任命权问题上不要受阻，因此，愿意“用‘废省’论及政党补助论来交换”，⑥ 民进党所提的“废省”

---

① 蔡碧珠：《学者民代质疑可行性》，台湾《中国时报》1996年12月30日。

② 刘添财：《学者民代质疑可行性》，台湾《中国时报》1996年12月30日。

③ 黄昆辉等编辑《“国家发展会议”实录》（上），第775页。

④ 夏珍：《执政党主张省虚级化省府不拟表示缄默》，台湾《中国时报》1996年12月17日。

⑤ 吕学樟：《“修宪”风云录——冻省秘辛》，台北：五南图书出版股份有限公司，2003，第59页。

⑥ 南方朔：《要求权力集中的同时要以对等制衡交换》，台湾《新新闻周刊》第511期，1996年12月22～28日，第11页。

主张被部分采纳。① 黄年指出，"废省"是"国民党高层权力'卡位斗争'的最佳题材，倒宋势力不可能轻易放弃；但是废省又与现任省长宋楚瑜的政治前程大有关系。因而，未来除非是当局大力阻挡此案继续发展，或宋楚瑜自甘认输；否则，废省案未来在'国民大会'中势将变成国民党联合民进党来斗争宋楚瑜的大戏"。②

宋楚瑜于27日下午出席"宪政体制"议题第三次全体会议，提出自己的看法："外界所提'废省'、'虚省'、冻结'宪法'有关规定，或冻结省长省议员选举等许多问题，并非不可研究、不可检讨，只是在下结论或决策前，应考虑到此种重大变革牵涉这么多的人员、机关、业务、财产、人民团体、甚至省议会。"③ 宋楚瑜的发言似乎并没有奏效，"冻省"共识达成后，宋楚瑜在年底省议会开会时宣布辞职，经吴伯雄和林丰正出面协调勉强留任。宋楚瑜的辞职表明他"已向李登辉摊牌，与连战已走向公开决裂之途，国民党中生代争夺接班权斗争已经白热化"④。黄年从体制改革和权力分配两个角度指出国民党执政的失误："国民党政权近几年来的主要运作，从表面上来看，是体制改革；从内里来看，则是权力的再分配。若从这个角度来看，'废省'案所透露的讯息则是：一方面体制改革未竟成功，另一方面权力的再分配亦告失败。"⑤

李宋的关系紧张加剧了国民党内部分化，最终导致国民党的再次分裂，宋楚瑜另组亲民党，成为国、民两党之外的第三大党。

二是在社会上引起支持与反对力量的正面交锋。民意调查方面，根据《中国时报》的调查结果，尽管有三成以上的人认为"废省可以精简人事与不会引起统独争议"，但是有四成二的人不赞成"废省"，支持者仅有二成七，对省长宋楚瑜满意的比率则达到七成七。⑥

---

① 民进党所提的"废省"具体实施步骤："1. 冻结'宪法'第十章、十一章关于省之规定。2. 提高县市之地位与职权。3. 下届省长、省议员停止选举。4.'中央政府'成立专责委员会处理省政府现行职责与业务转移归属，省政府员工之转任及相关事宜；省政府及省营事业现有员工之权益应依相关法规加以保障。"参见樊嘉杰《"冻结省修宪提案"被打回票》，台湾《中国时报》1996年11月9日。

② 黄年：《李登辉的宪法变奏曲》，台北：联经出版事业公司，1998，第260页。

③ 吕学樟：《"修宪"风云录——冻省秘辛》，第58页。

④ 朱显龙、彭付芝：《"国发会"述评》，姜殿铭主编《台湾一九九六》，第278页。

⑤ 黄年：《李登辉的宪法变奏曲》，第261页。

⑥ 《中国时报》新闻中心民意调查组：《本报民调：废省二成七赞成四成二反对》，台湾《中国时报》1996年11月14日。

从社会反应来看，支持的一方多半认为"冻省"或"废省"有助于提升行政效率。宜兰县长游锡堃、"国代"庄胜荣等人称，"废省后公文可以少盖许多个章，大幅提高行政效率，并可落实各级政府权责分明"。游锡堃还提供了一份"省府各厅处补助县市各项工程的比率表"，他指出："像宜兰县细到连村里道路和雨水下水道工程，九成的预算都是由中央和省补助，县只能管到百分之十的预算，产业道路、农地重划区外农路之整修和改善，县更只能管到百分之五，省集权又集钱，导致县市乡镇地方自治无法落实。"① 省议员周锡玮反驳这种观点，他认为会议为了形成"冻省"共识，将"行政效率低落、担心叶尔辛效应等莫须有罪名统统加诸省政府身上，实在令人遗憾"。②

反对的一方主要在省一级机构。省议会在"冻省"共识形成后，制定13项对抗对策，分别是："尽速召开台湾省发展会议；研议暂时冻结下届县市长及县市议员选举；研议于六个月内收回所有被'中央'及北高两市占借用之省有房舍与省属事业；与省籍'国代'联谊；对'废省议题'进行'公民投票'；取消下次临时会，配合宋省长请辞，无限期休会抗议，直到宋省长请辞案明朗化后，再行决定是否复会"③ 等。《中国时报》发表社论对省议会的行为进行批评："近年来省议会的风气日趋败坏，部分省议员向行库大搞特权贷款强标省府工程滥权牟利，早已不是新闻。像这样一个形象早已跌倒谷底的地方议会，面对冻结省级选举的大趋势，不思自我检讨为省民权益尽其应尽义务，反想借机捞本，如果社会竟还视若无睹，岂非黑白不分，是非不明？"该社论还建议"省议会应尽早改变无限期休会的决议"，否则会"加速省级选举的冻结"。④

部分学者也反对"冻省"结论。政治大学教授薄庆玖指出，"多年来一直是四级政府，而且创造了经济和政治奇迹，至于最近台湾行政效率低落的主因是各级地方政府权责不清，和地方政府没有足够权限"。他也因此建议"不只不要废省"，还应该"将台北、台中、高雄县市等生活圈提升为省，成为多省、多市"，也会"有利于外交的推展"。周阳山用纽约没有

---

① 张启楷：《废省争议——"国发会宪政体制议题"座谈会打响"第一炮"》，台湾《中国时报》1996 年 11 月 14 日。

② 蔡碧珠：《学者民代质疑可行性》，台湾《中国时报》1996 年 12 月 30 日。

③ 陈玉华：《省方抗衡"国是会"进入实战阶段》，台湾《中国时报》1997 年 1 月 4 日。

④ 社论：《省议会无限期休会只会治丝益棼》，台湾《中国时报》1997 年 1 月 4 日。

"扩展为大纽约"的例子提醒应"重视民众的'习惯'",而且面临"省级官员和民代可能反扑的政治现实","废省"不可行之。①

五 对"国发会"的总体评价

从会议的结论来看,国、民两党是会议的"赢家",自然对会议比较满意。国民党方面,李登辉对"国发会"评价较高,认为会议有"广泛民意"基础。他说:"我们在召开'国家发展会议'之前,先召开县市级会议,让大家自由陈述赞成或反对意见,再将意见提报到中央,汇集了共识,才提到大会。未能达成共识的部分,则以个人意见,逐项记录下来。如此一来,即使持反对意见的人也会参与讨论。最后,暂时搁置有争议的部分,仅就达成共识的部分付诸实施,让改革工作可以逐步推展。"② 李登辉还对落实会议"共识"颇为自信。他在会议闭幕致辞中宣布:"'总统府'将成立'国家发展'咨询机构,暂设宪政体制、经济发展和两岸关系三个研究咨询小组,必要时也可增设其他研究咨询小组,适时邀请政党及社会各界代表,针对'国家发展'的重要课题,进行研讨协商,凝聚共识,共谋最佳对策。"③ 连战在闭幕典礼中指出,"国发会"是一项"凝聚共识、研讨对策"的会议,也为此"广邀政党及社会各界代表共同研商,并且规划设计分组会议与全体会议两个层次的'协商机制'",充分发扬了"民主协商"④ 精神。连战还表示"将依据'国家发展会议'的定位与功能,循修宪、立法及行政程序,把他们转化为政策,全力加以落实"。⑤ 民进党主席许信良认为,"这次会议之所以获得这么大的成就,最重要的是,朝野均希望在两岸关系中寻求最大的共识有着最高的诚意"。⑥

从台湾政治发展史的角度来看,我们至少可以从三个方面评价这次会议。

首先,会议举办初衷是政党间协商会议,具有政党政治的色彩,但最

---

① 张启楷:《废省争议——"国发会宪政体制议题"座谈会打响"第一炮"》,台湾《中国时报》1996 年 11 月 14 日。

② 李登辉:《台湾的主张》,第 140 页。

③ 黄昆辉等编辑 《"国家发展会议"实录》(上),第 780 页。

④ 黄昆辉等编辑 《"国家发展会议"实录》(上),第 781 页。

⑤ 黄昆辉等编辑 《"国家发展会议"实录》(上),第 781 页。

⑥ 黄昆辉等编辑 《"国家发展会议"实录》(上),第 766 页。

终走向利益交换，引起社会不满。

对国、民、新三大政党来说，"国发会"为政党沟通、协商，实现正当利益提供契机。有媒体指出，"打击黑金势力、推动民生立法、改善经济环境、确立宪政体制、面对海峡对岸、尊重'国家'利益……无一不是当前急务，也无一不需政党之间消弭歧见共同合作"，尽管从"三党的意识形态及发展需求来看，政党再合作也不可能达到完全的消除歧异"，但"政党不求其合作则必然是完全与永久的对立，一直到把台湾搞垮为止"。① 报道指出，"虽然参与的对象包括政党、政府、民意机构及社会各界意见领袖，并非全以政党为主体，但自国发会筹备以来，政党合作的色彩非常明显"。"国发会"的顺利召开，则"必须在一个顺畅的政党协商情境下"且"三个政党代表就必须扬弃过去的杯葛、对抗手段，努力建立沟通协商、妥协的互动模式"。本次"国发会"是"体制内会议"，其达成的共识也将转化为政策，在会议初始，就有意"朝向政党协商会议的方向迈进"。②

其他党派和专家学者对会议政党间妥协、利益交换提出严厉批评。"建国党"政策委员会许庆雄认为会议所谓"共识"，实际是"密室政治"的产物，"朝野透过少数人协商决定'国家'未来方向，不敢诉诸民众讨论，这种共识是否被人民与各党派内部接受，令人质疑"。③ 时任台大法律系副教授、澄社社员的颜厥安认为"国发会"从一开始就隐藏着深层的危机。"'国发会'自始即有强烈之'政党协商'色彩，但是目前之三大党却与民间社会的政治理想有着愈益加深的鸿沟。尤其是原本扛着'台湾人/社会运动/公共政策'招牌的民进党迅速投机堕落化后，现在的三党已无一能提出理论一贯、前瞻明确的政策党纲，一切只为执政夺权、斗争党内外之敌手。"因此，"国发会"如果"由一大群以自身政治生命为念着？来讨论，其结论可想而知将会以政客利益权位的交换分配为主轴，又有何'国家'发展可言呢？"④

其次，这次会议是"独台"与"台独"的合流，会议的结论是对两岸

---

① 周天瑞：《只有三党展现大合作才不会把台湾搞垮》，台湾《新新闻周刊》第493期，1996年8月18~24日，第10页。

② 张慧英：《"国发会"——政党协商的另一个舞台》，台湾《中国时报》1996年10月12日。

③ 蔡碧珠：《学者民代质疑可行性》，台湾《中国时报》1996年12月30日。

④ 颜厥安：《存在与合理的沟通：由两种政治思想谈"国家发展会议"》，台湾《中国时报》1996年11月15日。

和平的破坏。

有媒体认为，从两岸关系的角度看，这次会议对破解"两岸僵局的解决可能是治丝益棼"，而"原本就极为脆弱的两岸互信基础，有可能荡然无存"。李登辉在会前就强调"务实外交"与两岸交流并行，没有谁高谁低之分，还在"经建会"上指出要坚持"戒急用忍"的政策。在"国发会"的结论中，未能对"三通"问题做出具体的规划，而且在达成的多项共识中没有提及"统一"和"一个中国"，而在经济方面规定国民党党营事业不准赴大陆投资，也将"不利于两岸猜忌的化解"。①

从政治体制变革方面来看，"冻省"不仅是简化行政层级问题，其实质有"台湾独立建国"倾向，是台湾李登辉当局走向"台独"的重要步骤，国民党内以李登辉为首的分裂势力以"冻省"与民进党在"总统扩权"问题上达成妥协，与民进党历来提倡的"一边一国"说在体制上逐渐接近，体现了"独台"势力与"台独"力量的合流。台湾省议会刘文雄议员指出："'中央'要将省虚级化，早有轨迹可循，先是虚级化，再来是废省、废宋，最后进入台湾独立阶段。"②"冻省"的结论改变了国民党败退来台后的行政体系，抹掉了台湾是"中华民国的一个省"的形象，背离了"一个中国"原则，企图割断台湾与祖国的联系，势必破坏两岸和平稳定。

第三，这次会议的共识将成为下一阶段"修宪"方案的主要来源，造成台湾政治体制新的混乱。

黄年指出，这次会议使"原应相互对立的执政党与反对党，竟然联手推动一套完全违背宪政理论的'修宪方案'"。这套方案不仅是李登辉的"扩权工程"，真正目的是"建立一个所谓的'台湾党'"，也就是"政党合流"与"联合内阁"，且通过这样的"政治规划"，李登辉可以在退职之后"借民进党来延续其政治香火"。③

有媒体评论认为台湾当局的几次改革造成社会混乱。"过去十年里，台湾总是在玩着'改革'的游戏，但却愈改愈烂，总结这十年，我们已可将其定位为'迷航的十年'，而十年之所以迷航，道理无它，整个体制从上到下日益失信无能所致。缺乏是非的人治是最坏的人治，没有能力的民主则

---

① 何明国：《对两岸僵局可能更治丝益棼》，台湾《联合报》1996年12月28日。
② 陈玉华、吴邦珍：《萧万长：省虚级化是一个方向》，台湾《中国时报》1996年12月18日。
③ 黄年：《李登辉的宪法变奏曲》，第256～257页。

是最乱的民主，台湾依违在两者之间，既坏又乱乃是它自然的结果。"① "国发会"结束后，国民党召开"中常会"，在会上通过"国发会"的共识，李登辉指出，"目前'总统'、'立法院长'及'行政院长'之间的权责关系是不平衡的，且已到非调整不可的地步"。② 李登辉的讲话挑明了台湾当局下一步改革的方向。民进党也召开"中执会"，表示将会"积极寻求党内共识与认同、以落实'国发会'共识"。③

"国发会"的部分结论在1997年台湾当局召开"国民大会"进行"修宪"时得以落实，为确立"中华民国在台湾"的法律地位迈出了关键一步，同时也是远离"国统会议"的"一个中国"政治立场一步。

（作者：中国社会科学院研究生院）

---

① 南方朔：《改革假象愈改愈烂从上开始重建信用》，台湾《新新闻周刊》第501期，1996年10月13～19日，第33页。
② 王铭义：《国民党"中常会"通过"国发会"共识》，台湾《中国时报》1997年1月9日。
③ 樊嘉杰：《民进党力求认同"国发会"共识》，台湾《中国时报》1997年1月9日。

彼琉球(冲绳本岛)非此琉球(台湾岛)

——读尤中《明朝时期的琉球、鸡笼——台湾》

张崇根

提　要　本文针对尤中提出的明朝台湾南部已建立中山、山南、山北三个王国的观点进行评论，认为这是张冠李戴。中山、山南、山北三个王国在明朝时是琉球群岛，即今日本冲绳县的冲绳本岛上的三个王国，后统一为琉球中山国，与明朝建立了册封、朝贡关系。当时的台湾岛世居少数民族还处在部落社会，与明朝没有政治关系。日本萨摩藩侵略的是冲绳岛上的中山王国，也不是台湾岛。

关键词　明朝　琉球中山王国　冲绳本岛　台湾岛

　　翻检收集的资料，见到尤中教授的《明朝时期的琉球、鸡笼——台湾》一文。[1] 该文以《明史·琉球传》为依据，论证"琉球系指今（台湾省）台中以南地区"，"分为三个互不统属的政治实体"。这三个实体是"台中、台南的中山、山南、山北三王统治区，在明朝初年之时，政治上即与明朝联系密切，经济、文化方面的交流也很频繁"。并说，"台湾在明朝时期正紧锣密鼓地向着与大陆统一的方向前进"。

　　读后，感到这是一篇张冠李戴、与历史事实相差甚远的学术论文。

　　历史上有两个琉球，一指台湾岛，一指今冲绳本岛。[2] 有时又把台湾岛与琉球群岛统称为"琉球（流求）"，这是研究台湾史地时需要加以区别的。

---

① 该文载《思想战线》2002 年第 1 期。
② 为区别起见，除琉球中山国外，本文用冲绳本岛指代琉球群岛。历史名称不做改动。

一　历史文献中的琉球，有时指台湾岛，
　有时指琉球群岛，有时兼指二者

中国史籍关于流求的记载，现在所见到的资料可以追溯到隋唐时代。如《隋书·流求国传》《隋书·陈稜传》，① 唐张鷟《朝野签载》、② 韩愈（768～824）《送郑尚书序》、柳宗元《岭南节度飨军堂记》。唐宋元的文献，还记载流求与岭南（今广东、海南）、福建有贸易往来以及漂流人口问题。

《隋书·流求国传》是记载古流求国的最早文献。隋炀帝于大业元年（605）、三年（607）和四年（608），三次经略流求。海师何蛮等说，每当春秋季节，天清风静之时，向大海东方看去，仿佛能看到烟雾之气，不知道这个地方有几千里远。朱宽到流求时，带了流求人穿的"布甲"回来。

自《隋书·流求国传》以将，史书及私人著作中，可以看到若干同音异字的流求。如韩愈（768～824）《送郑尚书序》说：其海外杂国，若耽浮罗、流求、毛人、夷亶之州。原注，耽浮罗国、流求国……皆海外蛮夷之国。③ 柳宗元（773～819）《岭南节度飨军堂记》称：岭南为五府……其外大海多蛮夷，由流求、诃陵（原注，流求、诃陵二国，皆南蛮），西抵大夏、康居。④ 张鷟《朝野签载》则写作"留仇"。他说：炀帝令朱宽征留仇国。……出朝野签载。⑤

北宋蔡襄（1012～1067）的《荔枝谱》说，福建种植的荔枝很多，商人按片承包收购（"断林鬻之"），然后用船运送到新罗、日本、流求等国去卖，这些国家的人都很爱吃。⑥ 这说明有商人把福建的荔枝贩运到了流求国。

北宋李复《与乔叔彦通判书》说，流求国为了接待中华之客，在海边

---

① （唐）魏徵等撰，中华书局点校本，1973。
② 雍正十三年（1735）刻印的《格致镜原》卷 27 引文作："留仇，注，即流虬也。"
③ 《韩昌黎全集》卷 21，世界书局，1935。郑尚书，原注：郑权，沔州开封人，贞元六年（790）进士。文中称，郑权从工部尚书，改任刑部尚书、兼御史大夫的身份，于长庆三年（823）四月起任岭南节度使。
④ 柳宗元：《柳河东集》，中华书局上海编辑所，1958。原注：一本有"使"字，即"岭南节度使飨军堂记"。
⑤ 王云五主编丛书集成初编本《朝野签载》（商务印书馆，1936）无此条。引文据宋李昉编《太平广记》卷 482 "留仇国"条，中华书局，1961，第 3974～3975 页。
⑥ （宋）蔡襄：《荔枝谱》，台湾商务印书馆影印文渊阁四库全书本，1986。

建有馆舍。他听说流求距离泉州不太远，一定会有海船往来，可以到那里寻访流求国的情况记录下来，给他看看。①

宋代的官方文书，仍写作"流求"。如《宋史》说，流求在泉州之东。②

南宋的几位官员兼诗人，在他们的诗中，都提到在福州沿海可以看到流求，如陆游、③ 楼钥。后来，也有人说，登福州鼓山可以看到流求。这些说法，可能都是沿袭《隋书·流求国传》何蛮的说法，所指为台湾岛，而不可能看到现在的冲绳群岛。

至正元年（1341），元朝人杨翮写的《送王庭训赴惠州照摩序》说：岭南诸郡临近南海，每年都有真腊（今柬埔寨）、流求等国的海舶到来，象、犀、珠玑、金贝、明香、宝布等珍异之物，都集中在这里。④

元朝人宋本（1281～1334）写的《舶上谣》之二说："流求真腊接阇婆，日本辰韩濊貊倭。番船去时遣矴石，年年到处海无波。"⑤

研究台湾早期史的曹永和教授认为，宋本是到过流求（指冲绳群岛）的。当时贩卖的商品有胡椒、膃肭齐等。⑥

但是，元代官方文书则把流求写作"瑠求"，如《元史·瑠求列传》。⑦

综合上述，唐、宋、元时期，与闽、粤沿海有商贸往来的，应该是琉球群岛而不是台湾岛。南宋赵汝适（1170～1231）《诸蕃志》流求国条说，

① （宋）李复：《潏水集》卷5，台湾商务印书馆影印文渊阁四库全书本，1986。

② （元）脱悦：《宋史》卷491，中华书局点校本。按：红杏山房覆宋本乐史《太平寰宇记》作"幽求"，清嘉庆八年刊本改作"琉球"。

③ （宋）陆游：《剑南诗稿》卷8，《步出万里桥门至江上》：……常忆航巨海，银山卷涛头。一日新晴霁，微茫见流求（在福州泛海东望见流求国）。卷59，《感昔·行年三十忆南游》：稳驾沧溟万斛舟。常记早秋雷雨霁，柁师指□说琉球。楼钥：《攻媿集》卷3《送万耕道帅琼管》有"琉球大食更天表，舶交海上俱朝宗"句。南宋没有出现"琉球"二字，可能是清武英殿聚珍版翻刻时所改。

④ （元）杨翮：《佩玉斋类稿》卷4，台湾商务印书馆影印文渊阁四库全书本，1986。

⑤ （元）苏天爵辑《国朝文类》（即《元文类》）卷4《乐府行歌》，商务印书馆，1958。宋本《舶上谣》原注："送伯庸（马祖常，1278～1338）以番货事使闽浙。"宋本、马祖常《元史》均有传。据（元）虞集（1272～1348）所著《道园学古录》卷31《郑氏毛诗序》说，马伯庸"延祐（1314～1320）末，奉旨阅货于泉南，观于郑氏得十数种，将刻而传之"。可见，宋本的《舶上谣》写于元仁宗延祐末，可能在1319年前后。因为，延祐七年（1320）四月又实行海禁，罢市舶司，禁贾人下海。

⑥ 曹永和：《中国海洋史论集》，台北：联经出版事业公司，2000，第203页。按，膃肭齐，即膃肭脐。（明）李时珍《本草纲目》（台湾商务印书馆影印文渊阁四库全书本）卷51引《临海志》："膃肭兽，出东海水中，状似鹿形，头似狗，尾长。……取其外肾，阴干百日，味甘香美也。"李时珍注：膃肭，新罗国海内狗外肾。

⑦ （明）宋濂：《元史》卷210《瑠求列传》，中华书局，1976。

流求"无他奇货，尤好剽掠，故商贾不通"。①

赵汝适是提举福建市舶司，他不仅是当时对外贸易主管，又是经过调查研究的。他在自序中说："暇日阅诸蕃图……询诸贾胡。"

《四库全书提要》也说："核其叙次事类岁月皆合……是书所记皆得诸见闻，亲为询访，宜其叙述详核，为史家之所依据矣。"

冯承钧也给予《诸蕃志》较高的评价："是编为考证宋代西南海诸蕃国之唯一载籍。……为治西南海史者之佳作。"②

这些历史文献中所称的琉球（流求、瑠求），有的指今台湾岛，如《隋书·流求国传》；③有的指今冲绳本岛，如高贤治认为，《元史·瑠求传》记载的瑠求，指冲绳，非台湾也；④有的则包括今台湾岛与冲绳岛在内。

李震明《台湾史》说："宋、元时代与冲绳合称琉求（或作瑠球、琉球）。"⑤

高贤治看法相同。他说："宋、元时代与冲绳合称琉球（或作瑠球）。至明代乃冲绳列岛为大琉球，台湾为小琉球。"⑥

陈正祥《三百年来台湾地理之变迁》说："中国人……将今日的琉球群岛与台湾统称为琉球（琉球种族名称）。其后因为对琉球的关系，包括政治的与商业的，皆较对台湾为密切，故遂将当时琉球国王所驻的海岛，改称为大琉球；而相对地称台湾为小琉球。"⑦

明代，琉球群岛居民（主要是冲绳本岛居民）已与福建沿海、朝鲜及东南亚等地通商，把迎宾馆建在海隅。与福建有海商往来的流求国，无疑就是冲绳本岛上的琉球王国。这可以从漂流到琉球中山国的朝鲜人亲历之事及册封使的记载得到证实。朝鲜李朝世祖二年（明景泰七年，公元1456年），济州岛船军梁成等在海上遇风漂流到琉球国，"住水边公馆"。该馆距王都不足5里。馆旁土城，有百余家，居民都是朝鲜人和"中原人"（明朝人）。朝鲜李朝成宗十年（明成化十一年，公元1475年），朝鲜济州岛人金

① 冯承钧：《诸蕃志校注》，中华书局，1956，第83页。
② 以上所引见冯承钧《诸蕃志校注序》，卷首。
③ 参见拙作《台湾古称"流求"探源》，淮阴师范学院编《中华活页文史丛刊》第215期，1985，收入张崇根《台湾历史与高山族文化》，青海人民出版社，1992，第51~67页。
④ 高贤治：《台湾三百年史》，台北：众文图书公司，1981，第18页，注二。
⑤ 李震明：《台湾史》，中华书局，1948，第4页。
⑥ 高贤治：《台湾三百年史》，第4页。按：这里的大小与人口无关，是就社会发展程度而言，或称为"古代民族"，即资本主义社会之前的民族。
⑦ 陈正祥：《三百年来台湾地理之变迁》，《台湾文献》第12卷第1期，1961年3月。

裴漂流到琉球国，也是这样说的："处于一馆，距海未五里。"①

明清两朝册封使的见闻同样如此。嘉靖十三年（1534）的册封使陈侃说，洪武、永乐时，册封使"驻海滨"；又说，琉球国在海隅建有馆舍，招待中华之客。② 当时，在台湾岛上根本没有在海隅建馆舍以接待来客的举措。清册封使周煌《琉球国志略》卷6"天使旧馆"注引"胡靖记"，招谕琉球国的行人杨抡，住在西偏小楼，名叫"听海"。胡靖《听海楼诗二首》，有"夜听鱼龙出水吟""寒涛喷洒连天雪""万顷波光入彩毫"诗句，可见，这天使旧馆也在海边。③

陈侃在《使琉球录》中评论琉球王国进贡的物品时说，只有马、硫黄、牛皮与磨刀石是琉球中山国的土产品；至于苏木、胡椒等物，都是从暹罗（今泰国）贸易得来的；所谓棕子扇，就是日本扇。④ 琉球与暹罗做生意，还见于《明史·暹罗传》，永乐二年（1404），有外国船漂流到福建海岸，经主管这方面事务的部门盘问，原来是暹罗到琉球做生意的。地方有关部门没收了他们的货物。永乐皇帝接到报告后说，两国友好往来，互通有无，是多美好的事啊。航行中不幸遭风漂流，本应该给予同情和帮助，怎么可以扣留他们的货物牟利呢？遂命有关部门帮助修船并给予粮食接济，等有顺风时把他们送到琉球国去。⑤

琉球中山王国与中国、日本、朝鲜及东南亚各国有着频繁的贸易往来，因此，琉球国赢得了"万国津梁"的美名。⑥

然而，冲绳本岛居民，并不使用"琉球"这个名称。如真人元开著《唐大和尚东征传》，记述鉴真东渡日本，于唐玄宗天宝十二年（753）十一月十六日，自苏州黄泗浦起航，二十一日戊午，第一、第二两舟同到阿儿奈波岛，在多祢岛西南（原注：阿儿奈波岛，今日本冲绳岛。多祢岛，今

① 金斐、姜茂、李正：《漂流琉球等岛见闻》，《李朝实际·成宗实录》卷105，东京：学习院东洋文化研究所，1956。

② （明）陈侃：《使琉球录》，王云五主编《丛书集成初编本》，商务印书馆，1936，第101页。

③ （清）周煌：《琉球国志略》卷6"天使旧馆"注引"胡靖记"，《丛书集成初编本》。

④ （明）陈侃：《使琉球录》，第75页。

⑤ （明）张廷玉：《明史》，中华书局点校本，第8398页。

⑥ 因为琉球国地处中国、东北亚、东南亚交通要道，各国商船往来频繁。在明朝实施海禁期间，琉球国又做起了中国商品的转口贸易。琉球王国铸了一口"万国津梁"钟，悬挂在中山王正殿上。

日本种子岛）。①

据孙蔚民《鉴真和尚东渡记》，鉴真和尚在阿儿奈波岛停留到十二月六日才起航，七日到达益救岛，② 在阿儿奈波岛待了半个月左右。

明清册封使记载的中山国固有名称，明陈侃《使琉球录》说，该岛土名"倭急拿"。③ 清周煌《琉球国志略》："屋其惹，……乃土音如此。令之作书，则仍是琉球两字。"④

无论是倭急拿，还是倭其惹、阿儿奈波，都是同音异字，日语译作おきなわ，拉丁文转写作 Okinawa，至今依然使用。笔者 2013 年 11 月 30 日至 12 月 4 日到冲绳，所到之处，无论街面店铺还是文字资料，都可以看到 Okinawa 一词。

倭急拿、屋其惹、阿儿奈波，都是 Okinawa 的对音，与琉球二字并没有对音关系。而且，他们读的是屋其惹，写的却是琉球；清册封使汪楫曾说，琉球中山国的王室、官员对本国历史讳莫如深。⑤ 这到底是怎么一回事呢？

吴壮达在《琉球与中国》一书中提出了这样的解释：

> 琉球群岛上的小王国，本有其固有的土名，此事吾人于明人著作如陈侃使录，及清人著作如周煌志略等书中已尝知之。且吾人亦尝将志略上的"屋其惹"与使录的"倭急拿"这两个二而一的土名，与"流求"二字的读书加以比较，认为并非同源。"屋其惹"人之采用"琉球"为名，当与中国来人有关，亦可能由于他们企图对我国建立关系的自发。元代的后期六十年间，中日的海上贸易往来至频，疑此时"屋其惹"岛人或已与中国商人往来，因而熟知对中国贸易之利。同时，他们当已从流寓于其境内的中国人，或前来贸易的中国商人口中，得知中国历史上有"流求国"的记载。而思加以利用，等到如明政府遣使这样的机会到来，"屋其惹"人正好把握这个千载一时的机会，接受"流求国"继承者的名义。……然而，"屋其惹"人会知道，这分明是带着冒险意味的凑合。如果我们这个推测不落空，则"屋其惹"人

---

① 真人元开：《唐大和尚东征传》，王向荣校注，中华书局，1979，第 91 页。
② 孙蔚民：《鉴真和尚东渡记》，上海古籍出版社，1979，第 53 页。
③ 又作"倭的拿"。（明）陈侃：《使琉球录》，第 86、87 页，附录"夷语"。
④ （清）周煌：《琉球国志略》卷 4 上。
⑤ （清）汪楫：《中山沿革志序》，周煌《琉球国志略》卷 15，《丛书集成初编本》，第 178 页。

为保持对中国的正常关系起见，自应小心避免此种秘密的透露。①

吴氏所论是正确的。不过，还可以补充一点，对于明朝开国皇帝朱洪武来说，琉球国产马，为明朝军队急需，当时，马匹是琉球中山国向明朝进贡方物之一，他还写信给中山国王，派册封使前往买马。

《洪武皇帝致书琉球国中山王，告知买马事》：（琉球国王察度）居沧溟之中，崇山为国，环海为固。若事大之礼不行，亦何患哉。王能体天道，育琉球之民，尚好生之德，所以事大之礼兴。自朕即位十有六年，王岁遣人至贡本国之土宜，朕甚嘉焉。特命尚佩监奉御路谦报王诚礼，何期王复以使来致谢。朕今更专内使监丞梁民，同前奉御路谦斋符赐王度金银印一颗，送使者归，就于王处鬻马，不限多少，从王发遣。故兹敕谕。②

由于明朝既接受琉球王国进贡的马，又让册封使在琉球买马，再加上当时人对东海地理不甚了了，以为此琉球就是中国史书记载的流求国。

二　与明朝建立朝贡关系的三王国，
在冲绳本岛，不在台湾岛

《明史·琉球传》记载，洪武初年开始向明朝朝贡的琉球三王国（中山、山南、山北）都在今冲绳本岛，而不在台湾岛。③

第一，这方面的史料，除了琉球王国时期的《中山世鉴》等之外，明清两代册封使也留下了许多记录，如明嘉靖年间陈侃的《使琉球录》、清乾隆年间周煌的《琉球国志略》等。现代人的著作，如吴壮达先生的《琉球与中国》，是1948年出版的一部关于琉球与中国关系的专著。台湾学者也有多种关于明代的琉球国在今冲绳群岛的论著，如梁嘉彬的《琉球亡国中日争持考实》、杨仲揆的《琉球古今谈》④ 等。

---

① 吴壮达：《琉球与中国》，正中书局，1948，第70～71页。
② （明）姚士观等编校《明太祖文集》卷8，"谕琉球国王察度"，四库全书本。
③ 冲绳县立博物馆编印《博物馆展览指南》琉球王国大事记列有"三山时代"（1314～1422），中山王察度、山南王承察度、山北王怕尼芝，冲绳县立博物馆编印，2012，第79页。
④ 梁嘉彬论文，见台北《大陆杂志》第48卷第5、6期，1974年5月、6月；杨著1990年由台湾商务印书馆出版。

这方面的著作，也许云南大学图书馆没有收藏，但是，陈侃的《使琉球录》和周煌的《琉球国志略》有王云五主编的丛书集成初编本，是很容易找到的。① 尤中教授引用的陈碧笙教授《台湾地方史》，也没有一处把与明朝建立朝贡关系的琉球王国说成是今天的台湾岛。

我们还可以从陈侃《使琉球录》中《使事纪略》记载的行程，看出明嘉靖皇帝册封的中山王在今冲绳本岛还是台湾岛。《使事纪略》说：嘉靖十一年（1532），

> 琉球国世子尚清奉表请封。钦蒙差臣等充正副使，斋捧诏敕前往琉球，封尚清为中山王。……甲午（十三年，1534 年）五月八日出海口，……九日，隐隐见一小山，乃小琉球也。十日，南风甚迅，舟行如飞然，顺流而下，亦不甚动。过平嘉山，过钓鱼屿，过黄毛屿，过赤屿。目不暇接，一昼夜兼三三日之路，……十一日夕，见古米山，乃属琉球者；夷人鼓舞于舟，喜达于家。十一日夕，见古米山，乃属琉球者。夷人鼓舞于舟，喜达于家。……（因风向不顺）二十五日，方达泊舟之所，名曰那霸港。②

陈侃所记行程中的地名，已被学术界公认：小琉球，即今台湾岛；平嘉山，即今台湾北部的彭佳山岛；钓鱼屿即钓鱼岛，黄毛屿即黄尾屿；赤屿即赤尾屿。那霸港是今冲绳本岛上的港口。

第二，从福建福州市与冲绳本岛、福州市与台湾岛的海程远近看，明朝时的琉球中山国在冲绳本岛而不在台湾岛。

清周煌《琉球国志略》卷 5 说："封舟例以夏至后乘西南风至琉球，以冬至后乘东北风回福州。……自（福州）五虎门至姑米（即古米山——张注）四十更，自姑米至（浙江）定海五十更。一更六十里。"

按照以上办法计算航海里程，从福州五虎门到姑米山为 2400 里，回程自姑米山到定海为 3000 里，而姑米山到那霸港还有数更海程。

据向达整理的《两种海道针经》顺风相送"太武往吕宋"针路：从福建省金门太武山开船，七更到澎湖，六更到沙马矶头（今台湾西南部）。③

---

① 这里没有列举其他使录。这两种书由上海商务印书馆分别在 1937 年、1936 年出版。
② 明陈侃：《使琉球录》（一），第 24～25、30 页。
③ 向达整理《两种海道针经》，中华书局，1982，第 88 页。

可见，从福州到台湾也只有 13 更，约 780 里。清徐怀祖《台湾随笔》也说，海程以更为计，自厦门到台湾，为十一更。① 这里的台湾，具体地点是指台湾府所在的今台南市，按每更 60 里计，约为 660 里。

可见，距离福州五虎门两三千里的琉球中山国，当然不会在台湾岛，而是在今冲绳本岛上。

这也说明，与明朝建立朝贡关系的琉球国不在台湾岛，而在冲绳本岛。

第三，《明史·琉球列传》所说的中山、山南以其王从子及寨官子入国学读书，也是琉球本岛上的官生，而与台湾岛无关。清王士祯《琉球入太学始末》有详细记载；台湾岛上的世居少数民族（高山族或平埔族），因为协助清军平定林爽文、庄大田起义有功，乾隆五十三年（1788）冬，始有番社头目华骂哇哨等 42 人到北京觐见，此前从来没有他们的人来过祖国大陆。②

第四，琉球中山国在今冲绳本岛，还有清朝皇帝的题词可以为证。如康熙皇帝写的"中山世土"，雍正皇帝写的"辑瑞球阳"，乾隆皇帝写的"永祚瀛壖"，均可见见于清册封使周煌《琉球国志略》卷首。2012 年 12 月 4 日，笔者到冲绳的中山王国都城首里城参观时，这三块匾还悬挂在王宫正殿之上。③

第五，尤中教授所引《明史·琉球传》里，还有明洪武二十五年（1392），皇帝赐闽人善操舟者三十六姓给琉球中山国，方便他们往来朝贡。这三十六姓人居住在久米村，又称"唐营"或"唐荣"。

杨仲揆说：

> 当年开化琉球的功臣三十六姓华裔聚居的那霸市久米村，今天已成为历史上的名词。经过第二次世界大战中美军炮火的焦土政策，久米村古迹，片瓦无存，连一条街道的名称也未有抽象性的保留。经遗老指点，大约只知道今日那霸市中央邮便局周围十里左右半径范围内，即古之久米村而已。又说，明清两代，琉球中国人集居那霸海滨的久

---

① 《丛书集成初编本》，商务印书馆，1936，第 4 页。
② 《大清实录》卷 1313，第 34、45 页，转引自林衡立《清乾隆年台湾生番朝贡考》，（台北）《文献专刊》第 4 卷第 3、4 期合刊，1953 年 12 月。
③ 原件毁于战火，现在悬挂的都是复制品。

米村，大概是今日那霸市若狭町一带。①

20 世纪 60 年代，杨仲揆先生旅居琉球 6 年，所见所闻应有所据。也可能当时没有称作久米的街道，现在不然。据那霸市地图所载，那霸市西部的泊港南岸、那霸港北岸之间，即今冲绳县政府和那霸市政府的西边，仍遗留有久米的地名。在泊港与那霸港之间的波之上海滨，有一座波之上神宫。以此为起点，有一条街道称久米路。距离波之上神宫较近处，有福州园，是福州市与那霸市结为友好城市而兴建的。② 在波之上神宫旁，有三十六姓后裔、琉球中山国大臣程顺则、蔡温墓。这些遗迹，笔者 2013 年 12 月初到冲绳时亲眼所见，并拍了照片。

第六，当时，台湾岛上的汉族或固有的世居少数民族（高山族或平埔族），都没有出现政权形式。明朝初年，即便有大陆汉族人到台湾岛，也只是极少数的渔民、商人，并没有形成一定规模的村落，更不用说建立政权了。

明万历年间，大陆人所了解的台湾岛内情形，只有西海岸南部的 10 来个番社，以及小商小贩到北部的鸡笼、淡水经商。明朝万历三十年冬（1603 年 1 月），浯屿将军沈有容到台湾剿倭，陈第随行，写了一篇《东番记》。他描述当时台湾社会状况是：

> 大瀛之中，有彭湖之岛焉。若夫气敛天末，雾霁海东，每见攒峰连云，遥林如黛，盖古裸国也，是为东番。顺风扬帆，穷日至岸。其地为：起蟒巷［港］、打狗屿、小淡水、大封［帮］坑、鹿耳门、沙巴里、双溪口、伽老湾、家哩林、台员港。……其人畏舟楫，故不交关诸夷。其方无文字，故不通赟中国。……类聚为社，社如中邦之县。

社，就是通常所说的部落。这种状况，历荷据时期、明郑时期、清朝统一台湾，直到日本殖民时期，都没有本质上的改变。这方面的史料可谓汗牛充栋，随手引录几则如下。

明张燮《东西洋考》卷 5《东番考》："深山大泽，聚落星散，凡十五社。（《名山记》云：社或千人，或五六百。）无君长、徭赋，以子女多者为

① 杨仲揆：《琉球古今谈》，台湾商务印书馆，1990，卷首张希哲序及第 206、272 页。
② 日本福冈人文社：《冲绳县全图》，2013 年第 2 版；冲绳观光会议局编印《冲绳》地图。

雄，听其号令。"①

荷兰人 C.E.S 著《被忽视之台湾》说："台湾番族……部落皆散处独立，不相统辖。无有王号召全岛，无有将军酋长号令全岛。……番人既不知有历（法）及国之年号。"②

清乾隆时黄叔璥《台海使槎录》卷5："台，尽番地也。……番社不一，俗尚各殊，比而同之不可也。"

康熙二十二年（1683），清朝统一台湾。黄叔璥说："台湾始入版图，为五方（之人）杂处之区，而闽粤之人尤多。先时，郑逆（指郑成功）窃踞海上，开垦十无二三。迨郑逆平后，招徕垦田报赋。"③

陈碧笙《台湾地方史》："元朝时，台湾岛内居民分为许多大小不同、不相隶属的部落；（部落民）很尊重部落首领的权威，已进入父权制阶段。"又说："明朝时，渔业活动还促进了汉族人民和岛内各部落人民间交换关系的发展"；"公元十六世纪末、十七世纪初，台湾西南部沿海平埔人，共有八个'族'，一百三十一社，四万余人。他们各自分立，不相隶属"。④

台湾世居少数民族人口最多的阿美族，是"母系氏族社会"，"每一部落自成一单位"，"以部落之组织而论，南势阿美族部落构成最大的特色是男子年龄阶级组织和老人统治"。⑤

马克思指出："氏族、胞族、部落——每一个这样的机构都是完整的自治组织。当若干部落合并为一个民族时，其所产生的共同管理机构必和该民族的各组成部分的原则相协调。""部落和民族严格说来并不是等同的东西；在氏族制度下，只有当结合在一个政府之下的诸部落融合为一个统一的整体时，……这时民族方始产生。"⑥

台湾世居少数民族的社会发展进程相当缓慢，历经1700多年没有大改变。"一直到台湾光复后的前几年间，我们还能看见相当完整的部落社会。"1945年台湾光复后，国民党当局虽然将传统的社改为现代行政的乡、村、邻建制，"但其整体社会组织，大多数还是以部落社会的习惯意识进行的"。

---

① （明）张燮：《东西洋考》，谢方点校本，中华书局，1981，第105页。
② 魏德清编译，《文献专刊》第3卷第3、4期合刊，1952年12月，第63~77页。
③ （清）黄叔璥：《台海使槎录》卷4，第87页。
④ 陈碧笙：《台湾地方史》，中国社会科学出版社，1990，第34、35、38、45页。
⑤ 李亦园：《南势阿美族的部落组织》，《台湾土著民族的社会与文化》，台北：联经出版事业公司，1982，第142、151、177页。
⑥ 马克思：《摩尔根〈古代社会〉一书摘要》，人民出版社，1978，第176、95页。

因此，"台湾土著诸族的原始组织形态，一般说来都可以归属于部落社会"。①

综上所述，台湾世居少数民族是类似于恩格斯所指出的，内部"氏族、胞族和部落仍然完全保持着它们的独立性"的"小民族"，② 与我国西南地区民主改革前仍处于原始社会末期的一些少数民族相似。所谓"小民族"是就它所处的社会性质而言，以区别于资本主义社会的现代民族，因此，也可以称之为"古代民族"。

16 世纪末 17 世纪初，相当于明末清初，台湾岛内的世居少数民族依然生活在"各自分立，不相隶属"的部落社会阶段，怎么会有三个王国呢？

三　日本萨摩藩军队入侵的之地是冲绳群岛，不是台湾③

尤中教授的论文说："万历四十年（1602 年），日军 3000 精兵侵入琉球中山国，掳其王，大掠而去。"

实际上，这是日本九州萨摩藩派 3000 精兵入侵琉球本岛上的中山国，与当时的台湾岛毫不相干；时间是在明万历三十七年（1609），即日本庆长十四年。因此，日本、琉球史书又称之为"庆长之役"。

16 世纪，由于倭寇导致日本和明朝的关系恶化，只得通过南方的萨摩与琉球进行转口贸易。④ 与此同时，日本正处于动乱的战国时代，诸大名急需从对外扩张中获取利益来发展自己的经济实力。离日本最近且又富有的琉球国遂成为日本的首选之地。丰臣秀吉入侵朝鲜之前，曾要求琉球为远征军提供支持，琉球不仅拒绝，还将此事通报给了明朝。1603 年德川家康取得日本的统治权并建立了江户幕府，琉球又因为拒绝向江户幕府派遣谢恩使团而与德川家康交恶。

在请示德川家康并获得允许后，1609 年（明万历三十七年、日庆长十四年），萨摩藩岛津家久派遣桦山久高为总大将，平田增宗为副大将，率兵

---

① 卫惠林：《台湾土著社会的部落组织与权威制度》，台湾大学《考古人类学刊》第 25、26 期合刊，1965 年 11 月，第 71～87 页。

② 恩格斯：《家庭、私有制和国家的起源》，人民出版社，1972，第 102 页。

③ 在日据之前，确有日军侵入台湾西南部的牡丹社事件，但那是在清同治十三年（1874），既不在明朝万历年间，也与中山王国无关。

④ 较早时，由于琉球本身没有出口物资，依靠转口贸易得到繁荣。日本也就利用琉球的这一优势，力图从琉球获得国内需要的中国产品，如生丝、绸缎、瓷器等。

3000 人、船 100 多只、铁炮 600 门，自九州岛山川港出发入侵琉球。① 日本学者井上清说：1609 年（庆长十四年），萨摩藩藩主岛津家久

> 派遣大军远征了琉球。远征军很快地打败了琉球人的抵抗，俘虏了琉球国王尚宁，带回了鹿儿岛。第二年的 1610 年，岛津家久伙同尚宁谒见了德川家康和第二代将军德川秀忠，幕府承认琉球划为岛津氏统治的属国。②

清周煌《琉球国志略》卷 3《封贡》虽然有"（万历）四十年，浙江总兵官杨崇业奏报倭情，言探得日本以三千人入琉球国，执中山王，遣其宗器，宜敕海上严加训练"。但是，紧接着写道："而兵部疏言，倭入琉球，获中山王，则三十七年三月事也。"③

萨摩军兵分水陆两路进攻首里城，攻下首里城后，大肆破坏掳掠，许多民宅遭到萨摩军下级武士的洗劫并被焚毁。萨摩军将城中宝物登记造册。五月十五日，萨摩军带上被俘的琉球王尚宁、王子和郑炯等官员 100 多人，撤兵回九州萨摩。"掳其王，迁其宗器，大掠而去。"④ 喜安在其日记中感叹道："萨摩军大肆掳掠。……（民众）大屋皆遭焚毁。……所有图籍、日记及其他贵重物品文件，悉数焚失。"

奥里将建《庆长残酷物语》记载：（尚宁）王降，萨（摩）军严闭首里（城），桦山领五将军于王府大掠五日。（杨仲揆注："五"字应为"七"字。或者五日搜王城，两日搜诸贵族家。）贵品文件，无或余存，甚至私人衣物、用品、书籍、文件、日记，及其他一切，均搜掠以去。⑤

冲绳县立博物馆《博物馆展览指南》琉球国大事记，有 1611 年（明万历三十九年），尚宁王君臣在鹿儿岛被迫与萨摩藩签订的《制裁令十五条》，其主要条款为：

---

① 关于萨摩军侵略琉球国的经过，可参考吴壮达《琉球与中国》。岛津家久，有的文献作岛津久家。如翦伯赞主编的《中外历史年表》称，1609 年"岛津久家俘琉球王"，中华书局，1961。

② 井上清：《日本历史》上册，天津市历史研究所译校，天津人民出版社，1974，第337～338页。又翦伯赞主编《中外历史年表》1609 年条，有"岛津久家俘琉球王"。

③ 《丛书集成初编本》，第 37 页。

④ （明）张廷玉：《明史》，第 8369 页。

⑤ 喜安，日本大阪人，中山王尚宁的随身侍从之臣，亲历"庆长之役"。以上所引见杨仲揆《琉球古今谈》，第 43、46～47 页。

1. 无萨摩命令，禁止与中国进行朝贡贸易。

2. 剥夺那些虽出生于门第家庭，但却无官职者的俸禄。

3. 禁止向女子们提供俸禄。

4. 禁止私下缔结主仆关系。

5. 禁止大量建造寺院。

6. 严禁与那些未经萨摩许可的商人进行贸易。

7. 严禁将琉球人贩卖到日本本土。

8. 务必按萨摩官员的规定收取贡粮和公用物品。

9. 不得架空三司官而听从他人。

10. 禁止强买强卖。

11. 禁止喧哗争吵。

12. 商人或农民除了对已规定的各种税收外，如有对无理残暴之事需要进行申诉者，应向萨摩藩申诉。

13. 禁止琉球向日本的其它藩国派遣贸易船。

14. 必须使用日本的度量衡。

15. 禁止赌博等违背人道的行为。

凡违反以上条款者，迅速处以严厉的惩罚。[1]

这个《制裁令十五条》，完全是不平等条约。它浓缩了萨摩藩统治琉球的基本方针。从中可以看到，萨摩藩试图对琉球王国的贸易实施管制，对领取俸禄者实施限制，进而对琉球国的风俗习惯予以取缔。

萨摩藩不仅逼迫尚宁王屈辱地承认向其"进贡"，并强行割占琉球北部奄美群岛（即喜界岛、德之岛、奄美大岛、冲永良部岛以及与论岛等）归萨摩藩直辖，但名义上仍旧是琉球国的领土。在琉球官方史书《中山世谱》中，仍旧将奄美群岛列入琉球属地三十六岛之中，汪楫的《使琉球杂录》也将奄美群岛列在琉球国领土之内，还说琉球人对提起奄美群岛非常忌讳。

四　台员不是台北，而是今台南市安平镇

尤中说："台湾之称出自闽音'台员'之说可取。但亦专指今台北。"

---

[1]　冲绳县立博物馆编印《博物馆展览指南》，第43页，大事记见第79页。

这也是不对的。

高贤治《台湾三百年史》：

> 台员原来只指北线尾，后来将北线尾、安平港一带都指为"台窝湾"；一鲲身（安平，热兰遮城所在），北边（隔热兰遮水道）的沙岛汉人称北线尾（荷兰人称为"巴克仙波伊"；日本人也住在此沙岛，见林谦光《台湾纪略》），再北是著名的鹿耳门水道。1624 年至 1625 年，荷兰航海家海士海的律克·阿里艳仙测绘的海图，记载北线尾为"Taiyowon（台窝湾）"，荷兰人可能并不单称北线尾我台窝湾，很可能指整个安平港。可见，安平港称为台窝湾，整个台湾岛则叫做"福尔摩沙，而单指城内的事情时，才用热兰遮这名称。""台窝湾族原是一个盘踞安平、台南一带的很强盛的蕃族"。荷兰人那样称，后来汉人袭用，清朝置台湾府，遂正式变成整个台湾岛的名称。[①]

陈正祥《三百年来台湾地理之变迁》：

> 台湾曾有许多不同的名称，像琉球、小琉球、东番、东岛、北港、小东、大惠、大员、大圆、台员、东都、东宁、For-mosa、Lequeo、Pequeno、Lequio minor 以及 Taiovan 等，难以计数。……混乱的原因，主要在时代的不同，翻译的传误以及著作者的疏忽。[②]

陈冠学《老台湾》：

> 1622 年荷兰人初到安平，其司令官雷尔生的航海日记写着："七月二十七日，星期三。早上北风，我们驶向台湾岛（Formosa）。正午接近台湾屿（Teyoan，今安平）……"……当时的安平还是个沙洲的小岛屿，因为四面被海水所包围，和台湾本岛不连接。因为岛屿上住着马来人种的部落叫 Teyoan，……陈第的东番记便音译做大员，周婴的远游编译作台员。……后来移民改称台湾屿为一鲲身。[③]

---

① 高贤治：《台湾三百年史》，台北：众文图书公司，1981，第 10、9、11 页。
② 陈正祥：《三砑来台湾地理之变迁》，《台湾文献》第 12 卷第 1 期，1961 年 3 月。
③ 陈冠学：《老台湾》，台北：东大图书有限公司，1981，第 38~39 页。

陈碧笙《台湾地方史》专门考证了"台员"这个地名，说台员由"台窝湾"（Tyouan，Tayoan）音转为"台湾"，"也逐渐成为南部沿海的统称"。①

《台海使槎录》卷2："鸡笼、淡水，……其地一日可至台湾。"

1622年，荷兰人初到安平，其司令官雷尔生的航海日记："七月二十七日，星期三。早上北风，我们驶向台湾岛（Formosa）。正午接近台湾屿（Teyoan，，按即今安平）北方约二浬处，继续航行。船抵达该屿附近时，因要测量，乃改小艇先发。"②

日本学者中村孝志《近代台湾史要》：

> 16世纪中叶，（欧洲人）发现台湾岛，称呼我 Ilha Formosa（美丽岛），或用自华人所称转来的 Lequeo Pequeno（小琉球）。……后来荷兰人来此居住的南部 Tayouan（现在的台南安平）。此地曾被记载为"台员"（周婴《东番记》），"大员"（陈第《东番记》、何乔远《闽书·岛夷志》），"台湾"（何乔远《镜山全集》），"大湾"（沈鈇上书）。这个狭义的地名，逐渐成为全岛名称，至清朝遂正式采用为"台湾"字样。③

由此可见，台员就是现在的台南市安平镇，名字来源于当时居住在这里的平埔西拉雅族的一个"台窝湾"（Tayouan）部落。对此，笔者已有论述，此处不再赘述。④

当时，台湾北部有两个名称：鸡笼与淡水。鸡笼即今基隆；淡水，又名沪尾，在今台北淡水河口。可见，"台员"这个地名，指的不是台湾北部。

（作者单位：中央民族大学）

---

① 陈碧笙：《台湾地方史》（增订本），中国社会科学出版社，1990，第8页。
② 陈冠学：《老台湾》，第38页。
③ 中村孝志：《近代台湾史要》，赖永祥译，《台湾文献》第6卷第2期，1955年6月。按："沈鈇上书"指沈鈇，《上南（居益）抚台暨巡海公祖（汤兴祖）请建彭湖城堡置将屯兵永为重镇书》，见顾炎武《天下郡国利病书》卷96，四部丛刊本。
④ 参见拙作《台湾古称"流求"探源》，淮阴师范学院编《中华活页文史丛刊》第215期，1985，收入张崇根《台湾历史与高山族文化》，第51~67页。

Taiwan History Research

No. 3

Table of Contents & Abstracts

This article focuses on Xu Shoushang's experience from mainland to Taiwan, and his considerations to Taiwan's culture construction when he worked in Compilation and Translation Bureau of Taiwan as director and the period after the February Twenty-Eighth Incident. The author points out that Xu Shoushang was invited by Chen Yi to Taiwan, but as a patriotic intellectual, this was also his own initiative choice. Xu Shoushang had his own understanding to Taiwan's culture reconstruction, and he linked Taiwan's culture reconstruction with his ideal and ambition to revive national state. When Xu Shoushang was in charge of Compilation and Translation Bureau of Taiwan, he emphasized introducing the splendid Chinese culture achievements to Taiwan people, and also advocated taking advantage of Taiwan's culture to serve for the progress of national academic research and culture. After the February Twenty-Eighth Incident, Xu Shoushang's thoughts had a new change and suggested that "Taiwan needs a new May Fourth Movement. This was put forward directly against lessons of the February Twenty-Eighth Incident, and its aim was to eliminate pernicious influences of Japanese colonial rule. The changes of Xu's ideas for Taiwan's culture reconstruction presents, from one side, a complicated process for Taiwan's culture reconstruction during the early period of Taiwan's recovery.

An Undercurrent Being Ignored: Taiwanese Elite's Appeals about the Recovery of Taiwan and the Nationalist Government's Response—In Case of the Kuomintang Headquarters of Taiwan Province   *Cao Yi* (曹艺) ／13

In the process of the Nationalist government planning and recovering Taiwan, and in the process of the post-war construction, the Kuomintang Headquarters of Taiwan Province, either the Headquarters directly under the leadership of the Kuomintang Central Committee before the recovery of Taiwan, or the Headquarters after the recovery of Taiwan, was not the dominant institution. The works of the Headquarters after the recovery of Taiwan focused on Taiwanese elites and people, representing to some extent the position of the Taiwanese elite. However, the Nationalist government did not pay enough attention to the Taiwanese elite's enthusiasm of participating in politics, did not earnestly study their advocates relating to the recovery and construction of Taiwan and adopt beneficial contents among them, and thereby reasonably built the order in recovered Taiwan. In recovered Taiwan, misunderstandings between the native Taiwanese and the mainlanders grew increasingly, which led to more and more resentments and radical contradictions, forming an undercurrent in political situation. In the end, ignited by an accident, a chaotic spreading all over Taiwan occurred.

A Comparative Study on Japan's Colonization of Taiwan and Korea
                      Hsu Chie-lin (许介鳞) ／35

On August 10th 2010, the 100th anniversary of the Annex of Japan and Korea, the then Japanese Prime Minister Naoto Kan (the Democratic Party of Japan) declared that Japan was going to face history honestly, and to deeply reflect and apologize for the tremendous ruin and pains it brought to Korea during the colonial rule. The precious antique books such as The Korean Royal Family Ritual should be returned to Korea. The Japanese Prime Minister's apology was targeted only to the Peninsula of Korea, where Japan colonized for 36 years. Yet to Taiwan, where Japan colonized for 50 years, he did not even think of saying sorry. The Japanese arrogantly thought that Taiwan's modernization or capitalization was rooted on the basis of the Japanese colonial rule, and it was the fruit of Japanese painstaking effort. Since Japan was the main contributor of Taiwan's modernization, there was no reason to apologize to Taiwan. Instead, the Japanese were glad to accept Taiwanese appreciation. Given the fact that Taiwan and the Korean Peninsula both experienced Japanese colonial rule, and suffered from civil wars, turned out to be "divided nations," why the Koreans can wipe out the traumas of the Japanese colonial rule and let the Japanese respect them, deeply reflect and apologize to them, while the Taiwanese become the most Japan-flattering people in the world after being "Kominka" and assimilated by the Japans for 50 years?

A Study on the Gap of "Colonial Modernity" between Taiwan and Korea: With Focus on the Police System in Taiwan and Korea in Colonial Period

Moon Myungki (文明基) / 66

This article tries to review and reappraise the degree of colonial modernity between Taiwan and Korea under Japanese Occupation, especially by way of comparative research on the formation of police system and its feature, the relationship between police and local society and the ability of police to penetrate into local society. The author also tries to reflect some frameworks of explaining the history of canalized Korea. In order to fulfill this mission, the author takes three points into consideration: Firstly, through comparative analysis to underline the formation process and characteristics of the police systems of the two regions; Secondly, taking colonial Taiwan as a "reference" to intervene into the controversy concerning "colonial modernity" of Korea; and Thirdly, adopting quantitative analysis, for example, on police manpower.

This article's analysis can provide some suggestions concerning studies on the colonial police system: Firstly, the police system in colonial Korea was quite suitable to maintenance of public order controlled by high level police, but not so suitable to control everyday life of colonial people, therefore future studies on police system in colonial Korea should divide police into high level police and ordinary police; Secondly, colonial studies focusing on metropolis or punishment could be criticized because of their unilateralism; Thirdly, the close relations between financial strength of the colonial government and police system should be paid attention; Finally, the colonial modernity in Taiwan and Korea did have some gaps that cannot be ignored. Compared with colonial Taiwan, colonial Korea lacked some places or material foundations for internalization of "rules," therefore we need to review some historical theories which excessively emphasize the completeness of colonial modernity (at least in colonial Korea). And at the same time, we need to re-evaluate the ability of colonial state to penetrate into colonial society.

Monographs

The Mutan Village Incident: The Whole Story of Japan's Invasion to Taiwan in 1874

Li Zuji (李祖基) / 93

In 1871, some Ryukyu seamen were killed in Taiwan. Taking it as pretext and with elaborate plan and preparation, Japan outrageously sent army to land Langqiao in south Taiwan and carried out burning, killing and looting in 1874. China's coastal areas and territorial seas faced serious crisis. The Qing government appointed Shen Baozhen to Taiwan to enhance defense, and also took diplomatic negotiations with Japan. After zigzag interactions, China and Japan signed "Exchange Treaty" in Beijing in September of the year, and the Mutan Village Incident was resolved. Japan had conspired to invade Taiwan for a long period. The Mutan Village Incident was its first trial. American consul in Xiamen Charles Le Gendre served as accomplice of Japan and played very important role. Because China militarily enhanced defense and rigorously argued in diplomatic negotiations, Japan's plan to occupy Taiwan did not realized in the end. However, the method of using money to buy peace took by the Qing government exposed emptiness of sea defense and weakness in diplomacy, which to some extent encouraged Japan's ambition of aggression and expansion, foreshadowing for Japan to annex the Ryukyu and waged the first Sino-Japanese War and forced to cede Taiwan 20 years later. The historical lessens deserve to be remember forever.

The Influences of the Failed US Invasion to Korea on the East Asia Pattern
Li Li (李理) ／133

Taking the "General Sherman Ship" Incident in 1866 as a pretext, the United States sent troops to invade Korea in May 1871 and asked the Korean government to open the door of Korea. The Korean government sternly refused it and the Korean army stubbornly resisted the invasion. In the end, the USA was forced to withdraw troops. The USA believed the vassal relationship between Korea and China was the main reason for Korea to close the door, so it began to change its Asia policy and collaborate with Japan actively. The USA made use of Japan to break the "tributary system" in which China acted as the core and drove Japan towards the road of foreign aggression and expansion.

The Role of Local Elites in the Peasant Movements in Taiwan during the 1920s
Tsu-yu Chen (陈慈玉) ／151

The Japanese government enforced colonial policy in Taiwan during 1895 – 1945. It brought forth huge political, social economic and cultural changes. These changes still influenced Taiwan after the World War II. Among these the sugar industry, which was the most important industry even after the War, developed during the period of Japanese Rule. In order to promote the growth of new style sugar industry, the Taiwan Government-General carried out a regulation that divided the sugar-cane-growing areas into supply regions, with each region assigned to a specified refinery. Without government permission, cane produced in one supply region could not be transported outside the region or be used other than for sugar manufacturing. Sugar refineries became legal monopolistic buyers of sugarcane, and their market power helped to keep the price of sugarcane low and their profits high. As a result, sugar-cane-growing peasants always received low pay. The peasants of Feng-shan area and Er-lin area organized associations to request land right and higher income under the guides of local elites, Li Ying-zhang and Jian Ji during the 1920s. They united other associations to form "Taiwan Peasant Association." They were arrested for those peasant movements. Afterwards, Li Ying-zhang went to China and became Communist, while Jian-Ji still in the jail.

Middle and Small-size Capital of Suzerain in Colony—In Case of "Conflict between Rice and Sugar" during Japan's Occupation of Taiwan

Zhou Xianghe (周翔鹤) ╱ 177

In the early stage of Japan's occupation of Taiwan, Japanese monopoly capital built many large scale sugar factories in the southern area of Taiwan which was for long time the sugarcane planting area, and controlled the sugarcane planting fields. After the Russo-Japanese War, many Japanese middle and small size capital also entered Taiwan and entered sugar-making field. Since the traditional sugarcane planting area in south Taiwan had been occupied by large capital, they had to enter traditional rice-planting region in the middle and north part of Taiwan, based on planting paddy field sugarcane and improving traditional sugar workshop. Because most of raw sugarcanes were supplied by peasants, the sugar factories sponsored by Japanese capital, in order to guarantee the supply of raw materials, produced many conflicts with peasants.

Exploration of the Origin of the Economic Policy Reforms in Taiwan, 1950 – 1960

Wang Xiaoping (汪小平) ╱ 191

The economic policy reforms in Taiwan were centered on land reform, private economy development, foreign exchange system and nineteen points financial reform plan in the 1950s. Chen Cheng, Yin Zhongrong, Yan Jiagan, Yang Jizeng and other technical officials were driving force of these economic policy reforms. The origin of Taiwan's economic policy reforms was to response to the stop of the US economic aid. The USA mainly played a role of external driving force, rather than Taiwan's economic policy-maker. Political circumstance at the time was helpful for the KMT authorities to carry out economic reforms, and the pragmatic attitude of the technical officials headed

by Chen Cheng was an important factor to promote the reforms. The spread of free market econom-
ics theories provided a direction Taiwan authorities to carry out economic policy reforms.

PHD Candidate Forum

The Influence of Gold Shipped by the Nationalist Government in Taiwan on
Taiwan's Economy   *Feng Jianlun*（冯健伦）／206

Facing the growing inferiority in the civil war between the Kuomintang and the Chinese
Communist Party in mainland, the Nationalist government, from December of 1948 on, began
successively to ship gold, golden and silver coins, and finance bills kept in the National Treasure
in Shanghai to Taiwan, and was determined to take Taiwan as a base to counterattack mainland
in the future. However, economically, Taiwan had not recovered from the hurt of the World
War Two, and the influence of the February Twenty-Eighth Incident and the burden of the ma-
inland economic situation, leading to a severe inflation in the early period of the Nationalist gov-
ernment withdrew in Taiwan. Thought the Nationalist government still controlled several big cit-
ies in south of China, it had lost all tax resources in mainland, all political and military supplies
were provided by Taiwan. Hundreds of thousands troops and government employees and teach-
ers withdrew to Taiwan along with "government" also needed its support. Using documents
kept in "the National History Museum" in Taiwan and the Second Historical Archives in Nan-
jing, this article attempts to explore the way the "Nationalist government" using those gold to
carry out financial reforms, and to stabilize Taiwan's economy in the early period of withdrawing
to Taiwan, and evaluates the roles played by gold in the process.

Political Consultation or Interest Exchange: An analysis of the "National Develop-
ment Conference" in Taiwan   *Zhai Jinyi*（翟金懿）／234

Facing the tension between two sides of the Taiwan Straits after "Taiwan Straits Crisis" and
new changes of the political forces in Taiwan after "direct president election", the Taiwan au-
thorities, in order to prepare for "constitutional amendment", decided to cite the example of
"national conference" in 1990 to hold a "national development conference" at the end of 1996
to discuss the "constitutional system", "economic development" and "cross-strait relations."
however, after the New Party withdrawing from the conference, it became a "melon-cutting
conference" for the Kuomintang and the Democratic Progressive Party to exchange their inter-

ests, and caused dissatisfactions of all social circles. Looking from the conclusions got by the conference, using "president expanding powers" to exchange "freezing provinces" explicitly departed from "One China" principle and also the combination of the "independence for Taiwan" and "Taiwan independence", which not only produced new obstacles for the peaceful development of cross-strait relations, but also caused new chaos to Taiwan's political system.

Question Discussion

That Ryukyu (Okinawa Island) is not This Ryukyu (Taiwan Island) —Reading *Ryukyu and Keelung—Taiwan in the Ming Dynasty* by You Zhong

Zhang Chonggen (张崇根) ／260

The paper comments on You Zhong's view that in the Ming Dynasty three kingdoms— Zhong Shan, Shan Nan and Shan Bei—had been built in the south of Taiwan. The author suggests that the view confuses one thing with another. In the Ming Dynasty, Zhong Shan, Shan Nan and Shan Bei were three kingdoms in the Ryukyu Islands, i. e. today's Okinawa Island. Later they united as Ryukyu Zhong Shan Kingdom, and established? tributary relationship with the Ming Dynasty. At that time, the aboriginals of Taiwan were still in the tribal community, without any political relations with the Ming Dynasty. The country invaded by Japan's Satsuma was not Zhong Shan Kingdom in Okinawa Island, also not Taiwan Island.

稿 约

一、《台湾历史研究》由中国社会科学院台湾史研究中心主办，中国社会科学院近代史研究所台湾史研究室编辑，社会科学文献出版社出版。2013年创刊，每年出版1辑。

二、本刊为台湾历史研究专业学术刊物，登载自古迄今台湾历史研究领域原创性的优秀学术成果。内容涵盖政治史、经济史、社会史、文化史、思想史、军事史、外交史、两岸关系及历史人物等各个方面，体裁包括专题研究论文、读史札记、史实考订、史料评介、书评（研究性书评和介绍性书评）及文评、学术综述、学术讨论、学术动态等。同时适当刊载有关台湾历史研究的珍稀资料与口述史料。

三、本刊提倡实事求是的学风，贯彻"百花齐放、百家争鸣"的方针，大力倡导探索创新的学术研究和相互尊重的学术争鸣。热诚欢迎国内外学者惠寄稿件（暂限中文稿），热诚欢迎读者提出批评和建议。

四、来稿字数不限；提倡言简意赅，详略得体。

五、来稿务请遵循学术规范，遵守国家有关著作权、文字、标点符号和数字使用的法律和技术规范以及本刊有关规定。投稿以电子邮件或纸质打印稿形式均可。

六、来稿请附英文题目，以及300字左右的中英文内容提要和5个以内关键词。

七、为便于联系，请来稿注明作者姓名、职称、工作单位、通讯地址及邮政编码、电话、传真、电子信箱等信息。

八、稿件寄出三个月后未收到采用通知者，请自行处理。

九、来稿发表后，赠送两册样刊，并略致稿酬。

十、来稿一律不退，请作者自留底稿。

联系人：程朝云 电话：13811346676

投稿电子邮箱：tws2013@ cass. org. cn

纸质稿请寄：北京市王府井大街东厂胡同 1 号　邮政编码：100006

中国社会科学院近代史研究所台湾史研究室《台湾历史研究》编辑部

中国社会科学院台湾史研究中心

《台湾历史研究》编辑部

2013 年 5 月 20 日

图书在版编目（CIP）数据

台湾历史研究. 第 3 辑/ 张海鹏，李细珠主编. —北京：社会科学
文献出版社，2016.3
ISBN 978 - 7 - 5097 - 8537 - 9

Ⅰ. ①台… Ⅱ. ①张… ②李… Ⅲ. ①台湾省 - 地方史 - 研究
Ⅳ. ①K295.8

中国版本图书馆 CIP 数据核字（2015）第 303392 号

台湾历史研究（第三辑）

主　　编／张海鹏　李细珠

出 版 人／谢寿光
项目统筹／赵　薇
责任编辑／赵　薇

出　　版／社会科学文献出版社·近代史编辑室（010）59367256
　　　　　　地址：北京市北三环中路甲 29 号院华龙大厦　邮编：100029
　　　　　　网址：www.ssap.com.cn
发　　行／市场营销中心（010）59367081　59367018
印　　装／北京季蜂印刷有限公司

规　　格／开 本：787mm × 1092mm　1/16
　　　　　　印 张：18.25　字 数：307 千字
版　　次／2016 年 3 月第 1 版　2016 年 3 月第 1 次印刷
书　　号／ISBN 978 - 7 - 5097 - 8537 - 9
定　　价／59.00 元

本书如有印装质量问题，请与读者服务中心（010 - 59367028）联系